Heilende Erziehung

Vom Wesen seelenpflegebedürftiger Kinder und deren heilpädagogischer Förderung

Mit Beiträgen von Dr. med. Julia Bort
Dr. med. Walter Holtzapfel
Hermann Kirchner · Franz Löffler
Werner Pache · Edmund Pracht

VERLAG FREIES GEISTESLEBEN

ISBN 3-7725-1257-7

1. Auflage der Neuausgabe (6. Gesamtauflage)
Die 1. Auflage der ursprünglichen Ausgabe erschien
1956 im Natura-Verlag, Arlesheim.
Verlag Freies Geistesleben
Landhausstraße 82, 70190 Stuttgart
© 1998 Verlag Freies Geistesleben & Urachhaus GmbH, Stuttgart
Umschlaggestaltung: Thomas Neuerer, Foto: Eckard Jonalik, Berlin
Druck: Clausen & Bosse, Leck

Inhalt

Vorwort zur Neuausgabe

Mit dem hier neu aufgelegten Buch wird ein Erstling der anthroposophischen Heilpädagogik aus dem Jahre 1956 wieder verfügbar gemacht, eine der ersten Buchveröffentlichungen aus diesem Arbeitsgebiet überhaupt.

Man vergegenwärtige sich die damaligen pionierhaften Arbeits- und Lebenssituationen, den ganzheitlichen Ansatz, die Selbstverständlichkeit, mit der jeder sich den Quellen der noch jungen anthroposophischen Heilpädagogik verbunden fühlte, und die Aufbruchsstimmung der frühen Jahre nach NS-Zeit und Zweitem Weltkrieg. Auf diesem Hintergrund kann man diese ersten Erfahrungsberichte der mit verschiedener Fachlichkeit ganz in der praktischen heilpädagogischen Arbeit stehenden Verfasser auch heute noch würdigen, wenngleich sie in der Sprache der damaligen Zeit erscheinen.

Im Behinderungsbegriff des «Seelenpflege-bedürftigen Kindes», vom Begründer der anthroposophischen Heilpädagogik, Rudolf Steiner, 1924 geprägt, nimmt die Sprache der Zeit auf ihre Weise sogar den heutigen Paradigmenwechsel von der Defizitorientiertheit zum Förderansatz und Kompetenzerfassen voraus. Auf diesem Hintergrund ist bemerkenswert, durch welche Stufen das Verständnis von Behinderung sich in der Zwischenzeit gewandelt hat.

Das vorliegende Buch zeigt im keimhaften Ansatz als Grundprinzip der anthroposophischen Heilpädagogik das enge und integrative Zusammenwirken von Pädagogik, Medizin und Kunst. Es ist selbstverständlich aber kein «Standardwerk» der heutigen Heilpädagogik auf anthroposophischer Grundlage und ihrer Methodiken.

Im Vorwort zur 2. Auflage 1962 schreibt Dr. Hellmut Klimm über das Werk: «Es vereinigt einige grundlegende Darstellungen verschiedener Autoren, bildhaft und beispielhaft ohne Anspruch auf

Vollständigkeit, überwiegend aus deren Erfahrung entstanden ...
Wir hoffen, daß das Buch in seinem neuen Gewande viele verständnisvolle Herzen für das geistig-seelisch behinderte Kind findet und ihm zu der Anerkennung verhilft, daß in seinem Leibe, durch die krankhaften Erscheinungen verdeckt und erschwert, eine integre geistige Persönlichkeit ihre Erdenaufgabe zu erfüllen hat.»

Die Anerkennung des Menschen mit Behinderung als eigenständige Persönlichkeit mit einem eigenen biographischen Entwurf ist auch heute noch und mehr denn je ein zentrales Anliegen der anthroposophischen Heilpädagogik. So möge die Bedeutung dieses zeitübergreifenden Motives zusammen mit den teils zeitgebundenen heilpädagogischen Anschauungen und Methodenansätzen auch die Neuauflage dieses Frühwerkes der Heilpädagogik begleiten. Wenn der interessierte Leser dies im Auge behält, wird sich ihm der Wert dieser Frühpublikation erschließen.*

Bad Boll, März 1998   *Dr. Angelika Gäch*

* *Anmerkung zur Neuausgabe: Gegenüber der ursprünglichen Ausgabe wurde der einleitende Beitrag von René Maikowski, «Heilende Erziehung als Zeitnotwendigkeit», hier weggelassen, da in ihm der konkrete, praktische Bezug zur heilpädagogischen Arbeit weniger stark gegeben war. In den anderen Beiträgen wurde im allgemeinen die dem damaligen Sprachgebrauch entsprechende Nomenklatur belassen, lediglich der Begriff «Mongoloismus» wurde durch die heute gängige Bezeichnung «Down Syndrom» ersetzt. Die Anmerkungen wurden an einigen Stellen ergänzt und, wo möglich, aktualisiert. Darüber hinaus findet der interessierte Leser im Anschluß an die Anmerkungen einige Angaben zu weiterführender Literatur, die über neuere Arbeiten aus der anthroposophischen Heilpädagogik und ihrer Nachbargebiete orientieren.*

Aus dem Vorwort zur ersten Auflage

Dieses Buch handelt von Kindern, die zu einer vollen Entfaltung gesunder, tragender Lebenskräfte nicht kommen können, wenn ihnen nicht auf besondere Art geholfen wird. Die normalen Verhältnisse in Elternhaus und Schule reichen nicht aus. Es bedarf einer Heilerziehung. Wir nennen all diese Kinder, die an unvollständiger Veranlagung, Entwicklungshemmungen jeder Art und besonderen seelischen Schwierigkeiten leiden, nach einem Rat Rudolf Steiners «Seelenpflege-bedürftige Kinder».

Das moderne Menschenbild, soweit es aus der Naturwissenschaft und dem neueren Aufleben psychologischen Tastens stammt, hat für Wesen und Wert eines «zurückbleibenden» oder in Entwicklungsnot bedrängten Kindes keinen ausreichenden Maßstab. Die Mutter des Kindes weiß es anders. Sie empfindet, daß in ihm eine Seele ringt. Weil sie seine Not spürt, wendet sie gerade diesem Kinde ihre ganz besondere Liebe zu. Aber damit ist es nicht getan. Einsichten in das Zusammenwirken von Leib, Seele und Geist in dem sich entwickelnden Menschen, die auch das unvollständig veranlagte und entwicklungsgehemmte Kind umfassen, sind notwendig.

Die Verfasser dieses Buches, selbst in praktisch heilerzieherischer Arbeit stehend, wollen darauf aufmerksam machen, daß solche Einsichten in der geisteswissenschaftlichen Menschenkunde Rudolf Steiners vorhanden sind. Sie erzählen hier von ihren Erfahrungen und wenden sich in erster Linie an solche Menschen, die sich in die Pflege, Heilerziehung und Behandlung von seelenpflegebedürftigen Kindern einarbeiten wollen und dabei erkannt haben, daß es solch einer Erweiterung des Ausblickes bedarf. Auch die um ihr Kind besorgten Eltern werden daraus Trost und Hilfe gewinnen können.

Die in der Geisteswissenschaft üblichen Begriffe werden nur kurz eingeführt. Für den, dem sie nicht geläufig oder unmittelbar anschaulich werden, wird auf die grundlegenden Werke Rudolf Steiners hingewiesen. Dieses Buch will ein Helfer und Wegweiser auch für solche sein, die, vielleicht in anspannender Arbeit stehend, nicht die Zeit finden, von vornherein all die umfassenden Darstellungen über das Menschenbild zu studieren, die Rudolf Steiner gegeben hat. Jeder strebende Mensch wird das Bedürfnis haben, sich dieses Bild mehr und mehr selbst zu erarbeiten und selbst aus der Quelle zu schöpfen, die in dem lebendigen Wort Rudolf Steiners so reichlich fließt. Daher wird bei allen Darstellungen darauf hingewiesen, wo der Leser das Entsprechende bei Rudolf Steiner selbst finden kann. Ein Wegweiser zu diesem Quell will dieses Buch sein, aber auch gleichzeitig ein Zeuge dafür, daß all diese Gedanken sich im Leben als fruchtbar erweisen.

Arlesheim/Schweiz
Ostern 1956   *Werner Pache*

Werner Pache

Erziehung und Unterricht seelenpflegebedürftiger Kinder

1. Vom Wesen unvollständig veranlagter Kinder

Die Menschenkunde Rudolf Steiners. Blick, Haltung, Gang und Bewegung des gehinderten Kindes. Gehen, Sprechen und Denken. Das menschliche Vorbild als Erwecker. Nachahmung. Vorgeburtliche individuelle Veranlagung, Vererbung, Milieu. Leben zwischen Tod und neuer Geburt. Geistiger Ursprung der Krankheit.

Es ist jedesmal eine neue Aufgabe, wenn man einem entwicklungs-gehemmten Kinde gegenübersteht und sein Wesen zu enträtseln versucht, eine wahre Anschauung von der Hinderung zu bekommen und einen Weg zu seiner Förderung zu finden. Wir tragen in uns ein inneres Bild des gesunden Menschen. Dieses leuchtet auf, sobald wir wiederum einen neuen Menschen kennenlernen, ob-wohl er ganz unbekannte Züge trägt. Dieses innere Menschenbild ist nicht so sehr von den Erfahrungen abgeleitet, die wir an den vielen einzelnen Menschen gewonnen haben, die wir kennengelernt haben. Es lebt vielmehr vom Ursprunge an in uns und betätigt sich wie ein Auffassungsorgan für das, was menschlich überhaupt ist. Begegnen wir einem «unvollständig veranlagten» Kinde, so ist es kraft dieses inneren Auffassungsorganes, daß wir seine Andersartig-keit, um das harte und einengende Wort «Abnormität» zu vermei-den, erleben. Die einzelnen Züge dieser Andersartigkeit müssen wir uns erst durch die genauere Beobachtung vor Augen führen. Aus ihnen wiederum verdeutlicht sich dann das Gesamtbild, ein Total-Wesenseindruck, von dem die Einzelheiten nur Symptome sind.

Dabei ist nicht die kalte, nüchterne Erkenntnis entscheidend; Gefühl, Gemüt, ja der Wille sind daran beteiligt, Freude und Schmerz spielen ihre Rolle, das Verborgenere zu entdecken, und der gute Wille im Menschen, der das Wohlsein des anderen erstrebt, hilft, auf das Wesentliche zu kommen. Ein solches gehindertes Kind stellt sich ganz anders dar für den, der es, von seinem offenkundigen Mangel an Intelligenz- oder Gemütsfähigkeiten beeindruckt, als ein Wesen minderer Qualität einschätzt, als für den, der es gleichwohl als vollwertig ansehen muß. Er erlebt in ihm ein «Ich» nicht minderen Wertes, als ein Menschen-Ich nur je sein kann, das lediglich an der Entfaltung und Offenbarung innerhalb der Leiblichkeit gehindert scheint. Eine solche Bewertung der Eigenart dieser Kinder ergibt sich aus den geisteswissenschaftlichen Erkenntnissen Rudolf Steiners über den Menschen nach Leib, Seele *und* Geist und über den Zusammenhang der unvergänglichen geistigen Wesenheit des Menschen mit den Seelenoffenbarungen, die dieser Wesenheit im Leib dieses Erdenlebens möglich sind.

Wir wollen hier das Wesen solcher unvollständig entwickelten Kinder mit dem Erkenntnislicht der Menschenkunde Rudolf Steiners beleuchten. Seelische Unzulänglichkeit ist bei weitem nicht immer mit einem Mangel in der physischen Leibesbildung verbunden. Wo ein solcher vorliegt, also etwa eine Deformation feinerer oder gröberer Art des Kopfes, unzulängliche Ausbildung des Gehirnes, Flüssigkeitsüberschuß im Kopf, zu starke Vertrocknung desselben, Riesen- oder Zwergwüchsigkeit, zu weichliche oder zu «felsige» Gesamtstruktur des Leibes oder eine so spezielle Behinderung wie beim Down-Syndrom, ist es ja naheliegend, daß man auch mit einer unzulänglichen Entwicklung des Seelischen rechnen muß. Viel häufiger läßt sich zunächst keine auffallende Unnormalität in der Leibesform konstatieren. Es ist oft ein normales Äußeres da. Wohl aber sind Unregelmäßigkeiten bemerkbar in der Haltung, in den Bewegungen, im gesamten Verhalten, in der Regsamkeit, in der Kontaktnahme mit der Umwelt usw.

Bereits im *Blick* des Kindes wird bemerkbar, wenn seine Seele nicht recht anwesend sein kann. Er mag eine gewisse Leere haben oder eine Unstetigkeit, nicht fest fixieren können, vage umherschweifen, er mag ein glutvolles Flackern oder dumpfe Undurchlässigkeit ausdrücken. Es spricht sich jeweils auf individuelle Art aus, wie es der betreffenden Kindesseele in ihrem Leibe ergeht und wie sie durch ihn hindurch in die Sinneswelt eingeschaltet ist.

Es bedeutet eine weitere wesentliche Unzulänglichkeit, wenn das Aufrichten des Kopfes, Oberkörpers, dann des ganzen Körpers und schließlich die Beherrschung der freien *aufrechten Haltung* nicht oder nur schlecht gelingt, wenn der Körper zu stark der Schwere unterliegend bleibt oder sich ihr allzusehr entreißt, kurz: wenn das Kind sich nicht ruhig, kraftvoll in der Vertikalen verankern kann und das Gleichgewicht nicht halten lernt. Sodann treten die mannigfaltigen Abweichungen im Gange und im Gebrauch der Glieder auf. Da sind Kinder, die den Fuß nicht fest aufzusetzen vermögen, sondern trippeln oder die Füße unbestimmt hin und her pendeln lassen. Andere ziehen sie allzuschnell vom Boden zurück. Wieder andere scheinen am Boden zu haften, die Füße nehmen den Bewegungsimpuls nicht oder nur mühsam auf. Da sind solche, die die einmal eingeschlagene Gangart nicht gerne ändern. Andere wiederum «schlagen» den Boden, wenn sie gehen, oder sie können keinen festen Stand gewinnen. Man kann geradezu durch die Beobachtung all dieser Abweichungen erst eine volle Anschauung des freien menschlichen Ganges gewinnen, des edlen *Schreitens,* das im Wechsel von Ertasten des Erdbodens und Sich-wieder-von-ihm-Ablösen lebt und welches sich von dem wie durch höhere Macht Getragen-Werden in den ersten kindlichen Gehversuchen über jenes Schwebende des Kleinkindganges zu dem schließlich bestimmten willensdurchdrungenen Gang des Fünf- bis Siebenjährigen hin wandelt. Bei der gesunden Entwicklung werden eben alle vorher erwähnten Abweichungen überwunden. Gerade das müssen wir als das Wesentliche in dieser Entwicklung erkennen, während wir bei den verschiedenen Tierarten gerade die Abweichungen als die jeweils für eine Gattung charakteristische Gangart ins Extreme gesteigert und fixiert finden. So können wir bei dem unvollständig entwickelten Kinde oft eine Tendenz zu einer bestimmten tierischen Gangart erkennen: hier die Tendenz zu dem Schleppen der Kuh, dort zu dem Schlagen des Pferdes, dort zu dem flüchtigen Hüpfen des Eichhörnchens oder gar des Vogels usw. Es ist selbstverständlich, daß diese Charakterisierung nicht die Seele des Kindes meint, sondern vielmehr das Leibliche, das hier in seiner Tendenz zu tierischer Einseitigkeit die Seele gefangenhält.

In ähnlicher Weise finden wir Abartungen in den Bewegungen der Arme und Hände. Diese sind ja beim Menschen der Schwere enthoben, können sich frei gegeneinander und gar nach außen und oben geöffnet bewegen. Gerade da wiederum finden wir bei den abnormen Kindern Unzulänglichkeiten. Hier hängen Arme und Hände lastend herunter, dort wollen sie sich nicht nach außen öffnen, verharren vielmehr krampfhaft nach innen gekehrt, hier vermögen sie einen ergriffenen Gegenstand nicht wieder loszulassen, dort lassen sie ihn allzuleicht fahren; dies Kind muß mit seinen Fingern stets etwas festhalten, jenes errafft einen Gegenstand nur, um ihn an sich zu reißen und dann jäh fortzuschleudern. Und wieder lernen wir an diesen Beobachtungen das Wesen der menschlichen Hände kennen als jenes der von der Schwere befreiten edlen Glieder, die zu höherem Gebrauch bestimmt sind, tastend die Dinge der Außenwelt «erfassen» können, zum Empfangen und wieder Hingeben des Empfangenen veranlagt, sowie zu jener Geschicklichkeit der Finger, die die Grundlage zu jeglicher handwerklichen und kunstsinnigen Tätigkeit ist, in der der Mensch sein Seelisches der toten Materie einprägt. Auch in dieser Hinsicht finden wir bei den verschiedenen Tieren die extrem gesteigerten Einseitigkeiten, in denen sich die jeweilige Art erschöpft und die sie gewissermaßen mit dem Verlust der mannigfaltigen anderen Fähigkeiten erkaufen muß. Auch bei den abnormen Kindern können wir solche Einseitigkeiten bemerken. Erstaunliche Fertigkeiten treten da auf. Dieses sehr «beschränkte» Kind löst spielend den kompliziertesten Knoten, bringt das ungeformteste Spielzeug zum Kreiseln oder Balancieren, jenes kann ein Stück Holz in kürzester Zeit zu feinstem Staub verkrümeln und dergleichen. Solche Kinder sind in den Zwang dieser abnormen Fähigkeiten hineingebannt. Die Hände und Finger dienen dann der Seele nicht, sondern halten sie in Zwanghaftigkeit fest.

Die aufrechte Haltung, der gleichmäßige Gang, die freie Bewegung der Hände sind bereits von Herder in seinem herrlichen Buche «Ideen zur Philosophie der Geschichte der Menschheit» als fundamentale Urfähigkeiten des Menschen dargestellt, auf denen sich das gesunde Seelenleben aufbauen kann. Und so finden wir Unzulänglichkeiten wie die geschilderten als Begleiterscheinungen unvollständiger seelischer Offenbarung. Rudolf Steiner faßt diese Fähigkeiten unter dem Begriffe des *Gehens* zusammen und schildert die Bedeutung dieser ersten Errungenschaft des kleinen Kindes für das gesunde Seelenleben in den mannigfaltigsten pädagogischen Betrachtungen.[1]

Was in diesem Sinne mit *Gehen* gemeint ist, muß das Kind zuerst lernen. Gelingt dies auf gute Art, so kommt damit gleichzeitig ein gut Teil der seelischen Welt des kleinen Kindes zum Vorschein, und wir erkennen bereits in der besonderen Art der Bewegungen viele charakteristische Züge des späteren Erwachsenen. Es bedeutet eine deutliche Unzulänglichkeit der Veranlagung, wenn bereits beim Erwerb der Gleichgewichtslage, des Greifens und Gehens Unregelmäßigkeiten auftreten.

Eine weitere Wesensschicht offenbart sich, wenn das Kind unmittelbar anschließend das *Sprechen* erlernt. Ob sich die Worte mühsam herausringen, ob sie leicht dahinperlen, ob der Sprachstrom melodiös oder monoton dahinfließt – es ist die Seele, die in all diesen Nuancen sich geltend macht, jeweils nach Maßgabe der Durchlässigkeit und Nachgiebigkeit des Organismus, der ihr als Instrument dient. Mehr und mehr in das Sinnensein hinein erwachend, verkündet sie in Laut und Ton ihr Dasein, teilt ihr Wohl- und Mißbefinden der Umwelt mit, begrüßt die neuen Entdeckungen in der so jungen Welt, die sie durch die Sinne ergreift. Das kleine Zweijährige, das mit gewichtigen Schritten durch den Garten stapft, vor dem eben erblühten, noch nie geschauten Krokusbüschel haltmacht, von den leuchtenden Blüten angestrahlt, selbst aufleuchtend ein staunendes «Ah» hervorströmen läßt und dadurch sein Instrument zum Klingen bringt, lehrt den Betrachter durchschauen, wie das Seelische und Leibliche da ineinanderwirken. Ein bereits vorhandenes Seelisches arbeitet sich in der Geburt der Sprache in die physische Welt herein. Und so spricht sich wiederum unzulängliche Entwicklung darin aus, daß dieser Prozeß nicht oder nur schlecht gemeistert wird: wenn das Kind etwa nur Konsonanten bildet und die Worte tonlos haucht oder wenn es nur Vokale ertönen lassen kann oder die Lippen ganz verschlossen bleiben oder wenn allerlei Unartikuliertes aus dem Munde hervorpurzelt – und was es alles für Unzulänglichkeiten gibt. «Sprechen» ist die zweite Urfähigkeit, die das Kind aus dem Unsichtbaren hervor in die Erscheinung bringt.

Fügen wir noch die dritte hinzu. Sie liegt darin, daß alsbald die zunächst verschwenderisch spielend hervorgebrachten Laute und Töne sinnvoll auf die Dinge der Welt bezogen werden und das Kind diese «benennen» lernt. Damit beginnt sich vom gefühls- und willensdurchdrungenen Sprechen allmählich das sinnvolle *Denken* abzuheben. Die äußeren Dinge wie die inneren Regungen werden in sinnvolle Beziehung gebracht, Zusammenhänge werden in Sätzen ausgedrückt. Das Kind lernt «denken». Auch hier treten Unzulänglichkeiten zutage: Dieses Kind kann das Sinnvolle des Wortes nicht finden, es bleibt blind für die «Namen» der Dinge, obwohl es sie lautlich gut sprechen kann, jenes verkrampft sich in dem einzelnen Worte oder gar Laut und kann den Zusammenhang nicht fassen, weder des Totalbildes, das sich vor seinen Augen darbietet, noch des ganzen Satzes, der zu ihm gesprochen wird. Es kommt nicht von den Einzelheiten weg, und damit bleibt es in sich verbannt. Oder es verliert sich wie zerstückt in die Sinneswelt, während gerade im Ergreifen des Zusammenhanges das gesunde Kind die Entwicklungsstufe erringt, auf der der Mensch im ruhigen Hin- und Herspiel zwischen Hingabe an die Eindrücke der Außenwelt und besinnlicher Verinnerlichung die Grundlage für jede weitere seelische Entwicklung gewinnt.[2]

So treten wie in drei ineinandergreifenden Schüben die wesentlichen Urfähigkeiten des Menschen im «Gehen», «Sprechen» und

«Denken» hervor. Man könnte meinen, dies geschehe wie von selbst. Die naturwissenschaftliche Denkungsweise wollte den Menschen als ein rein natürliches Wesen verstehen. Mit dem Begriff der «natürlichen Entwicklung» tritt die Anschauung einer alle Naturentwicklung durchwaltenden geistigen Antriebskraft zurück, die besonders in der menschlichen Entwicklung das Bestimmende ist. So hat sich im allgemeinen Bewußtsein die Vorstellung eingenistet und waltet nun, weit verbreitet die Empfindungen der Menschen durchziehend: Die menschliche Entwicklung geschehe auch «von selbst». Das ist aber ein großer Irrtum. Wie das Samenkorn auf die kosmischen Kräfte von Sonne, Erde und Wetter angewiesen ist, damit die in ihm veranlagte Pflanze zum Leben erwachen, sich entfalten und zur Blume erblühen kann, bedarf es auch einer überirdischen Kraft in der Umgebung des kleinen Kindes, die seine eigene Urveranlagung erwecken und zur Entfaltung bringen kann. Diese Kraft liegt in dem anderen Menschen, der um das Kind herum anwesend ist und sich ihm zuwendet, insbesondere in der Mutter. Nur vom *Menschen* kann dem Kinde die erweckende Kraft zukommen, die seinen veranlagten Fähigkeiten die Richtung nach dem Menschlichen gibt. An der Haltung, dem Gang, der Gebärde der Mutter erwacht das Gehvermögen des Kindes, am liebevollen Wort das kindliche Lallen, wie später an der sorgsamen Sprache die immer deutlicher werdende Artikulation, am sinnvoll gedankengetragenen Verhalten des Erwachsenen das kindliche Denkvermögen. Wie sehr der *Mensch* nötig ist, um diese Fähigkeiten beim Kinde zur Geburt zu bringen, lehrt das Schicksal der sogenannten «Wolfskinder».[3] Diese hatten, solange sie bei den Wölfen waren, nicht gehen, sprechen und denken gelernt. Sie konnten sich nicht auf den Füßen halten, sondern krochen und liefen blitzschnell auf allen vieren, heulten wie die Wölfe, hatten deren instinktive Fähigkeiten erstaunlich gut entwickelt, konnten aber den menschlichen Blick nicht ertragen und waren weit davon entfernt, einen Zusammenhang denkend erfassen zu können. Und doch waren diese Fähigkeiten veranlagt, wie sie es bei dem gesunden Kinde sind, denn sie ließen sich nach der Auffindung durch die hingebungsvolle Erzie-

17

hung der Pflegeeltern hervorlocken und heranbilden, allerdings unendlich mühsam und nur durch vielfach vermehrte Intensität des Vormachens und Übens und in sehr langer Zeit.

Das menschliche Vorbild spielt also die Rolle des Erweckers.

Aber noch mehr als dies. In dem Maße, wie dieses Vorbild gut ist, Gedanken, Worte und Handlungen der Eltern und Pfleger wahr, schön und edel sind, bekommen die erweckten kindlichen Urfähigkeiten die Richtung nach dem Sittlich-Guten. Das tierische «Vorbild» verdirbt sie nach der Richtung der leibgebundenen Instinkte. So auch bleibt es nicht ohne Wirkung, wenn in der Umgebung des aufwachsenden Kleinkindes eine rücksichtslos auf den Kampf ums Dasein orientierte Gesinnung herrscht, die alle edleren Gesichtspunkte dem materiellen Gewinn unterordnet. Dann wird die Richtung nach dem Trivialen hin viel tiefer in dem Kinde eingepflanzt als später durch die Versuchungen des Bewußtseins je geschehen könnte. Wir können daraus aber auch verstehen, daß es nicht ohne Folgen bleibt, wenn Mutter oder Pflegerin sich dem Kinde entziehen und es einer mechanisch-technischen Umgebung überlassen, wie dies im modernen Wohngetriebe oder etwa auch in dem nüchternen hygienischen Milieu eines modernen Kleinkinder-Heimes oder eines Spitales geschehen kann. Dann werden die kindlichen Urfähigkeiten nicht stark genug im Sinne des Menschlichen. Das haftet dem späteren Erwachsenen das ganze Leben an: Denken und Fühlen können etwas Anonymes, Unpersönliches bekommen, die Handlungen werden automatisch, die Sprache bleibt seelenlos – nicht etwa weil keine Seele da ist, sondern weil ihr nicht genügend geholfen worden ist, sich in das Leibliche einzuschmiegen, oder weil sie an dieses zu stark gefesselt worden ist.

Die Kraft, welche vom menschlichen Vorbilde her aus den Seelentiefen des Kindes die veranlagten Urfähigkeiten herausfördert, ist die im Kinde von Anfang an und immer stärker wirkende *Nachahmung*. Mit dieser begabt, tritt die Seele auf. Nachahmend tastet sie sich durch den zarten Kindesorganismus hindurch in die fremde Außenwelt hinein. Da diese erste Kraft, mit der der junge Mensch der Welt begegnet, so geistig ist, ist das Kind so darauf angewiesen, daß Geistiges im Erdensein ihm begegne. Das Geistige, zu dem es eine innigste Beziehung hat, das sich *nachahmen* läßt, ist der Geist im andern Menschen, das wahrhaft Menschliche. Ist die Nachahmung nur schwach oder gar nicht vorhanden, so ist dies ein recht markantes Merkmal einer unvollständigen Veranlagung; gelingt es nicht, sie anzufachen, so ist alles Lernen äußerst erschwert. Es wird weiter unten behandelt werden, wodurch auf die Nachahmungskraft anregend gewirkt werden kann.

Beim gesund veranlagten Kinde sind es also das menschliche Vorbild und die kindliche Nachahmung, wodurch die Urfähigkeiten *erweckt* und entwickelt werden. Das sagt aber nicht, daß diese dadurch *geschaffen* werden. Sie waren im Keime vielmehr schon vorher vorhanden. Das Kind brachte sie als *Veranlagung* in die Verleiblichung hinein mit. Der unbefangene Blick des Erziehers wird auf eine vorangegangene, vorgeburtliche Lehrzeit der Seele gerichtet. Da wurden in einer Art Geistesschule die Grundlagen des Menschentums erlernt, welche dann in den drei geschilderten Etappen zutage treten. Mit dieser Veranlagung arbeitet sich die Seele in die irdisch vererbte Leiblichkeit ein und bildet diese zu ihrem individuellen Werkzeug um. Von Rudolf Steiner ist dies als Ergebnis geisteswissenschaftlicher Forschung beschrieben.[4] Lehrmeister sind in dieser Zeit die schöpferischen geistigen Wesenheiten, welche das gesamte Weltenall aufgebaut haben und tragen. Sie schaffen und wirken nach jenem großen *geistigen Menschenbild*, von dem jeder einzelne Mensch in seinem Körper eine Abbildung hat. Je mehr diese dem Urbilde entspricht, desto vollständiger und gesünder ist sein Leibesinstrument, desto geeigneter für die Menschenseele, ihr als Werkzeug zu dienen.

So verstehen wir aus Rudolf Steiners Schilderung dieser geistigen Verhältnisse: Die dem «Gehen» zugrundeliegende geistige Fähigkeit wurde von der Individualität als eine Art Gleichgewicht-Halten zwischen den verschiedenen Geistwesen erlernt, die dem «Sprechen» zugrundeliegende als ein Wechselspiel zwischen Ein- und Ausatmen geistiger Weltkräfte, als ein Hin- und Herweben zwischen einem Zustand, in dem die Individualität in sich abgeschlossen ist, und einem Zustand, in dem sie den Geistwesen geöffnet ist, die dem Denken zugrundeliegende als ein Empfangen, Angeleuchtet-Werden von großen, umfassenden Bildern des Geistesgeschehens in jener letzten Etappe des Daseins vor der Geburt, in welcher die Individualität sich dem Geistessein entringt und der Verkörperung zuwendet.

Bis in diese geistige Lehrzeit zurück reicht die Veranlagung zu einer Abnormität. Es mag manchem Zeitgenossen befremdlich und zwecklos scheinen, so weit zurückgehen zu wollen. Man könne ja darüber nichts wissen, wird gemeint. Der Heilerzieher, dem das Wesen vieler solcher Kinder vor Augen steht, weiß, daß er ohne den Blick auf diese Herkunftsschicht nichts Wesentliches ergründen kann. Die von Rudolf Steiner in exakter Hellsichtigkeit erworbenen Forschungsergebnisse sind für den denkenden Menschen einleuchtend, sie sprechen ihre Wahrheit durch sich selbst aus. Es beginnt sich für ihn, auch wenn er selbst nicht *schauen* kann, der sonst undurchdringliche Schleier von so manchem Rätsel abnormer Kindesartung zu heben.

Gegenüber dem Gedanken, daß die unvollständige Veranlagung von der individuellen Menschenseele aus ihrem eigenen geistigen Vorleben mitgebracht worden sei, werden die mannigfaltigen Erscheinungen der *Vererbung* geltend gemacht. Es ist selbstverständlich, daß viele abnorme Veranlagungen ererbt sind. Kranke Leibesorganisation der Eltern kann sich erfahrungsgemäß auf die Leiblichkeit des Kindes übertragen. Auch findet oft eine besondere seelische Eigenart der Eltern einen bis ins Leibliche gehenden und dort als Abnormität erscheinenden Niederschlag im Kinde. Dann trifft die aus der Geistwelt kommende Seele in diesen ererbten Unzulänglichkeiten besondere Hindernisse an. Sie muß dann mit der von ihr mitgebrachten individuellen Veranlagung gegen die Vererbung ankämpfen. Es kann sein, daß die herabsteigende Seele gerade nicht genügend von jenen Kräften mitbringt, die zu diesem Ankämpfen nötig wären, also aus eigener Veranlagung die gleichen Schwächen hat, wie sie auch im ererbten Leibesorganismus, den sie zu beziehen hat, vorliegen, ja, daß sie ganz leer von diesen ist. Das sind dann schwere Fälle, die für die therapeutische Beeinflussung größere Schwierigkeiten bieten. Der Kampf der Individualität gegen die Vererbung kann ein die ganze Kindheit durchziehender Prozeß sein. Er bewirkt die Kinderkrankheiten und spiegelt sich in den verschiedenen Entwicklungskrisen. Je nach Kraft und Gesundheit der Individualität, je nach Stärke und Art des Erbschadens, nach den therapeutischen und erzieherischen Hilfen, die dem Kinde gegeben werden, wird es zu einer völligen oder teilweisen Überwindung des Erbschadens kommen, oder aber er wird weiterhin dominieren und die Wesensäußerungen der Individualität überlagern. Für die heilpädagogischen Maßnahmen, die wir im folgenden besprechen, ist die Frage, ob und wieweit die Abnormität ererbt ist, nicht entscheidend. Sie zielen immer darauf hin, die Individualität anzuregen, ihr freiere Entfaltung zu erwirken und die Widerstände aus dem Leiblichen aufzulösen und dieses der Individualität einlässiger zu machen. So unterstützen sie zugleich die Individualität in jenem Kampfe. In Wirklichkeit sind aber jene abnormen Veranlagungen, bei denen kein Erbschaden vorliegt, die viel häufigeren, und für sie gilt das oben Gesagte über die Herkunft der Unzulänglichkeiten der Veranlagung in der vorgeburtlichen Welt in vollem Umfange.

Auch wird geltend gemacht, daß die schädigenden Wirkungen aus dem *Milieu* in der ersten Kindheit Quelle mancher Abnormität seien. Auch das ist selbstverständlich wahr. Jedoch muß auch hier bemerkt werden, daß gerade jene Kinder, welche bereits Schwächen in der Veranlagung mitbringen, am ehesten anfällig sind für die Milieuwirkungen, während andere ihnen gegenüber viel gefeiter sind. Freilich kommt oft gerade durch das Milieu eine sonst latent bleibende Abnormität erst zum Ausbruch. Das wird weiter unten behandelt.

Im Hinblick auf die mitgebrachte Veranlagung zu einer Abnormität wird das sinnende Menschengemüt veranlaßt, weiter zu fragen: Woher rührt es, daß in der geistigen Welt diese Individualität der Fülle der kreativen, organ-aufbauenden Kräfte teilhaftig wurde, jene aber gewissermaßen stiefmütterlich bedacht wurde; woher rührt es, daß sie in dieser oder jener Region der vorgeburtlich-geistigen Welt die Gesundheit begründenden Urkräfte nicht aufnehmen konnte? Diese Frage, an vielen Kinderschicksalen immer wieder neu erlebt, findet eine Lösung in dem Reinkarnationsgedanken. So wie Lessing meinte, derselbe ergebe sich mit Notwendigkeit aus der Betrachtung des Darinstehens des Menschen in den verschiedenen historischen Epochen – von einer Verkörperung in einer bestimmten Zeit und Kultur zu einer nächsten in einer ganz anderen sich entwickelnd, immer Neues erlernend, strebe der Menschengeist zu der in seinem Wesen liegenden Vollständigkeit hin –, so weist eine abnorme Inkarnation in ihrer Beengtheit und Einseitigkeit gerade auf die Notwendigkeit anderer hin, in denen die Individualität das Entbehrte, Ergänzende zu immer vollständigerer Menschlichkeit dazulernen kann. Von Rudolf Steiner ist der Reinkarnationsgedanke neu begründet und seine Bedeutung für alle Gebiete des menschlichen Daseins ausgeführt worden.[5]

Der Mensch, welcher sein Erdenleben durchschritten hat, kommt mit einem mehr oder weniger großen Ertrag an die Schwelle des Todes. Das Lichtvolle seines Wesens ist durch die Erlebnisse und äußeren wie inneren Leistungen dieses Lebens gesteigert oder gemindert. Dieses Licht aber steht der Seele nach dem Tode zur Verfügung und trägt die leibbefreite Individualität in die Nähe der schöpferischen Geistwesen und macht sie für deren Wirken aufnahmefähig, wenn sie nach Verarbeitung des vergangenen Lebens und entsprechend langer Zeit rein geistigen Daseins wiederum zur Verkörperung schreitet. Mit Hilfe dieser Geistwesen beginnt sie nun, den Leib der nächsten Inkarnation geistig aufzubauen. So ist begreiflich, daß z.B. ein Erdenleben, welches in freiwilliger oder erzwungener Dumpfheit verbracht worden ist, in dem die Kräfte der Initiative und des Interesses abgelähmt worden sind oder in dem mit diesen Raubbau getrieben worden ist, nicht genügend Ertrag für das Darinstehen in dem geistigen Dasein nach dem Tode erbringt. Dann ist die Individualität gegenüber den kreativen Kräften der geistigen Wesen ohnmächtig, blind, und partielle oder umfassendere Schwäche und Unzulänglichkeit des nächsten Körpers werden veranlagt.[6] Die konkreten Einzelheiten solcher Verhältnisse sind nur für den Geistesforscher unmittelbar anschaubar; sind sie aber einmal erforscht, so sind sie dem denkenden Bewußtsein verständlich.

Wer diese Gedanken nicht ehrfurchtslos, sondern scheu tastend an sein Erleben eines abnormen Kindes heranträgt, wird aus ihnen viel Licht empfangen. Sie werden ihn gar nicht verführen, die einzelnen Symptome vorschnell deuten zu wollen, aber es erwächst ihm daraus eine Gesinnung, mit welcher er sich in der Wahrheit stehend erlebt. Vor allem aber ergibt sich daraus eine Grundeinsicht für jegliche Therapie. Unzulänglichkeiten, welche in *geistigen* Vorgängen ihren Ursprung haben, können auch nicht anders als mit Mitteln gebessert werden, die einen *geistigen* Ursprung haben. Nach solchen müssen wir Ausschau halten. Sie sind um uns herum in reichem Maße vorhanden.

2. Vom Bilden unvollständig veranlagter Kinder

Die integre Individualität des gehinderten Kindes. Förderung der Geh-, Sprech- und Denkentwicklung. Ballspielen, Gliedmaßenübungen, Eurythmie, Sprachübungen, Leierspiel, Farbenmalen. «Anschauung», gegenständliches Malen, Puppentheater. Wiederholung.

Der Ausgangspunkt liegt darin, daß der Erzieher oder Pfleger stets den Gedanken in sich anwesend macht, *hinter dem abnormen Gehabe des Kindes webt eine vollständige Seele,* die sich nur auf unvollständige Art offenbaren kann. Im einen Falle findet sie nicht Eingang in die Leiblichkeit, im anderen hat sie sich in diese hineingestürzt, ist in ihr «ertrunken» oder wird von ihr gefangengehalten, in wiederum einem anderen Falle hat sie sich nur flüchtig mit ihr verbunden und möchte ihr fortwährend entfliehen. Das Studium der Geisteswissenschaft gibt immer neue Aspekte und konkrete Bilder für den jeweiligen Tatbestand. Aus ihm entsteht allmählich ein so kraftvolles Bewußtsein davon, daß das Kind die bloße Anwesenheit des

Erziehers, der davon durchdrungen ist, als einen ermutigenden Ansporn erlebt. Dies geht auf ganz innerliche, von dem Bewußtseinsmangel des Kindes unabhängige, fast magische Art vor sich. Immer wieder sieht man, daß etwa ein Kind, das sich sonst einer monotonen Bewegung und damit brütender Bewußtseinsdumpfheit überläßt, plötzlich innehält, den Kopf dem Erzieher zuwendet und daß ein Strahl fragender Erwartung, verstehenden Lächelns oder gar ermunternder Bestätigung aus seinem sonst verschleierten Blick hervorleuchtet. Dieser Vorgang hat nichts mit Suggestion zu tun, er ist das reine Gegenteil davon: Ich spricht zu Ich und ruft dieses zu Wachheit auf.

Als Rudolf Steiner im Beginne der anthroposophisch-heilpädagogischen Arbeit 1924 auf dem *Lauenstein* in Thüringen einen Besuch machte und sich dabei mit allen Kindern einzeln beschäftigte, erlebten wir dies in erschütternder Art: ein ganz idiotisch erscheinender älterer Knabe kam in seiner gewohnten sinnlosen Geschäftigkeit in das Zimmer hereingestürmt, in welchem Rudolf Steiner saß, unterbrach plötzlich seine sonst übliche Tour, ging auf den fremden Mann zu, der seine Seele ganz dem unruhigen Knaben zuwandte, schaute ihn innig an, und eine ihm ganz fremde, feierliche Würde zog durch sein Wesen. Erst viel später, als dieser Knabe, 21jährig geworden, an einer längeren fiebrigen Erkrankung darniederlag, war dieser würdevolle Zug vollen Menschentums beständig geworden. Als er dann starb, war eine schöne Reife in seinem Wesen. Man hätte nicht mehr gewagt, diesem Menschenwesen die Vollwertigkeit abzusprechen.[7]

Das unerschütterliche innere Appellieren an die Ich-Wesenheit des Kindes ist die erste heilpädagogische Handlung.

Fängt man mit dem Kinde an zu üben, so gilt es zunächst, an der Veredelung der Haltung, seiner *Bewegungen,* seiner *Gebärden* zu arbeiten. Man schreitet mit dem Kinde, übt das Ertasten des Bodens, das Loslassen, das rhythmische Gleichmaß des Ganges, das zielvolle Führen des Schrittes, man übt, innezuhalten und sich in der Aufrechten zu erfühlen, übt jene unerhört menschliche Fähigkeit des Rückwärtsgehens. Man lehrt es, die Hände zu betätigen.

Das Kind muß allerlei Gegenstände ergreifen. Man übt das Geben und Nehmen. Ein vorzügliches Mittel dafür ist das *Ballspielen*. Der Ball muß gefangen, umfaßt, festgehalten und im rechten Zeitpunkt schwingend wieder freigegeben und dem Empfänger zugeworfen werden. Schwingt man dabei rhythmisch die Arme und wiegt sich in den Füßen, so kommt ein wundervolles Spiel zustande des Eintauchens in die Schwere und des Sich-dieser-wieder-Enthebens. Wie mit dem Ball kann auch mit Reifen verschiedener Größe rhythmisch gespielt werden. Die kleinen (aus Rohr gefertigten) müssen beim Wurf im Schweben in einer horizontalen Ebene der Schwere fast enthoben werden, die größeren (aus Holz) beim Rollen zum Gleichgewicht mit der Erde gebracht werden. Jedesmal kommt eine spezielle Geschicklichkeit in Betracht. Man kann dieses Spielen mit Musik unterstützen. Dann erlebt das Kind als freudiges Spiel, was gleichzeitig zutiefst ein organisch-seelisches Üben des Menschentums in der Leiblichkeit ist.[8] Man macht dem Kinde eindringlich und in unbesiegbar freudiger Positivität die Urgebärden vor, welche beim gesunden Kinde so wunderbar hervorblühen, nachdem sie von den geistigen Wesen in es hinein veranlagt worden sind. Die volkstümlichen Kinderreigen, die jetzt fast allenthalben am Versiegen sind, von denen aber die verschiedenen Völker so reiche Schätze besitzen, sind hierfür hervorragend geeignet. In höchster Reinheit aber sind diese Urgebärden in der «Eurythmie» Rudolf Steiners dargestellt, die in dem nachfolgenden Artikel behandelt ist. In den verschiedenen Rhythmen, im sorgsamen Wechsel langer und kurzer Schritte gemäß Versen oder musikalischen Rhythmen wird den Beinen und Füßen die Geneigtheit gegenüber dem menschlichen Willen, im Taktieren, Klatschen und in den vielfältigen Gebärden, derer die Hände fähig sind, wird diesen die Dienstbarkeit für das menschliche Gemüt eingeprägt. In der Fülle der eurythmischen Ausdruckssprache liegt ein Abbild jenes geistigen Wirkens vor, welches oben als vorgeburtliche Lehrschule der Seele geschildert worden ist.

Was bei dem normalen Kinde nur eines einmaligen Aufrufens bedarf, das muß beim abnormen oft und oft wiederholt werden.

Dem Kinde, das selbsttätig diese Bewegungen nicht ausführen mag oder kann, führt man die Hände, setzt die Beinchen, macht selbst die spielenden Gesten für es und mit ihm, bis es sich gewinnen läßt. Dabei ist wichtig, die Hilfe nicht zu verschmähen, die Nacht für Nacht von unsichtbaren Mächten hinzukommt, sobald die kleinste Besserung angebahnt ist. Ein von seiner Schwere überwältigtes, bewegungsunlustiges Kind, dem es gelungen ist, heute einmal solche Übungen nur andeutend mitzumachen oder wenigstens an sich vollziehen zu lassen und damit die Schwere nur kurze Zeit zu überwinden, kommt morgen bereits geneigter zur Übstunde. Das rührt daher, daß jede am Tage vollbrachte geistgemäße Bewegung in der Nacht weitergetragen, ja erst zur vollen Wirkung gebracht wird, wo der Leib von einem geistigen Genesungsstrom durchzogen wird. Darauf darf der Heilerzieher vertrauen. – So haben wir in solchen «Spielen», in der «Eurythmie», insbesondere in deren Ausprägung als «Heileurythmie», das Heilmittel, welches den Körper für die Seele bewohnbarer macht.

Handelt es sich um die Förderung des *Sprechvermögens,* so hat man in der *Eurythmie* bereits ein Fundamentales. Denn gerade aus jenem Sprechenden der eurythmischen Bewegungen lösen sich die Laute, Töne und Worte auf die naturgemäßeste Art ab. Sprachunzulänglichkeiten werden daher am wirkungsvollsten gerade mit «Eurythmie» behandelt. In ihr ist ja für jeden Laut die ihr entsprechende Bewegung ausgearbeitet. Man packt das Übel an der Wurzel an, wenn man mit dem Kinde, welches bestimmte Laute nicht zu formen vermag, die entsprechenden eurythmischen Bewegungen übt, wenn man den Stotternden eine auf das Gleichmaß des Atemrhythmus aufgebaute Bewegungsübung, den schlecht Artikulierenden die exakte Formung der Lautbewegungen mit den Armen lehrt. Daran schließen sich dann die reinen *Sprachübungen* an, wie sie sich aus einer sorgfältigen Sprachgestaltung ergeben. Eine Fülle von grundlegenden Sprachübungen sind von Rudolf Steiner angegeben worden, die «weniger darauf ausgebildet sind, einen besonders tiefen Sinn zu geben, als darauf, daß man die Sprachorgane in einer eben organischen Weise (…) in allseitige Bewegung bringt», an denen man «die Sprachorgane elastisch machen, gleichsam ins Turnen versetzen» kann.[9] Diese Sprachübungen oder kindgemäße Abwandlungen davon erweisen sich hier als förderlich.

Oft handelt es sich darum, daß ein Kind sprechen könnte, aber so überempfindlich ist, daß es das Geräusch des gesprochenen Wortes nicht ertragen kann. So bleibt der Mund verschlossen und damit zugleich die Seele, obwohl es in dem Kinde innerlich tönt und spricht. Da muß die Sprache behutsam in die Hörbarkeit heruntergeholt werden. Hier kann *Gesang* und *Musik* helfen. Nur muß es auf die zarteste Art geschehen. Jede mechanisch erzeugte «Musik» – welche ja immer nur Geräusch und nicht Musik ist – wäre verfehlt. Voluminöse Instrumente wie das Klavier kommen nicht in Frage, und auch die edleren Tonerzeuger wie Geige und Flöte sind nicht so gut zu gebrauchen, weil ihr eigenartiger Ton die empfindlicheren Kinder zu stark angreift. Dafür ist nun in den zwanziger Jahren dieses Jahrhunderts ein Instrument geschaffen worden, das solchen Kindern die größte Wohltat ist: die «Leier».[10] Die Leiertöne sind musikalisch rein und deutlich, zugleich aber so milde und unaufdringlich, daß sie das Intime der Musik an die Kinderseele herantragen können. Melodien, auf der Leier gespielt oder auf ihr begleitet und gesungen, erleichtern dem Kinde das große Wagnis, seine Sprache der Hörbarkeit anzuvertrauen. Von Musik und Gesang über die dichterisch geformte Sprache zur Prosasprache hinab geht der rechte Weg der Sprachförderung. Er führt viel weiter, als der, der mit mechanisch erzeugten Lauten beginnt.

Eine weitere wichtige Hilfe für die Sprache ist das *Malen* mit leuchtenden flüssigen Farben. Das Kind erlebt in der Natur eine Szene, oder man baut ihm eine solche aus der Phantasie auf. Und nun hilft man ihm, dabei stets das Gespräch pflegend, auf alle Anregungen des Kindes eingehend, ein Bild davon mit Pinsel und Farbe auf das Papier zu bringen. Man kann das auch mit Kindern tun, die noch gar nicht sprechen. Ein solches Kind ergreift vielleicht die Hand des Erwachsenen und bringt zum Ausdruck, was es zugefügt sehen möchte. Damit rührt man gerade an die Sphäre im Kinde, in der die *Antworten* auf die äußeren Eindrücke aufkeimen. Die

Produktivität, die erforderlich ist, um ein – wenn auch noch so unbeholfenes – Bild zu malen, belebt diese Sphäre. Hat sich das Kind einmal mit der Gestaltung eines solchen Bildes abgemüht, so ist es geneigter, den betreffenden Sinneseindruck, wenn er sich wiederholt, durch das Wort zu beantworten. Und so kann das Wunder geschehen, daß durch solches Malen, verbunden mit den oben geschilderten Übungen, wenn es oft wiederholt wird, plötzlich einmal, durch die Freude über die leuchtenden Farben wie beflügelt, ein erstes Wort dem bisher stummen Kinde entfährt. Und wenn dieses sich auch danach vielleicht wie erschrocken um so mehr in sich verkriecht, so ist doch die Fähigkeit einmal geboren, und das Kind wird bei unermüdlicher Wiederholung allmählich das Vertrauen gewinnen, sie zu betätigen. Bei diesem sprach-fördernden Malen spielt die sinnlich-sittliche Wirkung der Farben die denkbar größte Rolle. Weil die Seele in Wahrheit ein Künstler ist und das Erleben und Verstehen der Welt, das Beantworten ihrer Reize durch die Sprache ein Vorgang künstlerischer Produktion, ist eine künstlerisch-therapeutische Erziehung in diesem Sinne sachgemäß und erfolgreich.

Mit der Förderung von Bewegung, Gehvermögen, Gebärde, Sprache ist aber zugleich die wesentliche Grundlage für das *Denkvermögen* gelegt. Es quillt gleichsam wie von selbst daraus hervor. Will man diesen Vorgang unterstützen, so tut man gut, sich nicht mit dem zu begnügen, was oft als das Element der «Anschaulichkeit» empfohlen wird, weil es passiv und träge macht, während ja gerade etwas Aufweckendes nötig ist. Dieses Element der «Anschaulichkeit» hat von jener primitiven Bilderfibel des Amos Comenius, dem Orbis pictus, von der alle unsere Schulfibeln Ableger sind, über die «schönen» Anschauungstafeln für den Schulunterricht bis hin zu der Flut der heute so geschätzten schauderhaften Bilderzeitschriften für Kinder einen wahren Siegeszug zurückgelegt. All dieser Aufwand aber dient nur dazu, das Kind denkträge und schließlich denkunfähig zu machen. Auch der beste «Anschauungsunterricht» mit Modellen und Bildern hilft nicht sonderlich dazu, die Welt anschaulich zu machen. Vielmehr hilft dazu alles, was aus der eigenen Produktivität des Kindes hervorgeht. Erwähnt ist schon das Malen. Hier kommt eine andere Seite davon in Frage. Weniger die Farbenschönheit, obwohl diese nie vergessen werden sollte, als vielmehr die Formung eines Zusammenhanges in einem Bilde, wo alle Einzelheiten zu einem Ganzen zusammengeordnet sind, also das «gegenständliche Malen».[11] Ein in der Wirklichkeit erlebter oder dem Kinde erzählter Vorgang wird «übersichtlich», wenn er gemalt, plastiziert, etwa auch theatralisch dargestellt wird.

Unter den entwicklungsgehemmten Kindern gibt es solche, denen es nicht gelingt, das, was sie erleben, *zusammenhängend aufzufassen.* Sie gehen durch die Natur, oder sie begegnen einem andern Menschen, aber ihr Blick bleibt an Einzelheiten haften, die sie mit um so fatalerer Eindringlichkeit wahrnehmen, als sie sie nicht zu einem Totalbilde vereinigen. Dies ist ein schweres Hindernis für jegliche Gedankenentfaltung. Gegenüber diesem Unvermögen haben wir als ein gutes Heilmittel bewährt gefunden: die Darstellung von Szenen auf dem *Puppentheater.* Es eignen sich dafür gut die Märchen mit ihren Bildfolgen, in denen die Wiederholung, die Steigerung und auch der Gegensatz von Bild zu Bild künstlerisch benützt werden können. Solch ein Bild, in wohlabgestimmtem Zusammenwirken von Form, Farbe, Wort und Musik gestaltet, gibt einen viel zusammenfassenderen Eindruck, als er in der Wirklichkeit je gewonnen werden kann, wo die Einzeleindrücke auseinanderfallen. Um aus der verwirrenden Fülle dessen, was unseren Sinnen da begegnet, etwas Zusammenhängendes herauszuschälen, bedarf es viel mehr Kraft. Beim hingebungsvollen Anschauen des Bildgeschehens auf der Puppenbühne fällt alles Störende weg. Die Sinne des Kindes und seine empfindende Seele können auf dem einheitlichen Eindruck ruhen. Freilich müssen die «Bilder» künstlerisch gestaltet sein. Es ist also nicht der übliche Kasperle gemeint, der in anderen Situationen seine große erzieherische Bedeutung haben kann. Und wenn das Kind dann gar angehalten wird, solche Szenen nachzugestalten, bildet sich an diesem Bemühen die Auffassung von Zusammenhängendem, das überschauende Denken.

Beim gesunden Kinde erwachen die Urfähigkeiten, die es zum

Menschen machen, gewissermaßen durch den Anruf der Seele durch den Erwachsenen, der sich vor dem Kinde gehend, sprechend, denkend darlebt. Das Kind fühlt sich wesensgleich angehaucht und geht mit der Nachahmung darauf ein, und damit beginnt das Wunder: Die geistig erlernten Urfähigkeiten wandeln sich in irdisches Vermögen um. Damit ist das Kind in tiefstem Ernst in Wahrheit beschäftigt, wenn es, in der Wiege liegend, seine unermüdlichen Strampel- und Greifbewegungen macht und wenn es später dem geschäftigen Spiel obliegt. Es prägt damit seinem Organismus die Menschlichkeit ein, damit es ein würdiges Erdenleben führen kann. Das Wunder, das hier so selbstverständlich vor sich geht, wie das Öffnen der Blüte, wenn die Sonne die Knospe anstrahlt, muß im anormalen Falle durch *unermüdliche Wiederholung* der geschilderten Übungen angebahnt werden. Es bedarf beim Erwachsenen dabei einer unerschütterlichen Glaubenskraft. Solche ergibt sich durch das Studium der geisteswissenschaftlichen Einsichten über den geistigen Ursprung des Menschentums. Diese haben eine sonnenähnliche Kraft.

Aus Erfahrung darf gesagt werden, daß der geschilderte Weg erfolgreicher ist und am Ende weiter reicht als alle äußerlichen Maßnahmen mit technischen Behelfen. Es gelingt oft, dem gehinderten Kinde die Tendenz zum Normalwerden als einen fortwirkenden Genesungsprozeß einzuarbeiten. In den schwereren Fällen dauert es natürlich sehr lange. Aber selbst wo es zu keiner bleibenden Veränderung führt, stellt sich der gesunde Zustand oft wenigstens im status nascendi ein. Ein Leuchten auf dem Antlitz, eine freie Gebärde, ein überraschend sinnvolles Verhalten zeigen an, daß der Gesundungsprozeß innerlich wirkt.

3. Vom Unterrichten
seelenpflegebedürftiger Kinder

«Bildungsfähigkeit», Intelligenzalter und Schulreife. Unterrichtsgruppen. Hauptunterricht. Unruhige Kinder. Wechsel von tätigem und betrachtendem Unterricht. Rechnen. Schreiben und Lesen. Sonstiger Lehrinhalt. Unterrichtsmethode: das Urbildhafte. Pflanzenkunde, Tierkunde. Stoffverteilung, Lehrplan. Die Übergänge des neunten, zwölften und vierzehnten Jahres. Die Erdenreife. Beispiele.

Alle bisher geschilderten Maßnahmen stellen Fundamentales dar. Sie können mit dem kleinsten Kinde wie mit dem schon älteren vorgenommen werden, beim kleinen in der Form des Spieles, beim älteren als planmäßige Übungen. Sie sind zugleich Vorbereitung für das eigentlich Schulische, welches nun behandelt werden soll.

Die unvollständig veranlagten Kinder teilt man oft in «bildungsfähige» und «nichtbildungsfähige», und die ersteren wiederum in «schulfähige» und in «nichtschulfähige, sondern nur praktisch bildungsfähige» ein. Diese Einteilungen, so einleuchtend und praktisch sie scheinen, sind doch recht fragwürdig, sowohl was die Ausscheidung der «bildungsunfähigen» anlangt als auch die absolute Trennung von theoretisch-schulischer und praktischer Bildung. Die eine wird durch die andere angeregt und ermöglicht. Insbesondere besteht oft die Praxis, ein schon acht-, neunjähriges Kind entsprechend seiner intellektuellen Unzulänglichkeit als noch nicht schulfähig anzusehen. Man verschiebt dann den Beginn des eigentlichen Unterrichts. So spricht man einem jeden Kinde einen *Intelligenzquotienten* und ein diesem entsprechendes *Intelligenzalter* zu, nach dem es auf gleicher Intelligenzstufe wie ein entsprechend jüngeres stünde. Man hat empirisch eine normale Intelligenzskala ermittelt. Es ergibt sich dann die Situation, daß in einer Anfängergruppe unter den Sechs-, Siebenjährigen auch wesentlich ältere und in jeder Stufe wiederum Kinder verschiedenen Alters beisammen sind. Diese Auffassung und Handhabung beruht auf einem Verkennen der Kindesnatur, insbesondere auch beim unvollständig entwickelten Kinde.

Kinder, gesunde wie gehinderte, treten in einem bestimmten Zeitpunkt von einer Lebensstufe in die nächste über. Dabei wandelt sich ihr Verhältnis zur Umwelt, ihr Auffassungsvermögen, ihr ganzes Wesen. Es ist das besondere Verdienst Rudolf Steiners, diese Entwicklungsübergänge in ihrer umfassenden Bedeutung entdeckt und dargestellt zu haben.[12] Bei der wirklichen Geburt tritt zunächst nur der *physische Leib* des Kindes in die Erscheinung und wird nun von innen von der Seele des Kindes und von außen von den Sinneseindrücken her bearbeitet, wodurch er im Laufe der ersten sieben Jahre zu dem für die betreffende Individualität geeigneten physischen Werkzeug ausgestaltet werden muß. Nach dem Zahnwechsel bietet sich jenes feinere Gefüge der Lebenskräfte, welches Rudolf Steiner den *Bildekräfte-* oder *Ätherleib* nennt, das bis zu diesem Zeitpunkt in den Tiefen der physischen Organisation gearbeitet hat, der Beeinflussung dar. Nun kann das Kind «lernen», d.h. diesem feineren Wesensglied, das den Zusammenhalt alles physischen wie seelischen Lebens leistet, sein inneres Wesen sowie die Erfahrungen, die von der Außenwelt kommen, einarbeiten. Und wenn dieses sieben Jahre gewaltet hat, ist der gesamte Leib zu einer menschlichen Vollständigkeit gekommen: Er ist nun reif, eine Organisation gleicher Art zu gestalten. Damit kommt jener seelische Zusammenhang zum Vorschein, den Rudolf Steiner den *Empfindungs-* oder *Astralleib* nennt, der dem jungen Menschen eine neue, innerlichere Art Verkehrs seiner Seele mit der Umwelt ermöglicht. Mit der physiologischen zugleich wird jene umfassendere Liebefähigkeit geboren, die den Menschen antreibt, ein Schaffender im Weltganzen werden zu wollen. Für die Erziehungskunst gibt das Erfassen dieser Übergänge die Grundorientierung. Die markantesten sind also durch Zahnwechsel und Reife gekennzeichnet. Dazwischen liegen verborgenere um das neunte und um das zwölfte Lebensjahr. Jeweils neue Fähigkeiten treten hervor. Die Beachtung dieser Übergänge ergibt das Grundgerüst des Lehrplanes der Freien Waldorfschulen, an denen die Pädagogik Rudolf Steiners verwirklicht wird; es enthält die Forderung, daß das Kind immer mit seinen Altersgenossen von Klasse zu Klasse steigt, also ein «Sitzenbleiben» der Schwächeren oder ein Überspringen der Begabteren ausgeschlossen ist. Der tieferliegende innere Entwicklungsverlauf, welcher durch diese Übergänge bezeichnet wird, ist viel wichtiger als die innerhalb der Altersstufe sich ergebenden Verschiedenheiten von Kind zu Kind. Es muß hier auf die ausgiebige Literatur Rudolf Steiners und der Lehrer dieser Schulen hingewiesen werden, die davon handelt.[13]

Der Augenblick, in dem ein eigentlicher *Unterricht* möglich, aber auch nötig wird, ist durch jene «zweite Geburt» um das siebente Jahr markiert. Das gilt auch für unvollständig entwickelte Kinder. Freilich treten hier größere Abweichungen auf, die die Gesamtheit dieses Geburtsprozesses betreffen. Es gibt Kinder, die verfrüht in die Gestalt- und Wesensverwandlung dieses Prozesses eintreten, was sich eventuell in bedeutender Verfrühung des Zahnwechsels ausdrückt; wiederum andere verharren in der Wesensart der ersten Lebensepoche, der Zahnwechsel verzögert sich, oder die ersten Zähne wollen überhaupt nicht weichen. Es gibt Fälle, wo die kleinen Stumpen der ersten Zähne noch sämtlich vorhanden sind, wenn die zweiten sich durchgesetzt haben, und von allein nicht herausgehen. Diese später zu besprechenden Verspätungen oder Verfrühungen müssen berücksichtigt werden. Es handelt sich also bei der Altersangabe des siebenten Jahres nicht um eine pedantische Fixierung. Der Prozeß als solcher ist deutlich zu erkennen und ist das Zeichen dafür, daß nun ein Schulunterricht beginnen muß. Und wenn das Kind noch nicht schulfähig erscheint, so ist es doch um so mehr schulungs*bedürftig* und verlangt danach, schulfähig gemacht zu werden. Der Ratschlag, der so oft den Eltern von gutmeinender Seite gegeben wird, zu *warten,* ist meist nicht sachgemäß. Fruchtbarste Zeit geht verloren, und die Möglichkeit der Besserung wird verringert.

Man faßt also die Kinder, die über die Schwelle des siebten Jahres gehen, in eine *Unterrichtsgruppe* zusammen. Selbstverständlich sollten die Fähigkeiten der einzelnen nicht allzu verschieden sein. Es können nicht gut leichtgehinderte Kinder mit schwerstentwicklungsrückständigen, allzu unbändige mit empfindlichsten in einer

Gruppe zusammen unterrichtet werden. Freilich kann ein geschickter Heilerzieher recht verschiedene zusammenführen und vorwärtsbringen, auch hängt dieses Problem ja von den wirtschaftlichen und sozialen Möglichkeiten ab. Aber als das Fruchtbarste darf aus langer Erfahrung angesehen werden, wenn Kinder nicht allzu verschiedenen Schwierigkeitsgrades in einer nicht allzu großen Gruppe vereinigt sind. Geht man bei der Zusammenstellung solcher Gruppen behutsam tastend vor, so erlebt man oft staunend, daß eine solche Gruppe sich schließlich als eine harmonische Gemeinschaft herausstellt. Das Schicksal waltet da auf wundersame Weise und führt dem einen Kinde einen Gefährten zu, dem es etwas zu geben hat oder der gerade das besitzt, was es braucht. Ein besonders zartes Kind etwa kann der Mittelpunkt der Pflegsamkeit der ganzen Gruppe werden und den wilderen anderen steter Anlaß zur Veredelung ihrer Art. Ein ausgesprochener Wildfang kann wie in eine Gruppe entsandt erscheinen, um als Anreger oder auch Diener der anderen zu wirken. Es ist nun die Aufgabe, den Zusammenklang der Gruppe zu erlauschen und die «Stimmung» des kleinen Ensembles zu betreuen. Man empfängt dafür aus dem Studium der geisteswissenschaftlichen Darstellungen über das Weben des Schicksals eine rechte Orientierung und Empfindung. Man wird auch bald bemerken, daß nicht nur die Kinder, die das Schicksal zusammengeführt hat, zusammenstimmen, sondern daß man selbst auch mit diesen Kindern, mit dem einen mehr, mit dem andern weniger, «zusammenhängt». Der Erzieher bringt in seiner eigenen Seelenveranlagung gerade das mit, was seine Kinder brauchen, oder es fehlt ihm gerade das, und nun wird ihm das hilfebedürftige Kind die Veranlassung dazu, etwas zu lernen, was für die eigene Entwicklung segensvoll wird. So wirken Lehren und Lernen ineinander.[14]

Es kann auch der Fall sein, daß ein ganz normales Kind in einer Gruppe sogenannter «unnormaler» Kinder am Platz ist und zu seinem Recht kommt. Kinder «sehen» durch die Hülle, in der die Absonderlichkeit steckt, den Kern des anderen, und es kann eine innige Liebe zwischen so verschiedenen Kindern walten, die heilender Balsam für beide sein kann. Dies sind aber seltene Ausnahmen, und es wird sich ein fruchtbares Miteinander meist auf die ersten zwei oder drei Schuljahre begrenzen. Von solch besonderen Schicksalsfällen abgesehen, ist eine heilpädagogische Gruppe im allgemeinen nicht das rechte Milieu für die unbehinderte Entfaltung eines gesund veranlagten Kindes. Dafür liegen nun heute schon genügend Erfahrungen aus dem Lebensablauf von heute Erwachsenen vor, die ihre Kindheit in zu stetiger Gebundenheit an abnorme Kinder zubringen mußten, die mahnen, äußerst behutsam zu sein.

Mit der solchermaßen geformten Unterrichtsgruppe gestaltet man nun also in der besten Zeit des Vormittags einen *Hauptunterricht,* in dem man soweit wie möglich alles Erforderliche zusammenordnet. Man wird mit gemeinsamem Spruch, Gesang, vielleicht auch einer kurzen eurythmischen Übung beginnen. Das ist ein Anruf der Seele. Rudolf Steiner wies auf die besondere Wirkung des gemeinsamen Sprechens eines Spruches hin, wenn dies in rhythmischer Folge Tag für Tag geschieht. Es könne «etwas Wunderbares herauskommen, wenn man die Kinder einen gebetsartigen Spruch sagen läßt, selbst wenn solche darunter sind, die nichts sagen können. Es ist doch eine wunderbar ausgleichende Wirkung in dem, was da chormäßig zustande kommt.»[15] Es ist auch fruchtbar, die Kinder einen Spruch in einer fremden Sprache sagen zu lassen; falls es deutschsprechende sind, etwa in Griechisch, Russisch oder Englisch. Durch Nachsprechen lernen sie ihn. Erfahrungsgemäß sprechen sie ihn viel deutlicher als in der eigenen Sprache, wo der Sinn sie verleitet, über die einzelnen Laute hinwegzuhuschen. In der fremden Sprache, wo man ihnen den Sinn nur im allgemeinen mitteilt, tauchen sie gleichsam in den Kraftstrom des *Wortes* selbst ein. Besonders schöne gehaltvolle Sprüche sind hier am Platz.

Dann können sich mancherlei Übungen zur Aktivierung und Harmonisierung des Willens, der Aufmerksamkeit, der ganzen inneren Beweglichkeit anschließen. Hier kann das im vorigen Abschnitt Ausgeführte immer wieder aufgegriffen und weitergeführt werden. Damit wird man Tag um Tag versuchen, jedes Kind in den ihm bisher erreichbaren Stand menschlicher Würde zu heben, um nun die beste Zeit des Morgens dem eigentlichen Unterricht zu widmen. In diesem wird man danach trachten, den täglichen Stoff dem Kinde jeweils zu einem freudigen Ereignis werden zu lassen. Man wird die Erscheinungen der Natur, der Umwelt, des Menschenlebens überschaubar ordnen, ausgeprägter, plastischer gestalten, das Element der Steigerung und Gegensätzlichkeit benützend. Man wird dabei immer versuchen, ein lebhaftes «Gespräch» zu entzünden. Man bringt etwas vor, läßt die Kinder sich äußern, greift dieses auf, auch wenn es nicht ganz paßt, und führt das vielleicht manchmal wogende Hin und Her zu einem Ziel, wo man mit Hilfe von Kreide oder Pinsel, mit Vers und Lied oder gar einer dramatischen Szene einen *sichtbaren, erlebbaren starken Eindruck* gestaltet.

Ein zunehmend schwieriges Problem ist die außerordentliche *Unruhe,* die meist in solch einer Unterrichtsgruppe herrscht. Diese nimmt ja heute sogar in Normalklassen mitunter eine solche Turbulenz an, daß ein wirkliches Unterrichtsgespräch kaum zustande kommt, sondern der Lehrer seine ganze Kraft für das stetige «Bändigen» dieser Unruhe braucht. Bei dem normalen Stadtkind rührt dies ja im allgemeinen vom Lärm der Straße her, der sich ihm aufprägt und den es in der Schule nicht loswerden kann. Solche Unruhe kann aber auch aus dem Kinde selbst kommen. So ist es bei manchen entwicklungsgehemmten Kindern. Der Mensch hat in seinem Wesen zwei Pole: den der Kopforganisation, in der das Nerven-Sinnes-Leben konzentriert ist, und den der Gliedmaßenorganisation mit der Fortsetzung nach den inneren Organen hin. Dem Kopf eignet die *Ruhe,* die Tugend der Gliedmaßen ist die *Beweglichkeit.* Zwischen diesen beiden Polen vermittelt das System, in dem Atmung und Blutzirkulation beheimatet sind. Hier herrscht regelmäßiger *Wechsel zwischen Ruhe und Bewegung,* Rhythmus. Dadurch wird die Beweglichkeit des unteren Systems beruhigt und die Ruhe des oberen in Bewegung übergeführt. Bei den unruhigen Kindern liegt meist eine Schwäche des mittleren und oberen Systems vor, und so werden die Bewegungsantriebe des unteren nicht in der Mitte gemildert und von oben beruhigt. So entsteht das rastlose Zappeln.

Wie durch *rhythmische Übungen* die Kräfte des mittleren Systemes belebt und verstärkt werden können, finden wir im nächsten Kapitel über «Heileurythmie und Heilpädagogik» behandelt. Damit arbeitet man auf lange Sicht. Aber man muß ja in jeder Unterrichtsstunde und fortwährend im Tageslauf die Unrast besänftigen. Die Unruhe durch Autorität direkt niederhalten zu wollen mißlingt bei krankhaft unruhigen Kindern im allgemeinen oder führt zu späterem um so stärkerem Unruheausbruch. Man trachte vielmehr danach, dem chaotischen, zügellosen Bewegungsimpuls eine Richtung, ein Ziel zu geben: Speerwerfen, Ballspielen, Handarbeit, alle «gezielten» Bewegungsanstrengungen wirken gut. Und von der Seite des Hauptes her kann man von dem Kinde zwar nicht verlangen, durch längere Zeit bewußt Ruhe zu bewahren. Man verschaffe ihm aber Momente intensiver Ruhe, ein für kurze Zeit erzwungenes Stillschweigen, während welchem man ihm einen seelenerfüllenden Eindruck vermittelt, ein intensives Lauschen, während man geheimnisvoll leise zu ihm spricht oder zarteste Musik ertönen läßt, Momente feierlichen Wartens. – Solche vertiefte Ruheanstrengung läßt man rhythmisch abwechseln mit jener bewußt gewollten Anstrengung gezügelter Bewegung. Dadurch tritt allmählich Beruhigung ein.

Aber es ist noch ein anderer Zusammenhang zu beachten. Gewisse Unterrichtsgegenstände und Betätigungen machen die Kinder immer lebhafter, so daß auch die zurückgezogenen mehr aus sich herauskommen, während die zappelnden oder sonst allzu wachen noch mehr «aus dem Häuschen» geraten. Bei andern Fächern und anderer Beschäftigung tritt eine allgemeine Beruhigung ein, was die etwas schläfrigen in Gefahr bringt, vollends in sich zu versinken. Man lernt sich dieses zunutze zu machen, indem man die beiden polaren Elemente des Anfeuernden und des Beruhigenden in entsprechender Weise wechseln läßt und je nach Art des Kindes mehr das eine oder das andere anwendet. Das recht dosierte Wechselspiel gibt einen frisch erhaltenden Atem durch den ganzen Unterricht hindurch.

Rudolf Steiner hat auf das Gesundende dieses Wechsels auch für allen Normalunterricht in ganz grundlegender Weise aufmerksam gemacht.[16] Es sei dies seiner Wichtigkeit wegen wörtlich angeführt. «Es zerfällt ja der Unterricht (…) im wesentlichen in zwei Teile, die allerdings immer ineinander wirken: in den einen Teil, wo wir dem Kinde etwas beibringen, an dem es sich mit seiner Geschicklichkeit, mit seiner ganzen Leiblichkeit betätigt, wo wir also das Kind in eine Art von Selbsttätigkeit bringen. Wir brauchen nur an die Eurythmie, an die Musik, an das Turnen zu denken, ja selbst wenn wir an das Schreiben, an die äußere Verrichtung des Rechnens denken, so bringen wir das Kind da in eine gewisse Tätigkeit. Der andere Teil des Unterrichtens ist der betrachtende Teil, wo wir das Kind anschauen lassen, wo wir das Kind auf etwas hinweisen.

Diese beiden Teile, obwohl sie immer ineinandergreifen im Unterricht, sind voneinander grundverschieden. (...) Kinder nur zu unterrichten in Betrachtungssachen, würde ihr Leben für das spätere Alter furchtbar verkümmern. Kinder, die bloß auf das Betrachtende hin dressiert oder unterrichtet werden, werden im späteren Leben benommene Menschen. Sie werden mit einem gewissen Überdruß an der Welt erfüllt. Sie werden sogar für das Betrachten im späteren Lebensalter oberflächlich. Sie sind nicht mehr geneigt, im späteren Lebensalter viel zu betrachten und auf das Außenleben die nötige Aufmerksamkeit zu verwenden (...).» Rudolf Steiner bezeichnet den Bewußtseinszustand, in den das Kind durch solch Überwiegen nur betrachtenden Unterrichts gerät, als «wachende Schlaftätigkeit». «Das Kind ist mit seinem Geistig-Seelischen in einer gewissen Weise aus dem Leibe heraußen, und nur dadurch, daß es nicht ganz heraußen ist wie beim Schlafe, wird es in der Mittätigkeit des Leibes unterhalten. In einem leiseren Grade wird tatsächlich dieselbe Erscheinung hervorgerufen wie im Schlaf, nämlich ein gewisses Aufsteigen der organischen Tätigkeit von unten nach oben. Kinder, denen wir Geschichte erzählen, entwickeln organisch dieselbe Tätigkeit, die der Mensch im Schlaf entwickelt, wo ihm auch die Stoffwechselprodukte ins Gehirn steigen. Wenn wir die Kinder sitzen lassen und sie so beschäftigen, daß sie betrachten müssen, ist es so, wie wenn wir in ihnen eine leise Schlaftätigkeit des Organismus hervorrufen.»

Man hat gewöhnlich die Vorstellung, daß der Schlaf nur stärkend für den Organismus ist; jeder Morgen, an dem man mit Kopfschmerzen erwacht, könnte natürlich von der Wirklichkeit der Sache belehren. Wir müssen uns durchaus klar sein darüber, daß dasjenige, was in unserem Organismus krank ist, zurückgehalten wird durch die Wachtätigkeit von den oberen Organen, daß es nicht aufsteigen kann. Wenn wir schlafen und es ist etwas in unserem Organismus krank, dann steigt es erst richtig auf. Und dieses Aufsteigen alles desjenigen, was im kindlichen Organismus nicht ganz in Ordnung ist, das ist fortwährend der Fall, während wir das Kind betrachten lassen. Dagegen, wenn wir dem Kinde Eurythmie beibringen, wenn wir es singen lassen, wenn wir es sich musikalisch betätigen lassen, wenn wir es turnen lassen, ja selbst wenn wir es schreiben lassen, insofern es dabei eine Selbsttätigkeit entwickelt, wenn wir es handarbeiten lassen, da ist eine Tätigkeit vorhanden, die wir in derselben Weise vergleichen müssen mit der Wachtätigkeit; es ist eine gesteigerte Wachtätigkeit vorhanden. – Es wird daher wesentlich durch Singen, durch Eurythmie, auch wenn das gar nicht beabsichtigt wird, eine hygienische, ja sogar eine therapeutische Tätigkeit ausgeführt.»

Rudolf Steiner schließt daran an, daß im Waldorfschulunterricht zwischen den Unterrichtenden dieser beiden polaren Fächergruppen eine gute Zusammenarbeit sein müsse. Man kann daraus viel lernen für die Gestaltung des Stundenplanes, indem man die mehr *betrachtenden* und die mehr *betätigenden* Fächer in gesundem Wechsel anordnet.

Bei den gehinderten Kindern sind die oben geschilderten Zustände viel ausgeprägter, und es treten daher die polaren Wirkungen des betätigenden und des betrachtenden Unterrichts viel stärker in Erscheinung. Das Gesundende des einen Elementes gegenüber dem Krankmachenden des Übermaßes des andern muß hier bereits innerhalb der einzelnen Stunde fortwährend angewendet werden. Man hat mit etwas Sammelndem, Aktivierendem begonnen, dann kommt der eigentliche Stoff: Man schildert etwa das Tierleben in einer bestimmten Erdgegend und zeichnet dabei an der Tafel vor. Die Kinder sind ganz aufmerksam, aber je mehr man sie nötigt, das Vorgebrachte nicht nur zu genießen, sondern recht aufzufassen, müssen sie sich im «betrachtenden» Sinne so anstrengen, daß man nach einer gewissen Zeit das eine oder andere ermatten sieht.

Gleichzeitig wird die ganze Schar allmählich unruhig. Da holt man Ton hervor und geht dazu über, die Kinder formen zu lassen, oder man läßt sie malen. Da werden sie bald ruhiger und zugleich innerlich lebendiger. Nach kurzer Zeit waltet emsige Ruhe im Klassenzimmer. Am Ende nimmt man ihre Aufmerksamkeit noch einmal in der «betrachtenden» Form in Anspruch. Man spricht zu ihnen, die Stunde zusammenfassend, das Aufgenommene befestigend, oder wenn es bewußtseinsschwächere Kinder sind, läßt man sie noch einer kurzen Musik lauschen. So wird der ganze Hauptunterricht etwas Harmonisch-Gesundes. Man läßt diesem dann vielleicht eine Stunde folgen, wo Schreiben geübt oder gestrickt oder gewerkelt wird, und kann den ganzen Vormittag noch mit einer kurzen Stunde entgegengesetzter Tätigkeit abschließen.

Auch eine andere Polarität beachtet man im Unterricht. Man sorgt dafür, daß die Kinder mindestens einmal in der Stunde recht in Heiterkeit kommen und wiederum mindestens einmal etwas erleben, was eine in sich gekehrte, «traurige» Stimmung hervorruft. Dieser Wechsel kräftigt die seelische Atmung, was besonders bei den Kindern wichtig ist, die entweder zu sehr in sich verharren oder zu leicht außer sich geraten.

Ein gut Teil der unterrichtlichen Bemühungen muß auf das Erlernen von Lesen, Schreiben und Rechnen verwendet werden. Die Sorge der Eltern gipfelt oft in der Frage: Wird mein Kind diese heute unentbehrlichen Künste lernen? Dabei muß von vornherein klar sein: Es hat Sinn, darauf so viel Kraft zu verwenden, wenn das Kind sie später auch anwenden können wird. Würde der mühsam erworbene Besitz dann nur ein toter sein, so wäre die Anstrengung nutzlos vertan, wahrscheinlich sogar mit Schaden für die Lebenskräfte des Kindes. Es ist dann wohl auch nur durch eine Art Dressur möglich gewesen. Mit dieser Einschränkung muß alles versucht werden, damit die Kinder diese Künste lernen.

Das *Rechnen:* Das normale Kind kann bei seinem Schuleintritt im Grunde schon rechnen. Es hat spielend Finger und Zehen abgezählt und beim Ballspielen oder bei anderen Spielen den Zahlenraum zählend erweitert. Es hat an seinen beiden Füßen und Händen die

Doppeltheit, an den Gliedmaßen der Tiere oder an Tisch und Stuhl die Vierheit erfahren und dergleichen mehr, hat auf dem Trottoir durch Überspringen jeweils eines oder mehrerer Steine und durch andere Späße auch bereits das Einmaleins zu lernen begonnen, hat im heute leider nicht mehr so häufigen Spiel mit den Murmeln größere und kleinere Mengen vergleichen, zerlegen und zusammenfügen gelernt. Das heißt praktisch: Es *kann* die Grundrechnungsarten, bevor es von ihnen weiß. In der Schule wird ihm das bereits Gelernte nur *bewußtgemacht*, und alles Folgende besteht darin, es stufenweise zu erweitern und seine mannigfaltigen Anwendungen zu lehren. Das ist dann die zweite Etappe. Die erste, grundlegende hat es normalerweise hinter sich, wenn es in die Schule eintritt.

Das ist nun wiederum bei dem unvollständig veranlagten Kinde anders. Es ist oft beim ersten Prozeß steckengeblieben; also muß man ihm helfen, ihn nachzuholen. Mit Übungen, die jenen kindlichen Spielen abgelesen und entsprechend umgewandelt sind, kann man beginnen. Fast immer erweist sich als heilpädagogischer Ausgangspunkt geeignet, dem Kinde seinen eigenen Kopf, seinen Körper, die Hände und Füße bewußtzumachen, indem es diese auf Geheiß ertasten und bewegen lernt. Am Gesamtkörper ist schon eine großartige Arithmetik verwirklicht. Da sind in dem *einen* Kopf und Leib, in den gepaarten Händen, Füßen, Augen und Ohren, in der Fünfheit der Finger wie der ganzen Gestalt des mit gestreckten Armen und Beinen stehenden Menschen *Urzahlenbegriffe* vorhanden. Das Kind muß sie dort leibhaftig erleben lernen. Dann muß es klatschen, zählend gehen, im Rhythmus springen lernen. Die Finger der Hand stellen in ihrer anatomischen Gliederung eine leibhaftige Zerlegung der Zahl 5 in 4 und 1 oder 3 und 2 dar, eine *Addition*, die 4 mal 5 Finger bzw. Zehen eine *Multiplikation*. Der Zahlenraum bis 20 ist in der Gesamtheit der Finger und Zehen des Menschen «Leibeigentum». Man muß diese Verhältnisse dem Kinde ganz gründlich anschaulich machen. Damit wird die Grundlage für die Anwendung dieser Zahlenverhältnisse auf die äußere Welt und schließlich für die abstrakten Operationen wie Addition, Subtraktion, Multiplikation und Division geschaffen. Man geht weiter, indem man Ballspielen übt und damit die rhythmische Ordnung der Zahlen aus Atmung und schwingendem Arm herauslöst, indem man Dreiecke, Vierecke und andere Formen am Boden mit gezählten Schritten ablaufen läßt und so auf jede Art die Zahlenverhältnisse dort hervorholt, wo sie hineingeheimnist sind. Der Mensch kann rechnen, weil sein Organismus nach Zahlenordnungen aufgebaut ist. Also ist es der geradeste Weg, diese von dorther ins Bewußtsein heraufzufördern. Demgegenüber ist die Rechenmaschine ein klägliches Behelfsmittel. Erst nachdem dieses *körperliche* Rechnen genügend gekonnt wird, gehe man zum Rechnen mit äußeren Gegenständen über. Das Rechnen wird oft in der Heilpädagogik für das Beschwerlichste, auch etwa Fruchtloseste gehalten; es erweist sich aber, auf diese Weise gelehrt, als besonders therapeutisch.

Das *Schreiben und Lesen:* Es muß ein menschlicher Urtrieb sein, dem Wort in der Schrift bleibende Gestalt zu geben. Es war immer das Heilige, welches die Völker der Frühzeit in Stein und Ton eingruben. Schreiben war im Ursprung eine dem Nützlichen ferne, heilige Kunst. So auch drängt ein gesundes Kind und der gesunde Kern in dem gehinderten danach, das ihm Wertvolle aufzuschreiben: den eigenen Namen, den Gruß an die Eltern. Diese Regung bejahe man, und die ersten Wörter, die das Kind zu Papier bringt, seien edle Denkmäler und die Momente, in denen dies zum ersten Male gelingt, weihevoll.

Den Buchstaben liegen *bildhafte Formen* zugrunde. Soweit sie Vokale bezeichnen, stammen sie aus den Gebärden, mit denen der Mensch die seelischen Empfindungen ausschmückt, die sich im entsprechenden Vokal kundtun. Die Konsonanten entstehen an der Begegnung der Menschenseele mit ihrem eigenen Leib und der äußeren Welt. Dinge und Vorgänge der Außenwelt bergen die Formen dieser Buchstaben. Die Elemente der Buchstaben liegen also in einer Art Uralphabet der Formenwelt überhaupt. Dieses tut man gut zuerst zu üben. Die gerade Linie, die geschwungene, gewellte, gekreuzte, gewinkelte, der Kreis, die Spirale, die in sich zurücklaufende Acht sind Urformen. Auch diese werden vom normalen Kinde im Spiel erlernt. Es verwendet viel Mühe darauf. Auch hier muß man dem gehinderten Kinde am rechten Punkt zu Hilfe kommen. Mit Händen und Füßen und der ganzen Gestalt müssen diese Urformen errungen und geübt werden. Für manches in sich versponnene Kind ist der Erwerb einer nach außen sich weitenden Spirale, für manches ängstliche das Vollbringen einer einfachen Überkreuzung ein großer Schritt. Man muß sehr lange daran üben und tut gut, immer wieder darauf zurückzukommen.[17]

Die einzelnen Buchstaben entwickelt man bei den gehinderten Kindern im Prinzip in der gleichen Weise, wie es in den Waldorfschulen bei den normalen geschieht.[18] Nur daß man sich dort damit begnügen kann, die Ableitung und allmähliche Überleitung vom gemalten und gezeichneten vollen Bild zum konventionellen geschriebenen Buchstabenzeichen für nur einige Buchstaben durchzuführen, z.B. für das A aus der *staunenden, ehrfürchtigen* Gebärde, mit der das Kind die Sonne begrüßt, das I aus der *sieghaften Aufrechtheit*, mit der der Held auf dem zu seinen Füßen liegenden bezwungenen Drachen steht, das U aus der Gebärde der *Furcht*, und so in ähnlicher Weise für die andern Vokale; während ein M etwa aus der Lippenform des geschlossenen *Mundes*, das W aus dem *wellenden Wasser*, das R aus dem *rollenden Rad* usw. aus dem lebendigen Unterrichtsgespräch erwachsen. Man *malt* das betreffende Bild z.B. des Meeres mit leuchtenden Farben, hebt die Formung des Motives hervor, das man dann vereinfacht *zeichnet* und schließlich in zunächst recht unkonventioneller Art als Schriftzeichen W fixiert. Nachdem man einige solche Ableitungen stufenweise durchgeführt hat, kann man normalerweise für die restlichen Buchstaben darauf verzichten und diese einfach abzeichnen lassen. Bei den gehinderten Kindern wird man nicht umhin können, *alle* Buchstaben entsprechend abzuleiten, und wird lange dabei verweilen, jedem sein Wesen und seinen Namen zu lassen, also etwa das L Lichtlein zu nennen, das Z Zehlein, das W Wässerlein, das D Däumlein, das G Gärtchen … Bei der Ableitung wird man eventuell Vergrößerungen zu Hilfe nehmen, also die Formen in Großformat zeichnen oder mit den Füßen ablaufen lassen. Das Zusammenwirken dieser einzelnen Wesen bildet dann die Wörter. Da kann z.B. solch ein erstes geschriebenes Wort *W A L D* Ergebnis eines durchlebten Geschehens sein: Wir nähern uns etwas, was uns von ferne her wie ein Wogendes, Wallendes anmutet, und sagen: W, beim Näherkommen staunen wir immer mehr ob der Erhabenheit, die sich uns darbietet: A, und entdecken beim Eintreten in dieses Wesen, daß die Sonne dort überall auf den Spitzen Lichtlein entzündet hat, die ein zitterndes Leuchten ergeben: L, bis wir ganz von diesem wogenden Wesen umfangen sind, das sich über uns wie ein schützendes Dach wölbt: D. Wir sind im *W A L D.* So werden aus voll durchfühlten Erlebnissen eine Anzahl Wörter entwickelt. Es dauert oft Jahre, bis wir die Buchstabenwesen ihrer Bildfülle entkleiden und mit ihnen als einfachen Schriftzeichen hantieren können.

Man wird auch gut daran tun, das Schreiben zunächst nur für Wesentliches zu verwenden: die hohen Namen von WELT, SONNE, ERDE usw.; oder ein frommer Spruch, in schönsten Farben sorgsam ausgeführt, mögen als erstes Schreiberzeugnis an der Wand prangen; der erste Brief sei ein Juwel. Bevor man dem Kinde ein fertiges Buch in die Hand gibt, stellt man mit ihm aus solch mühsam verfertigten Blättern ein selbstverfertigtes zusammen.

Das Schreiben wird, weil es aus der ganzen leiblichen Aktivität herausgeholt werden kann, zuerst gelernt. Das Lesen ergibt sich im normalen Falle leicht aus dem immer wieder geübten Abschreiben und dem Betrachten des selbst Geschriebenen. Das Weitere ist nur noch eine Sache des Übens. Darum wird diese Reihenfolge im Gegensatz zu der sonst üblichen eingehalten. Beim lernschwachen Kinde gilt dies auch, aber hier wird sich das Lesen nicht so von selbst einstellen. Ja, oft ist das Verbinden der einzelnen Laute zum ganzen Wort eine schier unüberschreitbare Klippe. Da läßt man die Buchstaben eventuell im Großformat aus Ton oder Pappe herstellen, ordnet sie in der Reihenfolge des Wortes an und läßt sie das Kind zusammen*lesen.* Daher kommt ja das Wort *lesen,* identisch mit *sammeln.* Oder aber man macht dem Kinde die Lautfolge eurythmisch vor, läßt sie nachmachen und unterdrückt dann die Bewegungen. So gelingt es allmählich, die zeitliche Folge zusammenzufassen. Durch dieses «eurythmische Lesen» ist diese Klippe eventuell auch bei solchen Kindern zu überwinden, die sonst an ihr definitiv hängenbleiben.

Schreiben, Lesen und Rechnen werden also aus dem ganzen Menschen herausgeholt. Je nach dem Grade der Hinderung kommt man verschieden weit, immer aber weiter als mit jeder mechanischen Methode. Aber es gibt selbstverständlich auch Kinder, die man selbst mit der geschilderten Methode und allem Eifer nicht dazu bringt, diese Fertigkeiten zu erwerben. Aber auch in diesen Fällen ist die solchermaßen aufgewendete Mühe nicht vergebens gewesen. Man hat sie ja nicht auf etwas dem Menschen Fremdes vertan. Vielmehr war es ein Erwecken und Üben von elementaren Menschenkräften, was allgemein gesundend wirkt. So haben wir immer wieder die Erfahrung gemacht, daß intellektuell schwerstgehinderte Kinder durch solches Lehren von Rechnen, Schreiben und Lesen zwar nicht zum Umgang mit der abstrakten Zahl und dem toten Buchstaben kommen, wohl aber praktisch tüchtiger werden. Tätigkeiten, denen ein unvermerktes Rechnen zugrunde liegt, wie z.B. beim Weben, beim Auflegen der Gedecke bei Tisch usw., meistern sie dann, was sonst nicht möglich geworden wäre. Das trägt nicht nur zu ihrem Glück und Wohlsein bei, sondern verringert auch den Aufwand ihrer späteren Betreuung. Wiederum wirkt bei unruhigen Kindern die Betätigung der ihrem Leib eingeborenen Arithmetik und Geometrie geradezu besänftigend und ordnend.

Es gibt aber auch solche Kinder, für die Rechnen, Schreiben und Lesen geradezu Gift sind. Ein herrliches Seelenwesen leuchtet aus dem sonst unvollständig veranlagten Kinde heraus und bleibt beherrschend, so daß es, erwachsen geworden, zu voller Menschenwürde kommt, aber solche Dinge wie Zahlen und Buchstaben bleiben ihm fremd. Würde man es gleichwohl da hineinzwingen, so würde das Strahlende verlöschen. Gerade das Wesen solcher Kinder erhellt sich einem durch den Reinkarnationsgedanken. Eine solche Inkarnation ist als eine außerordentliche zu betrachten. Das Konventionelle unserer Zeit samt allem Intellektuellen ist für sie eine zu enge Fesselung. Die geschilderten Grundübungen sind aber auch dann fruchtbar. Sie führen dieses erdfernere Menschenkind doch in einer gewissen Weise in den Geist unserer Zeit hinein, in die es nun einmal hineingeboren ist.

Wir wenden uns nun dem eigentlichen Lehrinhalt des Hauptunterrichtes zu. Lesen, Schreiben und Rechnen können ja nur Mittel zum Zweck sein. Dieser Zweck aber ist: die Seele des Kindes mit allem vertraut zu machen, was ihm auf Erden begegnet. Dazu sei ein gutes Wort Rudolf Steiners berichtet.

Als dieser bei dem eingangs erwähnten Besuch des entstehenden «Lauenstein» die in diesem Heim bereits befindlichen Kinder anschaute, die Hemmungen und Unzulänglichkeiten der einzelnen klarlegte und für jedes eine individuelle Therapie angab, ließ er sich auch in den das Haus umgebenden Garten führen. Von der festlich vergnügten Kinder- und Erwachsenenschar umgeben, stieg er die kleine Anhöhe hinan und durchstreifte das Wäldchen und den Gemüsegarten bis in den letzten Winkel. Dabei wandte er sich einmal an die Hausmutter und erklärte ihr die blutreinigende Kraft des Wegerichs, der am Wege wuchs, dann zu dem jungen Arzte, um ihn über die therapeutische Wirkung der Heckenrose zu belehren, dann zu dem Gärtner, ihn auf die Nichtswürdigkeit der so beliebten fetten Gartenerdbeeren aufmerksam machend und darauf, wie man aus ihrem wuchernden Kraut und ein wenig Rhabarberwurzeln und einer Beimischung von Waldboden einen gerade für diesen steinigen Kalkboden guten Kompost bereiten könnte, verharrte selbst vor einem Baumkropf, den er abzusägen bat, damit er ihn mitnehmen und im Kliniklabor untersuchen lassen könne – und gab so den staunenden jungen Erziehern ein lebendiges, leuchtendes Beispiel dafür, was hingebungsvolle Andacht gegenüber den kleinen Wundern der Natur ist. Er war sehr glücklich darüber, daß das kleine Anwesen Wiese, Obstmatte, Wäldchen und Gemüsegarten vereinigte, also ein organisches Ganzes war – in Wahrheit ein recht bescheidenes gegenüber den herrlichen Anlagen, über die manches Institut heute verfügt –, und lehrte uns, was selbst ein so kleines Stück Natur an Reichtümern birgt, und sagte dann etwa: *«Trachten Sie danach, daß die Kinder mit allem, was in der Umgebung lebt und webt, bekannt werden!»*

Das ist der Inhalt für den Hauptunterricht. Er umfaßt also alles, was in den Umkreis des Kindes hineinreicht. Das ist recht viel. Da ist alles Pflanzen- und Tierleben, die Wetterbildung und Tages- und Jahreslauf, da sind die Menschen mit ihren Tätigkeiten und Berufen, Geburt und Tod, Gesundheit und Krankheit, da ist die tägliche Nahrung, ihre Herkunft und Zubereitung, die Kleidung und woraus sie verfertigt wird, wie und wo diese Rohstoffe wachsen, da ist das Haus aus Stein, Holz und mancherlei Baustoffen, da sind die Geräte, mit denen der Mensch umgeht, und vieles mehr. Nahrung und Kleidung z.B. führen einen vom Nächst- zum Fernstgelegenen, bis in die fernsten Winkel des Erdkreises, ja bis zum Himmel und den Sternen. Das alles ist Umgebung des Kindes.

Die Fülle der Erscheinungen muß geordnet und faßbar gemacht werden. Da ist es denn ein Irrtum zu glauben, daß die heute so vielfach angewandte Methode der *Vereinfachung* etwa durch schematische Darstellung dem Kinde die Erscheinungen anschaulicher mache. An einem Beispiel sei dies verdeutlicht. Da ist die Welt der *Bäume* – im Wald, auf der Matte, am Bach und in den Bergen. Für das unvollständig entwickelte Kind bleiben die verschiedenen Bäume ununterscheidbar, wenn man für sein Erleben nicht markante Stützpunkte schafft. Das geschieht am besten, indem man einige der in ihrer Eigenart ausgeprägtesten Bäume mit dem Kinde sozusagen nacherschafft. Man wählt dafür geeignete, gegensätzliche und steigert sie in ihrer Eigenart, etwa: die *Birke* mit den seidigen, sanften Zweigen und Blättern, schmiegsam und voller Leben, im ersten Frühlingsgrün, lichtdurchdrungen bis in die Rinde mit ihrem weißen Glanz; die wohlig breite *Linde* mit dem Duft ihrer Blüten, die den wärmenden Tee ergeben, von Bienen umschwärmt auf dem Dorfplatz, von den Kindern umtanzt, der Sommerbaum; die knorrige *Eiche*, die den Herbststürmen trotzt, den Blitzstrahl in sich hineinzieht, mit ihrem herben Gerbsaft, den bittern Eicheln, den harten Blättern, die den Winter überstehen – Urbild des Herbstes; die bescheidene, immergrünende *Tanne*, die «blütenlose», dem Schnee befreundete, Winter vertraute, die uns einlädt, ihr die Christkerzen aufzusetzen. Diese Bäume mit ihrem ganzen «Milieu» läßt man die Kinder malend, zeichnend selbst erschaffen. Nicht *primitiv* ist das

Richtwort, sondern *urbildhaft*, einen jeden Baum in seiner Art gesteigert. Mit dem innerlich erweckten Urbild haben die Kinder einen Lichtspender gewonnen, ein seelisches Wahrnehmungsorgan. Gehen sie nun in den Wald binaus, so erkennen sie den Baum, dessen Urbild sie in sich tragen. Jetzt erleuchtet sich die ganze Baumwelt. Recht «schwachsinnig» erscheinende Kinder können auf diese Art dazu kommen, allmählich die Bäume gut zu unterscheiden und damit ein wenig von dem inneren Reichtum zu erwerben, den das Vertrautwerden mit der Natur dem Menschen bringt.

So gilt es immer, das im Seeleninnern des Kindes latent vorhandene *Urbild* zu erwecken. Ein anderes Beispiel möge lehren, daß die Durchdringung solchen Urbild-Erwerbs mit starken Gefühlen die größte Förderung auch für das Auffassen der nüchternen Tatsachen bringt. Das Wesen der *Pflanze* soll dem schwach veranlagten Kinde nahegebracht werden. Man erzählt:

Als Adam und Eva aus dem Paradies vertrieben waren, jammerte es Gottvater und seine Engel, sie auf der trostlos harten, toten Erde darben zu sehen. Tränen des Mitleids traten den Engeln in die Augen, fielen hernieder und kamen als Körner, die köstliches Licht bergen, auf der Erde an. Aus ihnen sproßte das erquickende Grün des Grases, der Kräuter und Knospen hervor, das den Menschen sehnsuchtlindernden Trost brachte. Und als Gottvater abermals die Erde liebesorgend anschaute, öffneten sich die Knospen, und himmlisches Licht brach aus ihnen hervor: *Blumen* waren erblüht. Und wenn Adam und Eva diese anschauten – wie auch wir dies tun –, entdeckten sie in diesem Blütenhimmel Sonnen, Monde und Sterne in den wundersamen Formen und Farben, die da zu finden sind. Nun gibt es aber auch andere Blumen, ihre Blüten öffnen sich nicht der Sonne, kehren sich einwärts, haben höhlenähnliche Formen und ein unheimliches Leuchten. Und wenn der Mensch ihre Früchte oder Blätter genießt, wird er krank oder stirbt daran; denn es ist ein gar gefährlicher Saft in ihnen versteckt. Sind diese auch aus Gottes Barmherzigkeit geschaffen? Nein. Der Teufel nämlich hatte mit Ärger und Verzweiflung wahrgenommen, wie Gott den Blütentrost auf der Erde erweckt hatte, so daß die Menschen sich immer des Paradieses erinnerten. Da ward er ganz giftig vor Bosheit und Haß, strich durch Wald und Feld und spie einmal hier- und einmal dorthin, und überall, wo dies geschah, entstand eine solche Giftpflanze. So würden die armen Menschen stets von dem Gift bedroht sein. Aber sie sind nicht so verlassen. Da sind die Engel, die sich immer Sorge um sie machen. Und einer von diesen, der voller Heilerwillen ist, machte sich auf und fand überall die versteckten Teufelspflanzen und machte ein Kreuzlein über sie. Und wer auf der Erde sich gut steht mit diesem Heiler-Engel Raphael, weiß, daß oft in dem Gift ein Heilsaft verborgen ist. Wie man den herausziehen kann, das kann man lernen. Wer das versteht, der ist ein Arzt und kann den Kranken helfen. So gibt es die Trostblumen, die Giftpflanzen, die Heilkräuter.

Indem man das entwickelt, kann man alle Einzelheiten der pflanzlichen Bildungen anschaulich machen. Solche Darstellung macht aktiv. Das Kind sucht und entdeckt dann allerlei Interessantes an den Pflanzen.

Für alle Erscheinungen müssen *Urbilder* gefunden werden, aus denen die Zusammenhänge erfließen. Die ganze Tierwelt kann man dem Kind vertraut machen, wenn man die Okensche Anschauung zugrunde legt, nach der die einzelnen Tiere jeweils ausorganisierte Teile oder Glieder des Menschen darstellen und dieser wiederum eine Zusammenfassung der Tierwelt ist.[19] Man formt einen Menschen aus Ton. Fällt er der Länge nach um, zieht man den Kopf herunter, so kommt schon etwas Tierähnliches heraus. Nun kann man daran herumbilden. Jede Veränderung oder Übertreibung einer Form gibt eigenartige Bildungen, die nach irgendeinem Tier arten. Man nimmt Ton von der Stirne ab und setzt ihn an den Mund an: ein Wolfstier; man streicht die Nase ins Übermaß: ein Elefant; man reckt den Hals in die Höhe: eine Giraffe; man drückt die Masse platt auf den Boden: ein Reptil; man fesselt Arme und Beine an den Leib und formt sie diesem ein: eine Schlange usw. Das ist eine gar begeisternde Tierkunde, die Gemüt und Willen entzündet. Und dazu ist sie *wahr*. – Die Urbilder, die man zugrunde legt, müssen überhaupt immer wahr sein. Und dann darf sich das freie künstlerische Spiel auswirken und sie ausgestalten.

Ein neuer Lehrinhalt wird immer dadurch überschaubarer, daß man ihn in Vergleich zu etwas bereits Vertrautem setzen kann. «Es ist alles Begreifen eigentlich ein Beziehen des einen auf das andere. Begreifen können wir in der Welt nicht anders, als daß wir das eine auf das andere beziehen.»[20] Daher spielt der *künstlerisch geformte* Vergleich im Unterricht eine so große Rolle. Gilt das schon für das sogenannte normale Kind, so ist es um so wahrer für das gehinderte. Da können die Vergleiche plastisch und drastisch sein: Ein Stück Erde, etwa Italien, läßt sich eindrücklich vergleichen mit einem menschenartigen Wesen; da ist der Schädel in dem bewaldeten Alpenbogen, es hat sein Rückgrat in dem die Halbinsel durchziehenden Apenningebirge, seine Glieder in den südlichen Halbinseln und Inseln, wo die Erde Feuer speit und die heißblütigen Süditaliener beheimatet sind, es schaut wie mit Augen aus den Hafenstädten Genua und Venedig nach allen Seiten, greift mit seinen aus- und einfahrenden Schiffen nach rechts und links, hat in Mailand sein Hirn und in Rom sein Herz … Solch einen Vergleich kann man soweit nötig ausgestalten.

Selbst ein so trockener Lehrgegenstand wie die *Grammatik* läßt sich durch solche Vergleiche beleben; die Hauptwörter haben etwas Kopfartiges, die Tätigkeitswörter etwas Gliedmaßenhaftes, die Eigenschaftswörter etwas mit dem Herzen Zusammenhängendes. Erst der ganze Satz ist ein totales Wesen. – Diese Beispiele mögen genügen, um das Prinzipielle klarzustellen, das in der Herausarbeitung von Urbildern, im Heranziehen möglichst gesättigter Vergleiche, in der möglichst plastischen Steigerung des zu Behandelnden besteht. Offensichtlich läßt sich dies um so leichter durchführen, je näher der Unterrichtsstoff dem menschlichen Leben steht. Aber auch für das Fernerstehende läßt sich immer eine solche Darstellung finden, da das große Gesetz waltet, daß alles Außermenschliche der Schöpfung, der Makrokosmos, im Menschen, dem Mikrokosmos, eine Entsprechung hat.

Für die Zuteilung der verschiedenen Stoffgebiete auf die verschiedenen Altersstufen kommt auch für die seelenpflegebedürftigen Kinder der bereits erwähnte Lehrplan Rudolf Steiners in Frage.

Dieser beschreibt, wie die Kinderseele mehr und mehr den ganzen Körper erobert und dabei stufenweise Stoffgebiet um Stoffgebiet nicht nur verstehen lernen kann, sondern geradezu fordert. Freilich kann man nicht die dort genannte Fülle des Stoffes behandeln, auch nicht seine genaue Verteilung auf die einzelnen Klassen anstreben, wohl aber ist die Beachtung der besonderen Entwicklungsschritte notwendig, die das Schulkind um das neunte und wiederum um das zwölfte und schließlich um das vierzehnte Jahr herum vollzieht. Diese Übergänge sind innere Kämpfe zwischen Seele und Leib, jeweils in einem bestimmten Organbereich, und dadurch sind sie eventuell von leiblichen und seelischen Krisen begleitet, besonders bei den gehemmten Kindern.

Der Prozeß des siebten Jahres – die «zweite Geburt», das Freiwerden des Bildekräfteleibes – ist schon geschildert. Dadurch wird das Kind erst einer geordneten Belehrung fähig, weil es nun freie Lebenskräfte hat, die nicht mehr so ausschließlich an die Körperfunktionen gebunden sind und die neu auftretende Spannkraft des Gedächtnisses tragen, das nun in Anspruch genommen werden will. Dementsprechend «versteht» das Kind nun alles, was bildhaft ist. Da muß also alle Unterweisung in der Sprache des Bildes geschehen. Die aus dem ersten Jahrsiebent noch herüberwirkende Nachahmekraft und -lust erstreckt sich nun nicht mehr so auf die leiblichen Sinneseindrücke, mit aller Frische aber auf die seelischen Bildeindrücke. Das ändert sich um das neunte Jahr. Das «ist das Alter, in dem das Kind seine Abtrennung von der Umwelt, mit der es in so großer Selbstverständlichkeit vorher lebte, erst wirklich vollzieht. Sein Ichbewußtsein stärkt sich merklich, sein Seelenleben wird innerlicher und unabhängiger. Alle Bewußtseinskräfte regen sich. Das Kind will Welt und Erzieher von einer neuen Seite kennenlernen, es will bewußt verehren, wo es vorher kindlich liebte, aber es will auch spüren, daß seine Verehrung berechtigt ist. Dies Lebensalter stellt große Anforderungen an Weisheit und Takt des Erziehers. Er muß das Kind vor Enttäuschungen behüten, denen es in dieser Zeit (…) leicht verfallen kann.»[21]

Man wird vielleicht meinen, diese subtilen Vorgänge könnten bei einem bewußtseinsschwächeren Kinde oder gar einem nur «teilweise inkarnierten» keine Rolle spielen. Das Gegenteil ist der Fall. Sie können hier geradezu die Form von Krisen annehmen. Eine veranlagte Dumpfheit zum Beispiel wird nun erlebt, macht das Kind – wenn auch nur tief unterbewußt – unglücklich, es braucht jetzt erst recht Trost und Ermutigung. Oder eine latente innere Unruhe nimmt nun eine explosive Form an. Oder eine epileptoide Veranlagung,[22] die sich bisher nur in einer periodisch auftretenden Schwierigkeit, zu freiem Kontakt mit der Umwelt zu kommen, andeutete, führt nun zu ausgesprochenen Anfällen. «Die Krankheit bricht aus.» So findet man oft beschrieben, daß die später evidente «Abnormität», wenn nicht schon bei einem der früheren Entwicklungsschritte – etwa um das dritte, fünfte oder siebte Jahr –, so gerade jetzt ums neunte Jahr deutlich bemerkbar wurde. Dies alles hat auch die positive Seite, daß die Hilfe nun auch konkreter werden kann. Dazu gibt der genannte Lehrplan fruchtbarste Hinweise.

Ein Beispiel zur Verdeutlichung: Jetzt erlebt das Kind intensiver Freud und auch Leid. Somit kann es erfassen, was sich musikalisch in Dur und Moll ausspricht. Ein in Leid sich verkrampfendes Kind wird befreit durch starke Moll-Erlebnisse, ein in Freude verflatterndes gestrafft im Dur-Erlebnis. Geht man in diesem Moment von der Quintenstimmung zu intensiver Dur-Moll-Stimmung über, so greift man heilend ein.[23] Oder: Das Kind kann nun erstmalig seine Melodie gegen eine andere (oder die gleiche, zeitlich verschobene im Kanon) aufrechterhalten und dabei die auftretenden verschiedenen Kon- und Dissonanzen erleben und erleiden und sich daran erkraften. Oder: Eine erste einfache Menschenkunde, die die Fähigkeit des Menschen, mit den Gliedern Schönes und Gutes zu gestalten, als seine große Erhabenheit über die ärmlicher ausgestatteten Tiere auffassen lehrt, ist in diesem kritischen Lebensabschnitt eine heilende Hilfe. Und: Erzählt man jetzt dem Kinde eine Geschichte mit dem Motiv des Drachentöters, so wächst der Seele die Kraft zu, derer es gerade in dem Prozeß des neunten Jahres bedarf.

Nicht weniger wichtig ist die Beachtung der kritischen Begleiterscheinungen beim Übergang um das zwölfte Jahr. Auch ein ganz gesundes Kind erlebt um diese Zeit etwa ein inneres Unbehagen, oft in der Form von Langeweile oder Bangigkeit. Die stark wachsenden Gliedmaßen werden als lästig empfunden. Ungewollte Ungezogenheiten oder Unbeherrschtheiten passieren dem Kinde. «In diesem Alter lebt sich das Kind viel stärker in sein Knochensystem hinein, als das vorher der Fall war. Das jüngere Kind bewegt sich in selbstverständlicher Anmut durch sein Muskelsystem, das genährt wird durch den im Rhythmus kreisenden Blutstrom. Nun ergreift der junge Mensch sein Skelett, indem er gleichsam vom Muskel über die Sehne zum Knochen übergeht, seine Bewegungen verlieren Rhythmus und Anmut, werden eckig, ungeschickt, willkürlich. Das Kind kommt in die ‹Flegeljahre› und weiß nicht, was es mit seinen Gliedmaßen anfangen soll.»[24] Dies kann bei seelenpflegebedürftigen Kindern kritische Formen annehmen. Das Unbehagen an den dem Lebensstrom entwachsenden Knochen kann sich bis zu steten Träumen von Tod und Skeletten und ähnlichem verdichten. Besonders die spastischen Kinder und jene, die an einer relativ übertriebenen Knochenwüchsigkeit leiden, wie die kleinköpfigen, brauchen hier besondere seelische Hilfe, die bis in das Leibliche einfließt. Da werden wir durch den Lehrplan darauf hingewiesen, daß nun z.B. das lineare Zeichnen sein Gutes hat: sowohl rein formales Zeichnen, wie es die Methode des «dynamischen Zeichnens», die Hermann Kirchner entwickelt hat, lehrt,[25] wie auch das konstruktive Zeichnen von mechanischen Geräten und Vorgängen und sogar das Nachzeichnen nach der Natur. Das hilft der Seele, das Knochensystem zu bewältigen. Ein gesundes Kind ist jetzt vorzüglich in der Lage, in relativ kurzer Zeit sozusagen die ganze elementare Geometrie zu «erzeichnen», bald auch einschließlich der einfachen Perspektive. Indem es diesen Stoff jetzt mühelos meistern lernt, wird es auch Herr seiner Glieder. Der Lehrplan liefert viele weitere Beispiele. Sie sind alle zugleich Heilmittel: prophylaktische für das gesunde Kind (wobei alle gute Pädagogik eine Prophylaxe ist, die vor Erkrankung bewahrt), akute Heilmittel da, wo das Kind aus seiner Veranlagung her ohnehin schon Entwicklungsschwierigkeiten hat, die an diesen kritischen Übergängen zu Krisen führen.

Besondere Aufgaben stellt die herannahende Pubertät. Die meisten der sattsam bekannten und beklagten Schwierigkeiten, die mit diesem markanten Entwicklungsschritt in den normalen Schulen auftreten, sind allerdings Folgen falscher Erziehung in der Kindheit und falschen Unterrichtes in den ersten Schuljahren. Hat der Unterricht die Seele mit reichen Inhalten erfüllt und sind die frei schaffenden spielerischen Kräfte des Kindes in künstlerischer Tätigkeit gebildet worden, so hat dieses keine Schwierigkeiten, den gewaltigen Kräftezuwachs im Moment des «Reifwerdens» zu bewältigen. Ist keine derartige Bildung vorangegangen, wirkt sich dieser nun in doppelter Weise chaotisch aus: Im Gedankenbereich wird das Unsinnigste ausgesponnen, im Willensbereich gegen jede Ordnung gewaltmäßig verstoßen. Das Gefühl versagt. Das Kind reißt mitten auseinander ... Das kann vorbeugend dadurch geheilt werden, daß jeglicher Unterricht und jegliche Erziehung vor dem vierzehnten Jahr die Pflege, Veredelung und Kräftigung der fühlenden Mitte des Kindes zum Ziel hat. Auch beim entwicklungsgehinderten und erziehungsschwierigen Kinde gilt dies und ist noch um vieles wichtiger, denn da bringt die Pubertät oft eine größere Chance eines bedeutenden Rucks nach vorn, oder aber es tritt Stagnation oder Rückschritt ein. Die Pubertätsprozesse sind in Wahrheit nur ein allerdings besonders auffälliger Teil einer viel umfassenderen totalen Veränderung des Kindes, eben jener «dritten Geburt». Der «Empfindungsleib», der sich vorher mehr verhüllte, tritt nun hervor. Er trägt alle die Fähigkeiten, die für die Tierwelt bezeichnend sind, nun aber in der menschlichen Umgestaltung. Diese kehren sich jetzt der Außenwelt zu und bestimmen das Interesse und den Tatendrang des bzw. der Vierzehnjährigen. Die Geburt dieses Wesensgliedes bewirkt die Reife, die sich als eine alles umfassende darstellt. Nicht nur daß nun der Organismus einen ihm gleichartigen hervorbringen kann, alle Sinnes- und Seelenbezirke bekommen nun dieses menschliche Gestaltungsvermögen. Rudolf Steiner schildert diese alle Erziehungsweisheit so veredelnde Erkenntnis folgendermaßen: «In dieser Zeit (vom siebten bis zum vierzehnten Lebensjahr) baut sich der Mensch schon einen dritten Körper auf, der mit der Geschlechtsreife zum Vorschein kommt. Der wird wiederum unter Berücksichtigung der Kräfte in der irdischen Umgebung aufgebaut. Dasjenige, was als Beziehung der Geschlechter auftritt, ist nicht das Ganze; das Überschätzen in dieser Beziehung ist nur eine Folge unserer materialistischen Anschauungen. In Wirklichkeit sind alle Beziehungen zur Außenwelt, die mit der Geschlechtsreife auftreten, im Grunde genommen gleichgeartet. Man sollte daher im Grunde sprechen von einer Erdenreife, nicht von einer Geschlechtsreife, und sollte unter die Erdenreife stellen die Sinnesreife, Atemreife, und eine Unterabteilung sollte auch sein die Geschlechtsreife. So ist der Tatbestand wirklich. Da wird der Mensch erdenreif, da nimmt der Mensch das Fremde wieder in sich hinein, da erlangt er die Fähigkeit, nicht stumpf zu sein gegen die Umgebung. Er wird eindrucksfähig gegenüber der Umgebung. Vorher ist er nicht eindrucksfähig für das andere Geschlecht, aber auch nicht für die übrige Umgebung. Da bildet der Mensch also seinen dritten Leib aus, der wirkt bis zum Beginn der Zwanzigerjahre.»[26] Um diesen nun hervorbrechenden Erdenreifekräften die Richtung zum Sinnvollen und Guten zu geben, muß vom zwölften Jahre an vorbereitend gearbeitet werden, indem viel künstlerische Handfertigkeit betrieben wird, die nun mehr und mehr ins Handwerkliche übergeht. Von innen her hat das Seelische nun den gesamten Organismus so ergriffen und bis in die Fingerspitzen hinein durchdrungen, daß es jetzt danach drängt, gestaltend in die Werkmaterie einzugreifen. Dabei bieten sich ihm die Werkzeuge an, die der junge Mensch nun mit großer Lust ergreift und handhabt. Mit Holzhammer und Schnitzmesser aus dem rohen Holzstück etwas Schönes und Brauchbares herauszubilden ist nun organisches und seelisches Bedürfnis zugleich und darum so heilsam. Alle Werkzeuge, Hammer, Zange, Bohrer, Säge, Schaufel, Axt usw., sind ja aus dem Wesen der Gliedmaßenorganisation des Menschen entstanden. Ein Hammer ist eine Art Faust, eine Zange eine greifende Hand. Es sind Verlängerungen, Steigerungen der Glieder, ihre Betätigung ist eine Fortführung der normalen Gliedbetätigung über den Körper hinaus. Die Geburt des Astralleibes wird gefördert durch das Erlernen der Urhandwerke: Schnitzen, Schreinern, Schmieden, Spinnen und Weben, Töpfern und dergleichen. Würden die Kinder im Erdenreifealter wenigstens in die Elemente dieser Menschheitsurtätigkeiten und -tüchtigkeiten ordentlich eingeführt und lernten sie das damit Verbundene über die Qualität der Erdenstoffe, so würden wir bei den späteren Erwachsenen mehr Verantwortung gegenüber dem, was die Erde uns liefert, und gegenüber der menschlichen Arbeitsleistung finden. Das aber braucht unsere Zivilisation. Gleichzeitig muß dem Forscherdrang des vierzehnjährigen Jugendlichen nun ausreichende Nahrung gegeben werden. Dieser ist nun in ihm so erwacht, wie er einmal in der Menschheit erwachte, als sie sich zur Zeit der Entdeckungen und Erfindungen aufmachte, die Erde zu umfahren und kennenzulernen. Die Leistungen und Errungenschaften dieser Zeit sind also nun Lehrinhalt. Helles Licht für das Denken, Tüchtigkeit für das Tun sind nun die Leitmotive für die Erziehung. Dabei kann das durch die Pflege des Schönen vorgebildete Gewissen zu immer größerer Verantwortungsfähigkeit erwachen.

Was für die Normalerziehung in der Reifezeit richtig ist, ist es für die Heilerziehung in noch höherem Maße. Es muß da immer individuell eine Metamorphose, oft eine Steigerung des für die Normalerziehung Typischen und Guten gefunden werden. Besonders die Werkstattarbeit aller Art kann hier geradezu geburtshelfend wirken, wenn ein Unterricht hinzukommt, der die Kinder mit der menschengeschaffenen Wert- und Maschinenwelt vertraut macht.

Das Heilpädagogische liegt hier zum großen Teil darin, daß man eine Darstellung findet, die ganz individuell auf die einmaligen besonderen Schwierigkeiten des betreffenden Kindes oder der Kindergruppe eingeht. Darum kann das Typische fast nur am Beispiel erläutert werden. Es seien zwei solche Beispiele angeführt.

Das erste: Das Technische, Maschinelle, besonders alles, was sich dreht, hat für manches gehinderte Kind etwas Faszinierendes und zugleich Quälendes. Man muß daher Erklärungen finden, die dies auflösen. Man bespricht also z.B. den *Wagen* und wie er entstanden ist folgendermaßen. Man zeigt, wie schwer die Holzfäller an den Baumstämmen zu tragen haben. Zwei müssen zusammen schaffen: der eine vorne, der andere hinten, den langen Stamm auf den Schultern,

stampfen sie mit den strammen Beinen vorwärts. Die Kinder müssen
es selber probieren. Wenn es durch den feuchten oder steinigen Wald
geht, müssen die Arbeiter hohe, gar eisenbeschlagene Stiefel haben.
Man skizziert das an der Tafel und verfolgt, wie die Beine gesetzt werden, Schritt um Schritt. Es entsteht fast von selbst der Erfinder-
gedanke: Dazu sollte man mehr als zwei Beine und außerdem festere
haben. Das Rad entsteht, die eisernen Sohlennägel werden zum eisernen Reifen, mit dem es beschlagen ist.

Das andere Beispiel ist einer heilpädagogischen, längst vergriffe-
nen Frühveröffentlichung entnommen, einem Artikel von Leopold
Sparr über eine Unterrichtsepoche über die Entwicklung der Buchdruckerkunst.[27]

«Es handelte sich um eine Gruppe von jungen Menschen zwischen 15 und 20 Jahren, denen in einer Unterrichtsepoche das Wesen der modernen Drucktechnik entgegengebracht werden sollte.

Alles, was denkerisch begriffen werden soll, sollte auch mit der
Hand *er*griffen werden – Erfahrung durch Tun.

So begann die Arbeit mit einer Darstellung der Kunst des Schrei-
bens bei den alten Ägyptern. Ein kurzer Text aus dem ägyptischen
Totenbuche wurde mittels einer Bilderschrift wiederzugeben versucht, die von den einzelnen Kindern eigenst erfunden werden mußte, wodurch sie aus selbständiger schöpferischer Tätigkeit zum Erle-

ben der Hieroglyphenschrift kamen. Es entstanden Bilderzeichen für Sonne, Mond, Licht, Feuer, Wasser, Mensch usw. Vom Papyrus wurde gesprochen und der Text auf eine Rolle geschrieben. Auch das Wesen der ägyptischen Kultur wurde behandelt, so daß dieser Unterricht über die Entwickelung der Schreib- und Buchdruckerkunst gleichzeitig von einer Darstellung des jeweiligen kulturgeschichtlichen Werdeganges durchzogen war.

Im Verlaufe einer Schilderung der babylonisch-assyrischen Kultur ging man dazu über, mit keilförmig zugeschnittenen Holzstäben selbsterfundene Schriftzeichen in weiche Tonplatten zu drücken, um so zum Verständnis der Keilschrift zu gelangen.

Von hebräischer Kultur und ihrer Schreibkunst wurde gesprochen, Schriftproben wurden betrachtet und anschaulich gemacht, um dann mit einem Griffel griechische Schriftzeichen – nun aber in griechischem Text – in Wachstafeln einzugraben …

Nachdem die Herstellung von Papier geschildert war, folgte das Schreiben von alter Frakturschrift mittels Gänsefedern und zugeschnittenen Holzstäben, mit selbstangefertigter Tinte auf Papier. Nach dem Vorbild alter Klosterhandschriften wurden mittelalterliche Texte mit ausschmückenden Verzierungen sorgfältig geschrieben. So versuchte man sich in die Seelenhaltung des mittelalterlichen Mönches einzuleben, der in seiner Zelle sitzt und fromme Dinge aufzeichnet.

Dem reihte sich das Schnitzen von einzelnen Worten in erhabenen Lettern in Buchstabentafeln an. Druckerschwärze aus Ruß wurde hergestellt, und so entstanden Abzüge auf Papier. Ein einmaliges Original ließ sich nun vervielfältigen. Die Druckplatte wurde zersägt in einzelne Lettern, und nun konnten durch Setzen aus dem ehemaligen Wort, z.B. ‹Liebe›, Worte wie Leib, Eibe, Beil, Eile usw. gedruckt werden. Man erlebte, wie das ‹Drucken› mit dem Drücken zusammenhängt und daß ‹Buchstaben› Buchenstäbe sind. Die Lettern wurden vervollständigt, und bald ließen sich kurze Sätze drucken. Das Schnitzen und Drucken in der Werkstatt war durchwoben von Gesprächen über das Zeitalter der Erfindungen und Entdeckungen als einer größten Zeitenwende.

Auf einem Schleifstein wurde Holz unter Wasser geschliffen, der Holzbrei getrocknet, und es entstand so ein zwar primitives, aber dennoch genügend anschauliches Papier. Mit Hilfe eines Schlauches wurden zwei Gummiwalzen verfertigt. Nun konnte der Druckstock mit der einen Walze eingefärbt werden, und mit der andern wurden die Druckbögen abgezogen.

Schließlich standen vier Schüler beisammen, die jeder eine besondere Tätigkeit ausübten. Der eine führte die Farbwalze über den Druckstock, ein anderer legte die Papierbogen ein, der dritte zog sie mit der zweiten Walze ab, und der vierte hatte dafür zu sorgen, daß die Farbplatte stets mit Druckerschwärze überstrichen wurde. Alle Bewegungen mußten im gleichmäßigen Rhythmus und in richtiger Aufeinanderfolge vonstatten gehen, damit das Ganze ‹funktionierte›. Die Kinder konnten erleben, daß zu solch gemeinsamem Werk Takt gehört und daß sich jeder dem Ganzen einzuordnen hat. So gelangte man zu einem Erfassen des Maschinellen einer Tiegeldruckpresse, was zum Ausgangspunkt von Schilderungen wurde, die bis zu einer Besprechung moderner drucktechnischer Einrichtungen führten.

Durch einen solchen Unterricht (…) wurde es den jungen Menschen, denen besondere intellektuelle Begabungen abgehen, durch ein gemeinsames Betätigen der Hand ermöglicht, zum Begreifen technischer Vorgänge zu gelangen. Das Leben gerade dieser Menschen verläuft, bedingt durch ihr Fernstehen von den üblichen gesellschaftlichen Menschenzusammenhängen, stark egozentrisch. Im gemeinsamen Vollbringen einer Arbeit, zu der sie sich als einzelne nicht befähigt wissen, entfalten sich die für ihre Heilung so überaus notwendigen sozialen Kräfte. Sie erleben den heilsamen Wert des menschlichen Tuns in sozialer Gemeinsamkeit, jenes zukünftig sozialen Elementes, das im eigentlichen Sinne aller wahrhaftigen Technik zugrunde liegt.»

Mit solcher Unterrichtsgestaltung wird der älter werdende Schüler auf das *Leben* vorbereitet. Glücklich der junge Mensch, der dann, in dieses heraustretend, zunächst in der eigentlichen Berufsvorbildung nicht nur eine maschinenerfüllte Wüste vorfindet, die vom *Menschen* gemieden wird und in der alles wahre *Leben* erstorben ist und die ihn in seinem wahren Menschentum zurückweist. Selbst dann, wenn ihm dieses moderne Schicksal widerfährt, wird er durch solchen Unterricht besser vorbereitet sein, dem Maschinenwesen standzuhalten und neues Leben in die sterbende Umwelt hineinzutragen.

Bei seelenpflegebedürftigen Kindern wird der Unterricht nicht so früh enden dürfen. Sie werden noch bis in ein höheres Alter hinein stets auch eine unterrichtliche Unterweisung über die Erscheinungen des Lebens und die Aufgaben des Menschen erhalten müssen. Davon soll in dem letzten Abschnitt über das Reif-Werden des seelenpflegebedürftigen Kindes gesprochen werden.

4. Charakteristische Erscheinungen und ihre heilpädagogische Behandlung

Es sollen nun verschiedene charakteristische Abweichungen der normalen seelischen Entwicklung geschildert werden und wie man diesen heilpädagogisch begegnen kann. Das im Folgenden Beschriebene ist in praktisch heilerzieherischer Tätigkeit erfahren. Es werden aber weder volle «Wesensbilder» einzelner Kinder entwickelt – wie dies, wenigstens von der heileurythmischen Seite her, in dem nächsten Artikel geschieht – noch «Kindertypen» beschrieben. Solch letztere verlieren leicht, je besser sie ausgearbeitet sind, desto mehr an Wahrheit. Zu einem wirklichen Wesensbild des einzelnen Kindes wird der Heilerzieher immer hinstreben. In ihm begreift sich der Zusammenhang aller einzelnen krankhaften Symptome. Dieses entsteht aber für jedes Kind einmalig konkret durch die Individualität des betreffenden Kindes. Es gibt also so viele solcher Wesensbilder, als es Kinder gibt. Hier aber sind gewisse sich immer wiederholende charakteristische Erscheinungen gemeint, denen durch bestimmte erzieherisch-unterrichtliche Maßnahmen heilend begegnet werden kann.

a) Phantasieüberflutete Kinder

Ihr Wesen im Zusammenhang mit dem Vorgeburtlichen. Märchen und Mythologien, Bildersprache. Künstlerische Aktivität

Es gibt Kinder, die uninteressiert scheinen, weil ihr Inneres mit Dingen beschäftigt ist, die keinen Zusammenhang mit der «Wirklichkeit» haben und sie von dieser abziehen. Gegenüber den Lernanforderungen sind sie hilflos. Sie verstehen nicht recht, was konkret von ihnen verlangt wird, finden es lästig, «drücken» sich davor oder schweifen ab. Es ist etwas Parasitäres da, was ihr Seeleninteresse in Anspruch nimmt. Je nach dessen Intensität und der Geduld der Umwelt sind sie dabei glücklich oder gequält. Es interessiert sie nicht recht, wo sie sich befinden. Entfernt liegende Räumlichkeiten, wo sie früher einmal waren, und diejenigen, wo sie einmal hinzukommen gedenken, fließen mit der gegenwärtigen Umgebung zusammen. Auch ist es ihnen nicht so wichtig, ob etwas noch bevorsteht oder bereits vergangen ist. Hier und dort, heute, morgen und vorgestern gehen vage ineinander über. So sind sie nie recht anwesend und können sich im Tatsächlichen nicht verankern.

Diese Erscheinung tritt in allen Varianten auf: vom leicht verschwebenden Gemütszustand bis zu scheinbar völliger Abwesenheit. Intellektuell versagen diese Kinder eben und erscheinen wohl auch als faul, ja initiativlos. Manche zeigen auch ein planloses Reden und ein unstetes Hin- und Herschweifen, indem sie mal dies, mal jenes probieren und immer schnell wieder lassen.

Und dennoch wäre es ein Irrtum, solche Kinder für innerlich leer zu halten; vielmehr kann eine Fülle von Stimmungen, Empfindungen oder noch Ungreifbarerem in ihnen fluten. Es kommt nur nicht zu konturierten Gedanken und zu einem bestimmten Entschluß. Sie leben in einer vagen Sehnsucht, sie planen z.B. Reisen, die sie aber gleichzeitig als bereits getan erleben.

Der Gesichtsausdruck solcher Kinder hat oft einen seltsamen Zauber, ihre Bewegungen sind zart, ihre Gebärden oft nur wie Andeutungen, aber voll von edlem Ausdruck. In ihnen scheint ein verborgener Künstler zu stecken. Gegenüber den andern Kindern sind sie frei von abträglichen Empfindungen. Neid, Habsucht oder Geltungstrieb sind ihnen unbekannt, arglose Seligkeit kann sie erfüllen, sie setzen überall Güte voraus.

Für den Unterricht dieser Kinder ist es wichtig, nicht auf ihre gedankliche Unzulänglichkeit hinzustarren. Es fruchtet nicht viel, den Unterrichtsstoff «recht einfach» zu gestalten, um ihr Begriffsvermögen aufzubauen. Je «leichter verständliche» Vorstellungen man bringt, desto mehr langweilt man sie. Je mehr man indessen die Vorstellungen in Bilder kleidet, die man reichlich ausstattet, desto besser erreicht man ihr Seeleninteresse, desto leichter «verstehen» sie. Denn alles Seelenleben dieser Kinder hat einen Hauch von

Phantasie. Nüchternes ist ihnen fremd, ja quält sie, die Sprache der Phantasie ist ihnen vertraut.

Demgegenüber findet man das rechte Verhältnis, wenn man bedenkt, daß die Phantasie vor dem menschlichen Denken da war. Aus dem phantasiedurchdrungenen Bilderweben in Mythologie und Märchen erwachte ja erst allmählich im Entwicklungsgange der Menschheit das begriffliche Denken. Wie dieses geschichtlich in der Gesamtmenschheit und in den einzelnen Völkern stufenweise vor sich ging, so spielt es sich auch immer neu beim einzelnen Menschen ab. Das sogenannte normale Kind taucht aus einer Welt flutender Bilder auf, wenn es zum Wahrnehmen der Außenwelt und zum Bewußtsein seiner selbst gelangt. Von diesem Fluten erinnert der Mensch normalerweise später kaum etwas deutlich, aber ein Nachklang der tönenden Bilderwelt durchklingt unsere ganze Kindheit.[28] Daher fühlen wir uns glücklich und erleben Wirklichkeit, wenn uns Märchen erzählt werden. Die Realität dieser Bilderwelt haben wir vorgeburtlich durchlebt. Hierin stimmen die Ergebnisse der Geistesforschung mit dem zusammen, was einzelne erlesene Geister als früheste Kindheitserinnerungen mitteilen, in denen sie die vorgeburtliche Wunderwelt wie an einem Zipfel erhaschen und festhalten konnten. Recht eingehend kann man sich darüber unterrichten zum Beispiel aus der Biographie Carl Spittelers, *Meine frühesten Erlebnisse.*

Gesunderweise wird die Fülle jener kreativen Kräfte von der Kindesseele in das Bildekräfteweben des Leibes hineinversenkt, während gleichzeitig wie ein Schattengewebe davon in den zuerst noch phantasiegetränkten Vorstellungen auftaucht, was sich an der Begegnung des Kindes mit der irdischen Umwelt entzündet.

Das Wesen dieser Kinder erfährt eine Beleuchtung, wenn man, ihre oft allzu zarte Leibesplastik und die Hypertrophie des Phantasielebens zusammenschauend, sie als solche erkennt, bei denen *die vorgeburtliche Bilderwelt nicht richtig in die Leiblichkeit hineinstirbt, vielmehr die Wahrnehmungen und Gedanken überleuchtet.* So befinden sich diese Kinder, leiblich in die irdische Welt versetzt, seelisch dennoch wie vor deren Pforte.

Will man sie erreichen, muß man sie dort aufsuchen, wo sie seelisch in Wahrheit sind: im Märchenlande. Die Bilderwelt der Märchen verstehen sie. Man nähre sie also reichlich damit. So manches Märchenmotiv beschreibt ja geradezu ihre Seelensituation: das Schneiderlein, das mit den gewaltigen Riesen fertig werden muß, so wie die zarte Menschenseele mit den Naturgewalten, die sie beim Geborenwerden im Leibe antrifft; der Dummerjan, dem niemand etwas zutraut, der aber durch seine Unschuld und mit höherer Hilfe die schier unmöglichen Aufgaben löst und König wird usw. Diese Bilder bringen auch Trost, und den haben diese Kinder nötig. Die Märchenbilder haben es an sich, daß sie in der Seele wie unterbewußte Erkenntnisfragen leben und arbeiten und in sich selbst zu Gedanken hindrängen. Es kristallisieren sich aus ihnen allmählich durch eine innere Magie konkrete, wirklichkeitsgemäße Vorstellungen aus. Gibt man daher der Bildersehnsucht dieser Kinder reichliche Nahrung, so wird man das Wunder erleben, daß ihre Phantasie sich sättigt und daß sie allmählich nach wirklichen Vorstellungen hungern und diese verstehen.

Diesen Prozeß unterstützt man wesentlich, wenn man das Kind nötigt, sein Innenleben in ganz einfacher Weise künstlerisch zu gestalten: Märchenbilder farbig zu malen oder Szenerien in Wachs zu formen. Das bringt den Willen dazu, einzugreifen und das Überschäumende zu absolvieren. Gleichzeitig lehre man gerade diese Kinder einfachste Handfertigkeiten: Stricken, Sticken, Knüpfen, Weben etc. Dann kann der Phantasiestrom immer in die Schönheit von Farbe und Form, von Motiv und Ausgestaltung einströmen. Gleichzeitig bildet man an der Geschicklichkeit der Finger und Hände. Das wirkt bis tief in das Ineinandergreifen von Seelischem und Leiblichem ordnend und gesundend. Ihr Körper kräftigt sich, und ihr Seelenleben wird nüchterner.

Allmählich zeigt sich, daß diese Kinderseelen immer zum Produktiven neigen. Das macht man sich für allen Unterricht zunutze. Auch wenn man etwas Nüchtern-Sachliches zu lehren hat. Man behandelt zum Beispiel den Bauernhof. Man beginnt nicht damit, einen solchen in der Wirklichkeit aufzusuchen und anzuschauen, baut vielmehr mit Hilfe der produktiven Phantasie des Kindes einen idealen auf, wo man Menschen, Tiere, Gebäude und Geräte in idealer Glorie ausmalt. Diesen läßt man dann auch malen und basteln – und wenn das vollbracht ist, nimmt das Kind auch die dem Ideal gegenüber eventuell kärgliche Wirklichkeit für voll. So verfährt man bei allem Unterricht.

Selbstverständlich spielen für diese Kinder die Künste eine große Rolle. Man muß sie nur zuerst immer ganz frei gestalten lassen. Für das Malen ist dies schon angedeutet. Es kommt auch für die Musik in Frage. Da ist denn ein Instrument wie die bereits erwähnte neue «Leier» eine besondere Hilfe. So ein Kind will nicht nachspielen, es will sofort «komponieren». Indem seine Finger über die «Leier» gleiten, nimmt es die – auf der Leier immer schönen – zufälligen Tonfolgen bereits für prächtige Kompositionen. Da kann man es nun lehren, die Finger in der rechten Reihenfolge zu setzen, die Ordnung der Zusammenklänge zu beachten, den Rhythmus nicht zu verletzen. Das alles gestaltet die Innenwelt und bezieht sie durch die Anspannung des Willens in der Gliederbetätigung auf die äußere Wirklichkeit.

So kommt man mit diesen Kindern voran. Sie werden leiblich strammer und seelisch standfester.

b) Spät erwachende Seelen

Sogenannte Lernunfähigkeit. Heinrich Zschokke, ein «Spätentwickler». Gewähren lassen? Kindergarten. Spiel und Arbeit. Erwecken der Intelligenz von Gefühl und Willen her

Während es bei den eben geschilderten Kindern einer kräftigen heilerzieherischen Geburtshilfe bedarf, damit sie nicht zeitlebens physisch anfällig und seelisch kraftlos bleiben, gibt es andere, bei denen es sich mehr darum handelt, daß man ihnen Zeit läßt. Auch sie erscheinen uninteressiert für das Intellektuelle, aber ihr krafterfüllter Leib zeigt an, daß sich da eine Seele gut gebettet hat. Sie haben ein bestimmtes reiches Innenleben, erwachen dagegen spät für die Außenwelt. Dann aber entpuppt sich das vorher für unbegabt gehaltene Kind als eine besonders originelle Persönlichkeit, die aus dem vollen schöpft.

Ein solcher Späterwacher war der jetzt nicht mehr so bekannte, damals bedeutende schweizerische Schriftsteller und Volksmann Heinrich Zschokke. Man kann aus seiner Biographie Wesentliches lernen.[29] Er galt als ein recht hoffnungsloser Schüler. Was in der Schulstube vor sich geht, kann ihn nicht fesseln. Er sinnt zum Fenster hinaus und rennt in Gedanken in der Stadt herum, innerlichst beteiligt am Leben der Hühner und Ziegen und allem, was da gerade vor sich gehen mag. Von einem einzelnen Ton zu inneren Jubelerlebnissen entzückt, vermag er jedoch nicht, das einfachste Instrument zu lernen. Er fühlt sich unverstanden und trägt Fragen über Fragen in sich herum nach dem Warum aller Dinge, das die andern für so selbstverständlich halten. Äußern könnte er diese nicht, er würde ja nur verlacht. So spinnt er sich in eine eigene Welt ein. Macht er die Augen auf, freut es ihn, was der liebe Gott, dem er sich befreundet weiß, für ein herrliches Theater vor ihm aufgebaut hat, ganz für ihn allein. Dann schließt er sie eine Weile, und siehe da, als er sie wieder öffnet, hat der liebe Gott die Szenerie reizvoll verändert, ganz für ihn allein.

Man hält ihn für lernunfähig, nimmt ihn aus der Schule heraus und gibt ihn einem Schuhmacher an die Hand. Dieser aber, ein gemütvoller Mensch, der sich auf die Kinderseele versteht und die Welt mit vollem Herzen auffaßt, hilft dem Kinde, sachte in die irdische Wirklichkeit hineinzufinden.

Aus diesem versponnenen Kinde wurde später gleichwohl ein Mann der Tat. In den Wirren, die die Französische Revolution über die Schweiz brachte, griff er hie und da mit glücklicher Hand jeweils so situationsgemäß und wiederum originell ein, daß viel Unglück verhütet wurde. In den periodischen Sendschreiben des «Schweizerboten» und der «Stunden der Andacht» schuf er eine stets neu sprudelnde Quelle moralischer Volkserneuerung, die sich bis in jede Sennhütte hinein segensvoll auswirkte. Seine gemütskräftige Auffassung mannigfaltiger Lebensverhältnisse gestaltete er in immer neuen Novellen, die damals eine gute Volksnahrung waren und heute noch entzückend zu lesen sind.

Vielleicht hängt es auch mit den bewahrten Kindheitskräften zusammen, daß dieser Mann zeitlebens eine seltsame Wahrheitsfähigkeit hatte: Begegnete er einem Mitmenschen erstmalig, so geschah es ihm, daß in innerer Bildschau wie in einem schnell ablaufenden Panorama dessen bisheriger Lebenslauf vor ihm erstand. Er «sah» die Biographie seines Gegenüber noch im Flusse, ohne daß durch diese übernormale Fähigkeit seine normale Menschlichkeit im geringsten irritiert worden wäre.

Ein bißchen von diesem Totalerlebnis der Wesensart des anderen hat ja wohl jeder gesunde Mensch. Hätten wir gar nichts davon im inneren Klang, wenn wir einem Menschen begegnen, wären wir allzu arme Tröpfe.

Wie bringt man ein solches Kind in die Wirklichkeit hinein und bewahrt ihm doch die kosmischen Kindheitskräfte, damit sie später in individuell produktive Tüchtigkeit ausgereift hervorkommen können? Bei Zschokke geschah dies dadurch, daß man ihn aus der Schule herausnahm und so vor zu frühem Abbau und jeglicher intellektueller Forcierung bewahrte. Man ließ ihn gewähren. Ist dies also die therapeutisch richtige Haltung? Früher mag das der Fall gewesen sein, weil das Lebensmilieu natürlich, also kindlich, war. Heute ist dies anders. Es würde nur heißen, das Kind dem erbarmungslosen Erzieher des aggressiven technischen Milieus von heute auszuliefern. Dies ist in dem nachfolgenden Artikel ausführlicher behandelt. Das so geartete Kind kann dadurch seelisch ganz beirrt werden. Da muß denn heute ein Kleinkind- und Schulmilieu geschaffen werden, welches den sachten Übergang von vorgeburtlichem Traum- zum irdischen Wachbewußtsein stufenweise behutsam vollzieht. Wer dies sentimental nennt, kennt die Menschennatur nicht. Es handelt sich nicht darum, die kindliche Zartheit treibhausmäßig zu kultivieren, sondern allmählich in irdische Tüchtigkeit, ja Robustheit umzuwandeln, die aber nie dem Menschentum entfallen kann. Eine wie kärgliche Öde überfällt heute so manchen Menschen, wenn er vom Gängelband der Pflichterfüllung einmal auch nur ein wenig frei wird. Er greift dann zu Zerstreuungen, die nichts anderes sind als abermalige Gängelung von außen her. Und seine trauernde Seele kommt auf dumme Gedanken.

Hier hat der *Kindergarten* seine große Aufgabe. Alles versteckte Lernen sei aus ihm ferngehalten, das Spiel aber auf das schönste kultiviert, das kindliche Reigenspiel, die ganz freie Gestaltung von phantasievoll Erfundenem, wie auch das Bauen und Formen mit allerlei Material und Spielgeräten. Nun ist das Unglück, daß die meisten in den Geschäften heute angebotenen Spielsachen gar kein wirkliches Spielen zulassen. Ein solches besteht darin, daß die Kindesseele ohne von außen gegebenes Ziel durch fortwährendes Probieren zuletzt etwas zustande bringt, was in ihr selber lag, jedesmal ganz originell, noch nie dagewesen. Dadurch ist das Spiel die hohe Schule für die Individualität, die sich damit in die Welt der Möglichkeiten hineintastet und diese umzugestalten lernt. Dabei *bildet* sich geradezu einzigartig die originell-produktive Kraft des späteren Erwachsenen. Jene Spielzeuge aber, die das Kind zwingen, gerade etwas bestimmt Vorgeschriebenes zu machen oder ihm bestenfalls die Auswahl zwischen einigen Varianten lassen – die Lochapparaturen, wo bestimmte Formen einzupassen sind, die Puzzlespiele, das Stäbchenlegen, verschiedene Baukästen –, töten die Phantasie, lähmen die Schaffenslust und vergiften den Intellekt. Und die Flut jener anderen – die Miniatur-Maschinen, die elektrischen Eisenbahnen etc. – ist noch ärger. Sie erziehen das Kind zu eitler Überheblichkeit und tatenlosem Glotzen. Man kann nichts anderes tun als einen häßlichen versteckten Dämon aufziehen, und dann rast ein mehr oder weniger tolles Zauberwerk ab. Je großartiger diese Spielsachen sind, desto übler für die Seele des Kindes. Sie machen diese laß und müde, bevor sie noch recht erwacht ist. Der sich heute so bedenklich vermehrende Minus-Mensch, der überall dabeisteht, alles weiß und nie eine Verantwortung übernimmt, ist das Bildungsprodukt dieser schlechten Frühkind-Erziehungsmittel. Herrlich aber und für das Kind unerschöpfliche Seelenlabsal sind jene Spielsachen, die – so unfertig und nur angedeutet sie sein mögen –

das Kind anregen, das Unmöglichste mit ihnen zu probieren: das plastische Material, die farbigen Holzbauklötzchen in allen Formen, die beweglichen Tiere, deren originelle Bewegungen nur herauskommen, wenn man sie schiebt oder dreht, die Ziehbilderbücher, die Kasperlfiguren ... In neuerer Zeit beginnen sich diese wahren Spielsachen auch im öffentlichen Handel durchzusetzen, nachdem sie vor Jahrzehnten erstmalig von der ersten Stuttgarter Waldorfschule ausgehend in den Handel eingeführt worden sind. Jede Kinderstube und insbesondere jeder Kindergarten möge eine schöne Kollektion solcher Herrlichkeiten haben.

Es sei hier auf eine wichtige Darstellung wahrer, in der Praxis bewährter Kindergartengestaltung hingewiesen: *Erziehung im frühen Kindesalter* von Elisabeth M. Grunelius.[30] Dort wird dargestellt, wie grundverschieden von dem Erwachsenen das Kind an einem Vorgang in seiner Umgebung teilnimmt. Der Erwachsene *beobachtet,* was vorgeht, und *versteht,* worum es sich handelt. Das Kind erlebt sofort *willensartig* mit. Während der Erwachsene das *Verstandene* nun in seinem Innern fühlend bewegt und erst am Ende einen Entschluß faßt und zur Tat übergeht, verbindet sich das Kind tätig mit dem Erlebten, um es von sich aus im Spiele neu aufzuerbauen, und aus dieser eigenen Tätigkeit erwächst ihm *am Ende* eine leuchtende *Erkenntnis.* Dadurch ist das Spiel der große Lehrmeister für das Kind.

Fügen wir den weisheitsvollen Hinweis Rudolf Steiners hinzu, daß im *Spielen* das Innerste des Kindes – sein noch verhüllter Wesenskern – tätig ist und daß dieser im Erwachsenen später ins Leben eingreifend um so besser den Anforderungen der *Arbeit* gewachsen sein wird, je mehr er im freien Spiel sein Eigenes tastend zur Entfaltung bringen konnte. Der Erwachsene wird dann am besten den zwingenden Anforderungen der Pflichten entsprechen können, je weniger Zwang im Spiel waltet.[31] Daran ist die außerordentliche Wichtigkeit der Pflege wahren Spielens im Frühkindesalter zu ermessen.

Die in diesem Abschnitt gemeinten «spät erwachenden» Kinder sind dadurch charakterisiert, daß ihr Denken noch im Schoße eines mehr Gefühlsartigen, ja brütend Willenshaften verborgen ist. Wie holt man sie da heraus, damit sie nicht etwa stumpfe Brüter bleiben? Wir möchten hier auf eine grundlegende Darstellung Rudolf Steiners über die Bewußtseinsgrade im Denken als ein helles Wachen, im Fühlen als ein Träumen und im Wollen als eine Art Schlafens verweisen, die dann in eine Schilderung dieser Abnormität übergeht und eine generelle Therapie angibt. Da diese Erscheinung nicht konkreter beschrieben werden könnte, sei hier die Schilderung Rudolf Steiners angeführt: «Sie werden finden, daß Kinder, bei denen das Gefühlsleben der Anlage gemäß überwiegt, träumerische Kinder sind, so daß solche Kinder, bei denen in der Kindheit eben das volle Denken noch nicht aufgewacht ist, leicht hingegeben sein werden an ein träumerisches Wesen. Das werden Sie dann zum Anlaß nehmen, um durch starke Gefühle auf ein solches Kind zu wirken. Und Sie werden dann die Hoffnung haben können, daß diese starken Gefühle bei ihm auch das helle Erkennen erwecken werden, denn alles Schlafen hat dem Lebensrhythmus gemäß die Tendenz, nach einiger Zeit aufzuwachen. Wenn wir nun ein solches Kind, das träumerisch im Gefühlsleben dahinbrütet, mit starken Gefühlen angehen, dann werden diese in das Kind versetzten starken Gefühle nach einiger Zeit von selbst als Gedanken aufwachen.

Kinder, die noch mehr brüten, die sogar stumpf sind gegenüber dem Gefühlsleben, die werden Ihnen offenbaren, daß sie besonders im Willen stark veranlagt sind. (...) Wenn Sie dies bedenken, können Sie erkennend vor manchem Rätsel im kindlichen Leben stehen. Sie können ein Kind in die Schule hereinbekommen, das sich ausnimmt wie ein echter Stumpfling. Wenn Sie da gleich das Urteil fällen: Das ist ein schwachsinniges, ein stumpfsinniges Kind, (...) so würden Sie (...) nicht dem Wesen des Kindes nahekommen. Vielleicht aber ist dieses Kind besonders stark im Willen veranlagt, vielleicht ist es eines jener Kinder, die im späteren Leben aus ihrer Cholerik zu tatkräftigem Handeln übergehen. Aber der Wille schläft zunächst. Und wenn das denkende Erkennen bei diesem Kinde verurteilt ist, später erst hervorzutreten, dann muß es auch in der entsprechenden Weise behandelt werden, damit es dann später berufen sein kann, etwas Tatkräftiges zu vollbringen. Vorerst erscheint es als ein rechter Stumpfling, der ist es aber vielleicht gar nicht. Und man muß dann den Blick dafür haben, bei einem solchen Kinde den Willen zu erwecken; das heißt, man muß so in seinen wachen Schlafzustand hineinwirken, daß es nach und nach dahin kommt – weil ja jeder Schlaf die Tendenz hat, zum Erwachen zu kommen –, seinen Schlaf als Willen, der vielleicht sehr stark ist, der aber nur jetzt schläft, vom schlafenden Wesen übertönt wird, im späteren Lebensalter aufzuwecken. Ein solches Kind muß so behandelt werden, daß Sie möglichst wenig auf sein Erkenntnisvermögen, auf sein Begreifen bauen, sondern ihm gewissermaßen einhämmern einige recht stark auf den Willen wirkende Sachen, daß Sie es, indem es spricht, zu gleicher Zeit gehen lassen. Sie nehmen ein solches Kind (...) aus der Klasse heraus und (...) lassen es, indem es Sätze spricht, die Worte mit Bewegungen begleiten. Also: Der – (Schritt) – Mensch – (Schritt) – ist – (Schritt) – gut! Auf diese Weise verbinden Sie den ganzen Menschen im Willenselement mit dem bloß Intellektuellen im Erkennen, und Sie können es nach und nach dahin bringen, daß bei einem solchen Kinde der Wille zum Gedanken erwacht.»[32]

Solch eine Übung mutet fast primitiv an, führt man sie aber mit Spätentwicklern aus, erlebt man die segensvolle Wirkung ganz unmittelbar. Der Genesungsprozeß kommt in Gang. Durch treuliches Beachten der Methode: *strammes Impulsieren des Willens, Hervorrufen starker Gefühle, ruhiges Abwarten hinsichtlich des Begreifens ...* bringt man diese Kinder zu einer erfreulichen Entwicklung. Der krampfhafte Zwang, mit jeder Woche, ja Stunde das vorgeschriebene intellektuelle Programm zu erfüllen mit aller Hast und Unrast im Gefolge, verdirbt diese Kinder gänzlich.

c) «Schwachsinnig» erscheinende Kinder

Leibesgestalt und Bewußtsein. «Schwachsinnig». Heileurythmie. «Geographie am Körper». Methode der Steigerung. Erst tun, dann begreifen. Beispiel: die Uhr.

Bei den in den vorigen Abschnitten gemeinten Kindern lag eine Verschiebung des Wachbewußtseins nach der Seite des Träumerischen, ja Schlafenden vor. Es galt, Wege zu finden, sie aufzuwecken. In diesem Abschnitt soll eine andere Erscheinung beschrieben werden. Es gibt Kinder, deren Bewußtsein schwach ist, deren Auffassung schwerfällig, das Gefühlsleben dumpf, der Tatendrang gering ist und bei denen auch meist im Gröberen oder im Feineren eine körperliche Unzulänglichkeit zu bemerken ist: eine Plumpheit der Formen, Schwere, Steifheit des Leibes oder eine Art Leere. Dazu gehören auch die mannigfaltigen Deformationen, von denen eine charakteristische, heute auffällige, das Down-Syndrom, in dem einen Wesensbild des nächsten Artikels eingehender behandelt wird. Aber solches Aus-der-Form-geraten-Sein gibt es ja im Hinblick auf alle Formungen des Menschenleibes, ob es sich am Kopf, den Gliedern, dem Zusammenstimmen der Proportionen oder noch anders zeigt. Eine jede solche Deformation bedingt eine bestimmte Art von seelischer und bewußtseinsmäßiger Abweichung. Dieser Art sind die meisten sogenannten «Schwachsinnigen». Besonders aber wird bei ihnen auch immer eine Unzulänglichkeit in den Bewegungen auffallen.

Der ganze Leib, besonders die ihn durchziehende Kraftwesenheit des Bildekräfteleibes, ist für die Seele das umfassende Sinnesorgan, womit sie die Welt wahrnimmt und wodurch sie ihr Innenleben entzündet, und wiederum das Instrument, womit sie die Welt bearbeitet. Und da diese Abnormität wiederum dadurch gekennzeichnet ist, daß eine bestimmte Individualität in ihrem bestimmten Leibe eine bestimmte Hinderung hat, gibt es wohl mancherlei typische Erscheinungen, und dennoch bieten sich so viele Krankheitsbilder dar, als gehinderte Individualitäten sind.

Das Wort «schwachsinnig» ist gar nicht so falsch, wenn man ihm nur den abfälligen Beigeschmack nimmt, jedenfalls aber viel zutreffender als «geistesschwach». Das sind diese Kinder nämlich nicht, bzw. darüber können wir ja gar nichts ausmachen. Der *Geist* des Menschen deutet sich innerhalb des irdischen Seelenlebens nur ganz ahnungsweise an. Es wäre vermessen zu meinen, ein Mensch, dessen Leibesgefüge besser geeignet ist, ein helles Seelenleben erscheinen zu lassen, habe darum auch einen bedeutenderen Geist als ein anderer, dessen Leiblichkeit der Seele Hindernisse in den Weg legt.

Da die seelische Abnormität in diesem Falle von der leiblichen (im feineren oder gröberen Sinne) herrührt, ist die ärztliche Therapie hier unerläßlich. Dies wird an Beispielen in dem späteren Artikel über «Krankheit und Heilmittel als Erzieher des Kindes» erläutert. Allgemein wird dies heute nicht so angesehen. Diese Kinder stellen ja das Hauptkontingent der Sonderschulen oder -klassen dar, und ihre Förderung betrachtet man gemeinhin heute noch als eine mehr pädagogisch-schulische. Man bürdet sich dadurch eine Sisyphusarbeit auf. Jegliche pädagogische Anstrengung wird um vieles fruchtbarer, wenn sie durch medikamentöse Behandlung vorbereitet ist. Es müssen die Medikamente nur menschengemäß sein.

Außer den substantiellen Medikamenten kommt hier im besonderen die *Heileurythmie* in Frage, dieses umfassendste ätherisch-menschliche Medikament, von dem der nächste Abschnitt handelt. Erst wenn eine Umstimmung des Organismus vom substantiellen und vom ätherischen Medikament eingeleitet ist, können die pädagogisch-erzieherischen Maßnahmen so recht angreifen.

Das «schwachsinnige» Kind hat zwischen der Welt und sich den eigenen, nicht genügend durchdrungenen Leib als Hindernis. Eine erste Hilfe kann daher in Folgendem bestehen: Man weist das Kind an, mit der Hand den eigenen Körper zu ergreifen, das Knie, den Kopf, die Glieder. Es vermag dies vielleicht zuerst nur langsam und unsicher. Man übt, immer schneller und sicherer, z.B. mit dem Zeigefinger der rechten Hand das linke Ohrläppchen, mit dem kleinen Finger der linken Hand den großen Zeh des rechten Fußes zu finden oder mit der einen Hand um die andere eine kreisende Bewegung zu machen. Diese Art «Geographie am eigenen Körper» ist ein Ausgangspunkt. Es gibt ja reizende Kindersprüchlein und -spiele, die solche Übungen zum Inhalt haben. Man schließt weiteres an: Bewegungen mit den Händen in bestimmter Reihenfolge, währenddem die Füße eine bestimmte Form oder einen bestimmten Rhythmus laufen müssen. Man fügt ein, das Kind schnell nach diesem oder jenem außerhalb seiner weisen zu lassen, dies erkennen, benennen und berühren usw. Man übt die Durchdringlichkeit des Körpers für Wahrnehmung und Handlung.

Nun achte man besonders darauf, alles, was man das Kind zu tun anweist, mit besonderer *Aufmerksamkeit* begleiten zu lassen; wie es seinen Griffel ergreift, wie es den Pinsel in die Farbe taucht usw.

Der Körper ist die dem Kinde zunächst gelegene äußere Welt, sie muß zuerst erfaßt werden; dann durch ihn die nähere Umgebung. Die genannten Übungen scheinen vielleicht allzu simpel. Sieht man dem Kinde aber dabei zu, so erlebt man, wie sie ihm gerade im entscheidenden Punkte helfen.

Für ein schwerer «schwachsinniges» Kind ist es dann sehr förderlich, es immer wieder den eigenen Menschenkörper abtasten und anschließend malen zu lassen: den Kopf, die Brust usw. Und jeweils den Kopf am Körper und den auf dem Papier in seinem Bewußtsein zusammenzubringen usw.

Will man nun die weiter draußen gelegene wirkliche Welt solchen Kindern vertraut machen, so gibt es dafür ein schönes richtungsweisendes Wort. Es stammt von Karl Schubert, dem herzensgenialen Heilpädagogen der ersten Waldorfschule. Dieser hatte sich bereits jahrelang insbesondere um solche Kinder bemüht. Von jungen Freunden, die von ihm lernen wollten, einmal gebeten, seine Methode zu erklären, sagte er: «Diese Kinder, die man schwach*sinnig* nennt, kann man mit schwach*sichtigen*, kurzsichtigen vergleichen. Bei diesen ist es der Sehsinn, der versagt. Man setzt ihnen daher eine Brille auf. Die Schwachsinnigen sind in bezug auf alle Sinne schwachsichtig, kurzsichtig. Man müßte jedem Sinn eine

74

‹Brille› aufsetzen. Das geht nicht; also setze man der ‹Welt eine Brille› auf. – Wie man das mache? Man macht die Berge ‹berger› und die Flüsse ‹flüsser›! Man steigert alle Erscheinungen in ihrem Wesen.» Dieses Prinzip ist im Abschnitt über den Unterricht schon angedeutet. Hier muß die Steigerung des Urbildhaften bis ins Extrem gehen. Die Methode ist so einleuchtend, daß sie keiner weiteren Erläuterung bedarf.

Man denke weiter daran, daß allem Verstehen ein sinnliches Erfassen mit den Gliedern vorangehen möge. Das Losungswort «Erst tun, dann begreifen» ist hier ganz am Platze. Das Sinneswahrnehmen ist ja ein Ergreifen mit seelischen Greiforganen, ein intimer Willensvorgang. Der elementarere liegt im Greifen der Hände und Füße und kann jenen daher vorbereiten. Eine Form, einmal mit den Füßen abgelaufen oder mit den Händen abgetastet, wird dann auch mit dem Verstand «begriffen».

Und schließlich vergesse man nie, daß jedes Verstehen, auch das rein intellektuelle, ein gemütsmäßiges Anteilnehmen voraussetzt. Das «Hervorrufen starker Gefühle» ist ja der Weg zur «Aufhellung der Erkenntnis».

Diese Richtlinien müssen ganz künstlerisch-lebendige Praxis werden. Dazu muß jeder einzelne erzieherische Akt aus der Seele des Erziehers im Zusammenleben mit dem Kinde neu geboren werden. Wie alles Erwähnte zusammenfließen kann, soll an einem Beispiel verdeutlicht werden:

Die Kinder müssen die Uhr lesen lernen. Da geht man nicht so vor, daß man an einer fertigen Uhr oder einem Lehrmodell Stand und Gang der Zeiger auf dem Zifferblatt demonstriert, sondern etwa so: Man hat öfter beobachtet, wo am Horizont die Sonne des Morgens heraufsteigt und wo sie des Abends untergeht. Das geschieht, während wir aufstehen und wiederum schlafen gehen. Wenn die Sonne so über die Hügel heraufsteigt, ruft sie nicht nur uns Menschen an die Arbeit, sondern weckt auch die Pflanzen und Tiere zu neuem Leben. Ein Bild davon wird gemalt. Das ist «um 6 Uhr morgens». Und wenn die Sonne hinabgestiegen ist und das goldene Abendleuchten am Himmel abklingt, die Blumen ihre Leuchteblüten schließen, Natur und Menschen zur Ruhe gehen, dann werden wir stille, sagen das Abendgebet und überlassen Gottvater die Erdenwelt. Das ist «6 Uhr abends». Wiederum entsteht ein Bild, aber ein ganz anderes. Dieses befestigen wir rechts an einer Wand, das vorherige links, schön einander gegenüber. Von dem einen zum andern im großen Bogen wandert die Sonne über den Himmel. Wenn sie von ganz oben strahlt, läuten die Glocken im Dorf, «12 Uhr Mittag», und wir setzen uns zum Mittagsmahle nieder. Auch das malen wir. Vom Morgen bis zum Mittag lernen wir in der Schule, mittendrin

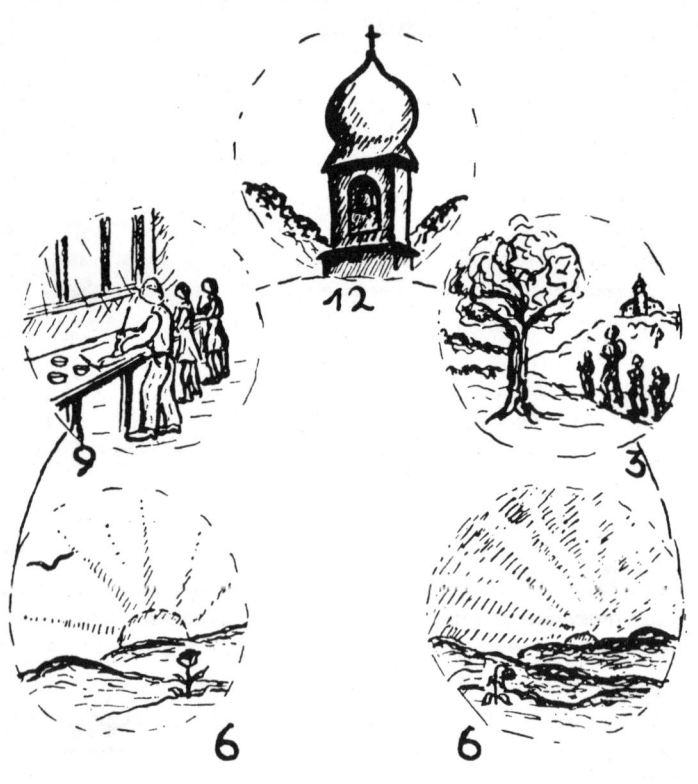

besonders emsig, vorher das, nachher jenes, was wiederum gemalt wird. Und zwischen Mittag und Abend gibt's mancherlei: Wir gehen in die herrliche Frühlingswelt, und wenn die Sonne sich anschickt, schneller herabzusteigen, sitzen wir zusammen und lauschen der Musik oder einer erbaulichen Geschichte. Alles wird in kleinen Bildchen gemalt. Die ganze Gruppe ist tätig, jeder einzelne an seinem Bild; jedes Bild wird dann an seinem Platz befestigt, wo wir die Stunden zufügen. Je nach dem Fassungsvermögen der Kinder gestalten wir das weiter aus.

Was zwischen unserem Einschlafen und dem morgigen Aufwachen geschehen mag, das lassen wir zunächst einmal weg. So rundet sich unser Tag. Daher schließen wir auch unser schönes Stundenbild zu einem Kreis zusammen.

Die Zeichnung übertragen wir auf den Fußboden, laufen sie ab, stellen uns in die Mitte und zeigen mit rechter und linker Hand hierhin und dorthin. Jedes Kind darf mal Zeiger sein, jedes auch mal Sonne. An dieser Zeichnung können wir nun herrlich die erwähnten Orientierungsübungen machen, können vor- und rückwärts zählen üben und können das Gedächtnis kräftigen.

Was aber macht die Sonne, wenn sie hinabgetaucht ist, was unsere Seele, wenn unser müder Leib ruht? Hier kann man wahrheitsgemäß also fortfahren und dabei die stärksten Gefühle hervorrufen: Jetzt taucht die Sonne tief hinab, erhebt sich aber dabei abermals, unsichtbar für uns, und macht einen viel größeren Weg hinauf bis zu «Gottes Weltenthron».[33] Und unser Engel reicht unserer Seele die Hand und führt sie auf der nächtlichen Sonnenbahn mit hinauf zu dem Brunnen des Lebens bei «Gottes Weltenthron». Erwachen wir einmal in tiefer Nacht, dann schauen wir den herrlichen Vorhang, den Gottvater vor seinen Thron gezogen hat, das gestirnte Firmament. Auch die Vögel holen von dort ihre schönsten Töne, mit denen sie am Morgen wieder jubeln können, und freuen sich dessen schon am Abend; darum singen sie so schön, wenn die Sonne untergeht. Auch die Rosenknospen holen von dort ihren schönsten Duft, so oft, bis sie schließlich an einem Morgen zu einer Rose erblühen können. Und unsere Seele schöpft

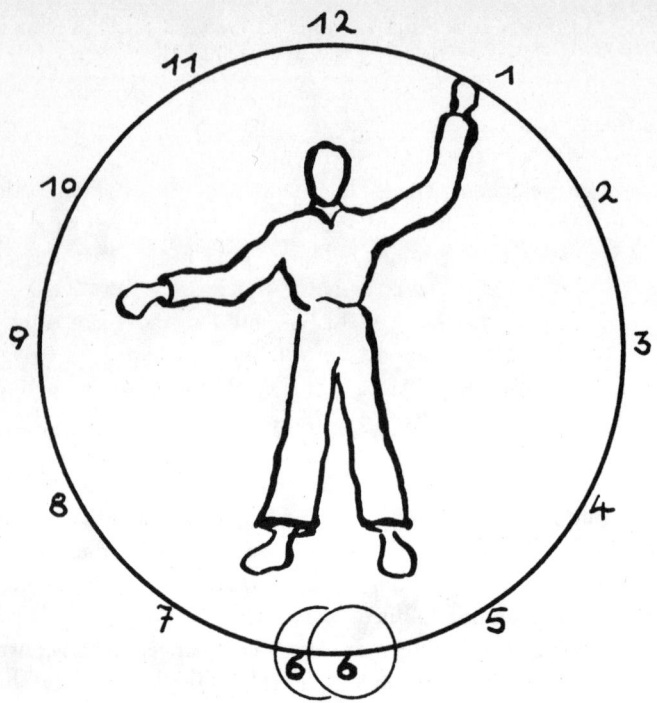

aus diesem himmlischen Zauberquell, damit wir am Tage Licht in unserem Kopf, Liebe im Herzen und Mut in den Gliedern haben können.

Das zeichnen wir nun (s. S. 79): den inneren Kreis etwa in den hellen «Tagesfarben» rot, gelb, grün, den äußeren in den geheimnisvollen «Nachtfarben» violett, pfirsichblüt, silbern und gold, mit Mond und Sternen. Und wenn wir dabei «Gottes Weltenthron» nicht zeichnen können, weil er zu hoch oben liegt und zu groß ist, so ist dies keine schlechte Lebenserfahrung. Es entspricht ja der Wahrheit, daß das Geistgeschehen der Nacht ein unendlich größeres ist als das bewußte Tagesgeschehen, geht unsere Seele doch tatsächlich durch die Unendlichkeit durch.

Mitternacht

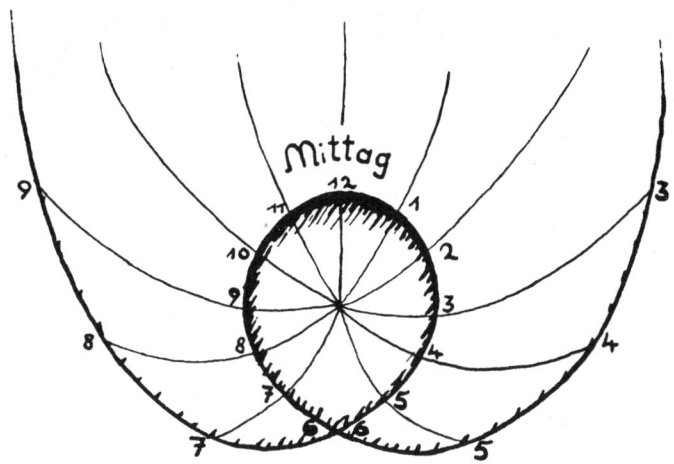

Nebenbei: Es ist eine gute Übung, Formen mit Überkreuzungen zeichnen zu lernen.

Viele gehemmte Kinder straucheln bei der Kreuzung und weichen z.B. so aus: anstatt

Es spricht sich darin aus, daß das Kind mit seinem Willen nicht durchdringt. Daher kann man ihm darin gut helfen, indem man es unermüdlich diese Mutprobe überstehen lehrt, die im Zeichnen, Laufen einer Kreuzung liegt.

In diese große Tages- und Nachtuhr können wir nun allerlei Interessantes hineinzeichnen: um 4 Uhr morgens den Bäcker, der als erster an die Arbeit geht, um 5 Uhr den Bauern, der schon am Füttern ist … Man kann auch den Kindern nahebringen, was dann die Erwachsenen tun, nachdem sie selber schlafen gegangen sind, denn die bleiben ja dann wach. Da ist es gut, wenn man in Verhältnissen lebt, in denen die späteren Abendstunden von den Erwachsenen nicht in der oft üblichen Weise vergeudet werden, und man also den Kindern mit gutem Gewissen erzählen kann: «Die Erwachsenen denken dann darüber nach, was die Sonne und auch unsere Seele denn erleben mögen auf dem nächtlichen Wanderwege durch die Reihe der Sterne. Und manchmal, da legen sie dann die schönsten Kleider an und gehen an einen Ort, wo etwas Wunderbares geschieht, was am Tage nicht möglich wäre, es sei denn sonntags, was besondere Stille braucht, was selbst die Sonne glücklich machen würde, wenn sie einmal nachts herunterlugen würde: das nennt man Theater.» Auch darf man zufügen: «Aber wenn es 11 Uhr nachts geworden ist und die Mitternacht herannaht, dann ist das zu Ende, weil dann alle Menschen schlafen müssen, sonst würden ihre Seelen zu spät zum himmlischen Brunnen kommen.»

Ein solches Unterrichtsgespräch läßt sich nach vielen Seiten erstrecken. Nach und nach entsteht das *Zifferblatt der Uhr*, das man ruhig in dieser Form zeichnen lassen kann: bis man dann die beiden Kreise in einen zusammenfallen läßt. Bringt man schließlich eine nicht zu neumodische Wanduhr in die Schulstube, dann ist ein Erkenntnisfest gelungen. Der ganze Prozeß kann ruhig vier Wochen in Anspruch nehmen, eine «Epoche». Es läßt sich ja so viel damit verbinden.

Mit «Schwachsinnigen» schwereren Grades, insbesondere mit solchen, die gröbere Deformationen haben, wird man im verstandesmäßigen Erfassen natürlich nur beschränkt weit kommen können. Wie sich gleichwohl alle heilerzieherischen Bemühungen auch bei ihnen im allgemeinen Reiferwerden, Menschlicherwerden auswirken, wird weiter unten gezeigt.

d) Eingeengte, gefesselte Seelen

Interessenarmut. Heilende Musik. Schönheit des Milieus. Verinnerlichung des Gelernten. Zwangsvorstellungen und ihre Linderung. Besondere Übungen. Verwandlung der Zwangsinteressen.

Da sind Kinder, denen der Schmelz der Kindheit fehlt. Was wir als aus dem Vorgeburtlichen stammende farbige Fülle erkannt haben, scheint ihnen abzugehen. Hingegen sind sie für alles Irdische interessiert. Etwas Erlebtes, und wenn es noch so schön war, geht in die Erinnerung als eine knappe Tatsache ein. Mitunter sind sie so, daß sie aus dem totalen Wahrnehmungsfelde nur bestimmte Einzelheiten herausgreifen, die sie zum Schaden der andern allzugenau auffassen, ja sich von ihnen ganz hinnehmen lassen. Oft ist es besonders das Mechanisch-Technische, was sie fesselt. Ihr Inneres scheint dann ganz angefüllt mit einer oft unerhörten Fülle von totester Außenwelt. Ein solches Kind kann sogar einen ganz uninteressierten, abwesenden Eindruck machen; das ist aber eine Täuschung: es ist nur allzusehr anwesend, lebt aber ganz in seiner mit Ballast überladenen Erinnerungswelt oder im eingeengten Hinstarren auf das allein als anziehend Erlebte. Es mag sich z.B. eventuell nur für Röhren interessieren: dünne, dicke, tönerne, eiserne, kupferne, Wasser-, Gas- und allerlei andere Röhren. Es ist scheinbar teilnahmslos durch ein neues Haus gegangen, währenddem aber hat es ein vollständiges Röhreninventar aufgenommen. Ein anderes ist von den elektrischen Apparaten fasziniert, ein anderes von allem, was sich dreht. Der Gegenstand solchen Spezialinteresses muß aber nicht ein technischer sein, er kann auch dem Leben der Natur oder der Menschen angehören.

Diese Erscheinung ist in allen Varianten anzutreffen: von einem zu willkürlichen, nur auswahlsweisen Interesse bei sonst normalem Verhalten, einem zu starken Gebanntsein von einzelnen Fragen, was das freiflutende Seelenleben einengt und das Kind zu einem Sonderling macht, bis hin zu jener absoluten Fesselung des ganzen Seelenlebens durch fixe Ideen und Gewohnheiten, die jedes freie Auffassen, Empfinden und Handeln verunmöglicht.

Solche Kinder haben mitunter einen Zug von gequältem Ernst. Sie lachen nicht gerne, höchstens einmal spöttisch. Sie erscheinen egoistisch. Sollen sie etwa eine Dienstleistung tun, so sind sie zumindest mürrisch oder sie geraten aus dem Gleichgewicht und werden geradezu böse. Ein Gespräch mit ihnen kommt nur in Gang, wenn es ihr Sonderinteresse berührt, und nimmt leicht die Richtung endlos gradlinigen Fragens an, das in seiner Penetranz nicht leicht zu ertragen ist. – Diese Seelenart prägt sich auch eventuell im Körperlichen aus: Alle Formen scheinen kärglich und vertrocknet, die Bewegungen hart und eckig, Haltung und Gesichtsausdruck scheinen eher einem späteren Alter zu entsprechen.

Solch eine körperliche und seelische Artung kann veranlagungsmäßig mitgebracht sein und nun mehr und mehr zum Vorschein kommen, ohne daß ein vielleicht ganz lebendiges, gutes Milieu etwas daran änderte; es können sich aber auch alle genannten Symptome bei einem veranlagungsmäßig ganz gesunden, «normalen» Kind allmählich einstellen, indem etwa ein typisch modernes, allzu technisches Milieu mit seiner lebentötenden, verhärtenden Gewalt dem Kinde diese Fesselung aufprägt. Freilich kam dem dann wohl eine Schwäche der Lebenskraft des Kindes entgegen.

Gegenüber diesen eingeengten, gefesselten Kinderseelen gibt es ein Gebiet, das ausgesprochen heilend ist, weil ihm jeder Zwang ferne ist: die *Musik*. Freilich gibt es Melodien, Harmonien und Rhythmen, die man, einmal gehört, nicht so bald wieder los wird. So wirken gewisse Schlager und etwa auch manche Volkslieder. Aber insoweit sind diese eben gerade Unmusik. Die wirkliche Musik läßt frei, ja befreit. Für den heilpädagogischen Gebrauch birgt die frühe wie die klassische Musik unausschöpfliche Schätze. Es ist aber gerade im Zusammenhang mit der neuen Pädagogik und Heilpädagogik eine große Fülle von neuer Musik komponiert worden, die das Heilende besonders beachtet. Solch eine gute, umfassende Komposition zieht in die Seele ein, erfüllt und weitet sie, mit ihrem melodiösen Gehalt nach dem denkenden Pol hin tastend, in den Rhythmen den Willen belebend und in den Harmonien das Gefühl durchwärmend, und entzieht sich dabei doch der Fesselung durch den Begriff. Die heilende Wirkung wird außerordentlich verstärkt, wenn man die erwähnte «Leier» verwendet. Das Klavier kommt für den heilpädagogischen Gebrauch nur behelfsweise in Frage, weil die Töne da bereits unnötig veräußerlicht sind und zudem seine Akkordfülle stets eine akustische Überschwemmung anzurichten droht. Die klassischen Instrumente, Geige, Flöten, Blasinstrumente, haben jeweils einen ganz speziellen Klang und müssen schon sehr gut gespielt werden, daß dieser nicht die reine Musik verdrängt und für das oft sehr empfindliche Sinnesleben dieser Kinder nicht als unangenehmes Geräusch wirkt. Darum wohl auch lehnen solche Kinder diese Instrumente oft dezidiert ab. Die «Leier» hat nun gerade die hier nötige Qualität. Nicht für das Konzert gemeint und geeignet, kann sich ihr milder und zugleich doch intensiver Ton in der intimen heilpädagogischen Hausmusik wohltuend entfalten. Die relativ leichte Spielbarkeit ist ein großer Vorzug. Auch ein Anfänger oder der vielbeschäftigte Erzieher, der nicht viel Zeit zum Üben hat, kann bald ganz annehmlich spielen. Bereits eine Tonleiter oder eine einfache Tonfolge, die auch das gehinderte Kind auf der besonderen «kleinen Sopranleier» bald zustande bringt, wirken musikalisch. So sind die sonst quälenden Übstunden eine Lust und Labsal und wirken wie ein Medikament. Aber auch reiche umfassende Ensemblekompositionen, die sonst einen größeren Apparat bräuchten, lassen sich mit einem kleinen Leierensemble mühelos zu Gehör bringen. Vieljährige Erfahrung lehrt, daß wertvolle Kompositionen, auch durch Wochen hindurch täglich wiederholt – und das verstärkt ihre heilende Wirkung –, gerade durch die Klangfarbe der Leier sich nicht erschöpfen, sondern an innerem Leben stets gewinnen.[34]

Nun kann es zunächst durchaus so scheinen, als ob manche Kinder wie die hier behandelten auch der Musik gegenüber ähnlich ablehnend sind wie allem, was nicht in der Bahn ihrer speziellen Interessen liegt. Das mag so aussehen, wird auch vom Kind selbst an der Oberfläche seines Bewußtseins so erlebt und veranlaßt es eventuell sogar zu heftigem Protest; in den Tiefen der Seele wirkt die Musik doch. Gerade diese Kraft hat sie: sich in das Leib-Seelen-Gefüge einzuschmiegen und die Seele aus ihrer Fesselung an den Leib zu lösen. Diesem heilenden Prozeß kann sich das Kind kaum entziehen. Er kann schon weit fortgeschritten sein, ehe das Kind zugibt, wie gerne es die Musik hört und ausübt. Man lasse sich also durch die «oberflächliche» Ablehnung nicht bange machen!

Für diese Kinder ist es eine Wohltat, wenn man sie in ein Milieu versetzen kann, das frei ist von dem Lärm der Motoren, dem penetranten Summen der elektrischen Apparate, den grellen Lichtern und den faszinierenden Geschwindigkeiten. Nur dann gelingt es, die Kinder auf die intimeren Eindrücke der Natur hinzulenken, die nicht zwingend sind und der Seele Raum lassen, ihnen mit dem freien Spiel des Bildauffassens zu begegnen. Das Technisch-Maschinelle macht ein solches Kind starr und ohnmächtig in seinem Willen, reißt die Seele aus ihrem inneren Weben heraus und bindet sie sklavisch an die Außenwelt. Es ist nicht eine Sentimentalität, wenn man für das heilpädagogische Arbeiten mit solchen Kindern ein maschinenfreies Milieu fordert und in dem Heim dann auch gegen die Gewalt des modernen Komforts durchsetzt, sondern nur therapeutische Vernunft. So stattet man das Heim mit allem aus, was den Sinnen wohltut. Schöne Farben und Formen sind Balsam. Den Garten läßt man liebevoll pflegen, und man hilft den Kindern, am Leben und dem steten Wandel der Natur mit Interesse teilzunehmen.

Die gewonnenen Natureindrücke verinnerlicht man dann im Unterricht durch künstlerische Gestaltung. Man malt in einfachster Art, was die Sonne in Wiese und Wald, im Tal und auf Bergeshöhen an Farben hervorgezaubert hat. Das strengt das Gemüt an, kräftigt den Willen und macht die Sinne geneigter, bei erneutem Gang durch die Natur mehr und lebendiger wahrzunehmen. Die Fähigkeit, Neues zu erleben, wächst.

Bei diesen Kindern muß man dafür sorgen, daß alles Aufgenommene – ob in der Natur oder im Unterricht – veratmet werden kann. Darum dürfen die Eindrücke nicht pausenlos aufeinander folgen. Hierfür gewinnen wir aus der von Rudolf Steiner entwickelten Idee der Dreigliederung des menschlichen Seelenlebens im Zusammenhang mit der dreigegliederten menschlichen Organisation die rechte Orientierung.[35] Nach dieser für die Erziehung grundlegenden Anschauung basiert das Vorstellungs- und Gedankenleben auf den Prozessen des Sinnes-Nerven-Organismus des Menschen, während das Gefühlsleben verbunden und verwoben ist mit dem atmenden Menschen und seinem Herzschlag, von Rudolf Steiner die rhythmische Organisation genannt. Jeder Eindruck, welchen wir mit den Sinnen aufnehmen, drängt danach, weiterzuschwingen im Atmungsmenschen und im Herzschlag. Dadurch wird er verinnerlicht. Wahrnehmung und Vorstellung vermählen sich einem Gefühl. Was so veratmet und verinnerlicht ist, kann dann in die Tiefen des Stoffwechsels eindringen, wo der Mensch mit seinem Willen eingegliedert ist. Dieser belebt sich. Das ist eine noch tiefere Verinnerlichung. Jetzt erst ist das Erlebte individuell geworden. Wird es nun mit erneuter Willensanstrengung, nachdem es bereits aus dem Bewußtsein entschwunden, vergessen war, in der Erinnerung wiedererzeugt, ist es individuell umgeprägt. Wenn dieser dreigestufte Aufnahmeprozeß gesund vor sich geht, wird ein Erlebtes freier Innenbesitz, steht dem Menschen dann zur Verfügung, wenn er es erinnern will, und kommt nicht zur Unzeit und ungewollt als Zwang in sein Bewußtsein. Pausenlose Eindrücke können nicht verinnerlicht werden und lagern sich als Fremdstoff in die Seele ein. Das ist schon für das gesund veranlagte Kind eine Gefahr, für das zu Verengung neigende ist es katastrophal.

Der Unterricht muß also das berücksichtigen. Bringt man etwas Neues vor, so muß man dafür sorgen, daß das Kind ganz dabei ist; danach aber muß man ihm Zeit lassen zur Veratmung. Es ist dann geradezu schädlich, wenn man verlangt, daß etwas Gelerntes immerzu präsent sein müßte. Gerade was man eine Zeitlang innerlich ruhen läßt, kann später fruchtbarer weiterbehandelt werden.

Ist nun ein Kind von einem Spezialinteresse völlig gefesselt, wie es bei den kränkeren der hier behandelten Art der Fall ist, so ist es meist ganz wirkungslos, direkt dagegen anzugehen. Man kann es aus dieser seelischen Fron nicht gewaltsam herausreißen. Das verstärkt nur die Fesselung. Der heilsame Weg ist, ihm ein neues, näher oder ferner liegendes anderes Interesse behutsam «einzuschmeicheln» und dabei jenes andere innerlich kraftvoll zu ignorieren. Unbeirrt durch die scheinbare Unaufmerksamkeit, erzählt man jenem «Röhrenspezialisten» z.B. von «Glocken», interessiert sich selbst mit Temperament dafür und lebt ihm dieses Interesse intensiv vor. Man kann damit rechnen, daß dies ansteckend wirkt, und bald schielt das Kind quasi mit einem Seitenblick auf das Neue. Man muß nur recht homöopathisch vorgehen und sich scharf hüten, dem Kinde von dem Neuen auch nur geringfügig mehr zu geben, als es heute verträgt. Dann aber muß die Kraft der Wiederholung wirken. Da ist die Beachtung der feinen rhythmischen Gesetze wertvoll, auf welche Rudolf Steiner so mannigfaltig hinweist. Zum Beispiel das folgende: Schon der normale Mensch braucht eine gewisse Zeit, um sich mit einer völlig neuen Erfahrung wirklich vertraut zu machen. Eine schmerzliche Nachricht kann eher verwunden werden, wenn man «darüber schläft». Morgen ist sie bereits erträglicher. Intime Beobachtung zeigt, daß es mit einer Nacht nicht getan ist, vielmehr drei Tage und Nächte braucht, bis dieser Prozeß bis zu einem gewissen Grade abgeschlossen ist. Man tut daher gut, wenn man diesem Drei-Tages-Prozeß seine innere Aufmerksamkeit schenkt, indem man z.B. auf eine erlittene Kränkung erst nach dreitägiger innerer Verarbeitung reagiert und indem man eine bevorstehende besondere Leistung in den drei vorangehenden Tagen innerlich pflegt und sich an sie heranlebt. Bei diesen leibgefesselten Kindern ist dies noch viel wichtiger. Wir bringen etwas Neues an sie heran. Sie reagieren ablehnend. Das war zu erwarten. Wir lassen ihnen Zeit. Aber morgen fangen wir von neuem damit an, rechnen aber noch nicht auf Gelingen, werden aber auch nicht müde, es übermorgen noch einmal zu versuchen. Man darf sich nur nicht dabei unterbrechen lassen. Dann war die Mühe unnütz vertan. Dazu muß man eben die freie Gestaltung des Unterrichtes in der Hand haben, wie es bei der Einrichtung des epochenmäßigen Hauptunterrichtes ideal der Fall ist. Nach den drei Tagen läßt man ab und wartet, bis die neue Woche beginnt. Dann – und nicht vorher oder nachher – wiederholt man die ganze Bemühung. Man wird die Erfahrung machen, daß die Felsengewalt der Ablehnung auf diese Art durch sorgfältige Dosierung und rhythmische Steigerung allmählich überwunden werden kann. Hier hat man es mit einem wunderbaren heilpädagogischen Gesetz zu tun. Man kann es gut verstehen, wenn man bedenkt, daß die Seele sich beim Einschlafen aus der Leiblichkeit löst und diese freigibt, hier also die stärker gefesselte Kinderseele aus dem zu engen Leibe. Dieser wird im Schlafe dem strömenden Leben der Ätherkräfte überlassen. Er ist am nächsten Tage eine Spur empfänglicher geworden und nimmt schmiegsamer die Intentionen der Seele auf. Und das setzt sich so fort. Dieser Genesungsprozeß wird ganz bedeutend verstärkt, wenn recht viel *Eurythmie* gemacht wird, die ja den Körper geschmeidig und einlässig macht für die genesenden Ätherkräfte.

Bei ausgesprochenen *Zwangsvorstellungen* hat Rudolf Steiner den folgenden konkreten Weg gewiesen: Wenn wir bemerken, daß eine erste Anlage zu Zwangsvorstellungen da sei, sollen wir «einen Eindruck formen, von dem wir instinktiv glauben, daß er für dieses Kind passen kann, aber jetzt diesen Eindruck wie in ganz leisem Raunen ihm beibringen, lispelnd diesen Eindruck an das Kind heranbringen. Also die Behandlung» – so beschreibt Rudolf Steiner dann – «kann die folgende sein: ‹Sieh einmal, das ist rot!› Das Kind sagt: ‹Die Uhr ist schön.› Der Lehrer: ‹Du mußt auf das Rote aufmerksam sein!› Das Kind: ‹Die Uhr ist schön!› – Jetzt versuche man immer leiser und leiser einen bestimmten Eindruck, der sogar einfach den ersten paralysierend ist, ganz leise zu wiederholen: ‹Die Uhr vergiß! – Die Uhr vergiß! – Die Uhr vergiß!› Also in dieser Weise raunen zum Kinde, und Sie werden sehen, nach und nach, durch dieses rhythmisch raunende Absprechen von der Zwangsvor-stellung, wird die Zwangsvorstellung sich bequemen, auch immer leiser zu werden. (…) Sie dämpft sich allmählich ab, und zuletzt kommt das Kind über die Sache hinaus.»[36]

Es ist wohl deutlich, daß eine solche Behandlung sehr sorgsam gehandhabt werden muß. Ein allzulaut «donnernder» Lehrer könn-te gerade für ein durch keimhafte Zwangsvorstellungen gefährdetes Kind verhängnisvoll sein.

Für den erzieherischen Umgang mit zwangsgeplagten Kindern ist auch das Folgende besonders wichtig: Wenn man sie zu einer unge-wohnten Handlung veranlassen will, so bestehe man nie darauf, daß sie diese sofort ausführen. Das würde nur zu einer Verstärkung der ganzen inneren Starre führen. Man spreche vielmehr *heute* mit ihnen vorbereitend darüber und kündige ihnen an, daß sie es *mor-gen* tun sollen, ihnen mit freudiger Zuversicht zusprechend, daß sie es morgen können *werden*. Über Nacht macht sich die Seele dann so vertraut damit, daß man am nächsten Tage oft eine überraschen-de Geneigtheit findet und das Verlangte gut geleistet werden kann. Im hartnäckigen Falle lasse man mehrere Nächte verstreichen und erneuere den freundlichen und zugleich freilassenden Zuspruch. Die Beachtung dieser subtilen Weisheit muß dem Heilerzieher ganz zur selbstverständlichen Gewohnheit werden.

Eine weitere heilpädagogische Maßnahme bei kindlichen Zwangsvorstellungen und Zwangshandlungen ist die folgende: Man läßt das Kind auf einer am Boden vorgezeichneten Linie gehen oder eine vorgezeichnete Form genau nachfahren und achtet dar-auf, daß dies ganz genau gemacht wird. Es mag unglaubhaft klin-gen, daß eine so einfache Übung etwas bewirken könnte. Und doch ist dem so. Die krankhafte Fesselung eines solchen Kindes geht von seinen Gedanken aus. Von dorther ist es sozusagen immer an eine bestimmte Linie gebunden. An die Gedanken direkt kann man nicht heran. Unterwirft man aber die Glieder einer so stark binden-den Vorschrift von außen her, die das Bewußtsein nicht alteriert, so wirkt dies herauslösend aus der inneren Fesselung. So einfach diese Maßnahme ist, so wohltuend wird sie vom Kinde empfunden.

Eine Veranlagung zu solch seelischer Erinnerung kann nicht schnell zum Verschwinden gebracht werden. Es handelt sich um ein langsames Umschmelzen. Dabei können die zuerst vorhandenen seelischen Abwegigkeiten, anstatt zu verschwinden, sich in andere umwandeln, die vielleicht nicht weniger anormal anmuten. Das ist dann aber doch schon ein Schritt dem Ziele zu. Oder es kann das Kind von einer Art Besessenheit ergriffen werden, seine Zwangsinteressen «herauszusetzen». Jener Röhrenspezialist kam allmählich dazu, sich immer neuen Gebieten zuzuwenden und in jedem sich eine Zeitlang geradezu auszutoben. So waren es zunächst die Flaschen, die er in erschöpfenden Formen und Farben abhandelte, dann Dachgebälke in allen Kompliziertheiten, Kirchen aller Stile usw., bis sich schließlich die verschiedenen Gebiete miteinander vertrugen. Der ernste, gequälte Gesichtsausdruck wurde zunächst von einem grotesk-komischen Mienenspiel, der gezwungene Ernst von Albernheit abgelöst. Langsam löste sich die innere Fesselung, bis das Kind schließlich wirklichen Humor vertrug und selbst herzlich lachen lernte. Das sind alles Umwandlungsetappen auf einem Genesungswege.

So kann ein solches Kind von seinem «Sonderlingssein» mehr und mehr befreit werden.

e) Abnorme Nachahmung

Der Weg der «Verinnerlichung» der Sinneswahrnehmung. Vorstellungen, Erinnerung, «Einprägung». Ungenügende Nachahmung. Automatische Nachahmung und deren heilpädagogische Behandlung

Der Weg, auf dem der Erzieher dem Kinde etwas vermittelt, in ihm anregt und schließlich ein Können heranerzieht, ist zumeist das Vormachen und das Anspornen der Nachahmung. Das gilt, wie dargestellt, besonders für die erste Kindheit. Aber auch später, nach dem siebten Jahre, wenn die eigentliche Unterweisung durch das Wort angebracht ist, muß latent die Nachahmung immer noch mitwirken. Sie hat dann eine mehr innerliche Form des Mitschwingens. Das Nachahmen-Können ist dadurch für den Erfolg aller erziehenden Bemühung grundlegend. Beim gesunden Kinde macht sich nun beim Nachahmen eine individuelle Note bemerkbar: Es wählt das aus, was ihm liegt, und weist Fremdes ab. Auf geheimnisvoll weise Art orientiert es sich nach dem ihm Guten. In der Wiederholung gestaltet es dann das Aufgenommene frei um und entfaltet gerade dadurch seine eigene Individualität. Beim gehinderten Kinde ist dies anders.

Der *Nachahmung* soll eine besondere Untersuchung gewidmet sein. Sie ist eine wahrhaft göttliche Kraft. Ihr nicht irdischer Ursprung fällt sofort auf, sobald man einmal bei einem unnormalen Kinde erlebt hat, was fehlt, wenn die Nachahmung nicht wirken will, und nach solcher Erfahrung erneut dem Wunderwerk ihres Funktionierens beim gesunden zuschaut. So berührt es einen unmittelbar vertraut, wenn Rudolf Steiner aus seiner Geistesforschung mitteilt, daß wir es hier mit dem Nachklang einer vor der Geburt noch viel stärkeren Hingabe-Orientierung zu tun haben, die damals die Seele durchdrang und ihr möglich machte, die Kräfte und Wirkungen der Geistwesen in sich aufzunehmen und in ihnen mitzuschwingen. Auf diese Weise flossen die geistigen Urkräfte in den ätherischen Organismus ein, die später nach und nach zum Vorschein kommen. In der Nachahmung vibriert diese vorgeburtliche Kraft noch nach.[37]

Alles, was der Lehrer oder die Umwelt an das Kind heranträgt, wird im Kinde zu einer der vielfältigen *Sinneswahrnehmungen*. In diesen wirkt sich bereits die Nachahmung aus. Sie stellen Begegnungen des *Ich* des Kindes mit der Außenwelt dar.[38] Die Sinneswahrnehmungen wandeln sich unmittelbar in *Vorstellungen* um. Dies wird von der *Astralorganisation* des Kindes bewirkt. Die helle, konkrete, nur momentane Sinneswahrnehmung wird dadurch zu der allgemeineren, aber andauernden Vorstellung abgeblaßt. Aber nun entschwindet auch diese aus unserem Bewußtsein, während wir zu neuen Wahrnehmungen übergehen, lebt aber als Kraft im Innern weiter – in dem uns als Zeitwesen zusammenhaltenden

Ätherleib – und kann dadurch später in der *Erinnerung* neu gestaltet werden. Bei diesem Eindringen in das Innere der menschlichen Organisation wird die ursprüngliche Wahrnehmung schließlich sogar zu einer Art *Einprägung* in den *physischen Leib*. Dieser wird ja allmählich physiognomischer Ausdruck all des von uns Erlernten. In unserem Antlitz, aber in feinerem Sinne auch im ganzen Körper ist eingeschrieben, was wir mit den Sinnen erlebt und daraus erbildet haben. In *Wahrnehmung, Vorstellung, Erinnerung, Einprägung* verinnerlicht sich stufenweise das von außen Aufgenommene in uns. Wenn dieser Vorgang, der durch die Nachahmung eingeleitet wird, geordnet vor sich geht, hat der Mensch einen gesunden Zusammenhang mit der Außenwelt. Er kann sich ihr hingeben, ihre Inhalte aufnehmen, kann sich aber auch wieder von ihr lösen und in den verinnerlichten Eindrücken leben, über die er durch die Kraft der Erinnerung frei verfügt. Dadurch wird das Innenleben immer reicher.

Nun finden wir bei abnormen Kindern die verschiedensten Abweichungen dieses Prozesses. Es gibt Kinder, denen bereits die Nachahmung und dann jede Verinnerlichung eines Sinneseindruckes überhaupt schwerfällt. Ein zu starrer physischer und ein an diesen zu fest gebundener ätherischer Leib machen das Kind für die von Ich und Astralleib ausgehenden Einflüsse unregsam und stumpf. Solches ist im Abschnitt über das «schwachsinnige» Kind geschildert. Auflockerung des Leibes einerseits, Anspornen und unermüdliches Üben der Nachahmung anderseits müssen hier versucht werden. Andere Kinder weisen neue Eindrücke auf andere Art ab. Sie stellen ihnen starre Vorstellungen anderen Inhalts entgegen. Im Abschnitt von den «eingeengten Seelen» ist dies behandelt. Andere wiederum saugen die Eindrücke förmlich in die Leibestiefen ein, ohne daß dabei Vorstellungen entwickelt würden. Dort geistern sie dann umher und kommen ganz unvermittelt zur Unzeit wieder herauf. Das führt zu einem unbehaglichen Seelenzustand. Rudolf Steiner behandelt diese Erscheinung und die erforderlichen speziellen medizinischen und heilpädagogischen Maßnahmen im *Heilpädagogischen Kurs*, worauf hier verwiesen sei.[39]

Eine weitere, sehr häufige Unregelmäßigkeit aber ist, daß manche Kinder das sie Beeindruckende sofort, intensiv und allzu genau imitieren. Eine Verinnerlichung findet gar nicht statt, vielmehr wird das Kind gleichsam zu einem Organ, in dem Außenwelt agiert. Man bemerkt dies bei solchen Kindern, bei denen durch einen frühzeitigen Schock, den sie oder die Mutter während der Schwangerschaft erlitten hatten, die Verbindung des Ich mit den Leibesgliedern von Beginn an gelockert war. Ein allzu grelles Sinneserlebnis, ein Sturz, ein Knall oder ähnliches, eine Szene, die das Kind in ein allzu helles Erwachen riß, können diese Folge haben. Nun kann das Kind die neuen Eindrücke mit seinem Ich nicht fest auffassen, sich ihnen nicht entgegenstemmen und sie dadurch überwinden und gemildert in sich einfließen lassen; diese schlagen vielmehr durch es hindurch und greifen direkt in den physischen Leib hinein, prägen sich zu stark in ihn ein und zwingen ihn dadurch zum automatischen Mitvibrieren. Diese Kinder sind dadurch stets von der Sinnenwelt belästigt, ja gequält und leben in steter Ängstlichkeit ihr gegenüber, gleichzeitig aber können sie sich kaum der geradezu fatalen Anziehungskraft entziehen, müssen vielmehr das sie Quälende geradezu aufsuchen. Die gleiche Erscheinung tritt bei Kindern auf, deren Sinnes-Nerven-System allzu zart veranlagt oder durch frühe Krankheit geschwächt ist. Man steht vor solch einem «kopfschwachen» Kinde und macht eine unwillkürliche Bewegung. Das Kind führt, ohne es zu wollen oder zu bemerken, die gleiche spiegelbildlich aus. Da dies fortwährend geschieht, wird das Kind gleichsam ein Stück Außenwelt. Wiederum ist es ähnlich bei andern, mehr träumenden Kindern: So eines sitzt etwa mit andern im Kreise. Anstatt daß es der Erzählung des Lehrers lauschte, ist es mit ganz anderem beschäftigt. Es legt seine Beine auf eine bestimmte Art übereinander, faltet die Hände so oder so, neigt den Kopf usw.; man entdeckt: es ist rastlos tätig, um sich genau in die Lage seines Gegenübers zu bringen. Mit magischer Kraft prägen sich die Sinneswahrnehmungen in die Leiblichkeit ein. Diesen Einprägungen sind auch besonders die Kinder mit Down-Syndrom ausgesetzt. Ein solches sieht man einmal plötzlich im Gehen in eine besondere Art zackiger Bewegungen übergehen: Mit schauspielerischer Vollendung gibt es einen militärischen Wachaufzug mit Trommelwirbel von sich, den es öfter gesehen hat. Er hat sich in ihm abgedrückt.

Alle diese Kinder, die an solch unbewußter, zwanghaft-automatischer Nachahmung leiden, haben die größte Schwierigkeit, etwas bewußt nachzuahmen, was man ihnen vorgemacht hat, oder gar mit dem in ihrem Inneren Lebenden gegen diese Überlagerung mit Außenweltlichem anzukommen. Es ist ersichtlich, wie dadurch alles Lernen, alle innere Entwicklung erschwert oder gar verunmöglicht wird.

Was kann man heilpädagogisch tun? Dies ergibt sich aus der oben dargestellten geisteswissenschaftlichen Betrachtung des Weges, den die äußere Sinneswahrnehmung nach dem Innern des Menschen zu macht. Man muß zunächst neben die allzuvielen belanglosen Sinneseindrücke, denen das Kind sowieso ausgesetzt ist, qualitativ wertvolle sorgfältig an das Kind heranbringen und seine ganze Aufmerksamkeit und sein waches Interesse aufrufen, damit das Ich in dem Moment, wo der Sinneseindruck gewissermaßen hineinschlüpfen will, intensiv dabei ist und ihn deutlich aufnimmt. Die Aufmerksamkeit, die bei diesen Kindern immer ausweichen will, muß man auf die konkrete Wahrnehmung konzentrieren und dabei festhalten. Im Unterricht hat man dazu unentwegt Gelegenheit, besonders in der Pflege des Künstlerischen. Man ruft das Kind weckend an: Sieh mal genau her, was ich da mache! Wie leuchtend diese Farbe ist, die ich jetzt male … Staunen und Verwunderung müssen entstehen. Diese wecken das Ich und machen den Ätherleib spannkräftiger. Durch das Gespräch hilft man dem Kinde, die bestimmten Vorstellungen entwickeln, die dazu passen. Dadurch «entschärft» man die Sinneswahrnehmung und macht sie so milde, daß sie in die Vergeßbarkeit und somit Wiedererinnerbarkeit übergeht. Damit dies gelingt, muß man vergeßbare Wahrnehmungen auswählen. Das sind sie um so eher, je mehr sie qualitativ wertvoll sind. Alle jene banalen, auf Sensation berechneten, wie die von Trickfilmen und Comics herrührenden, kann man kaum entschärfen, sie bohren sich wie vergiftete Pfeile in das Innere von Leib und Seele. Dann sorge man aber dafür, daß das Entschwundene nun wirklich längere Zeit in der Ruhe der Vergessenheit bleibt. Man läßt es eine wohlabgemessene Zeit unberücksichtigt. Später übt man erinnernd die Wiederherstellung, phantasievoll Ausschmückendes zufügend.

Die Wachheit im Aufnehmen und die innerlich aktive Beteiligung beim Nachbilden kann man geradezu trainieren, wenn man das *Formenzeichnen* in der Art übt, wie es in dem späteren Artikel von Hermann Kirchner dargestellt ist, besonders wenn man vom Kinde verlangt, eine gegebene Form in bestimmter Weise metamorphosisch umzubilden. Man kann das gleiche Prinzip in einfachen Tonübungen anwenden, singend oder Leier spielend.

Die Hauptursache der hier behandelten automatischen Nachahmung liegt ja in der Schwäche des betreffenden Ätherleibes. Ein genügend elastischer nimmt dem Sinneseindruck die Stoßkraft und läßt nur eine leichtere «Imprägnierung» des physischen Leibes zu. So müssen all solche Übungen zur Kräftigung des Ätherleibes durch Medikament und Heileurythmie begleitet sein. Diese wiederum wirken um so besser, je mehr in der oben geschilderten Weise das Sinnes-, Vorstellungs- und Gedächtnisleben stets heilpädagogisch gepflegt und gleichzeitig durch sorgsame rhythmische Wiederholung und Vermeidung jeder Überanstrengung an der Elastizität des Ätherleibes fördernd gearbeitet wird.

f) Der unsichtbare Gefährte

Wahrnehmungen von «Wesen» bei schlecht inkarnierten Kindern. Erzieherisches Verhalten

Es soll nun eine recht rätselvolle Erscheinung beschrieben werden. Nicht gut inkarnierte Kinder haben zuweilen Wahrnehmungen von «nicht Wirklichem», welches aber für sie nicht weniger wirklich ist als für den voll inkarnierten Menschen die sinnliche Welt. Dieses Wesenhafte beansprucht ihre ganze Aufmerksamkeit und lenkt sie von der nüchternen Umwelt ganz ab. Es ist jeweils immer ganz einzigartig und eindeutig. Hier ist es ein Tierähnliches, freundlich oder bösartig, dort etwas, was den aus den Märchen bekannten Gnomen oder anderen Fabelwesen gleicht, dort ein Riese mit ungewöhnlicher Kraft, dort ein um Hilfe bittendes, zartes Kindlein. – Diese Wesen sind nicht immer da, sie treten zu gewissen Zeiten auf, wenn es dem Kinde schlecht geht, oder beim Einschlafen oder Aufwachen. Sie wollen nicht nur beachtet sein, sondern verlangen Bestimmtes, sie erfreuen oder quälen. Sie haben fast immer einen bestimmten, meist seltsamen Namen.

Einige Beispiele: Ein fünfjähriges Mädchen, welches an epileptischen Stauungszuständen litt, hatte es mit Wölfen zu tun; eine ganze Familie bedrängte das Kind immer heulend, wenn es schlafen gehen wollte. Ein teilgelähmtes Kind hatte stets einen unsichtbaren freundlichen Gefährten neben sich; dieser mußte erst betreut werden, ehe das Kind seine eigenen Angelegenheiten versorgen konnte. Ein an Littlescher Lähmung leidendes, im Atemsystem recht bedrängtes Kind sah immer einen grellfarbigen Kobold neben sich hocken, der es lachen und seine Knie zittern machte, so daß es immer umfiel. Es schrie dann auf, und der Kobold war verschwunden. Der Plagegeist eines anderen Kindes hieß «Ruckpuck»; er ließ es nicht einschlafen. Ein anderes hatte einen tröstenden Freund, er hieß «Mogel», ein anderes einen anspornenden gewaltigen Könner, der sich «Quatsch» nannte.

Solche Wesen lernt man als Heilerzieher immer wieder kennen. Selbstverständlich handelt es sich dabei immer nur um ein beiläufiges Symptom unter anderen. Der Körper ist partiell nicht ganz durchdrungen von den höheren Wesensgliedern, oder eine solche Undurchdrungenheit stellt sich, wie im Falle des Einschlafens, vorübergehend her: Diese Unregelmäßigkeit wird vom Kinde in dieser Art «wahrgenommen». Dies verschwindet, wenn im Laufe der gesunden Entwicklung oder durch die Therapie eine bessere Durchdringung zustande kommt. Im späteren Artikel über «Krankheit und Heilmittel» ist ein Fall erwähnt, wo ein solcher unsichtbarer Spielgefährte im Gefolge der Heilung eines Scharlachs verschwindet. Man braucht also nicht direkt dieses «Symptom» zu kurieren. Dennoch muß man damit erzieherisch richtig umgehen. Das heißt vor allem: die «irreale» Wahrnehmung nicht dem Kinde abstreiten! Für dieses ist sie nämlich so real, daß das Argumentieren nicht dagegen ankommt. Das Kind verschließt sich nur, wenn es die Erfahrung macht, daß der Erwachsene nichts davon versteht und es dennoch besser wissen will, und leidet um so mehr darunter. Das ist besonders dann der Fall, wenn das Kind selbst gar nicht merkt, daß es ein Leiden ist, vielmehr eine Art wollüstige Freude daran erlebt, von der es gewaltig angezogen wird. Man lasse die Kinder darüber plaudern und orientiere sich emsig über das eventuell für das gesamte Krankheitsbild sehr aufschlußreiche Phänomen, sorge aber gut dafür, daß das Kind nicht merkt, wie sehr es einen interessiert. Ihm gegenüber möge man eher gleichgültig erscheinen. Mitunter aber muß man auch eingreifen. Das Herz leite einen dabei!

Die Mutter jenes von den Wölfen geplagten Mädchens kam aus einer Herzensgenialität auf den Gedanken, den imaginären Wölfen in der Küche ein Lager zu richten, damit auch sie dort ruhig schlafen könnten. Und siehe da, seither kamen sie nicht wieder. Das tief beruhigte Kind hatte wohl mit seinem Seelischen ein wenig besser die Leiblichkeit durchdringen können, und so war die Wahrnehmung verschwunden. Dies ging Hand in Hand damit, daß die epileptoiden Stauungen aufhörten. Eines hatte dem andern geholfen.

Ein übrigens kerngesunder, ja genialer Junge hatte einen solchen Gefährten, der unerhört vorbildlich war: Er war riesengroß, ging durch geschlossene Türen und die Wand, war schnell wie der Wind usw. Der Knabe bestand darauf, daß ihm bei Tische ein Platz freigehalten wurde. Die verständnisvolle Familie ging darauf ein. Der riesige Freund lebte eine Zeit als Gast in der Familie mit. Er verschwand erst, als der Junge mit dem neunten Jahre die geschilderte Kräftigung seines Eigenwesens erreichte. Nun durchdrang das Seelische den Leib besser. Der Knabe machte später eine vorzügliche Entwicklung durch.

Die kleine Erzählung von der Unke, die sich in den Grimmschen Märchen findet, handelt wohl von diesem unsichtbaren Gefährten.

Jeweils, wenn das Kind sein Abendsüpplein essen will, kommt eine kleine Unke und verlangt ein wenig davon. Das Kind gibt ihm sein Teil und lebt in friedlicher Freundschaft mit diesem Wesen. Die Mutter bemerkt dies einmal, eilt herzu und schlägt die «böse Unke» auf den Kopf. Von nun an kommt sie nicht wieder, das Kind aber fällt in Siechtum und stirbt. Diese Erzählung kann uns lehren, wie wir es nicht machen dürfen.

In einer entwicklungsgeschichtlichen Darstellung weist Rudolf Steiner darauf hin, daß diese Erlebnisse von einem unsichtbaren Begleiter bei Kindern immer häufiger werden in dem Maße, wie der Ätherleib im Fortschreiten der modernen Zivilisation immer mehr «vertrocknet».[40] Es ist daher so wichtig, daß der Erzieher dazu eine richtige Stellung findet.

g) Moralisch versagende Kinder

Werdegesetze des Moralischen im Menschen. Förderung der moralischen Entwicklung in den verschiedenen Altersstufen. Beim Gehen-, Sprechen- und Denkenlernen. Das Märchenbild. Religiöse und ethische Erziehung nach der Geschlechtsreife. Moralischer «Schwachsinn» und Zerstörungslust. Verfrühte Geburt. Nicht Strafe des Täters, sondern Anschauung der Tat. Die Sehnsucht nach dem Ungewöhnlichen.

Eine besondere Sorge im Erziehungsleben unserer Tage ist das offensichtliche Zunehmen *moralischen Versagens* vieler Kinder. Von den Regierungen werden Statistiken mit bedeutenden Ziffern gesetzeswidrigen Verhaltens Jugendlicher veröffentlicht. Von den extremen Auswüchsen abgesehen, ist allgemein eine gewisse moralische Labilität unter der heranwachsenden Jugend bemerkbar. Dieses Problem ruft die Erziehungskunst zu großen Anstrengungen auf. Alle Normalerziehung bereits muß eine durchaus moralkräftigende werden. Die besonderen heilpädagogischen Maßnahmen, die dort erforderlich sind, wo die Moralschwäche ins Krankhafte übergeht oder gar eine «amoralische Veranlagung» vorliegt, werden weiter unten behandelt. Es soll zuerst untersucht werden, womit jene mehr verbreitete allgemeine moralische Labilität zusammenhängt, die sich trotz «guter Veranlagung» einstellt. Dazu ist eine Betrachtung der normalen moralischen Entwicklung im Kindesalter nötig.

Was meinen wir damit, daß ein Mensch moralisch werden möge? Zunächst, daß er sich in angemessener Weise in seine Umgebung einordne, dabei sich nicht selbst überhebe, die Versuchungen des Neides und der Mißgunst meistere, willig sich dem zuwende, was Mitmenschen und Umwelt von ihm erwarten, daß er zuverlässig und unbeugsam in seinem Wahrheitssinn sei. – Aber noch mehr: daß er nicht von fremdem Einfluß abhängig bleibe, weder im Schlimmen noch im Guten, sondern in seinem eigenen Innern den Maßstab für menschlich würdiges Verhalten gewinne, somit innere Freiheit und Selbständigkeit erreiche und diese paare mit dem Willen und der Fähigkeit, eine Verantwortung zu übernehmen und durchzutragen, und schließlich, daß er sich nicht mit der Mitgift seiner Veranlagung begnüge, sondern innerlich zu wachsen bemüht sei: daß er ein Strebender werde!

Im Gefolge der naturwissenschaftlichen Denkungsweise über die «natürliche Entwicklung» nicht nur der Natur, sondern auch des Menschen ist die Meinung aufgekommen, auch die moralischen Qualitäten eines Menschen entstünden «von selbst». Da heraus wurde eine pädagogische Haltung geboren, die in der Wissensvermittlung das Wesentliche sieht und auf die Erziehung kein Gewicht legt. Diese Resignation verbirgt sich hinter der Methodik, die meint, der Lehrer habe als Persönlichkeit zurückzutreten und nur für den sachlichen Ablauf des Unterrichtes zu sorgen. Das ist aber ein Irrtum. Soweit sich die moralischen Qualitäten «von selbst» einstellen, waren sie mitgebracht. Wir haben am Beispiel der «Wolfskinder» gesehen, daß aber auch diese nicht hervorkommen können, wenn das Kind einer rein «natürlichen Entwicklung» überlassen würde. Sie müssen durch das moralische Vorbild aus den Seelentiefen hervorgelockt werden und durch die Nachahmung vom Kinde in seine Leiblichkeit eingepflanzt werden. Und selbst die in dieser Weise eingewurzelte und zur Entfaltung gebrachte individuell moralische

Veranlagung würde sich allmählich abnutzen und verbrauchen, wenn nicht durch die Erziehung von seiten der Eltern und Lehrer und später durch die Selbsterziehung stets neue Quellen moralischer Kräftigung erschlossen würden. Gerade das Moralische, obwohl Individuellste, ist also am meisten erzieherischer Behütung bedürftig. Nur heißt moralische Erziehung beim kleinen Kinde anderes als beim größeren. Erst beim bereits über vierzehnjährigen Jugendlichen besteht sie in direkter *Unterweisung* in Ethik und Moral; in den vorherigen Entwicklungsabschnitten kommt es auf anderes an.

Wir sahen schon oben, daß die Grundfähigkeiten, die das kleine Kind erwirbt, der aufrechte Gang und die Beherrschung der menschlichen Bewegungen, die durchseelte Sprache, das anschauende Denken, auch für die moralische Entwicklung fundamental sind. Aufrecht stehen und gehen lernen heißt nicht nur eine physische Fähigkeit erwerben, sondern dies schafft zugleich die Grundlage für den moralischen Einschlag im Wollen, der sich in der rechten Zurückhaltung, aber auch in der Beständigkeit und Treue des Handelnden kundgibt; ausdrucksvoll und schön sprechen lernen gibt zugleich die Grundlage für alles Sittliche im Gefühlsleben, für die innere Wahrhaftigkeit und die Lauterkeit im Verhältnis zum Mitmenschen; geordnet, überschauend denken lernen bereitet zugleich die spätere Entfaltung eines wesentlichen Innenlebens vor, in der als orientierende Kraft eine unumstößliche Vorstellung von Menschenwürde lebt. Wieweit diese moralischen Qualitäten im Kinde begründet und für die Zukunft befestigt werden, hängt ganz davon ab, wieviel Menschlichkeit in der ersten zarten Kindheit um es herum waltete und sich ihm als Vorbild darbot. Rudolf Steiner weist in der entschiedensten Weise auf die tiefgreifenden Schädigungen für die leibliche und sittliche Gesundheit des späteren Erwachsenen hin, die aus der Nichtbeachtung dieses Entwicklungsgesetzes folgen.[41] Als Richtworte für den erzieherischen Hilfeleister werden dort genannt: *Liebe,* mit der er am Wunder der Entfaltung des Gehvermögens teilnimmt, *Wahrhaftigkeit* während des Sprechenlernens, *Klarheit,* wenn aus der Sprache das Denkvermögen herausgefördert wird.

Alles Forcieren des Gehenlernens mit mechanischen Behelfen kann nur zu späterer moralischer Unselbständigkeit und Rücksichtslosigkeit, die ja oft gepaart sind, führen; alles kindisch alberne Vorplappern beim Sprechenlernen oder jene schauderhafte Überflutung mit mechanischem Geräusch, wie es das Radio von sich gibt, kann nur zu Fehlorientierung hinsichtlich der Wahrheit führen, zu Ahnungslosigkeit oder Skrupellosigkeit im Gebrauch des *Wortes;* jene Wirrsal des trivialen Tagesdenkens kann, wenn sie sich um das denken lernende Kind breitmacht, nur zu innerer Hohlheit, Ziellosigkeit führen.

Moralische Erziehung heißt also in diesem ersten Lebensabschnitt: Liebe walten lassen beim Gehen-, Wahrheit beim Sprechen-, Klarheit beim Denkenlernen. Das gibt dem gesamten Verhalten des Menschen die moralische Struktur.

Nun kommt das Kind ins Schulalter und wird der belehrenden Unterweisung fähig. Das Moralische aber ist jetzt immer noch nicht direkt lehrbar, sondern muß im Gewande des *Bildes* erscheinen. Die Mythologien, die biblische Geschichte, das Leben des Christus und die vielfältigen Heiligenlegenden und Erzählungen der frühchristlichen Zeit bergen unerschöpfliche moralische Bildnahrung, insbesondere Schilderungen des Bösen und seiner Überwindung. Dessen Geheimnis ist ja die Kunst immer neuer Maskierung. Es macht sich an den Menschen heran, indem es sich unkenntlich macht. Dieser ist gut gewappnet, wenn er früh das Aufspüren solcher Maskierung gelernt hat. Sobald dem Bösen die Maske heruntergerissen ist und seine Häßlichkeit zutage tritt, ist es leichter zu besiegen. So führe man dem Kinde die Fülle der Verkleidungen des Bösen vor, die sich in den Märchen finden! Auch werden dort die wahrsten Bilder der satanischen Methodik gegeben. So erreicht der Wolf im «Rotkäppchen» sein Ziel dadurch, daß er das ahnungslose Kind zur Unzeit auf die schönen Blumen *ablenkt*. Was gebraucht der Wolf in den «Sieben Geißlein» für Künste, damit er nicht erkannt wird! Welch herrliches Vorbild für den Entscheidungsmoment, der in jedes Menschen Leben einmal auftritt, wo es einmal darauf ankommt, daß er von allen Hilfen verlassen, nur auf sich gestellt, handeln muß: der Jüngling mit dem sieben Ellen langen eisernen Schwert, den sein Freund, der Sternenstier, durch Gebirge, Meer und Waberlohe durchgetragen hat, dabei alle übergewaltigen Gefahren für ihn beseitigend, den er nun aber, als der wilde Drache gegen ihn heranstürzt, auf sich stellt – nun kämpfe du selbst! («Die Flammenburg».) Welch erschütterndes Bild abgestufter, immer dringender werdender Versuchung im «Brüderchen und Schwesterchen», des Sturzes in die Fesselung an das Tier und der Erlösung durch Opferkraft.

Das Kind lebt in dieser Periode noch nicht in der nüchternen Wirklichkeit, die Welt der wogenden Bilder ist seine Umwelt. Stärkste moralische Antriebe erhält es aus solchen Bildern, die dann als moralische Tugend aus ihm heraufsteigen, wenn es diese im Leben braucht. Der spätere Artikel über die «bildschaffenden Seelenkräfte» handelt ausführlicher davon.

Ist nun die «Erdenreife» erworben, also nach dem vierzehnten Jahre, kann die direkte ethisch-moralische Unterweisung im Grunde erst einsetzen, muß es aber jetzt auch. Es gibt ein inneres Entwicklungsgesetz, das sich in unserer Zeit immer mehr enthüllt: Die mitgebrachte moralische Veranlagung erschöpft sich allmählich, wenn der Mensch nicht die Gültigkeit des Moralischen erkennend durchdringt und es immer neu selbst in sich einarbeitet. Die mitgebrachte Moralität reicht vielleicht für den Eigenbedarf noch aus, für ein wahrhaft soziales Wirken und für die Weitergabe moralischer Impulse ist der individuelle Neuerwerb in einem *religiösen* oder *ethischen Unterricht* nötig. Daß dies für unnötig erachtet wurde, hat wohl zu dem seltsamen Schwund menschenwürdiger Haltung in einer ganzen Generation geführt, der in unsern Tagen so katastrophale Folgen zeitigt. Den jungen Menschen überantwortet man einem moralischen Siechtum, wenn man ihm nicht durch einen ethischen Unterricht das Werkzeug der Selbsterziehung in die Hand gibt.[42] In dem erforderlichen ethischen Unterricht hat die Schilderung der moralischen Großtaten der Menschen, die in den Geschichtsverlauf bestimmend eingegriffen haben, ihren Platz und die Einführung in die Welt der erhabenen

Dramen der Weltliteratur, in denen Schuld und Sühne, Tragik und Erlösung sowie die rettende Freiheitstat des Menschen gestaltet sind.

Die Beachtung der angedeuteten Metamorphosen der moralischen Erziehung ist nötig, um in der Seele des jungen Menschen ein lebentragendes moralisches Gerüst aufzubauen. Dazu kommt noch vieles, was von außen gesehen mit dem Moralischen nicht direkt zusammenzuhängen scheint: Vermeidung intellektueller Verfrühung und Forcierung, der früh zu beginnende und stets zu erneuernde Hinweis auf die Wesensnatur der Gliedmaßen, deren Befreiung vom Zwang der Leibesnotdurft, an die sie beim Tier gefesselt sind, es dem Menschen möglich macht, mit ihnen Schönes, Nutzbringendes zu verfertigen, die stete Übung der Glieder in dieser menschlichen Freiheit durch künstlerische Handfertigkeit, Eurythmie und mancherlei anderes. Wird Unterricht und Erziehung von diesen Elementen mehr und mehr durchdrungen, dann wird ein stärkeres Bollwerk gegen den moralischen Verfall errichtet werden.

Dies alles reicht aber nicht aus gegenüber den heute noch vereinzelten Kindern, die an schwererer moralischer Unzulänglichkeit, ja einem «moralischen Schwachsinn», Beziehungslosigkeit zur Wahrheit, skrupellosem Geltungstrieb und arger Zerstörungssucht leiden. Solches kann in der kindlichen Entwicklung schon ganz früh auftreten, also veranlagt sein. Es wird dann natürlich durch schlechtes Milieu und Nichtbeachtung der obigen moralischen Erziehungsgrundsätze verstärkt, durch gutes Milieu und Einhaltung derselben eventuell gemildert; aber es sitzt tiefer und verlangt ein tieferes Eingreifen. Solche «Moralblinden» haben eine fatale Sucht, gerade das sie tiefer Herabziehende an sich zu holen, und eine traumwandlerische Fähigkeit, es aufzuspüren. Auch die Autorität des tüchtigsten Lehrers kann dann scheitern, wenn derselbe nicht ein inneres Verständnis für die Ursachen solchen Schadens hat. Woher kann man dieses nehmen?

Solch ein Kind, äußerlich vielleicht wohlgestaltet, sogar ansprechenden Gesichtsausdruckes, von ungetrübtem Unschuldsgefühl, überdies vielleicht überdurchschnittlich intelligent, kann von einer kalten Lebensverachtung und heißem Vernichtungswillen durchzogen sein. Der Verstand dient nur dazu, die Wahrheit zu umgehen oder zu verfälschen, die Lust nur, Natur- und Menschenwerk zu zerstören, die Kraft, dies mit übermenschlicher Wucht durchzuführen. Dunkle Rätsel türmen sich da auf, die ohne Ausblick auf geistige Ursachen einer solchen Veranlagung nicht lösbar scheinen. Die Geistesforschung Rudolf Steiners hat zu einer Erhellung dieser Dunkelheit etwas beizutragen. Gegenüber der bedenklichen sozialen Bedrohung, die diese Erscheinung mit sich bringen könnte, ist es wohl berechtigt, ein solch geisteswissenschaftliches Forschungsergebnis wie das im Folgenden zitierte auf seine Tragfähigkeit hin zu prüfen. Es wird dort ausgeführt, daß die Seele einer genügend langen Zeit des Lebens in der geistigen Welt bedarf, um eine Organisation aufzubauen, die der dann inkarnierten Persönlichkeit Grundlage für den moralischen Halt geben kann. Und anschließend wird die Konstitution des «Verbrechers» behandelt: «Wenn der Verbrecher angeschaut wird, hellseherisch, so stellt sich heraus, daß verbrecherische Naturen eine Art geistiger Frühgeburten sind. Es gibt für jede Seele eine Möglichkeit, herunterzukommen aus den geistigen Welten, sich mit der physischen Materialität zu verbinden, die gewissermaßen die normale ist; aber die Tendenzen, die zu diesem Normalen hinführen, kreuzen sich mit anderen Tendenzen, so daß die meisten Menschen – aber Verbrecher besonders stark – viel früher ins Erdenleben heruntergehen, als es normalerweise geschehen sollte. Das stellt sich sonderbarerweise heraus. Nun hat das etwas anderes im Gefolge. So richtig sich durchdringen mit der ganzen Leiblichkeit, daß man in der Leiblichkeit der Erde steht als ein Vollmensch, das kann man nur, wenn man wenigstens annähernd zu dem normalen Zeitpunkt sich wieder verkörpert. Aber wenn Gründe vorliegen durch vorhergehende Erdenleben, früher herunterzukommen auf die Erde, so nimmt man etwas mit, was im Unterbewußtsein lebt, wovon man gar kein Bewußtsein hat. Es lebt nämlich in den Tiefen der Seele etwas, was wie ein Leichtnehmen des Erdenlebens ist, weil man nicht zu dem Zeitpunkt heruntergekommen ist, wo man sich am vollkommensten hätte verbinden können mit dem Physischen. So verbindet man sich nur oberflächlich. Aber man weiß nichts davon. Das wird eine innere Seelenstimmung; das Leben nicht voll zu nehmen. Und so kann es sein, daß man in seinem gewöhnlichen Oberbewußtsein sogar einen abnorm entwickelten Selbsterhaltungstrieb hat, so daß man mit Feindschaft der sozialen Welt gegenübersteht, den stärksten Egoismus entfaltet, so daß man Verbrecher wird – und dennoch in seiner inneren Natur, die man nicht kennt, ein gewisses Oberflächlichnehmen, ein Leichtnehmen des Lebens hat, keinen Wert legen will auf dieses Leben. Das ist durch eine geistige Frühgeburt bewirkt. Wenn das der Fall ist, dann tritt dieses Leben auch so ins Dasein, daß der Mensch den überhandnehmenden Selbsterhaltungstrieb anfeuern kann durch das, was er nicht kennt, was ein Leichtnehmen des Lebens ist, und das sieht man aufsprießen in Verbrecherseelen. (…) Man versteht innerlich die eigentümliche Art der Verbrechersprache, dieses Leichtnehmen des Lebens in den Worten, die ja aus dem Unterbewußten der Seele herauskommen –, das versteht man erst, wenn man kennt, was oben jetzt angedeutet worden ist. Es muß aber immer wieder darauf hingedeutet werden, daß in der Gesamtheit der menschlichen Erdenleben sich das wiederum ausgleicht, was ein Erdenleben verbricht, so daß der Verbrecher gerade durch das, was er als Folge seiner Verbrechertaten zu erleben hat, zu anderen Erdenleben aufsteigt, in denen ein Ausgleich eintritt.»[43]

Diese aus der Geistesforschung gewonnene Erklärung des Hanges zum Kriminellen ergibt für den Heilerzieher eine ganz andere Stimmung gegenüber dem betreffenden jungen Rechtsbrecher: Verständnis, Mitgefühl. Er braucht Hilfe und Trost. Aber sie läßt auch alle einzelnen Symptome dieser Abnormität verstehen. Die Ehrfurchtslosigkeit: Ehrfurcht kann nur der haben, dessen inneres Wesen im eigenen Menschen die Ankündigung eines Höheren erleben kann und sich dadurch zur geistigen Welt hingezogen fühlt. Dadurch ist er stets geneigt, die niedere Welt, die sich aus den animalischen Instinkten her geltend macht, zum Schweigen zu bringen. Bei dem «Kriminellen» ist sein niederes Ich, das verfrüht in die geistig nicht voll ausgereifte Leiblichkeit gestürzt ist, an diese niedere Welt stärker gebunden, das höhere Ich ist weiter entfernt. So verfällt er jeder Sensation, jedem Sinnenrausch und hat doch gleichzeitig das Gefühl völliger Unschuld, ja das Ressentiment, die Welt täte ihm immer bitter Unrecht. So bringt er die Opferkraft nicht auf, die Wahrheit gelten zu lassen, sondern liebt die Oberflächlichkeit, das Offenlassen des Irrtums, das Geschehenlassen der Irreführung. Nur wenn man das Leben wichtig nehmen kann, ist man geneigt, jeweils möglichst bis zur Wahrheit vorzudringen. So entsteht aus der Stimmung des «Wegwerfens des Lebens» die Rücksichtslosigkeit gegen das eigene und fremde Gut, aber auch gegen Leib und Leben. Die Wunde, die man sich selbst oder dem anderen zufügt, wird nicht beachtet. Und so schließlich braucht es den Sturz in die Gewalttat, den Blutrausch, weil alle anderen Sinneserlebnisse noch nicht als wirklich real erlebt werden. Erst wenn das Blut fließt, ist das Gefühl da: volle Wirklichkeit, in der er ganz drinsteht, Befriedigung. Was hier im Extrem geschildert ist, tritt ja nur selten so, öfter aber in leichterer Form auf. Kennt man die ausgeprägten Symptome im extremen Fall, so erkennt man auch die nur leichte Tendenz beim nicht so stark angegriffenen Moralkranken. Der Blick auf das geschilderte wirklich Zugrundeliegende führt auch zu helfenden Maßnahmen.

Trost statt Tadel muß die Grundgesinnung sein. Dabei darf aber keine Sentimentalität walten. Die begangene Lüge, Gewalttat, sie muß ganz deutlich angeschaut werden. Es handelt sich aber nicht darum, den *Täter zu strafen* – er ist durch die innere Rückwirkung der Tat bereits gestraft –, sondern die *Tat zu erkennen* und in Ordnung zu bringen. Die Bestrafung des Täters bannt diesen allzuleicht an seinen niederen Menschen; seinen höheren zur *Anschauung der Tat* aufzurufen löst den niederen aus dem «Dschungel». Den Erzieher, der mit dem Aufgebot äußerster moralischer Entrüstung die Tat in ihrer Erbärmlichkeit klarstellt und verdammt, den Täter aber nicht im Stich läßt, sondern ihn innerlich tröstet und ihm äußerlich bei der Gutmachung der Tat zur Seite steht, erlebt der Täter so als seinen Freund wie das normale Kind sein höheres Ich. So kann

Vertrauen entstehen. Danach aber haben diese Kinder geradezu unstillbaren Hunger. Bei einem Menschen, der aus weit außerhalb seines Bewußtseins liegenden Antrieben moralisch versagt, vermeide man sorgfältig den «Vorwurf». Er wendet den inneren, vielleicht durch die böse Tat erst aufgeschreckten Blick in die falsche Richtung. Dort kann die nun wohl aufkeimende gute Gesinnung nichts mehr ändern. So entsteht nun die Gefahr des «Sünderbewußtseins», das für neue Sünde schon eine Entschuldigung bereitstellt. Vielmehr soll der gute Wille ganz in die Richtung des *Vorsatzes* gelenkt werden; damit wird an den noch unverschuldeten Seelenkern appelliert.

Noch ein weiteres ist zu beachten: daß der Erzieher sich nicht so leicht enttäuschen lasse und seine Enttäuschung nie zeige und sich nie eine innere Verurteilung gestatte, wenn Rückfälle eintreten. Diese sind das Selbstverständliche, die Besserung ist das Wunder. Das Wunder für gewiß halten und dennoch durch keinerlei Mißerfolg erschüttert werden, das allein kann den so dünnen Faden des Vertrauens, der allmählich das höhere Wesen des Kindes näher heranholt, vorm Zerreißen bewahren.

Das macht dem Erzieher auch möglich, nicht erst nach eingetretener Besserung dem Kinde Edles und Schönes gewissermaßen als Belohnung zukommen zu lassen – es ist eine zwar häufige, aber bedenkliche Maxime: «Erst mußt du brav sein, dann ...» –, sondern an sein höheres Wesen appellierend dies unentwegt zu wagen. Diese Kinder haben eine versteckte Liebe zu dem Erhabenen. Sie maskiert sich in Großtuerei. Diese muß man ignorieren, die tieferliegende Sehnsucht aber wahrnehmen. Die erhabensten Gestalten der Mythologie und Historie kann man diesen Kindern nahebringen. Es ist nur eine Taktfrage, wie man die Situation gestaltet, damit keine Blasphemie entsteht.

Die versteckte Sehnsucht nach dem Bedeutenden geht noch tiefer. In so mancher jugendlichen Gewalttat kommt auf tragisch verirrte Art ein Drang zum Vorschein, etwas Bedeutendes selbst zustande zu bringen. So hilft diesen Kindern, wenn man ihnen außerordentliche Anstrengungen zumutet. Man kann beispielsweise beobachten, daß ein solcher «Schwererziehbarer» – es kann natürlich nicht ein allzu extremer Fall sein – in einer Heimgemeinschaft mit anderen, sehr hilfsbedürftigen Pflegekindern willig die schwersten Mühen auf sich nimmt, ja vielleicht in Fürsorge für ein besonders mühsames Kind Ungewöhnliches leistet. Da findet der Drang zum Hervorragenden heilende Nahrung. Dies ist ein Hinweis für die heilerzieherische Lösung des Problems dieser Schwererziehbaren. Sie in besonderen Heimen zusammenzunehmen bringt sehr große Schwierigkeiten mit sich; die im Negativen Kräftigsten reißen dann die Führung an sich, wenn nicht der Heilerzieher einer solchen Gruppe und das gesamte Heimmilieu noch stärker im Guten ist. Einen einzelnen oder wenige solcher Schwererziehbaren *einem* Heilerzieher oder Pflegebedürftigen als «Gehilfen» an die Seite zu geben, um in dessen schwerste Pflichten mit einzutauchen, kann, wenn es behutsam ins Werk gesetzt wird, die Rettung sein.

Schließlich tut gerade solchen Kindern die künstlerische Handarbeit sehr wohl. Aus einem groben Eichenklotz eine Gestalt herauszuschnitzen verlangt viel Kraft und Ausdauer. Wird diese immer wieder aufgerufen und in die Richtung des produktiven Gestaltens gelenkt, kann die Freude am Aufbauen, am Schöpferischen so stark werden, daß sie den Genuß an der Zerstörung niederringt.

Es muß noch hinzugefügt werden, daß gerade bei den moralisch kranken Kindern das Medikament unentbehrlich ist. Freilich muß es ein solches Medikament sein, das die Qualität des ganzen Leibesgefüges, die aus den vorgeburtlichen Bedingungen vermindert ist, verbessern kann und die Bindung des niederen Ich an die Sinneslust lockert. So unerläßlich die Hilfe des Arztes bei der Heilerziehung der Moralkranken ist, so kann es in dieser Arbeit doch nicht über diese Andeutung hinausgehen.

Die geschilderten heilpädagogischen Probleme sind nur eine Auswahl aus dem schier unübersehbar großen Felde. Jedes neu auftauchende «abnorme» Kind bringt eine neue Rätselfrage mit sich. Von den nicht behandelten seien ihrer Wichtigkeit wegen noch die folgenden Erscheinungsgruppen wenigstens genannt: jene immer häufigeren Fälle, wo durch eine entzündliche Erkrankung des Gehirnes oder der Gehirnhäute auf einer frühen Entwicklungsstufe eine bleibende Beeinträchtigung der seelischen Entwicklung entstanden ist, oder die, wo eine konstitutionelle Schwäche des Kopfsystems zu ähnlicher Unterentwicklung führt; ferner die schizophrenieähnlichen Störungen, die auftreten, wenn die Seele nach anfänglich normaler Entwicklung sich wiederum zurückzuziehen beginnt, wodurch jegliche Beziehung zur Umwelt gestört wird; und schließlich jene vielgestaltigen Formen kindlicher Epilepsie oder epileptoider Stauungen. In allen diesen Fällen steht die ärztliche Erkenntnis und Behandlung im Vordergrund. An den Heilerzieher stellen diese Krankheitsbilder, weil hinsichtlich der Genesungsmöglichkeiten und des Genesungsweges so überaus differenziert, die größten Anforderungen. Es muß immer ein ganz individueller Weg gefunden werden. Aus dem oben Dargestellten wird sich auch dafür manches Fruchtbare ergeben.

5. Vom Leben mit seelenpflegebedürftigen Kindern: Heimgestaltung

Tageslauf im Heim. Beachtung der Rhythmen. Innere Gestalt der Woche. Die Jahreszeiten und Feste. Äußeres Milieu des Heimes

Oft wird gefragt, ob ein entwicklungsgehemmtes Kind besser zu Hause aufgehoben sei oder in einem Heim. In dieser Allgemeinheit hat diese Frage keine Realität. Es fragt sich, wie in dem konkreten Falle das «Zuhause» und wie das «Heim» ist. Wo gesunde Geschwister da sind, die durch das unvollständig Entwickelte leiden, wo die Mutter über alles Maß überbürdet ist und das Familienleben ruiniert würde, ist das Heim notwendig. Dort können alle therapeutisch erforderlichen Maßnahmen verwirklicht und es kann bis zu einem gewissen Grade ein dem Kinde entsprechendes «Familien-

leben» gepflegt werden. So mußten Heime, Heil- und Erziehungs-
institute entstehen.

Im folgenden wird eine Skizze entworfen, wie ein therapeutisches
Heimleben gestaltet werden kann. Es wird da nichts angegeben, was
nicht aus konkreter praktischer Erfahrung stammt, nie aber kann
dies als Norm gelten. Es hängt ja immer von den Menschen und
den Umständen ab, die in einer Institutsgemeinschaft zusammen-
treffen, wie es gehandhabt werden kann. Was aus Liebe und indivi-
duellem Vermögen in der jeweiligen Situation konkret geboren und
harmonisch verwirklicht werden kann, ist immer das Wahrere und
Fruchtbarere gegenüber jedem Programm. Gleichwohl kann aus
dem Wesen des seelenpflegebedürftigen Kindes ein Idealbild abgelesen werden.

Vielerlei muß zusammengeordnet werden, damit ein wohltuen-
des Ganzes entsteht. Wenn das Kind vom Schlaf erfrischt ist, müssen die guten Vormittagsstunden für das anstrengende Lernen und
Üben ausgenützt werden. Es ist geschildert, wie dies durch den
«Hauptunterricht» geschieht, an den sich weitere Einzelstunden
anschließen können. Eine Morgenandacht mit Spruch und Gesang
kann dem vorangehen. Diese ist wie ein Tor, durch das das Kind aus
jenem Zustand in der Nacht, wo es von höheren Wesen getragen
wird, in den Tag schreitet, wo es selbst auf sich achten muß. Der
tägliche Anruf an die Kindesseelen, nach bestem Vermögen mitzu-
helfen, daß der Tag gemeistert werde, und das Gebet der Kinder-
schar an die göttlichen Mächte, dabei zu helfen, ist ein rechter
Tagesbeginn.

Wie der Morgen in lernender Anspannung verbracht wird, so lädt
der Nachmittag zu tätigem und auch genießendem Leben ein.
«Leben Sie mit den Kindern am Nachmittag!» war ein Ratschlag
Rudolf Steiners. Da kann natürlich auch mancherlei, was am
Vormittag keinen Platz findet, wie Malen, Singen, Musizieren, die
Eurythmie, das Basteln, die Werkstattarbeit und künstlerische
Handarbeit, untergebracht werden. Jedoch ist es gut, den Nachmit-
tag damit nicht so vollzupfropfen, daß für das «Leben» keine Zeit
bleibt. Dieses freiere «Leben» dem Alter des Kindes entsprechend zu

gestalten, dabei seine Hinderungen ausgleichend, indem man vieles mit dem Kinde wie stellvertretend tut, was ein gesundes spielend und seine Freiheit genießend allein vollbringt, und dabei für sein Empfinden eine Art Heilung schon vorausnimmt, ist die schwere, Phantasie erfordernde Aufgabe der Heimerzieher. Es ist fruchtbar, wenn für dieses «Leben» wie überhaupt für die wohnliche Unterbringung der Kinder nicht die gleiche Gruppierung maßgeblich ist wie für den Unterricht. Müssen sie in diesem nach gleichem Alter gruppiert sein, so wird eine «Lebensgemeinschaft» besser nach dem Urbild der Familie gebildet, Ältere und Jüngere organisch zusammenfassend, indem man etwa einer Schar jüngerer Kinder eine «ältere Schwester» zuordnet, dort in eine Gruppe von verschiedenen Altern eventuell ein kleines Geschwisterchen einbettet. Je nachdem, welche Kinder das Schicksal einem Heim zuführt und wie die Wesensart der betreffenden Erzieherin zu den einzelnen stimmt, wird man solch eine Gruppe nach Möglichkeit wie ein lebendiges Kunstwerk zu gestalten versuchen.

Ein goldener Ratschlag Rudolf Steiners für die Gestaltung des Nachmittags war, die Kinder zu guter Nachmittagsstunde, gegen 16.30 Uhr, zu einer «Erbauungsstunde» zusammenzufassen, um ihnen da jeweils etwas zu Herzen Gehendes zu erzählen: Märchen, Legenden, Mythen und biblische Geschichte. Diese Anregung entspricht der tief-innerlichen Wirklichkeit, daß ja jede Tagesstunde ihren Genius hat und daß um jene Zeit die Menschenseele einem jeweiligen Höhepunkt der Empfänglichkeit für das Erhabene zustrebt. Dieser Disposition kommt man entgegen, wenn man dem Kinde um diese Zeit täglich, wie eine Perlenkette knüpfend, Bild um Bild ins Herz legt. So wie der nächtliche Tiefschlaf für das leiblich-seelische Gesamtgefüge des Kindes, wie die Vormittagsstunden für den lernenden Geist, wie das Mittagsmahl für die Anregung der Lebenskräfte ihre Gunst und Gnade haben, so ist diese mit der «Erbauungsstunde» erfüllte Nachmittagszeit für das seelische Wachstum und Reifen eine Kraftquelle. In ihr kann sich auch stets der Trost erneuern, dessen das gehinderte Kind so sehr bedarf, welches oft zwar unterbewußt, aber mit quälendem Gefühl den Widerspruch spürt zwischen dem Guten, das in seinen Seelentiefen waltet, und dem Unzulänglichen, zu dem es das Kind im äußeren Leben nur bringt. Da kann täglich Trost und neuer Lebensmut gespendet werden.

Was durch die Erbauungsstunde aufgerufen ist, sollte dann nicht achtlos vertan werden. Darum ist es gut, die Kinder den Rest des Tages in gehaltener Stimmung zubringen zu lassen. Das kann auf mancherlei Art geschehen. Schön ist es z.B., wenn die Kinder dann etwa im Winter handarbeitend in der Stube zusammensitzen oder im Sommer die Blumenbeete im Garten noch pflegen.

Gesunderweiser hat der Tag zwei Höhepunkte, den intellektuellen am Vormittag, den gemütsmäßigen am Nachmittag. Um die Mittagszeit waltet ein mehr Totes. Es ist darum schädlich, dem Kinde mittags nicht genügend Ruhe zu geben und es zu früh schon wieder aufzuscheuchen.

Rudolf Steiner weist darauf hin, daß ein jedes Wesensglied des Menschen seinen Rhythmus habe, das «Ich» den des Tages.[44] Wie die Sonne in 24 Stunden einmal ihren Weg vollendet, was wir in Sonnenaufgang, Tageslicht, Abenddämmern und Sternenpracht außer uns erleben, vollführt auch unser sonnenbeheimatetes Ich einen inneren Weg, der sich in 24 Stunden rundet. Daher rührt die verschiedene «Qualität» unseres Bewußtseins zu den verschiedenen Tageszeiten, die größere Wachheit und daher Gedanken-Geneigtheit am Vormittag, das mehr Träumende, daher dem Künstlerischen Offene am Nachmittag. Für das immer gesündere Einleben des Ich in die Leiblichkeit ist es wichtig, diesen Rhythmus zu beachten. Er ist der Lehrmeister für die «Tagesgestaltung».

Nun gibt es Kinder, die die Bild- und moralischen Inhalte der nachmittäglichen Erzählstunde nicht aufnehmen können: die nicht genügend wachbewußten, die unruhigeren und andere. Für diese erwies es sich als gut, Bild und Wort zu ersetzen durch Musik. Eine tägliche Hausmusik, die die Seele durch eine Periode hindurch täglich wiederholend mit den wohlbekannten Klängen eines geeigneten Musikstückes erfüllt, hat auch «aufbauende» Kraft. Die Kinder zeigen allmählich durch den Tag hindurch größere Ruhe und Empfänglichkeit und schlafen abends besser ein. Freilich muß die Musik entsprechend sein: atmend in menschengemäßen Rhythmen, schwingend von Dur zu Moll, in den Melodien den ganzen Menschen durchklingend. Am wohltuendsten läßt sich solch eine Hausmusik wiederum mit der erwähnten «Leier» durchführen bzw. einem kleinen Ensemble, aus zwei oder noch mehr solchen Instrumenten bestehend. Quält sich dann ein Kind abends mit dem Nicht-einschlafen-Können – was bei den entwicklungsgehinderten Kindern häufig der Fall ist –, so dringt die nachmittags gehörte Musik wieder an die Seele heran, löst sie aus der leiblichen Bindung und nimmt sie auf ihren Flügeln mit.

Auch abends kann mit einer Abendandacht ein Tor errichtet werden, durch das das Kind aus dem tätigen Tagesleben in die Stille der Nacht übertritt.

Daß die Mahlzeiten würdig gestaltet seien, versteht sich von selbst. Hier hat man die beste Gelegenheit, an den guten Gewohnheiten zu bilden. Ein maßvoll heiteres Element – keinesfalls drakonische Stille – während der Mahlzeiten ist am gesündesten.

Die tägliche Wiederholung solcher Tagesgestaltung wirkt allein schon kräftigend, jedoch haben die aufeinanderfolgenden Tage wiederum ihren eigenen Rhythmus, der sich in der Woche beschließt. Die historisch immer wieder aufgetretenen Versuche, die Sieben-Tage-Woche umzustoßen, z.B. in der Französischen und wiederum in der Russischen Revolution, sind nicht nur an der Macht der Tradition gescheitert, sondern auch daran, daß der Woche eine Realität zugrunde liegt. Diese Realität kommt auch in dem Mythos von dem Sieben-Tage-Werk der Schöpfung in der Bibel zum Ausdruck. Nach sechs arbeitend durchlebten Tagen drängt die Seele, einen Tag sich dem Geist zuwenden zu dürfen und in sich zu weben. Dieser siebte Tag aber ist irrtümlich verbracht, wenn man sich nur entspannt und gehen läßt. Die Seele sehnt sich nach besonderer geistiger *Anspannung*. So hat der religiöse Kult am Sonntagvormittag seinen rechten Platz – auch bei dem seelenpflegebedürftigen Kinde in seiner Heimgemeinschaft. Und der Sonntagnachmittag bietet sich für ein besonderes künstlerisches Erleben dar.

Die Woche, als Ganzes betrachtet, enthält aber nicht nur einfach sechs Werktage und einen Sonntag. Jeder Werktag hat sein besonderes Gesicht. Die ersten laden zu nüchterner, emsiger Arbeit ein, die letzten neigen dem Sonntag zu. Von Freitag an ist das spürbar, besonders aber der Samstag hat dadurch seine besondere innere Struktur. Die heutige Mode des Weekends, aus der Situation des an die Maschine gebundenen Menschen verständlich, deckt dies zu. Am Samstag macht man möglichst «frei». In Wirklichkeit aber lädt der Genius des Samstags, je mehr es Abend wird, desto mehr dazu ein, sich zum Sonntag zu rüsten, die Woche rückschauend abzuschließen und den Sonntag anzubahnen, wozu das Säubern und Putzen ganz gut stimmt, aber auch ein entsprechendes Seelisches dazukommen sollte. Man kann dem Rechnung tragen, wenn man die Singstunde, die Religionsstunde, eine Art Wochenrückschau oder eine besondere Wochenandacht an das Wochenende ordnet.

Indem man so die Woche als Ganzes gestaltet, hebt sich jener Wochentag, der eine Art Übergang darstellt, der Donnerstag, wie eine Frage heraus. Aus rein therapeutischen Beobachtungen kamen wir dazu, nach den drei ersten Wochentagen mit regelmäßigem Unterricht, Heileurythmie, therapeutischen Übungen usw. den Donnerstag freier zu gestalten, ihn für die schwächeren Kinder als Ruhetag, an dem auch die umfangreicheren Behandlungen stattfinden, für die kräftigeren zu besonderen Unternehmungen, besonderen Jahreszeitenarbeiten, Ausflügen und dergleichen nutzend. Diese Unterbrechung im rechten Moment – der Mittwoch wäre dafür zu früh – steigert alle Wirkungen. An den ersten drei Tagen kann dann viel intensiver gearbeitet werden, der Freitag und Samstag dienen der weiteren Ausgestaltung; da werden die Früchte des am Anfang der Woche Gesäten geerntet.

Der «therapeutische Donnerstag», der in vielen Heimen Eingang gefunden hat, ist ganz der Erfahrung abgelesen. Um so beglückender ist es zu erfahren, daß bereits in dem Kreise der Schulen des Columban, des Begründers so vieler Pflanzstätten edelsten Fleißes, die Segnungen des Donnerstages bekannt und beachtet wurden.[45] Auch Rudolf Steiner wies auf die Besonderheit dieses Tages hin, den er als den rechten für die sogenannten «Monatsfeiern» bestimmte. Bei dieser Gelegenheit habe er ihn «einen kleinen Sonntag» genannt.

Die derart gestaltete Woche ist nun ihrerseits im rhythmischen Strome des ganzen Jahres eingebettet. Es gehört zu den Segnungen anthroposophischer Lebensgestaltung, daß der *Jahreslauf* mit seinen Festen nicht nur entsprechend dem auf- und absteigenden Leben der Natur, sondern auch in Beziehung zu den verborgenen Vorgängen in der Menschenseele neu verstanden und begangen werden kann. Hieraus fließen die schönsten Hilfen für die Gestaltung des Heimlebens von Jahresfest zu Jahresfest. Es hilft dem Kinde, einmal im Jahre, wenn die Natur in der leuchtenden Herbstfärbung zu ersterben beginnt, eindringlich dazu aufgerufen zu werden, allen Anfechtungen des Bösen standzuhalten, indem es im Spiel den Kampf Ritter Georgs mit dem Drachen anschaut. Ein waches Mittun der Kinder kann daraus hervorgehen, nun gegen die dunkle Jahreszeit hin Haus, Hof und Seele davor zu bewahren, daß der Drache eindringe. – Im Beginn der eigentlichen Winterszeit, zum ersten Advent, hat sich in den heilpädagogischen Heimen und jetzt schon weit darüber hinaus die Sitte des «Adventsgärtleins» eingebürgert. Ursprünglich eine bescheidene Gepflogenheit aus dem Bayerischen Wald, wurde sie von einer Schwester von dorther mitgebracht und fand durch ihre herzergreifende Wahrheit neue Heimat bei vielen Menschen, die dem Zusammenhang des einzelnen Menschen-Ich mit dem großen Sonnen-Ich des Christus nachspüren. Es wird in der Stube ein kleines Gärtchen aus Moos, Tannengrün und Herbstlaub gebaut, in das man Kristalle und etwa noch blühende Blumen hineinpflanzen kann. Darinnen verteilt stehen Adventsäpfel, je mit einem Kerzlein und einem Tannenreis drin; mittendrin aber brennt ein großes Licht, zu dem von draußen ein Weglein führt. Die ganze Hausgemeinschaft sitzt still wartend um das Gärtlein herum, alles ist noch dunkel, nur das eine Licht brennt. Eine Erzählung von dem Paradiese, aus dessen Wunderwelt wir alle auf die harte Erde vertrieben wurden, und dem Christus, der sein großes Licht auf diese heruntertrug, kann die kleine Feier einleiten. Dann nehmen die Kinder nacheinander jedes einen Apfel mit der Kerze drin, schreiten zu dem großen Lichte, entzünden daran das ihre und pflanzen ihren leuchtenden Apfel in das Gärtchen ein, das allmählich von den vielen Lichtern zauberhaft erleuchtet ist. Fromme Lieder können das Schreiten der Kinder begleiten. Das kleine Spiel wird unversehens zur heiligen Handlung. Von tiefstem Ernst erfüllt, mühen sich die Kinder in Schreiten und Haltung zum Ausdruck zu bringen, wie sehr sie aus innerstem Herzen Christträger sein möchten.

So kann es weihnachten. Ist es nun möglich, den Kindern solche tief-ergreifenden Bilder vor die Seele zu stellen, wie sie in den alten Spielen von Adam und Eva, der Christgeburt und Hirtenanbetung, der Opferung der drei Könige überliefert sind, dann können die tiefsten Wirkungen erzeugt werden.[46]

Auch intellektuell beschränkte Kinder nehmen das Urbildhafte dieser Spiele voll auf. Nicht nur, daß das Innenleben unvergängliche Höhepunkte erreicht, es werden auch für den Unterricht und das Gespräch unausschöpfliche Quellen aufgetan. Es kann dadurch auch jener Raum freigemacht werden zwischen dem Weihnachts- und Dreikönigstag, in dem sich, wenn er mit der rechten Innigkeit erfüllt wird, das Gute im Menschen, bei Erwachsenen wie Kind, neu vertiefen und befestigen kann.

Und wiederum lädt die Osterzeit zu so etwas wie einem Tobiasspiel ein, welches den jungen Menschen wandernd zeigt, von der Kindheit durch die Jugend zur Reifezeit, begleitet vom heilenden Engel Raphael, der ihn über Natur und Menschenleben belehrt und ihn anleitet, den beiden Verderbern des Menschentums, der Wildheit des Triebes, die aus dem Blut aufsteigt, und der Erstarrung, die vom Kopf herunterwirkt, das Gleichgewicht zu halten. Der Mensch, wandelnd und dabei umhüllt, belehrt, geführt, schließlich freigelassen von seinem Engel, ist ein schützendes Bild für das wachsende Kind.

Zwischen die großen Feste können sich die kleineren eingliedern, die je eine Unterrichtsepoche abschließen. Hat sich der Ring des Jahres geschlossen, so stellt man mitunter fest, daß die Gesamtentwicklung des Kindes um einen Ruck vorangekommen ist. Schon das ganze Jahr war zu beobachten, wie diese sich rhythmisch vollzieht. Man muß vier Wochen oder auch sieben durchhalten, dann zeigt sich oft auf den Tag genau ein deutlicher Entwicklungsschritt. Das mag daran liegen, daß, wie das «Ich» seinen Rhythmus in einem Tag von 24 Stunden vollendet, das Seelische dazu eine Woche braucht, gewisse Lebensvorgänge, die sich im Ätherischen abspielen, im Monatsrhythmus ablaufen, so die Leiblichkeit des Menschen erst in einem Jahre ihren Rhythmus erfüllt. Hat man gar die Gnadenzeit von sieben Jahren zur Verfügung, so darf man hoffen, eine gewisse Umstimmung der ganzen Leibesnatur zu erreichen. Das ist besonders für die schwereren Fälle wichtig. Sieben Jahre dauert es, bis der physische Leib bis in seine ganze Substantialität ab- und wieder neu aufgebaut ist. Können daher sieben Jahre hindurch die ätherisch gesunden neuen Kräfte in rhythmisch wechselnder Intensität dem Organismus einverwoben werden, so kann der neue Leib dann ein der Seele gemäßeres Werkzeug sein.

Solch heilsames Leben mit den seelenpflegebedürftigen Kindern braucht auch einen entsprechenden äußeren Rahmen: Haus und Garten und Umgebung. Obwohl man zumeist auf die Gegebenheiten angewiesen ist, läßt sich doch mit geringen Mitteln ein an sich indifferentes Milieu in ein heilsameres umgestalten. Allein schon die Farbe der Wohn- und Lebensräume bewirkt viel. «Hellblau für das Schlafzimmer, orangerot für Flure und Eßzimmer, pfirsichblüt für den Festsaal» waren Rudolf Steiners Angaben für das Institut «Lauenstein». Damit ist schon viel getan. Das Rot-Orange im Eßzimmer hilft jene unbeschwerte Heiterkeit herstellen, die dort angebracht ist, und entlastet zugleich von überschüssiger Unruhe und Geschwätz, welche in einem «neutral» gefärbten Eßsaal so leicht überhandnehmen. – Selbstverständlich ist, daß man das Menschenwidrige so manchen sich immer mehr anbietenden Wohnkomforts aus dem Haus verbanne. Ein Ideal ist, daß alles, was das Kind berührt, Bett, Tisch und jegliches Gerät, von Menschenhand künstlerisch gestaltet sei. Wird dies einmal erreicht werden, wird alles Therapeutische, was in diesem Haus getan wird, größere Wirkung haben. Heilsam ist es auch, wenn das Kind beim Gang durchs Haus von schönen Bildern angesprochen wird und wenn seine Hände über eine freundliche Plastik gleiten dürfen, wenn ein Garten zur Pflege des Natursinnes da ist, wenn die Schule ein klein wenig entfernt liegt, so daß ein – wenn auch noch so kleiner – Schulweg zurückzulegen ist, und schließlich, wenn ein besonders schöner Raum da ist, in dem die Festlichkeiten stattfinden können. Und wenn das Heim nahe bei oder in einem freundlichen, technisch nicht zu weit «fortgeschrittenen» Dorf liegt, ist dies ein besonderes Glück, denn das macht manche lebendige Anschauung möglich.

Die Eltern, die ihr Kind in ein solch behütetes Milieu geben, mögen vielleicht mitunter denken: Wie soll sich das Kind dann später bei uns wieder zu Hause fühlen? Die Erfahrung erweist jedoch, daß die Kinder dies um so besser können, je stärker das Heimleben ihr ganzes Wesen kräftigen geholfen hat. Wird nun zwischen den Eltern und dem Heim ein freundliches Miteinander gepflegt, dann fördern die Lernzeit im Heim und die Ferienzeit daheim sich gegenseitig. Das ist wesentlich auch eine Frage des Taktes der Erzieher. Wenn diese ihre Aufgabe recht verstehen, kann ihnen nur an der Steigerung der Liebe des Kindes zu seinem gottgegebenen Elternhaus liegen.

Daß dies freilich in tragischen Verhältnissen nicht möglich ist, ist selbstverständlich. Der Beitrag von Franz Löffler über «die bildschaffenden Seelenkräfte» behandelt vor allem solche Fälle.

6. Vom Reifen seelenpflegebedürftiger Kinder

Wie weit kann man denn ein unvollständig veranlagtes Kind durch Heilerziehung bringen? Diese Frage ist naturgemäß die Grundfrage der besorgten Eltern. Ihre Beantwortung ist aber in jedem Falle ganz individuell. Wichtig ist, recht frühzeitig den rechten Weg zu beschreiten und unentwegt auf ihm vorwärtszugehen. In so manchem Falle kann dann die Abnormität ganz ausgeglichen werden. Ist dies erreicht, wird es leicht als Selbstverständlichkeit angesehen; dabei war es doch ein Wunder. In anderen Fällen ist ein fataler Prozeß für diesmal gerade nur zu verlangsamen. Und dazwischen kommen alle Varianten vor.

Etwas weniger Bekanntes soll hier erwähnt werden: Viele entwicklungsgehinderte Kinder bleiben viel längere Zeit, als man denken würde, nicht nur bildungsbedürftig, sondern auch bildungsfähig. Wir kennen Beispiele von ursprünglich schwerst beeinträchtigten Kindern, die bis in die dreißiger Jahre hinein, wo man längst alle Entwicklung als abgeschlossen betrachten möchte, immer wieder überraschende Entwicklungsschritte machten. Diese Erfahrung ruft danach, daß man die heilerzieherische Hilfe recht lange, ja mitunter über das ganze Leben hin erstrecken möchte. Soziale Gemeinschaftswesen aufzubauen, in denen solche schwerer Gehinderten mitleben, -wachsen und -arbeiten können, ist eine wichtige Aufgabe. Menschen müssen sich finden, möglichst gesunde, die mit diesen Menschenbrüdern zusammen zu leben und zu arbeiten geneigt sind!

Es offenbart sich bei solchem Bemühen darin auch etwas ungemein Schönes: daß nämlich solche einmal unvollständig veranlagt gewesenen jungen Menschen, heilpädagogisch in der hier geschilderten Weise gefördert – wieweit der eine oder andere auch in intellektueller Hinsicht «unter der Norm» bleiben mag –, innerlich menschlich unentwegt wachsen. Sie werden wahrhaft «Erwachsene». Sie tragen einen Begriff von Menschenwürde in sich und verhalten sich dementsprechend. Sie verstehen, daß das Erdenleben Pflichten für jeden bringt, und nehmen solche auch willig auf sich. Sie zeigen dann oft eine ergreifende Hingabe und Treue in dem «Berufe», den sie mit ihren begrenzten Fähigkeiten doch ausfüllen können. Diese erdengerechte Entfaltung seines höheren Menschen, wie aber auch nur der kleinste Schritt in dieser Richtung, ist für ein Menschenwesen, dem eine so schwere Mitgift zugeteilt war, ein unschätzbares Glück, ist aber auch für die sorgenden Angehörigen eine große, auch wirtschaftlich-soziale Erleichterung.

Dr. med. Julia Bort

Heileurythmie und Heilpädagogik

Einleitung

Die Heilpädagogik, in deren Mitte das Menschenbild steht, das uns die Geisteswissenschaft Rudolf Steiners erschlossen hat, ist nicht mehr vorzustellen ohne eines ihrer wesentlichsten Heilmittel: die Heileurythmie. Im folgenden werden Gedanken ausgeführt, die sich in der Ausübung der Heileurythmie mit seelenpflegebedürftigen Kindern ergeben haben.

Nachdem die seit Jahren bestehende Eurythmie als Kunst schon zu einer schönen Blüte erwachsen war, gab Rudolf Steiner im April 1921 innerhalb eines Kurses für Ärzte auch die ersten Anweisungen für eine Heileurythmie. Im Juni 1924 wurde für Ärzte und Heilpädagogen der *Heilpädagogische Kurs* von Rudolf Steiner gehalten, der die ersten geistigen Grundlagen für die Arbeit mit seelenpflegebedürftigen Kindern gab. Zu gleicher Zeit fand ein *Eurythmie-Kurs* statt, wodurch die Eurythmie neue Klärung, Erweiterung und Vertiefung erfuhr.

Die Gleichzeitigkeit dieser beiden Kurse war eine Schicksalsfügung. Es wurde von den Ärzten und Heilpädagogen, die zum Heilpädagogischen Kurs gekommen waren, dankbar empfunden, daß sie an diesem Eurythmie-Kurs teilnehmen durften. So war durch Wort und Tat Rudolf Steiners eine Brücke geschlagen zwischen zwei Verantwortungsgebieten, dem künstlerischen und dem therapeutischen. Diese Stunden, in denen wir Rudolf Steiner im Verkehr mit den seelenpflegebedürftigen Kindern erlebten, wird jeder, der daran teilnahm, immer wieder gerne in seiner Erinnerung neu beleben: wie Rudolf Steiner ein in Wort und Bewegung gehemmtes Kind mit zarter, warmer Innigkeit umhüllte, wie er mit humorvoller Ruhe ein zappelnd-cholerisches Kind bändigte, wie er mit freundlich-sachlichen Worten zu einem älteren Knaben sprach, wie er mit sinnendem Blick alle anschaute und durchschaute und dabei diesem Blick einen Strom von verstehender Güte mitgab, so daß die Kinderseelen ihm gerne begegneten. Wir wurden darauf hingewiesen, erst einmal recht genau anzuschauen, was sich unserem Auge darbot, dann wurde hinzugefügt, was der Blick des Geistesforschers erschaute, und indem dieses Licht erhellte, was unser äußeres Auge sah, ergaben sich die Gedanken, die zum Verständnis des Wesens dieser Krankheitsbilder hinführten.

So ließen wir in der einen Stunde diese Kinder auf uns wirken, deren Erdenkörper und -seelen schwer zu tragen hatten an einer Last, die vielleicht aus fernen Vergangenheiten kam. In der nächsten Stunde wurde ein anderes Menschenbild vor uns hingestellt, das Zukunftskeime offenbarte, ein Menschenbild von reiner Schönheit und zarter, aber kraftvoller Gesundheit, den eurythmisierenden Menschen.

Wir konnten durch Rudolf Steiners erklärende Worte erfahren, daß die Bewegungen der Eurythmie durch sinnlich-übersinnliches Schauen abgelesen sind den Formen und Gestaltungen im ätherischen Leib, im Bildekräfteleib des Menschen, wo sie in steter Lebendigkeit fortwährend entstehen und vergehen. Wenn in früheren Zeiten gesprochen wurde vom «Worte», wie z.B. im Anfang des Johannes-Evangeliums, wo gesagt wird, daß alles aus dem Worte entstanden ist, so blickte man hin auf «den ganzen Menschen als ätherische Schöpfung».[47] Im ätherischen Leib weben und wesen lebendige Formen. Wenn wir sprechen, prägen wir im Vokal, im Konsonant, im Rhythmus diese Formen der tönenden Luft ein. Der eurythmisierende Mensch schweigt und lauscht, aber die ätherischen Formen und Gestaltungen werden übertragen auf seine Arme und Hände, ja auf den ganzen Menschen; und die ganze strömend-lebendig bewegte Menschengestalt wird zum Ausdruck von Seele und Geist. Rudolf Steiner nannte die Eurythmie eine sichtbare Sprache oder eine bewegte Plastik. Er führte dann weiter aus, wie wir in den Stellungen und Bewegungen der Eurythmie Abbilder haben von Urbildern, die im Kosmos zu suchen sind. Wir finden die kosmische Heimat der Konsonanten im Tierkreis, die kosmische Heimat der Vokale im Bereiche der Planeten-Sphären. Aus Sternenkräften wird die menschliche Gestalt erbaut und werden die in ihr strömenden Lebenssäfte in Harmonie gehalten. «Gott eurythmisiert und, indem er eurythmisiert, entsteht als Ergebnis des Eurythmisierens die Menschengestalt. (…) Und wenn der Mensch krank wird in einer gewissen Weise, da werden schadhaft die Formen, die seinem göttlichen Urbilde entsprechen. Sie werden hier in der physischen Welt anders. Was sollen wir tun? Wir gehen zurück zu den göttlichen Formen, helfen nach, lassen den Menschen diese göttlichen Formen wiederum machen. Das muß so zurückwirken auf ihn, daß die schadhaften Formen wiederum ausgebessert werden.»[48] Und so entsteht dann durch eine Metamorphose und eine Verstärkung der Bewegungen, die in der Eurythmie als Kunst geübt werden, die Heileurythmie.

Ein Menschenbild der Zukunft konnte vor dem inneren Auge aufleuchten, wenn das äußere Auge diese vom Geiste belebte und beseelte Menschengestalt sah. Dieses Zukunftsbild im Herzen tragend, konnten wir zurückkehren zu den kranken Kindern und mit Vertrauen unsere Aufgabe beginnen. Wir durften hoffen, daß gerade bei diesen Kindern, deren Krankheit sich dadurch offenbarte, daß sie in Bewegung und Sprache unvollständig entwickelt sind, ein Heilmittel helfen konnte, das aus dem lebendigen Quell des Wortes schöpft. Ein solches ist die zur Heileurythmie gewandelte eurythmische Bewegungskunst. Die Aufgabe war gestellt, auch in diesen Kindern aus verborgensten Tiefen einen Keim zum Leben zu erwecken, der in jedem, auch dem kränksten Menschen schlummert. Mag dieser Keim auch erst in ferner Zukunft voll erblühen, Leben und heilende Kräfte können sich auch jetzt schon aus ihm entwickeln, um, mit einem Gedicht von Novalis ausgedrückt, die Verhärtungen und Hindernisse des Organismus «mit sanftem Zwingen» zu «erweichen» und zu «durchdringen».[49]

Typische Bewegungsformen

Mit Bewegungen, die der kranke Mensch selbst zu machen hat, haben wir es also in der Heileurythmie zu tun, mit Bewegungen, die eine sichtbare Sprache darstellen. Wir sind damit als Heiler hingewiesen auf die Beobachtung und Erforschung der Kräfte, die in Sprache und Bewegung wirken.

Viele der seelenpflegebedürftigen Kinder können nicht sprechen oder sich nur mangelhaft durch Wort und Gedanken äußern. Die körperliche Untersuchung ergibt oft wenig Anhaltspunkte. Form, Größe oder innere Konfiguration von Kopf und Gehirn zeigen zwar häufig Abweichungen von der Norm, feinere oder ausgesprochene Krankheiten des Zirkulations- oder Stoffwechselsystems sind manchmal nachweisbar, aber sie können doch nicht ohne weiteres die schweren psychischen Symptome voll erklären. Immer aber finden wir auffallende Unregelmäßigkeiten und Abnormitäten in der Art, wie die Kinder ihre Glieder bewegen. Und so können wir oft ein Verständnis für tieferliegende und verborgene Krankheitsprozesse finden, wenn wir unsere Aufmerksamkeit auf die Bildung der ganzen Gestalt mit ihren Gesten lenken und diese Beobachtungen zusammenschauen mit den übrigen Ergebnissen der Untersuchung. J. Lutz schreibt in seiner Darstellung über die Entwicklungen in der Kinderpsychiatrie: «Bewegungsformen und Gesamtgestalt werden uns noch bedeutend mehr zu sagen haben, wenn wir verstehen, besser auf sie zu schauen und sie vertiefter zu deuten.»[50] Die vorliegenden Ausführungen sind eine Bemühung in dieser Richtung.

1. Da ist die Schar der Kinder mit rastlos bewegten Gliedern. Sie haben oft schöne, verträumte Gesichtchen, strahlend oder melancholisch. Sie machen einen fast unauffälligen Eindruck, solange man sie an der Hand nimmt und mit ihnen wandert. Das lieben sie, denn es gibt ihrem Bewegungstrieb ein Ziel und Ventil. Überläßt man sie aber nur für kurze Zeit sich selbst, so betätigt sich der Bewegungsdrang in einseitiger Richtung: Sie rennen blindlings

vorwärts, sie hüpfen auf der Stelle, sie drehen sich im Kreise, schwindelverursachend, sie finden überall einen Gegenstand, einen Knopf, einen Würfel, den man im Kreise drehen kann, sie suchen kleinste Fädchen, womit die Zunge unmerklich, aber ununterbrochen spielt. Mannigfaltig sind diese Bewegungen, aber sie haben alle das Gemeinsame, daß sie sich nicht hinwenden oder einordnen in eine sinnvolle oder zweckmäßige irdische Tätigkeit. Sie sind nicht durch Nachahmung erworben, sondern steigen gleichsam mit Eigengewalt aus dem Organismus auf. Fast immer ist ihnen eine spiralige Drehtendenz zugrundeliegend oder eine starke Richtung nach innen.

Unter diesen Kindern findet sich auch eine große Zahl, bei denen sich eine zerstörerische Kraft gegen den eigenen Organismus wendet, indem sie mit der Faust gegen den Kopf oder mit dem Kopf an die Wand oder die Tischkante schlagen, indem sie sich selber beißen und kratzen.

2. Da ist ein anderes Kind, das mit gebeugtem Oberkörper und langen Schritten vorwärtsstrebt, mit schwer herabhängenden Armen, die aber plötzlich, rasch und ohne Besinnung die nächste Schaufel, Hacke, Schubkarre ergreifen, um wild daraufloszuarbeiten.

3. Da sind Kinder, es sind dies vor allem die Kinder mit Down-Syndrom, die neben einer gewissen Trägheit ein außerordentlich lebendiges Nachahmungsvermögen in Gesten und Mienenspiel haben. Was immer sie gesehen haben, kommt entweder sofort oder auch eine lange Zeit danach wieder zum Vorschein, wobei sehr deutlich zu erkennen ist, wo es herkommt, und doch ist es verwandelt, entweder ins Komische oder grotesk verzerrt oder aber übertrieben großartig und würdevoll. Immer jedoch tragen diese Gesten eine ganz betonte, subjektiv-seelische Note.

4. Andere Kinder wieder sind schutzlos hingegeben den Geräuschen der heutigen Maschinenwelt, den Bewegungen dieser Maschinen oder den Bewegungen der Menschen, die diese Maschinen bedienen. Es kann vorkommen, daß man solch ein Kind belauscht, wie es scheinbar «spielt». Aber was es tut, ist nichts anderes als die Wiedergabe, oft bis in alle Einzelheiten hinein dem Film oder der

Schallplatte getreu, von Tönen, eckigen, kantigen oder auch scheinbar schwungvoll beherrschten Bewegungen, die der Maschine selbst oder dem Leben mit der Maschine entstammen.

5. Da ist die Zahl derjenigen Kinder, die schwer dazu zu bringen sind, sich überhaupt zu bewegen, deren Hände ungeschickt, deren Arme und Beine schwer sind, deren Körper oft, zentnerschwer, irgendwo am liebsten liegt oder sitzt.

Hier kann die Heileurythmie überall helfend eingreifen: indem sie die trägen Bewegungen beschwingt und befeuert, die zu stark erdwärts gerichteten Bewegungen aus ihrer Schwere befreit, indem sie die subjektiv-persönliche Geste und Mimik emporhebt zu der edlen Würde menschlich-kosmischer Objektivität, indem sie den einseitigen oder ungeordneten organgebundenen Bewegungen eine sinnvolle Richtung gibt.

Die Fähigkeit, sich zu bewegen, hat der Mensch mit dem Tier gemeinsam. Das Tier folgt seinem Instinkt, seinen Trieben und Leidenschaften, und alle seine Bewegungen sind daraus erklärlich. Wir nennen dasjenige, was ein Wesen befähigt, sich zu bewegen, dasjenige, worin seine Triebe und Leidenschaften sind, den astralischen Leib. Der Mensch hat noch ein höheres Glied, das Ich, und indem dieses den astralischen Leib durchdringt, werden auch die Bewegungen modifiziert. Der vom Ich herkommende Gedanke gibt der Bewegung Sinn und Ziel.

Es ergibt sich nun eine Ordnung, die für die Therapie richtunggebend sein kann, wenn man die verschiedenen Bewegungsarten daraufhin betrachtet, inwiefern sie Ausdruck des Ich oder des astralischen Leibes sind.

Dann können wir etwa zu Folgendem kommen:

1. Chaotisch-zappelnde oder einseitige Bewegungen mit spiraliger Drehtendenz oder nach innen gerichtet /

    nicht zweckmäßig, nicht sinnvoll, nicht durch Nachahmung erworben, oft zerstörerisch /

    organgebundene Astralbewegungen.

2. Der Erdentätigkeit angepaßte, nützliche, durch Nachahmung erworbene Bewegungen /
> zweckmäßig und sinnvoll, die aber durch ihr Übermaß zur Zerstörung führen /
>> ' vom Erden-Ich dirigierte, aber vom Astralleib überwältigte Bewegungen.

3. Beseelte, aber zur Karikatur verzerrte Mimik und Geste, durch Nachahmung erworben /
> sinnvoll, nicht zweckmäßig /
>> vom Ich dirigierte, vom Astralleib stark gefärbte Bewegungen.

4. Durch Einfluß der Maschine imprägnierte automatische Bewegungen /
> durch krankhafte Nachahmung erworben, nicht sinnvoll, nicht zweckmäßig /
>> Ich und Astralleib sind nicht Herr, sondern Diener der Bewegungsimpulse.

5. Träge Bewegungen /
> vom Ich und Astralleib nicht genügend impulsiert.

6. Eurythmie. – Sinnvolle, geistgemäße, heilende und künstlerische Bewegungen /
> dem Erdenmenschen und dem Kosmos gemäß /
>> aus dem Geistbereich des höheren Ich stammend.

Um nun zu verstehen, warum in einer menschlichen Organisation durch Ich und Astralleib so verschiedenartige Bewegungsformen hervorgerufen werden, müssen wir allerdings noch eine Stufe tiefer gehen. Geist und Seele brauchen ja den Leib, um sich als Bewegungen zu äußern, und in den feineren und gröberen Schädigungen des physischen Leibes, in den verborgenen mangelhaften Bildekräften des ätherischen Leibes müssen wir die eigentlichen Ursachen für die Unzulänglichkeiten suchen, die die seelenpflegebedürftigen Kinder zeigen. Wie eine große Frage stellen sich alle diese Erscheinungen vor uns hin; das Rätsel des Menschseins in diesen Kindern erwartet, daß wir uns um seine Lösung bemühen.

Wir wollen später einzelne Krankheitsbilder näher betrachten. Zuerst aber werden wir uns damit befassen, hinzuschauen und hinzulauschen auf die Art, wie ein gesund sich entwickelndes Kind die Erdentätigkeiten erlernt, die beim seelenpflegebedürftigen Kinde oft nur mangelhaft und mit unendlicher Mühe zu erreichen sind.

Mensch und Natur

Wenn ein Menschenwesen durch Konzeption und Geburt den Weg ins irdische Leben antritt, so bedeutet das gleichzeitig den Schritt von einer außerräumlichen und kosmischen Daseinsform in die Welt des irdischen Raumes.

Das embryonale Stadium bedeutet einen Übergang. Durch das umgebende Wasser schwimmt der ganze Körper und lebt in den Kräften des Auftriebes, wie es später nur noch das Gehirn im Gehirnwasser tut. Dadurch ist der Embryo herausgehoben aus der Schwerkraft. Sein Kopf wendet sich wie die Wurzel der Pflanze nach unten, die zusammengekauerten Beine sind nach oben gerichtet. Wird das Kind geboren, das heißt, betritt es nun die eigentliche irdische Rameswelt, so muß es in dieser Rameswelt eine neue Orientierung bekommen. Der Körper wird zunächst um 90° gedreht. Er liegt mit dem Rückgrat in der Horizontalen, wenn auch die Beinchen immer noch gerne nach oben streben. Das Kind kann sofort alle natürlichen, pflanzlich-animalischen Tätigkeiten ausüben. Es wächst, es ernährt sich, es atmet, es kann sich zappelnd bewegen, es gibt Töne von sich. Es kann auch weinen, und bald erscheint ein erstes Lächeln, und mit diesen beiden Offenbarungen zeigt es ein Seelenhaftes an, das aus dem Innern nach außen drängt und das wir bei Pflanze und Tier nicht finden. Im Weiteren vollzieht sich dann allmählich und stetig das wunderbare Geschehen: Das Kind lernt sich aufrichten, stehen, gehen und im Zusammenhang damit sprechen. Wer im sogenannten normalen Leben drinnensteht und diese Vorgänge miterlebt, wird geneigt sein, sie, da sie sich wie mit Selbstverständlichkeit entwikkeln, als rein natürliche Vorgänge anzusprechen. Und es ist doch eine schon seit langem beobachtete Tatsache, daß ein Menschenkind, wenn man es nur in der Natur aufwachsen läßt, sein Menschentum nicht erlangen kann. Wir können ein Tierlein, ein Reh, einen Vogel, einen Löwen sofort nach seiner Geburt in eine Umgebung bringen, wo andere Tiere seiner Art nicht vorkommen. Schaffen wir ihm nur sonst eine ihm angemessene natürliche Umgebung, so daß es am Leben bleibt, so wird es laufen, springen, hüpfen, fliegen lernen und die Töne äußern, die seinem Tierwesen entsprechen. Es wird eben ein Reh, ein Löwe, ein Vogel werden mit all den Eigenschaften seiner Gattung. Anders beim Menschen. In den letzten Jahren tauchen immer wieder Berichte auf, die wohl kaum mehr anzuzweifeln sind, über die sogenannten Wolfskinder.[51] Ein Kind wird aus dem Menschenzusammenhang herausgerissen, wächst in der Natur unter wilden Tieren heran, bleibt am Leben und wird wieder zu Menschen zurückgeführt. Dort kann es zunächst nur leben, wenn es wie ein schwerkranker Mensch betreut und behandelt wird. Es läuft auf allen vieren, es nimmt die Nahrung mit dem Mund und den Zähnen, es flieht vor den Menschen und wehrt sich durch Kratzen und Beißen. Es kann nicht sprechen und bringt nur tierische Laute hervor. Menschen müssen seine Erziehung in die Hand nehmen, ihm nachträglich und mühsam das aufrechte Gehen, sinnvolle Bewegungen und Sprechen lehren und es so von seiner Tierheit heilen und ihm zum Menschen emporhelfen.

Man könnte den Eindruck bekommen, als ob das Schicksal solche «Zufälle» herbeiführt, um der Menschheit eine Wahrheit ins Bewußtsein zu rufen: Ein Mensch ist man nicht von Natur; ein Mensch wird man erst mit anderen Menschen. Die Fähigkeiten des aufrechten Ganges, der Sprache und des Denkens, sie ruhen wohl als Anlage im Menschen, sie werden durch die Geburt ins irdische Dasein mitgebracht. Hier aber müssen sie im Zusammenleben mit den anderen Menschen erweckt und geübt werden. Durch die Natur allein würde der Mensch in die Krankheit der Vertierung, in die Verdumpfung des Bewußtseins, in die Verhärtung, in die Verzerrung seiner Gestalt verfallen. Auf ein Wunder des Eingreifens einer übersinnlich-unsichtbaren Kraft in die sichtbare Welt dürfen wir hinschauen, wenn ein Kind gehen und sprechen lernt, auf ein Wunder, das dadurch nicht geringer wird, daß es tagtäglich und millionenfach in der Menschheit sich vollzieht. Wer lange Jahre mit kranken Kindern lebt und sich um ihr Weiterkommen bemüht, steht immer wieder mit staunender Ehrfurcht vor diesem Wunder, das sich bei einem gesunden Kinde vor seinen Augen abspielt.

Und auf ein Mysterium, das webt und wirkt von Mensch zu Mensch, blicken wir hin, wenn wir bedenken, daß dieses Geschehen sich nur durch die tätige Anwesenheit des andern Menschen vollziehen kann. Der Mensch ist der Mittler, damit diese das Kind zum aufrechten Menschen emporhebenden Kräfte erweckt werden und wirken können.

Menschengemäßes Milieu

Es gab Zeiten der Vergangenheit, die bis in das letzte Jahrhundert hineinreichen, wo einfach das häusliche Milieu und die Umgebung so geartet waren, daß ein Kind dort wie selbstverständlich in heilsamer Art zum Menschen heranreifen konnte, bis es im zweiten Jahrsiebt von der Schule aufgenommen wurde und diese fortbildete, was in der Familie begonnen war. Vater und Mutter mit ihrem Tun in Haus, Garten, Werkstatt gaben die Hülle, in deren Schutz sich das Kind entfaltete. Durch Nachahmung lernte es gehen und sprechen, und weil Sinn in dem lebte, was die Menschen hineingossen in ihre Worte, so wurden im Nachsprechen dieser Worte und Sätze die Gedanken erweckt. Indem es im kindlichen Spiel hantierte, die Arbeit der Erwachsenen nachahmend, lernte es seine Glieder sinnvoll regen. Ein Stück Holz wurde zum Messer oder zum Kochlöffel, ein abgebrochener Zweig zum neu gepflanzten Baum, der eifrig begossen wurde. Wenn es den schützenden Umkreis des Hauses verließ, begegnete es wieder tätigen Menschen: dem Bauarbeiter, der Steine klopfte, der Sand und Wasser mischte, der mit schweren Hammerschlägen die Stämme erdröhnen ließ; dem Schmied, der den Blasebalg zog und das Feuer zum Aufflammen brachte, der das glühende Eisen hämmerte, daß die Funken sprühten, und bog und dem Amboß so herrlich klingende helle Töne entlockte. Es sah und hörte, wie Wind und Wasser das Mühlrad bewegten; es war hingegeben den kraftvoll-schwungvollen Bewegungen, wenn der Bauer die Sense schwang, es lauschte am stillen Feierabend dem feinen Klingen, wenn er sie schärfte. Das war ein rhythmisches Schwingen und Klingen; denn all diese Tätigkeiten brachten es mit sich, daß der Mensch, der sie ausübte, den Rhythmus seiner Atem- und Blutbewegung unversehens in seine Glieder hinüberleitete und dem Klopfen, Hämmern, Sägen, Schreiten diesen Rhythmus einprägte. Wenn so das Kind anschauend oder mitmachend sich einfügte als Glied in dieses Erden-Menschen-Tun, so konnte es die Wirkung dieses Einfügens erleben wie etwas, was als gesundes, warmes Wohlbehagen durch seinen Körper strömte. Was es da in seiner Umgebung erlebte: es war der Mensch, der sinnvoll ordnend im Reich der Elemente wirkte, der das Verdorrte bewässerte, das üppig Wuchernde beschnitt, das Feuer eindämmte und in seine Dienste stellte, den Wind zum Helfer machte. Alles, was der erwachsene Mensch tat, noch mehr, wie er es tat, war Vorbild. Wenn die Mutter in freundlich-schlichter Hingabe ihre Erdenpflichten ausübte, so ergoß sich die Seelenhaltung in ihre Gesten. Und diese Gesten und die moralische Kraft, die ihnen zugrunde lag, wurden von dem Kinde bis in die Tiefen seiner Organisation hinein nachgeahmt. Wenn das Kind in sonntäglicher Stille an der Hand des Vaters über die Felder wandern durfte, von ihm belehrt über die Namen und das Leben der Pflanzen und Tiere vom Frühling bis zum Herbst, dann ging geheimnisvoll auf das Kind über, was in der Seele des Vaters fromm lebte: warten können und danken. Wenn dann noch in Muße- und Feierstunden die Eltern mit gesundem Künstlersinn dem Kinde Märchen erzählten, wohlklingende Verslein sprachen und sangen, aus einem Stück Holz ein Spielzeug, aus ein paar farbigen Lappen eine Puppe machten, wenn abends und morgens und vor dem Mahle in einfacher, selbstverständlicher Frömmigkeit ein Gebet gesprochen wurde, dann konnten dem Kinde die Kräfte noch lange erhalten bleiben, die es aus einem vorgeburtlichen Dasein mitgebracht hatte. Gewiß, es gab auch Not, Armut, Krankheit, Zerstörung. Aber sie kamen aus dem Bereich, wo Menschen in Zorn oder auch in Bosheit einander übel wollten. Oder sie kamen durch die Übermacht der Elemente in Feuersbrunst und Hagelschlag, hinter denen der Mensch doch göttliche Mächte im Walten der Natur ahnte und sie demütig hinnahm.

In solchen Zeiten war das Milieu menschengemäß, und neben dem Menschen, der tätig oder fromm durch eine gottgeschaffene Natur schritt, konnte das Kind heranwachsen. Für das Kleinkind ein besonderes Milieu, z.B. einen Kindergarten, zu schaffen war nicht nötig. Heim, Feld und Wald gaben eine solche Fülle dessen, was man erlernen, erforschen, erobern konnte, und jedes Eckchen in Wiese und Wald konnte man ja selber zum Garten umgestalten.

Technik und Eurythmie

Das ist durch den Beginn und die Ausbreitung der Technik anders geworden. Durch sie ist die Menschheit des 20. Jahrhunderts verwoben in ein Schicksalsgeschehen, in dem das Menschsein und die Menschwerdung vor die Überwindung von Schwierigkeiten gestellt ist, wie sie keine vorangehende Epoche sah. Das seelenpflegebedürftige Kind ist nur eine Form des Ringens um die Menschwerdung in unserer Zeit.

Ein hochentwickelter Verstand hat die Welt der Technik entstehen lassen. Nun durchzieht diese die ganze Erde und erstreckt ihre Wirkungen hinein in die auf der Erde leben und wirken wollende Menschheit. Es gibt kaum noch ein Stück Natur, das von ihr unberührt bleibt, seit die Maschine in das kleinste Bergdorf und das

Radio in jede Hütte eingezogen sind, seitdem sich in das Atmen und den rhythmischen Wellenschlag des Meeres das Motorenknattern der Fischerboote mischt, seitdem der dumpfe Lärm der Flugzeuge über dem Urwald und über stillen Inseln dröhnt, über denen sonst die Stille des blauen Äthers lag und auf die der Sternenhimmel herniederstrahlte. Im Sternenlicht, in Mineralien, Pflanzen und Tieren lebt eine göttliche Welt; diese neuerschaffene Welt ist götterleer, und so schiebt sich zwischen den Menschen und die Natur eine Welt, die neben und unterhalb der Natur- und Menschenwelt ihren eigenen Gesetzen folgt.

In dieser Welt müssen fortan Kinder heranwachsen, und durch Auge und Ohr und alle Sinne strömen die Wirkungen einer Unternatur in ihre zarte, sich bilden wollende Leiblichkeit hinein. In dieser Welt muß der Mensch von der Geburt bis zum Tode leben; er leidet, bewußt oder unbewußt, daß sein im Geiste beheimatetes Wesen untertauchen muß in diese gottentfremdete Sphäre. Leidet er unbewußt, so kann es geschehen, daß er zurückschreckt und fliehen will oder daß er sich ihr besinnungslos hingibt und immer tiefer in sie untertaucht. Eine große Anzahl von Symptomen bei unseren seelenpflegebedürftigen Kindern findet durch diese Tatsache ihre Erklärung.

Leidet er bewußt, so erwacht in ihm die Sehnsucht und der Wille, sich wieder hinaufzuringen zu den Schöpferkräften, aus denen sein Menschenwesen stammt, Quellen zu erschließen, aus denen ihm Heilkräfte zuströmen, um in einem so gestalteten Erdenmilieu sein Menschentum doch zu erringen und zu behaupten. Wer sich in Verantwortung bewußt ist, daß alles, was aus einer mechanisierten und technisierten Welt, sei es Maschinenlärm, Lichtreklame, Radio oder Fernsehen, durch die zarten Sinne des Kindes einströmt, krankmachendes Gift ist, der wird sein Möglichstes tun, um ein Kind davor zu behüten, und es nicht ohne Not diesen Kräften aussetzen. Das wird für den Erzieher der heutigen Zeit mehr zu einer selbstverständlichen schützenden Geste werden. Aber das schmerzliche Wissen um diese krankmachenden Wirkungen darf ja nicht zur Weltflucht führen. So drängt sich eine weitere Frage auf.

Was ist zu tun, um diesem Unvermeidlichen etwas hinzuzufügen, was sich ihm entgegenstellt, es immer wieder ausgleicht und heilt? Welche Kräfte können wir hineingießen in Leib, Seele und Geist der heranwachsenden Kinder, damit ihre Körper doch gesund werden und bleiben und zu Instrumenten herangebildet werden, in denen nicht die Unternatur, sondern der Mensch als geistig-übernatürliches Wesen wirken kann? Mannigfaltig können diese heilenden Bemühungen sein; die ganze Erziehungskunst, die aus der Geisteswissenschaft Rudolf Steiners stammt, gibt Antwort auf diese Frage. Hier soll auf das hingewiesen werden, was mit unserem Thema zusammenhängt.

Wenn eine Kulturkrankheit auftritt, so dürfen wir das Vertrauen haben, daß mit ihr oder schon vorher durch weise, gütige Schicksalsfügung auch das Heilmittel geschenkt wird. Am Menschen liegt es, dieses Heilmittel zu finden und anzunehmen.

In einer einleitenden Ansprache, die Rudolf Steiner einmal bei einer Eurythmie-Aufführung für Arbeiter einer Fabrik in Stuttgart hielt, finden wir folgende Worte: «Diese Kunst soll sich nämlich in das Leben der Menschheit so hineinstellen, daß sie nicht engbegrenzten Kreisen angehört, sondern der ganzen, breiten Masse der Menschheit dienen soll. In dieses Zukunftsleben soll sich diese Kunst hineinstellen … (Denn) es ist als Kunst etwas Neues, was man als Mensch ausführen kann, indem man sich aus dem Geistig-Seelischen heraus gesund und kräftig macht».[52]

Darum wurde ja auch in der Waldorfschule, die zunächst für die Kinder der Arbeiter dieser Fabrik begründet war, die Eurythmie als obligatorisches Fach eingeführt; wir dürfen sagen, «um den Menschen aus dem Geistig-Seelischen heraus gesund und kräftig zu machen». Eine Kultur-Hygiene und Kultur-Prophylaxe ist damit gegeben. Wir sehen über die Menschheit eine Flut von Krankheiten hereinbrechen; eine von ihnen kommt in der Schar der immer zahlreicher werdenden seelenpflegebedürftigen Kinder zum Ausdruck. Man kann sich fragen: Ist es nicht vermessen oder naiv, zu glauben, daß man mit einem so zarten Wesen wie dem der Eurythmie etwas Wesentliches tun könne im Hinblick auf die gigantischen

Auswirkungen einer technisierten Welt? Ist sie nicht auch wie ein Kind gegenüber einer Welt von Dämonen? Und doch! Wir kennen das Bild aus Dichtungen und Legenden, das auch in der Novelle von Goethe auftritt, wo ein Kind wilde Tiere bändigt und zähmt. In solch einem Bilde spricht sich aus, was in einer übersinnlichen, aber darum nicht minder realen Welt seine Wirksamkeit entfaltet. Im Bilde des unschuldigen Kindes erscheint uns der Mittler für höhere Kräfte. In der Goetheschen Novelle sind es die Melodien und Harmonien der Musik, die die Tiernatur besänftigen. Sollten durch Eurythmie, in der sich der ganze Mensch zum Instrument für Klang und Wort macht, zum Gefäß für den Logos, nicht Kräfte fließen können, die in der Lage sind, in eine noch tiefere Region hineinzuwirken?

Wir besuchen mit einem Kinde erstmalig eine Eurythmie-Aufführung. Das Kind ist etwa fünf Jahre alt. Es hat zwar die Errungenschaften der heutigen Zeit über sich ergehen lassen, aber durch glückliche Veranlagung und gütiges Schicksal noch viel von dem vorgeburtlichen Himmel bewahrt, der ihm noch aus den Augen leuchtet. Die Eurythmie beginnt: Die schweigenden Gestalten in ihren schönfarbigen Gewändern und Schleiern, die so lebendig jede feinste Gestaltung und Wendung mitmachen, bewegen sich schreitend zum rhythmisch gesprochenen Wort oder zur Musik. Der ganze Raum um sie scheint erfüllt durch die Formen, die ihre beschwingten Arme und seelenvollen Hände in diesen Raum hineinschreiben und unhörbar-hörbar hineintönen. Das Kind schaut regungslos zu, indem es doch mit Auge und Atem alle Bewegungen mitmacht. Dann, nach einem tiefen Seufzer stellt es die Frage: Sind das Engel? Der Erzieher antwortet: Nein, mein Kind, das sind Menschen! Und auf den fragenden Blick des Kindes fährt er fort: Du bist auch ein Mensch, du bist ein Kind, ein kleiner Mensch, und später einmal wirst du ein großer Mensch werden ... Der Vorhang öffnet sich, und die Aufführung nimmt ihren Fortgang. Wie in wachenden Träumen schaut und lauscht das Kind weiter dem schönheitsvollen Geschehen. Die Worte des Erziehers verklingen und werden vergessen und mit ihnen die Rätselfrage: Was ist der Mensch? Aber das Erlebnis bleibt und schreibt sich ein in Seelentiefen. Viel später mag es vielleicht wieder auftauchen und mit ihm die Frage: Was ist der Mensch? Wenn der Jüngling oder das junge Mädchen z.B. bei einem Radfahrrennen oder einem Fußballwettkampf die verzerrten Antlitze und Gestalten auf sich wirken läßt, die schon das ästhetische Gefühl schmerzlich berühren; wenn dann eine Empfindung auftaucht, die sich in die Worte fassen läßt: Die menschliche Gestalt ist in Gefahr, ihrem gottgewollten Urbild zu entfallen, dann mag das Bild der Eurythmie, tröstend, aber auch ernst mahnend wieder in der Seele lebendig werden. Kann es einen größeren Gegensatz geben als diese in die Schwere heruntergezogenen Gestalten und die Gestalten, die sich eurythmisch bewegen?

Lassen wir noch einmal Rudolf Steiner selbst über die Eurythmie sprechen: «Bei der Eurythmie, welche zu ihren Gebärdenoffenbarungen gelangt durch sinnvolle Überwindung der Schwere im menschlichen Bewegungsorganismus, entreißt der Mensch dem Irdischen sein eigenes Dasein und drückt sein Seelisches in der Weise aus, daß er in jeder einzelnen Geste gewissermaßen bekräftigt: Ich trage in meinem Erdenmenschen einen himmlischen Menschen. (…) Wird dasjenige, was alltägliche Gebärde ist, in die artikulierte Gebärde der Eurythmie umgesetzt, so ist das, was man sieht, wenn es umgesetzt gedacht wird in die Sprache, die von Wesen zu Wesen fließt, eigentlich dasjenige, was die Erzengel miteinander sprechen. Der Mensch hebt sich also vom schweren Boden hinauf in die Region, wo geistig-göttliche Wesen ihre Mitteilungen gießen in die besondere Art und Weise, die eben ihnen eigen ist, wo die Bewegungen nicht so sind, man könnte sagen, daß ihnen die Schwerekomponente eingefügt wird, sondern wo sich Bewegung loslöst und ganz peripherisch in dem Kosmisch-Freien schwingen will. Und das Nicht-Einfügen in die Schwere ist die Hinneigung zum Ewigen. (…) Und die Seele des Menschen erscheint uns, indem sie sich eurythmisch betätigt, als dasjenige, was sich aus dem Ewigen der menschlichen Natur hereinergießt in die vorübergehende Form des Körperlichen.»[53]

So schauen wir auf zu einer Region, in der Wesen wirken, die von jeher betrachtet wurden als diejenigen Wesen, die mit dem

Heilen und mit der Überwindung dämonischer Mächte zu tun haben, indem sie sich selber in den Dienst der Christus-Kraft stellen. Wenn das Menschen-Ich sich mit ihnen verbindet und sich dadurch über die eigene Natur erhebt, so kann es sich erkraften und auch innerhalb einer Welt wie der heutigen leben, ohne der Gefahr zu erliegen, in die Unternatur zu verfallen. Eurythmie, in diesem Sinne erlebt und getan, kann Prophylaxe, Hygiene, heilende Eurythmie werden.

Einordnen in die Raumesrichtungen. Gehen, Sprechen, Denken, Heileurythmie

Wenden wir uns wieder den Tätigkeiten zu, die das Kind ausübt, wenn es den Erdenraum betritt. Wir betrachten ein Kind in den ersten Lebensmonaten. Da liegt es in seinem Körbchen unter einem Baum, in dessen Zweigen die Vögel hüpfen und singen. Das Kind ist «wach». Die Beinchen zappeln, die Hände spielen und greifen. Der ganze Körper ist erfüllt von einer strotzenden, drängenden Fülle; auch der Kopf, der ruht, ruhig und schwer, ist quellend, prall von Lebensfülle wie eine reife Frucht. Die Augen sind offen und haben jenen tief ernsten, fernen, rätselhaften Ausdruck, vor dem der Erwachsene immer wieder ganz still werden möchte. Wir nähern uns und machen uns dem Kinde bemerklich durch Blick, Wort und Geste. Nach einiger Zeit kommt es wie aus weiter Ferne, blickt uns an und lächelt, und man hat den Eindruck, daß es erst jetzt erwacht. Wo haben wir schon Ähnliches erlebt? In der Werkstatt eines Künstlers, wo dasselbe konzentrierte und erfüllte Schweigen herrscht, das wir ungern stören; wo wir in den Augen eines schöpferischen Menschen dasselbe ferne Lauschen finden, indes sein sinnendes Bewußtsein erfüllt ist von noch unsichtbaren Bildern, Formen, Klängen, die er bemüht ist, dem Stoff einzuprägen. Das Kind lebt, wächst, bildet seine Formen wie die Pflanze, mit der es den Lebens- oder Bildekräfteleib gemein hat. Es bewegt seine äußeren Glieder, seine inneren Organe bewegen sich; es kann atmen, sein Blut zirkuliert und pulsiert, seine Verdauung funktioniert; es offenbart in Tönen, was in seinem fühlenden Innern vorgeht, denn es hat einen Astralleib, den es mit dem Tier gemein hat. Die Gestalt zeigt an, daß es ein Menschenkind ist, ebenso das Lächeln und Weinen. Aber dann beginnt erst die eigentliche Tätigkeit des Ich, die diese Menschengestalt ergreift. Das Kind richtet sich auf, erst den Kopf, dann den Rücken und schließlich die ganze Gestalt, und wenn das Kind aufrecht stehen kann, dann ist die Umkehr erreicht, die den Menschen über Pflanze und Tier erhebt und ihn in menschengemäßer Art eingliedert in den dreidimensionalen Raum.

Diesen Aufrichtevorgang und die weiteren Vorgänge des Gehens und Sprechens wollen wir beobachten, und wir wollen versuchen, in die innere Dynamik dieses Geschehens einzutauchen. Wir wollen dabei die Erfahrungen und inneren Erlebnisse aus der Heileurythmie mit seelenpflegebedürftigen Kindern, bei der wir ja unentwegt drinnenleben in diesem Kräftespiel, mitsprechen lassen.

Von oben nach unten, vom Kopf bis zu den Armen und Füßen schreitet diese Aufrichtekraft. Von oben nach unten strömen Gedanken aus der sinnenden Ruhe des Hauptes, und die zappelnd chaotischen Bewegungen der Glieder bekommen dadurch Sinn und Richtung. Mit anderen Worten: Die astralische Willensnatur, die von unten nach oben wirkt, wird mehr und mehr durchdrungen von den von oben nach unten wirkenden Gedanken- und Ich-Kräften. Die Beinchen strecken sich und stemmen sich gegen die Erde. Die Hände halten sich noch fest bis zu dem einzigartigen Augenblick, wo sie die Stütze loslassen und Hände und Arme hineingreifen nicht ins Leere, sondern in die unsichtbaren tragenden Kräfte, die den Raum durchziehen, die das Kind spürt und denen es sich von nun an anvertraut.

Nun steht es als Menschenwesen in der Mitte zwischen Himmel und Erde, getragen durch die stützenden Kräfte der Erde von unten, getragen durch die Himmelskräfte von oben; das Haupt ist aus der Schwere herausgehoben; durch die kleine Unterstützungsfläche der Füße sind die Beine hineingestellt in die Schwerkraft; die Arme und Hände, die vorher im Greifen und Kriechen die Unterstützung der Erde suchten, können sich im freien Spiel bewegen zwischen oben und unten.

Es ist ein einschneidender Augenblick im Leben, und jede Mutter wird sich beglückt daran erinnern. Nun darf sie dankbar hoffen, daß dieses ihr anvertraute Kind einmal auf sich selber stehen und seinen Weg im Leben gehen kann.

Still und intim oder impulsiv und dramatisch kann sich dieses Ereignis abspielen; immer hat es etwas an sich von Sonnenaufgangsstimmung.

Eine Mutter, die jahrelang sorgenvolle Tage und Nächte um ein krankes Kind gebangt hatte, erzählte uns von ihrem dritten, glücklich begabten Kind folgende Szene: Das etwa einjährige Kind spielte wie immer in seinem «Ställchen», wo es mit der Intensität und Ausdauer eines gesunden Kindes seine Steh- und Gehversuche machte, wobei es sich am Gitter festhielt. Plötzlich hörte die Mutter, die sich im Zimmer nebenan aufhielt, einen durchdringenden Ruf. Erschrocken eilte sie hinzu. Was war geschehen? Das Kind stand mit frei erhobenen Armen neben dem Gitter, sein Antlitz strahlte, und aus seinem Mund tönte ein lautes, jubelndes Aah!

Wer diesen Vorgang der Umkehr, der zwischen oben und unten webt, beobachtet, sieht bald, wie mit ihm zusammenwirkt und ihm entgegenkommt eine andere Umkehr, die von innen nach außen.

Das ganz kleine Kind zeigt in Haltung und Bewegung der Beine und Arme eine Dynamik nach innen. Es zieht die Beine an den Körper, es beugt die Arme, ballt die Fäustchen; es benützt seine Hände, um zu greifen, sich festzuhalten, um alles, was es so ergreift, nach innen, zum Mund zu befördern, auch noch die eigenen Glieder, Daumen, Zehen – eine natürliche, dem Säugling gemäße, erlaubte Geste. Nun setzt, immer im Zusammenspiel mit der Aufrichtekraft, eine von innen nach außen gehende Streckkraft ein. Dadurch können sich die Beinchen gegen die Erde stemmen, dadurch öffnen sich die Arme und die gebeugten Fingerchen; das gierige Greifen und Festhalten kann umgebogen werden in die Geste des Schenkens, das Greifen nach dem Mond wird zum Deuten, aus dem An-sich-Raffen der Gegenstände wird das Werfen, eine noch nicht beherrschte Form des Schenkens. Auch im späteren Alter wird diese Polarität beibehalten: Wer sich mit seiner niederen Willensnatur durchsetzen will, tut dies mit Fäusten und Ellbogen; zum Schenken und Segnen öffnen wir die Hände und breiten die Arme aus.

Aus diesem aufrechten Stehen geht das gesunde Kind unmerklich über zum Gehen. Noch muß es wie von oben und außen getragen und geführt werden. Es bleibt noch gerne im schützenden Umkreis der Mutter, die ihm durch ihre erhobenen Arme und durch ihren aufmunternden Blick Mut zu diesem Wagnis macht. Ein krankes Kind, bei dem die Streckekraft von innen nach außen auf halbem Wege stehengeblieben ist, kann sich lange in dieser Phase aufhalten, so daß wir sie besonders gut beobachten können. Dann steht es wohl aufrecht und allein, aber mit ängstlich zusammengezogenen und gebeugten Ärmchen und Händchen, und müht sich in der Balance von rechts nach links, von rückwärts nach vorwärts, die ein gesundes Kind sich unmerklich und wie nebenbei erobert.

Die Art, wie ein etwa zweijähriges Kind geht, zu vergleichen mit der Art eines dreijährigen ist außerordentlich lehrreich. Wir haben gesehen, wie das Kleinkind durch die Mutter noch den Schutz von oben sucht; es kann aber auch geschehen, daß solch ein zweijähriges in raschestem Tempo daherläuft, das Köpfchen oben und voran, wobei die Beine strampelnd nachgezogen werden; es ist durch rein irdische Gleichgewichtskräfte unverständlich, daß es nicht fällt. Frühere Zeiten haben über dem Kind den Schutzengel geschaut und gemalt.

Welch ein Wandel in der inneren Dynamik, wenn wir das um Gleichgewicht ringende Balancieren, das getragene, die Erde noch kaum erreichende Laufen des ganz kleinen Kindes vergleichen mit dem Schritt des dreijährigen! Es hat inzwischen Lebenserfahrungen gemacht. Es hat gesehen, was man alles tun kann: mit der Hacke arbeiten, Pflanzen begießen, Wasser und Erde zu einem Brei rühren, Schubkarre fahren. All diese Erlebnisse wirken in ihm und erwecken den Gedanken, der blitzschnell in die Glieder schießt: Ich will das auch tun; und mit festem, sicher ausgreifenden Schritt, geleitet durch diesen Gedanken, strebt es dem Ziele zu. Es ist dies auch die Zeit, wo das Kind sich nicht mehr mit seinem Vornamen, sondern endgültig mit dem Namen «ich» benennt.

Der Umkehr zwischen oben und unten, innen und außen müssen wir noch die Umkehr von vorwärts nach rückwärts hinzufügen. Sie bleibt im gewöhnlichen irdischen Leben, wo der Mensch sich der räumlich-sinnlichen Welt zuwendet, latent. Um so wesentlicher tritt sie in die Erscheinung, wenn der Mensch sich zum Instrument künstlerischer Kräfte macht. Wie fühlt er sich so ganz als Ich, wenn er im edlen Tanz oder in der Eurythmie im Vor- und Rückwärtsschreiten dem anderen Menschen sich zuwendet und sich wieder von ihm lösen kann oder wenn er in der Eurythmie im Rückwärtsschreiten das Sich-Lösen aus dem sinnlichen Raum und das andachtsvolle Sich-Hinwenden zu einem unsichtbaren Geistesraum erlebt.

Während das Kind noch damit beschäftigt ist, das Gleichgewicht innerhalb der physischen Raumeswelt zu erringen, beginnt und entwickelt sich ein zweiter Vorgang, das Sprechen. Gerade damit hat es der Heilpädagoge wesentlich zu tun. Eltern und Erzieher mögen noch darüber hinwegsehen, wenn bei einem Kind gewisse Unregelmäßigkeiten beim Gehenlernen vorliegen; wenn es sich aber zeigt, daß das Kind spät oder unvollkommen oder gar nicht sprechen lernt oder das begonnene Sprechen wieder aufhört, so ist dies ein alarmierendes Symptom. Wieder beobachtet man mit Staunen den wunderbar selbstverständlichen Vorgang der Sprachentfaltung beim gesunden Kind. Wenn auf einem Instrument ein Ton angeschlagen wird, so klingt durch Resonanz die entsprechende Saite auf einem danebenliegenden Instrument mit. So schwingt in den Tiefen der Leibesorganisation des kleinen Kindes etwas mit, wenn in seiner Nähe gesprochen wird, und so tönt es aus seinem Sprechorgan hervor als Klang, Laut und Wort. Diese müssen geheimnisvoll hineingebaut sein in den Organismus, um aus ihm wieder ertönen zu können.

Wir kennen das Wort von Goethe:

> Wär' nicht das Auge sonnenhaft,
> Die Sonne könnt' es nie erblicken;
> Läg' nicht in uns des Gottes eigne Kraft,
> Wie könnt' uns Göttliches entzücken?

So dürfen wir auch sagen: Der Organismus des Menschen ist durch das Wort für das Wort geschaffen. Wär er nicht auferbaut aus Wortes-Kräften, nie könnte er das Wort aus sich ertönen lassen und den Sinn des Wortes verstehen. Der Kehlkopf und seine Nachbarorgane vollziehen die schöpferische Tätigkeit, das Wort zu gestalten, wobei der physische Kehlkopf nur die äußere Schale eines wunderbaren Organes ist, das sich im ätherischen Kehlkopf findet und aus dem heraus der Luft diejenigen Formen eingeprägt werden, die aus dem ganzen Menschen kommen. Aber auch Seele und Geist, Astralleib und Ich sind mittätig beim Sprechen. Wir haben gesehen, daß die Richtung des Astralleibes von unten nach oben und von hinten nach vorn geht, das heißt in derjenigen Richtung, in der das Tier z.B. läuft und springt, die Richtung des Ich aber von oben nach unten. Wie wirken sie im Sprechen? Der Luftstrom geht von hinten nach vorn und von innen nach außen, radial. Rudolf Steiner führt dazu aus: «Wovon im Menschen geht eigentlich das Sprechen aus? Das Sprechen geht nämlich nicht unmittelbar vom Ich aus, sondern das Sprechen geht eigentlich vom astralischen Organismus aus. (...) Das hat auch das Tier; das Ich modifiziert lediglich beim Menschen den astralischen Leib; aber von diesem astralischen Leib, der von dem Ich modifiziert wird, geht der Impuls des Sprechens aus. (...) Der Astralleib stößt nach unten an den Ätherleib, nach oben an das Ich.» So daß wir also sagen können, in der Richtung von unten nach oben entwickelt sich die Fähigkeit des Sprechenlernens. Diese Dynamik von unten nach oben fällt zunächst nicht so sehr ins Auge, solange wir den normalen Verlauf beobachten. Sie ist aber unmittelbar einleuchtend, sobald man mit sprachgestörten Kindern arbeitet, und kann da für die Therapie richtunggebend werden.

So sehen wir, wie die Tätigkeiten der Einordnung in den dreidimensionalen Raum, das Erlernen der Sprache, die Erweckung des Gedankens zusammenhängen mit der ätherischen, der astralischen und der Ich-Wesenheit, und zwar so, daß die Tätigkeiten ausgehen vom Ich. Es ist klar, daß es sich dabei nicht um dasjenige handeln kann, was wir in unserem gewöhnlichen, abgeschwächten Bewußtsein unser Ich nennen, wobei ja gerade dieses Ich-Bewußtsein beim Kleinkind in den ersten Jahren selbst noch abgeschwächt ist. Es sagt ja auch dann erst «ich» zu sich, nachdem es das Gehen und Sprechen schon erlernt hat. Und zu verstehen, was hier mit Ich gemeint ist, müssen wir hinblicken zu der aus geistigen Welten heruntersteigenden, sich im Leibe inkarnierenden Individualität. Aber sollten ihr allein solche gewaltigen Kräfte innewohnen? Oder ist auch sie Gefäß, Mittler für ein Höheres? Wir entnehmen Steiners Buch *Die geistige Führung des Menschen und der Menschheit* folgende Schilderung: «Man sieht, daß der Mensch in den allerersten Jahren seines Lebens bedeutungsvolle Dinge vollbringt. Er arbeitet im Sinne höchster Weisheit an sich selber. Er könnte in der Tat, wenn es auf seine Klugheit ankäme, das nicht vollbringen, was er ohne seine Klugheit in der ersten Lebenszeit vollbringen muß. Warum wird aus den Seelentiefen, die außer dem Bewußtsein liegen, dies alles vollbracht? Es geschieht aus dem Grunde, weil der Mensch in den ersten Jahren seines Lebens mit seiner Seele, mit seiner ganzen Wesenheit viel mehr angeschlossen ist an die geistigen Welten der höheren Hierarchien, als dies später der Fall ist. Für den Hellseher, der eine geistige Entwicklung durchgemacht hat, so daß er die wirklichen geistigen Vorgänge verfolgen kann, zeigt sich an dem Zeitpunkte, in welchem der Mensch sein Ich-Bewußtsein so erlangt, daß er sich später bis zu diesem Zeitpunkte zurückerinnern kann, etwas ungeheuer Bedeutungsvolles. Während das, was wir die ‹kindliche Aura› nennen, in den ersten Lebensjahren wie eine wunderbare, menschlich-übermenschliche Macht das Kind umschwebt – so umschwebt, daß diese kindliche Aura, der eigentliche höhere Teil des Menschen, überall seine Fortsetzung in die geistige Welt hinein hat –, dringt in jenem Zeitpunkt, bis zu welchem der Mensch sich zurückerinnern kann, diese Aura mehr in das Innere des Menschen hinein. Der Mensch kann sich, bis zu diesem Zeitpunkte zurück, als zusammenhängendes Ich empfinden, weil dasjenige, was früher an die höheren Welten angeschlossen war, dann in sein Ich hineingezogen ist. Von da ab stellt das Bewußtsein überall sich selber in Verbindung zu der Außenwelt. Das geschieht im Kindesalter noch nicht. Da waren die Dinge für den Menschen so, als wenn sie wie eine Traumwelt ihn umschwebten. Aus einer Weisheit heraus, die nicht in ihm ist, arbeitet der Mensch an sich. Diese Weisheit ist mächtiger, umfassender als alle spätere bewußte Weisheit. Diese höhere Weisheit verdunkelt sich für die menschliche Seele, welche dann dafür die Bewußtheit eintauscht. Sie wirkt aus der geistigen Welt heraus tief in die Körperlichkeit herein, so daß der Mensch durch sie sein Gehirn aus dem Geiste heraus formen kann. Nicht mit Unrecht darf gesagt werden, von einem Kinde kann auch der Weiseste lernen. Denn was an dem Kinde arbeitet, ist die Weisheit, die dann später nicht in das Bewußtsein eintritt, und durch welche der Mensch etwas wie einen ‹Telefonanschluß› nach den geistigen Wesenheiten hat, in deren Welt er sich zwischen dem Tode und einer neuen Geburt befindet. Von dieser Welt strömt noch etwas ein in die kindliche Aura, und der Mensch ist da unmittelbar als einzelnes Wesen unterstehend der Führung der ganzen geistigen Welt, zu welcher er gehört. Die geistigen Kräfte aus dieser Welt strömen in das Kind noch ein. Sie hören auf einzuströmen in dem Zeitpunkte, bis zu dem die normale Rückerinnerung geht. Diese Kräfte sind es, die den Menschen fähig machen, sich in ein bestimmtes Verhältnis zur Schwerkraft zu bringen. Sie sind es auch, die seinen Kehlkopf formen, die sein Gehirn so bilden, daß es ein lebendiges Werkzeug für Gedanken-, Empfindungs- und Willensausdruck wird.

Was nun in allerhöchstem Maße in der Kindheit vorhanden ist, daß der Mensch aus seinem Selbst heraus arbeitet, das noch mit höheren Welten in unmittelbarem Zusammenhange steht: das bleibt bis zu einem gewissen Grade doch im späteren Leben bestehen, obgleich sich die Verhältnisse im angegebenen Sinne ändern. (...)

Alles was der Mensch hervorbringen kann an Idealen, an künstlerischem Schaffen, aber auch alles, was er hervorbringen kann an naturgemäßen Heilkräften im eigenen Leibe, durch die ein fortwährendes Ausgleichen der Schädigungen des Lebens eintritt, alles das kommt nicht von dem gewöhnlichen Verstande, sondern von den tieferen Kräften, die in den ersten Jahren arbeiten an unserer Orientierung im Raum, an der Prägung des Kehlkopfes und am Gehirn. Denn es sind dieselben Kräfte später noch im Menschen. Wenn oftmals bei Lebensschädigungen gesagt wird, äußere Kräfte können uns nicht helfen, es muß unser Organismus die in ihm liegenden Heilkräfte aus sich entwickeln, so hat man ja auch eine im Menschen vorhandene weisheitsvolle Wirkung im Auge. Und weiter kommen aus derselben Quelle auch die besten Kräfte, durch welche man zur Erkenntnis der geistigen Welt gelangt, das heißt zu einem wahren Hellsehertum.»[54]

So schauen wir das Ich-Wesen des kleinen Kindes noch ganz eingebettet in eine große Sonne, die das Kind umleuchtet, und mit dieser Sonne in Verbindung Kräfte aus dem ganzen Weltenall, die strahlen von außen nach innen. Mit ihnen zusammen bildet das Kind an seiner Leiblichkeit, mit ihnen strahlen Himmelsgedanken herein, die erst allmählich zum irdischen Denken ersterben. Die Kräfte von oben begegnen sich mit den von unten aus der Leiblichkeit aufsteigenden animalischen, mit den von außen hereinwirkenden Kräften aus Natur und Unternatur, und im Zusammenwirken, im Kampf und Ausgleich dieser Kräfte bildet sich der Erdenmensch. Dann zieht sich die große Sonne zurück, und etwas wie eine kleine Sonne zieht mehr und mehr ein in tiefere Regionen. Was vorher von oben und außen wirkte, zusammen mit dem ganzen Weltall, dem Makrokosmos, wirkt nun von innen nach außen, losgelöst vom All und doch wieder den Keim für einen Mikrokosmos in sich tragend. In diesem Inneren dürfen wir auch die heilenden Kräfte der Eurythmie suchen; dabei hebt das Menschen-Ich diese sonst unbewußt wirkenden Kräfte herauf ins Bewußtsein und betätigt sie übend. Der Mensch selber darf mithelfen an seinem Heilprozeß; er kann es, wenn sein Ich in Verbindung bleibt mit diesen in sein Inneres versenkten sonnenhaften Weltenkräften.

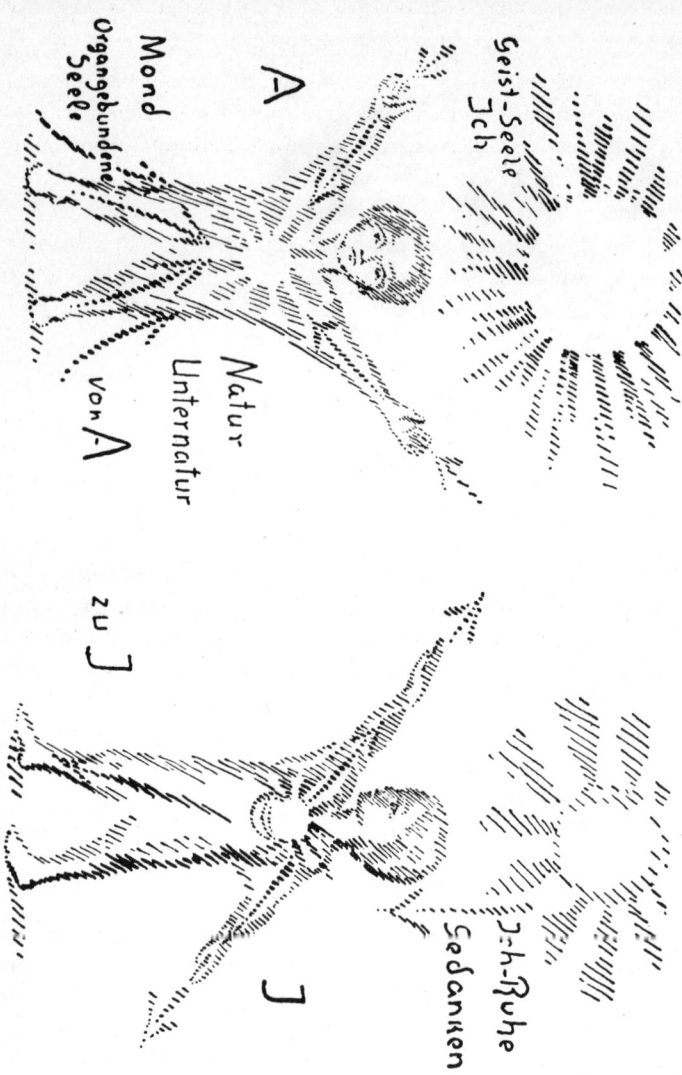

Geist-Seele
Ich

A

Mond
Organgebundene
Seele

Natur
Unternatur

von A

zu J

J

Ich-Ruhe
Gedanken

Vokale und Konsonanten

Nur im aufrechten Menschen können wir ein Wesen sehen, das eine Haupt-Organisation, eine rhythmische und eine Stoffwechsel-Gliedmaßen-Organisation hat in dem Sinne, daß diese die leibliche Grundlage abgeben für die Seelentätigkeiten von Denken, Fühlen und Wollen.

Indem Atmung und Zirkulation zusammenhängen mit dem Fühlen, haben sie auch eine intime Beziehung zu den Vokalen. Wir äußern unsere Empfindungen durch Vokale:

> Im *A* das Staunen,
> im *E* die Abwehr,
> im *I* die Selbstbehauptung,
> im *O* die Bewunderung,
> im *U* die Furcht.

Der rhythmische Mensch mit Atmung und Blutzirkulation stellt die Mitte dar zwischen dem ruhenden Haupt und dem bewegten Stoffwechsel-Gliedmaßen-Menschen.

In dieser Reihenfolge, die wir auch in unserem Alphabet so vorfinden, drückt sich eine Gesetzmäßigkeit aus, die wir mit voller Deutlichkeit durch die Eurythmie erleben können.[55] Indem wir uns im *A* mit ausgebreiteten, gestreckten Armen dem Weltall öffnen, kann dieses Weltall von allen Seiten, von außen nach innen in unsere Seele, in unser ganzes Wesen einströmen. Indem wir im *E* die Arme kreuzen und durch Berührung fest einen Punkt der eigenen Organisation spüren, fühlen wir unser Selbst, fühlen wir das Geistige der Welt in uns. Nun erfolgt eine Umkehr, eine Wende: Aus dem Mittelpunkt unseres eigenen Wesens, von innen nach außen, sprüht feurig die Kraft des *I*. Sie führt uns wieder zurück in die Welt, aber so, daß wir im *O* unsere Seele herausheben aus der Leibgebundenheit, voll und ganz sie erfüllend mit dem Geist, der sich vor und außer uns offenbart. Was wir im *A* empfangen, geben wir im *O* in individueller Form der Welt zurück. Im *U* halten wir fest an unserem Leib, der sich wie in Furcht und Erstarrung zusammenzieht; auf der anderen Seite lebt in dem *U* eine Dynamik, die uns in Geistessehnsucht jubelnd weit, weit wegführen möchte aus der Erdgebundenheit.

Horchen wir hin, wie Dichter, die mit dem Genius der Sprache verbunden sind, die Laute handhaben:

> Des Engels Flügelschlag erfüllt das All.
> Er wallt herab in Hall und Widerhall, …
>
> *(Steffen)*

> Ruhe nun!
> Was ruhst du nicht, du dunkles Herz,
> Was stachelst dich zu fußwunder Flucht …
> Weß harrest du?
>
> *(Nietzsche)*

und daneben die freudige, heiter-kräftige Abwehrstimmung in:

> Das Leben gern zu leben,
> Mußt du darüber stehn!
> Drum lerne dich erheben!
> Drum lerne – abwärts sehn!
>
> *(Nietzsche)*

Ganz anders und doch so wesenhaft lebt die *E*-Stimmung in einem Gedicht von Morgenstern:

> Kannst dich nicht versenken?
> Läßt dich Welt nicht leer?
> Kannst dich nicht entlenken
> all der Dinge Meer?
> …
> Wenn der Tag beschlossen,
> sei, mein Geist, versenkt,
> sei, mein Herz, ergossen
> in Den, der dich denkt.
>
> *(Morgenstern)*

Man empfindet, wie neben der *E*-Stimmung, wo die Seele ganz in sich lebt, dann das warme *O* aufleuchtet. Gibt es einen Dichter, der das Geistige, das vor ihm sich offenbart, inniger erleben konnte als Morgenstern? Der sich so erheben konnte über das Leid der Gebundenheit an einen kranken Körper, um sich mit freier, offener Seele ganz dem Geiste hinzugeben, der in den Dingen waltet? Wohl darum findet man bei ihm eine solche Fülle von Gedichten und Strophen, die mit *O* beginnen. Nur einige davon seien genannt:

«O Blume, die du über vielem schwebst ...»
«Oh, wer um alle Rosen wüßte ...»
«O Friede, der nun alles füllet ...»
«O Welt, o dir, zu Gold geliebtes Leben, Ruh ...»

oder die Zeilen:

«Im Gottesschoß,
im Gottesschoß
zu ruhn,
nach so viel Streit
im Gottesschoß –
o Trost, so groß,
daß alles Schöpfungsleid
ein Seufzer bloß
vor deiner Ewigkeit!»

Um das Wesen des *I* zu finden, versenken wir uns in den Klang der Worte «Ich bin» , oder «Licht ist Liebe» (Chr. Morgenstern) und denken daran, daß in der deutschen Sprache auch so etwas wie tiefe Finsternis durch den Laut *I* erlebt wird: Denn im *I* lebt die Kraft der Mitte, die mit Hilfe der Wärme sowohl in die Region des Lichtes wie auch in die Region der irdischen Verdichtung dringen kann.

Was wir in der deutschen Sprache mit Grab benennen, heißt im Lateinischen «tumulus», im Portugiesischen «tumulu». Hier das andachtsvolle Staunen, dort die Furcht demselben Erlebnis gegenüber. Ein Gedicht von Morgenstern, das beginnt:

> «Eines gibts, darauf ich mich
> freuen darf.
> Das wird nicht trügen ...»

endet mit den Worten:

> «Schlafen darf dann dieser Wandrer.
> Denn – was etwan weiter wacht,
> wird ein andres, wird ein andrer.
> Dieser hat sein Werk vollbracht –
> dann.»

So möchte man nicht aufhören, hinzuweisen auf jede Zeile dieses Dichters, wo immer wieder von Vokal zu Vokal ein Musikalisches webt, so daß Atmung und Blutzirkulation wie von Wellen kosmischer Gesundheit sich berührt fühlen.

Der Weg vom *A* über das *E, I* zum *O, U* führt den Menschen durch das Erdenleben. Das kleine Kind ist ganz A, wovon die offene Fontanelle und der noch nicht gekreuzte Blick ein physisches Abbild sind. Die Seele taucht, beim gesunden Kind mit Wohlbehagen, ein in die von quellendem Leben erfüllte Leiblichkeit. Im E löst sie sich von der Welt, wird ein Selbst, um dann im kraftvollen *I* den ganz individuellen Weg zu beginnen. Das *O* ist der Laut der liebevollen, freien Menschenseele, zu der wir hinstreben. Im *U* haben wir die schmerzlich dramatische Polarität von Tod und Auferstehung. Diese Todeskräfte, die am Ende des Lebens siegen, sie ergreifen aber schon vom ersten Atemzuge an langsam und allmählich die Organisation, indem z.B. in dem weichen kindlichen Knorpel der Knochen einzieht.

So weben die Vokale zwischen innen und außen, zentripetal und zentrifugal. Die gleiche Dynamik finden wir in Ein- und Ausatmung und im strömenden Blut.

Im Musikalisch-Melodiösen lebt die Seele ganz innerhalb ihrer eigenen Wesenheit. Wir können, wenn wir Melodien singen, den Mund vollkommen schließen. In den Vokalen öffnet sich die Seele der Welt, antwortet auf die Welt; aber der Vokal strömt auf den Wogen des Luftstromes, indem er die dichtere Körperlichkeit kaum berührt. Erst beim Formen der Konsonanten müssen wir mit Zunge, Lippen, Gaumen kräftig zupacken. Man nehme *D, M, B, L, R, S, F*. Das gibt den Konsonanten ihre plastische, weckende Kraft, die bis an die physische Organisation heranreicht.

Der physische Leib ist aufgebaut aus den Elementen Erde, Wasser, Luft und Feuer. Auch in den Konsonanten finden wir diese Elemente wieder:
– in den Stoßlauten die Erde,
– im Wellenlaut *L* das Wasser,
– im Zitterlaut *R* die Luft,
– in den Blaselauten das Feuer.

In die vier Elemente hinein schicken die Konsonanten ihre plastische Tätigkeit.

Wir nehmen Nahrungsstoffe auf und führen sie in das Chaos der Elemente Erde, Wasser, Luft und Wärme über. Nachdem sie den ganzen Verdauungsprozeß durchgemacht haben, bauen sie die menschliche Gestalt auf, indem der unsichtbare, immer tätige Plastiker dafür sorgt, daß die einmal entstandene individuelle Menschengestalt erhalten bleibt. Erst wenn schwere Erkrankungen auftreten, sehen wir, daß die Gestalt auch diesen plastischen Bildekräften entfallen kann.

So finden wir den Wirkungsbereich der Konsonanten im Stoffwechsel einerseits, in der plastischen Haupt-Organisation andererseits. Wenn es sich darum handelt, auf Prozesse zu wirken, wo die Seele auf den Bahnen der Atmung und Blutzirkulation in die Menschengestalt sich eingliedert, werden wir heileurythmisch zu Vokalen greifen; wenn es sich um die Deformation der physischen Gestalt handelt oder um Prozesse, die sich im dichteren Stoffbereich abspielen, werden wir Konsonanten anwenden.

Wann wäre ein Menschenwesen zur gesunden Entwicklung veranlagt im Sinne dieser kosmischen Bildekräfte? Wenn sein Organismus als Mikrokosmos ein Abbild wäre der Fülle und Harmonie des Weltenwortes. Jeder Mensch hat in diesem Sinne eine ganz individuelle Gesundheit. Man rührt damit an ein Mysterium, das Schiller mit den Worten ausspricht:

Keiner sei gleich dem andern; doch gleich sei jeder dem Höchsten. Wie das zu machen? Es sei jeder vollendet in sich.

Wann wäre ein Mensch krank in der Art, wie wir es bei unseren seelenpflegebedürftigen Kindern finden? Wenn diese oder jene Laute schwach oder unvollkommen hineingebaut wären in die Organisation; wenn auf dem Wege der Inkarnation in den Erdenleib das Seelisch-Geistige das Instrument nicht voll ergreifen und voll durchdringen könnte. Wenn die Seele stehenbliebe, sagen wir, auf dem Wege von *E* zu *I*. Wenn ein Laut, z.B. das *R*, zu stark, ein anderer, z.B. das *U*, kaum entwickelt wäre. Eine große und doch überschaubare Fülle von Wesensbildern kann so entstehen. Aus wie wenigen Vokalen und Konsonanten ist unsere Sprache aufgebaut, und welche Fülle von Wortgestaltungen sind durch sie möglich, daß etwa Gedichte von Morgenstern oder Mysteriendramen von Rudolf Steiner daraus geschaffen wurden. So ist die Zahl der individuellen Krankheitsbilder so groß wie die Zahl der kranken Kinder selbst, wenn wir diese Betrachtung anstellen. Sie schließt nicht aus, daß sich Gruppen finden, die zu einem typischen Bilde sich zusammenschließen, aber für die Heileurythmie und auch für manche andere therapeutische und erzieherische Maßnahmen kann diese Betrachtung richtunggebend sein. Wenn wir sagen *A, S, M,* so ist das ja nur die Abkürzung für eine Fülle von Qualitäten, Kräften, die aus dem Geiste stammen, die Seele als Stimmung erfüllen und als Bewegung, formende Kraft, strömendes Leben den ganzen Organismus durchdringen. Solch ein Laut umfaßt mehr, als sich jemals in Gedanken und Worte fassen läßt; wer sich in ihn vertieft, wird immer neue Wirkungskräfte entdecken. Die Heileurythmie ist nur eine, wenn auch zentrale therapeutische Anwendung dieser Kräfte.

Rhythmus

Zu den Elementen, mit denen wir in einer heilenden und hygienischen Eurythmie arbeiten, gehört auch ganz wesentlich der Rhythmus. Wir bringen durch die Geburt eine rhythmische Organisation mit ins Erdenleben. Im Embryo ist aber zunächst nur das Herz und die Blutzirkulation im Rhythmus tätig, mit dem sehr raschen Puls von 140 Schlägen in der Minute, während die Lungenatmung noch ruht. Diese entfaltet sich dann erst im Moment der Geburt mit jenem dramatischen Ereignis des ersten Atemzuges, wodurch das eigentliche Erdendasein beginnt und wodurch auch der Blutkreislauf aus dem embryonalen Stadium übergeht in den mit der Lungenatmung verbundenen Kreislauf. Die Atmung des Säuglings ist zunächst unregelmäßig und rasch. Wir haben im ersten Lebensjahr etwa 40 Atemzüge und 120 Pulsschläge in der Minute. Der gesunde Erwachsene hat 18 Atemzüge und 72 Pulsschläge in der Minute, und durch diese 18 Atemzüge ist der Erdenmensch in wunderbarer Weise eingeschaltet in einen großartigen kosmischen Rhythmus. Wir vollbringen in 24 Stunden 25 920 Atemzüge. Diese Zahl finden wir im Großen wieder, indem die Sonne 25 920 Jahre braucht, bis sie mit ihrem Frühlingspunkt den ganzen Tierkreis durchläuft; es ist dies die Zahl des platonischen Weltenjahres.

Es dauert in der kindlichen Entwicklung etwa bis zum vierzehnten Lebensjahr, bis sich langsam und allmählich dieses Verhältnis von 18 : 72 einspielt; im neunten Jahre haben wir 18 Atemzüge und 90 Pulsschläge, gegen das zwölfte, vierzehnte Jahr hin 18 Atemzüge und 72 Pulsschläge. Dann erst ist das Gleichgewicht mit den kosmischen Umkreiskräften hergestellt, dann erst ist die rhythmische Organisation wirklich die Organisation der Mitte, die immer wieder den Ausgleich schaffen kann zwischen dem Ruhepol des Hauptes und dem bewegten Stoffwechsel-Gliedmaßen-Pol.

In der Blutzirkulation haben wir eine Dynamik, die vom Mittelpunkt, dem Herzen, zentrifugal zur Peripherie, zentripetal zurück zum Herzen strömt. Dabei ist die Strömungsgeschwindigkeit des

Blutes in den großen Arterien 200-400 mm in der Sekunde und nimmt ab bis zu 0,6-0,8 mm in der Sekunde in den Kapillaren. Das heißt, wir haben in den Arterien einen Rhythmus, den wir erleben als rasch, rasch und langsam und immer langsamer: ∪∪– –. Der venöse Strom beginnt in den Kapillaren der Peripherie, der Lungen oder in den Kapillaren des gesamten übrigen Organismus und strömt dann, immer rascher werdend, zum Herzen, indem er in den großen Venen eine Geschwindigkeit von 60-140 mm in der Sekunde erreicht. Wir haben hier einen zentripetalen Strom mit dem Rhythmus – – ∪∪, langsam, langsam, rasch und rascher. Dazu kommt, daß die Arterien pulsieren, das heißt, daß sie dem strömenden Blut immer wieder durch die Zusammenziehung der Gefäßwände einen neuen Bewegungsimpuls übertragen, während das Blut in den Venen ohne Pulsation zum Zentrum zurückströmt.

Das in Systole und Diastole pulsierende Herz ist eingeschaltet in diese Strömung an der Stelle, wo der Blutstrom seine Richtung umwendet aus der zentripetalen in die zentrifugale Richtung. Die andere Umkehr findet in der Peripherie statt, im Kapillargebiet, wo das strömende Blut auf einer ungeahnt großen Fläche sich in eine Ebene ausbreitet,[56] aus dem dreidimensionalen Raum übergeht in den zweidimensionalen, das heißt gleichsam aus dem Raum verschwindet und sich ganz den Weltenweiten öffnen kann, die im ätherischen Raume wirken. Es kommt dort in der Umkehr für einen Moment zur Ruhe, um dann wieder zentripetal innenwärts zu strömen. In der Polarität zwischen Mittelpunkt und Peripherie strömt das Blut, einmal im Mittelpunkt, das andere Mal im Umkreis eine Umkehr erlebend. In dem Weg von *A* zu *I,* von *A* zu *U* und zurück von *I* zu *A* und von *U* zu *A,* können wir eurythmisch diese Dynamik miterleben, wobei dann das *E* die durch die Lunge bewirkte Kreuzung darstellt.

Vom ersten bis zum letzten Atemzug und Pulsschlag haben wir so eine nie ermüdende Tätigkeit der Muskulatur des Herzens, der Arterien, des Atmungssystems. Während die übrige Muskulatur unseres Körpers, die wir willkürlich bewegen, ermüdet und wir die Ruhe und den Schlaf brauchen, um die Ermüdung wegzuschaffen, um den Abbau durch Aufbau zu regenerieren, ist dies offenbar bei der rhythmischen Organisation nicht nötig, sondern der Ausgleich geschieht andauernd.

Was tun wir im Schlafe? Wir heben unser Ich und unseren Astralleib aus dem oberen Menschen heraus; dadurch kann der ätherische Leib seine kosmische, quellende, aufbauende Kraft voll entfalten, und durch sie wird die Ermüdung, wird der Abbau ausgeglichen. In unserer rhythmischen Organisation müssen wir also eine Tätigkeit haben, wo die vom Astralleib verursachte Wirkung sofort wieder voll ausgeglichen wird durch einen Überschuß an gesundender, heilender Wirkung, die vom Ätherleib dieser Organisation ausgeht. Der Mensch hat in seiner rhythmischen Organisation einen Heiler, der sich einschaltet zwischen die Kräfte des Hauptes, die für sich allein zur Erstarrung, und die Kräfte des Stoffwechsel-Gliedmaßen-Menschen, die zu chaotischer Überbeweglichkeit führen würden. Beide bewirken Abbau und Ermüdung. Aber auch in der durch den Intellekt geschaffenen Außenwelt, in die der Mensch hineingestellt ist, finden wir die gleichen Gegensätze: erstorbene Ruhe einerseits und Hast andererseits. Der Intellekt verdrängt den Rhythmus, und dadurch ist unsere Zeit in der Gefahr, daß das rhythmische Leben innen und außen verarmt und verkümmert.

Das war bei den Griechen anders, wo durch eine weisheitsvolle Erziehung das Kind herangebildet wurde, wo in der griechischen Gymnastik, die etwas ganz anderes war, als was heute Gymnastik ist, im Reigentanz die ganze physische Organisation sich durchströmt und durchatmet fühlte von lebendigen Bildekräften, von musikalischen Rhythmen, die Atmung und Blutzirkulation in Einklang brachten mit kosmischen Rhythmen. Diese Erziehung gab die Grundlage ab für die Gesundheit des ganzen späteren Lebens. In Goethe lebte noch eine Persönlichkeit, die es tief ernst nahm mit der Gestaltung des Rhythmus. Es ist bekannt, daß er seine Jambendramen mit dem Taktstock einübte. Seine *Iphigenie* hatte er zuerst in Prosa, dann in noch unregelmäßigen Versen geschrieben, die er selber später «ganz höckerig, übelklingend und unlesbar» nannte. Dann schrieb er sie in Italien in regelmäßige fünffüßige Jamben um. Rudolf Steiner bemerkt dazu: Nachdem Goethe dasjenige erlebt hatte, was ihn zu dem Ausspruch «Die Griechen schaffen nach denselben Gesetzen, nach denen die Natur schafft» geführt hatte, «da fühlte er, daß ihm die Kraft kam, die er brauchte, um seinen Ätherleib richtig in seine Gewalt zu bekommen. Da nahm er sich so etwas vor wie die ‹Iphigenie›, die er früher schon auf das Papier geworfen hatte, (…) aber das genügte ihm nicht, denn es war aus dem Ich und dem astralischen Leib heraus, nicht aus dem ätherischen Leib heraus. (…) Da dichtete er die Iphigenie in Italien um.» Wo ätherisches Leben ist, da ist Rhythmus. Darum konnte Goethe auch so Wesentliches über die Pflanzen entdecken, denn die Pflanze ist ein Wesen, das ganz dem Leben hingegeben ist. Sie ist eingeschaltet in den ihr von außen zukommenden Rhythmus der Tages- und Jahreszeiten. Sie vollzieht ihr Wachstum im Rhythmus von Zusammenziehung und Ausdehnung. Diese von Goethe ausgesprochene Grundwahrheit erweitert Rudolf Steiner nach der kosmischen Seite hin, indem er hinzufügt, daß in der Ausdehnung, Ausbreitung der Pflanze Sonnenkräfte, in ihrer Zusammenziehung Mondenkräfte walten.[57] Zwischen diesen Polaritäten entfaltet sich dann das merkuriale Wesen der Pflanze, das Blatt im wäßrigen Element. Unser Blick wird hingelenkt auf den kosmischen Umkreis, denn von dort her strahlen die ätherischen Kräfte in das wäßrige Element herein.

Auch die Pflanze ist ein dreigegliedertes Wesen: In der Wurzel wendet sie sich zur Dichte und Dunkelheit der Erde hin; in Farbe und Duft der Blüte entringt sie sich der Erde und gibt sich den Lichteskräften hin; das Blatt ist ein Tropfen, der bald ausfließt in eine große runde Fläche und der Oberfläche des Wassers oder der Erde nahebleibt, bald sich in feinste leichte Spitzen auflöst, nach oben versprühend; dazwischen pendeln all die Formen der gelappten und gezackten Blätter im rhythmischen Atmen von Zusammenziehung und Ausbreitung, wobei jede Zusammenziehung dazu führen kann, daß die nächste Ausdehnung einen um so stärkeren Impuls empfängt. Der einfache Waldhahnenfuß ist ein anschauliches Beispiel für das harmonische Zusammenwirken dieser Kräfte und ihre Metamorphose von unten nach oben.

Es ist eine schöne, lehrreiche Übung für den, der sich um das Verständnis des Rhythmus bemüht, durch einen Wald zu gehen und den fertigen, ruhigen Formen der Blätter des Bodens und der Bäume den Weg ihrer Bildung abzulauschen. Da ist die Haselwurz mit zwei großen glattrandigen, bohnenförmigen Blättern, die sich flach an die Erde anlegen; dann entfalten sich unterhalb dieser Blätter die dunkelvioletten Blüten mit ihrem herben Duft, hart wie eine Wurzel, und verkriechen sich ganz unter das alte, den Boden bedeckende Laub.

Daneben wächst ein Bingelkraut, Mercurialis, ein wahrhaftes Merkurkräutlein. An dem zarten, aufrechten Stengel entfalten sich ringsum die fein gezackten Blätter in voller Harmonie zwischen Ausbreitung und Zusammenziehung. Die Blüte erscheint zunächst wie ein Häuflein grüner Tropfen, verzichtet auf Farbe und Duft und sich weitende Entfaltung, bis sich die Bildung in den zunächst grünen rundlichen Fruchtkapseln abschließt.

Dort ist eine Ulme, wo sich in jeder einzelnen Blattform ausprägt, daß sie gebildet wurde durch ein Hin- und Herschwingen zwischen Schwere und Licht.

Die Natur schafft im Hervorbringen der Pflanzenformen nach musikalisch-rhythmischen Gesetzen; wer in sie hineinlauscht, wird sich einen Sinn entwickeln für strömende, im Rhythmus sich betätigende Bildekräfte, wie sie auch im menschlichen Organismus verborgen wirken.

Weil der Mensch eine rhythmische Organisation hat, so kann er auch schöpferisch sprachliche oder musikalische Rhythmen gestalten. Wir haben als einfachste Grundform die beiden Rhythmen Jambus ∪ – und Trochäus – ∪. Im Jambus spricht sich ein fühlendes Wollen aus, das Hinstreben zu einem Ziele, sei es einem irdischen, sei es einem geistigen:

Heraus in Eure Schatten, rege Wipfel   *(Goethe)*

Im Trochäus teilt sich die Ruhe des Hauptes dem ganzen fühlenden Menschen mit:

> Trinke diese Klarheit,
> die dein Aug nur faßt,
> diese Abendwahrheit,
> drin ein Tag verblaßt!   (*Morgenstern*)

Die Ruhe wird hier durch die *A*-Stimmung noch besonders betont.

Von diesen zwei Grundformen kommen wir dann zu den mannigfaltigsten Rhythmen, indem wir weitere Kürzen oder Längen hinzufügen. Dabei bleibt der Charakter des zielstrebenden Wollens bei den Rhythmen gewahrt, die mit einer Kürze beginnen, der Charakter des beruhigten Fühlens da, wo am Anfang eine Länge steht.

So kommen wir zum Anapäst ∪ ∪ – z.B. in dem schwebend-schwingenden Vers:

> In der Nacht, die die Bäume mit Blüten deckt …

oder zum Daktylus – ∪ ∪ in:

> Allen Gewalten zum Trutz sich erhalten …,

wo der Gedanke kraftvoll gebietend nach Verwirklichung strebt.

Wir haben den vorwärtsdrängenden, impulsiv die Schwere überwindenden Amphibrachys ∪ – ∪ :

> Ein blendendes Spitzchen blickt über den Wald,
> Das ruft mich, das zieht mich, das tut mir Gewalt …

und den fast melancholisch stimmenden Amphimacer – ∪ – :

> Same schlief, erdentief, ruhte lang.
> Keimt nun grün, sagt im Blühn Himmeln Dank.[58]

Nehmen wir nun noch die zarten Verse:

> Ich ging im Walde
> So für mich hin,
> Und nichts zu suchen,
> Das war mein Sinn …,

wo in dem Wechsel von ∪ – ∪ – ∪ mit ∪ – ∪ – alles liegt, was auch in dem Sinn des Gedichtes sich ausspricht. Der gleiche Rhythmus, aber eindeutig nur ∪ – ∪ – ∪ mit seiner ganz auf sich bezogenen Selbstbehauptung, findet sich bei dem Auftreten der Holzhacker im *Faust*:

> Nur Platz, nur Blöße!
> Wir brauchen Räume,
> Wir fällen Bäume …

Einen Gegensatz dazu bildet der Reigen der Geister, die den in Schlaf gesunkenen Faust mit verlockenden Bildern umschweben:

> Schwindet, ihr dunkeln
> Wölbungen droben!
> Reizender schaue
> Freundlich der blaue
> Äther herein! – ∪ ∪ – ∪

Manche der griechischen Rhythmen sind in unserer Sprache selten geworden; wir verweisen, um sie durch Üben zum Erlebnis zu bringen, auf musikalische Kompositionen.[59] Solche sind z.B.:

> der Choriambus – ∪ ∪ –
> der Antispast ∪ – – ∪
> der Bacchius ∪ – –

Der Rhythmus zeigt seinen Charakter besonders deutlich, wenn in Gedichten oder Kompositionen polare Rhythmen wechseln; so wie ein Rot seine Aktivität, das Blau seine Sanftheit stärker hervortreten lassen, wenn sie nebeneinander stehen. Als Beispiel diene ein Gedicht von Goethe, das man empfinden kann wie eine hochgehende Woge, die dann abfällt, sich glättet und in einen See ausläuft, in dem sich die Sterne spiegeln:

> Dem Schnee, dem Regen, ∪ – ∪ – ∪
> Dem Wind entgegen, ∪ – ∪ – ∪
> Im Dampf der Klüfte, ∪ – ∪ – ∪
> Durch Nebeldüfte, ∪ – ∪ – ∪

> Immer zu! Immer zu! ◡◡–◡◡–
> Ohne Rast und Ruh'! ◡◡–◡–

Dann erfolgt die Umkehr:

> Lieber durch Leiden –◡◡–◡
> Möcht' ich mich schlagen, –◡◡–◡
> ... ...

um zu enden mit dem Choriambus

> Glück ohne Ruh', –◡◡–
> Liebe, bist Du! –◡◡–

Jeder Rhythmus, sowohl der befeuernde wie der beruhigende, ist aufgebaut aus den Elementen kurz und lang. Wir machen eine Übung, indem wir versuchen, kurz, kurz, kurz ◡◡◡ eurythmisch darzustellen, das heißt mit den Beinen, Armen, Händen, dem ganzen Menschen. Es wird nicht anders gehen, als daß man sich nach einiger Zeit so fühlt, als wäre man in einer unerträglichen Art in sich selbst zusammengezogen, auf die Zehenspitzen gedrängt, mit denen man rasch vorwärts trippelt wie ein Tierlein. Man sehnt sich nach einer befreienden Weite.

Ganz anders im Spondäus: – – –. Macht man ihn wirklich so, daß man jede Länge strömend und getragen von den kosmisch-peripheren Kräften ausführt, so fühlt man sich in seiner Menschlichkeit gesteigert. Man fühlt sich durchkraftet von einem Willen, der seinen Ursprung nicht innerhalb der eng begrenzten Persönlichkeit hat, sondern der aus Geisteswelten strömt; der Wille wird ganz beherrscht durch den Gedanken, der Gedanke ist ganz von Wille durchkraftet.

Die Kürze führt uns hinein in die Welt, die vor uns liegt, die irdische Raumeswelt; die Länge hält uns in Verbindung mit der Welt, die hinter uns ist. Verbinden wir dieses Erlebnis mit früher Dargestelltem, so können wir mit andern Worten sagen: In der Kürze mit ihrer vorwärtsdrängenden, zusammenziehenden, aber auch impulsierenden Kraft wirkt mehr die astralische Wesenheit; in der Länge die verlangsamende, ausdehnende Kraft, die uns mit geistig-kosmischen Weiten in Verbindung bringt und hält, mit unserem Ich-Wesen und den Ätherwelten. Eine unendliche Mannigfaltigkeit des rhythmischen Erlebens und der hygienisch-therapeutischen Anwendung ergibt sich daraus. Die Qualität einer Länge im Jambus ist eine andere als die im Trochäus, so wie die lebendige Flüssigkeit des Blutes in den Arterien sich anders bewegt als der klare, ruhige See des Gehirnwassers, der nur durch den Atemstrom sich hebt und senkt.

Ein Choriambus – ∪ ∪ – ist ganz etwas anderes als etwa eine Zusammenfügung oder ein Nacheinander von Trochäus und Jambus, nicht ein Blau und ein Rot, die nebeneinander stehen, sondern die sich vermischen. Dabei hat wieder die erste Länge eine ganz andere Farbnuance als die zweite, man möchte sagen, der Rhythmus webt zwischen rot und blau-violett. Einen goldenen Rhythmus möchte man den Bacchius ∪ – – nennen, der uns mit der vorangehenden Kürze und den zwei qualitativ so verschiedenartigen nachfolgenden Längen in besonderer Art in die Weite des Umkreises führt, beschwingt, befeuert, vorwärts strebend und doch voll getragener Ruhe, gehalten von rückwärts; es ist, als könnten wir die vor uns liegende irdische Raumeswelt beschenken aus der Fülle der Geistes-Sonnen-Welt, die hinter uns liegt.

Wir haben bis jetzt die Polaritäten von oben und unten betrachtet, je nachdem sich im Rhythmus mehr der Charakter des Gedanklichen oder des Willenshaften ausdrückt; wir fügten die Richtung von vorwärts und rückwärts durch die Elemente von kurz und lang hinzu. Wenn wir einen Rhythmus ausführen, so werden wir immer darauf sehen, daß der ganze Mensch dabei tätig ist, Arme, Hände bis in die Fingerspitzen, Beine und die ganze schreitende Gestalt.

Durch das Schreiten kommt nun noch das Hineingestelltsein in die Richtung rechts und links hinzu. Der rechte Mensch ist ein anderer als der linke Mensch. Der rechte Mensch, wir erleben das besonders in den Händen, trägt den Gedanken in den Willen, der linke Mensch lebt mehr im Fühlen.

Wenn wir einen Jambus machen, ist es etwas anderes, ob wir mit links beginnen und dadurch der ganze Jambus durchgetragen wird mit «links-rechts» oder ob wir es umgekehrt machen. In Rhythmen wie Anapäst oder Dactylus liegt es im Wesen des Rhythmus, daß sie gleichmäßig wechselnd schwingen zwischen rechts und links. Das ist in einer doppelten Art der Fall bei Rhythmen wie – ∪ ∪ – ∪ und ∪ – ∪ – ∪ –.

Ganz besonders eindrucksvoll erlebt man dieses Schwingen von rechts nach links und von links nach rechts in den beiden Längen des Bacchius ∪ – –, wobei der ganze Mensch sich durch eine große, ausgedehnte Weite in der Mitte getragen fühlt, ganz in Harmonie zwischen oben und unten, vorwärts und rückwärts.

Der Choriambus – ∪ ∪ – schwingt ebenfalls in sich selber zwischen rechts und links, hat aber, einmal begonnen, einen ganz anderen Charakter, je nachdem das Schwergewicht entweder links oder rechts ist. Er hat im ganzen etwas Statisches.

So schiebt sich durch das Schreiten in jeden Rhythmus auch etwas hinein aus dem Bereich des Taktmäßigen, was zu berücksichtigen ist.

Wenn wir einen sprachlichen Rhythmus zugrunde legen, so wird der Rhythmus durch die Vokale bestimmt. Die Konsonanten spielen dabei keine Rolle. Es kann nun der weiteren Belebung und Vertiefung in das rhythmische Element dienen, wenn wir den Rhythmus mit Vokalen kombinieren. Der eine Vokal legt sich wie mit Selbstverständlichkeit in einen Rhythmus hinein, da in ihm die gleiche Dynamik herrscht; dann tragen, ergänzen, steigern sich Rhythmus und Vokal, so z.B., wenn wir einen Dactylus verbinden mit einem *A* und *O,* einen Amphibrachys mit einem *E,* einen solchen Rhythmus ∪ – ∪ – ∪ mit *I* und *E* usw. Oder aber es wird die einseitige Färbung eines Rhythmus durch den Vokal gemildert und modifiziert. Man nehme das schon erwähnte Gedicht von Morgenstern im Trochäus und der A-Stimmung: Wie wird der Trochäus verändert, wenn statt des *A* ein *I* die Länge durchtönt!

Ein reiches Feld für schöpferische Ideen tut sich dem Lehrer und Erzieher auf, der so mit dem Rhythmus arbeitet. Durch die Richtlinien Rudolf Steiners, durch die die Elemente in ihrer Wesensart charakterisiert sind und durch die auch die Beziehung zum menschlichen Organismus gegeben ist, ergibt sich für die Anwendung ein vertieftes Verständnis. Dies führt hinüber zu einer hygienischen und therapeutischen Anwendung.

Das Lebensalter, in dem sich die rhythmische Organisation ausbildet, ist das Alter vom siebten bis zum vierzehnten Jahre. Rudolf Steiner stellt einmal die Frage: «Warum erziehen wir? Warum wachsen die Tiere ohne Erziehung in ihre Lebensaufgaben hinein? Warum müssen wir Menschen überhaupt den Menschen erziehen?» Und er gibt die Antwort: «...mit dem siebenten Lebensjahre wird der Kopf, der Träger des Denkens, selbständig. Er entwickelt nicht mehr so stark nach unten gehende Kräfte, wie das beim Kinde bis zum siebenten Jahre der Fall ist. Er wird gewissermaßen bequem und besorgt seine eigenen Angelegenheiten.

Wenn wir nun den Sprung hinüber machen zum vierzehnten, fünfzehnten Jahre, da werden die Bewegungsorgane erst willensgemäß persönlich. Der Wille wird in den Bewegungsorganen selbständig. Da wirken erst diejenigen Kräfte von unten nach oben, die der Mensch haben muß als Willenskräfte. Denn aller Wille wirkt von unten nach oben, alles Denken wirkt von oben nach unten. Vom Himmel zur Erde geht die Richtung des Denkens, von der Erde zum Himmel geht die Richtung des Willens. Beide sind in dem Lebensalter zwischen dem siebenten und vierzehnten Jahre nicht miteinander verbunden, nicht ineinander eingeschaltet. Und im mittleren Menschen, wo Atmung und Zirkulation lebt, ihren Ursprung hat, da lebt auch dasjenge, was sich in dieser Zeit als der Gefühlsmensch emanzipiert. Und indem wir in der richtigen Weise den Gefühlsmenschen zwischen dem siebenten und vierzehnten Lebensjahre ausbilden, bringen wir das, was von oben nach unten geht und von unten nach oben, in das richtige Verhältnis.

So handelt es sich um nichts Geringeres, als daß wir zwischen dem siebenten und vierzehnten Lebensjahre des Kindes das Denken in die richtige Verbindung mit dem Wollen, mit dem Willen bringen. Und das kann verfehlt werden. Deshalb müssen wir erziehen, weil beim Tiere diese Zusammenschaltung von Denken, sofern das Tier ein traumhaftes Denken hat, und von Wille, sofern das Tier einen Willen hat, von selbst geschieht; beim Menschen geschieht die Zusammenschaltung von Denken und Wille nicht von selbst. Beim Tiere ist sie eine natürliche Handlung, beim Menschen muß sie eine sittliche, eine moralische Handlung werden. Und deshalb kann der Mensch ein moralisches Wesen werden, weil er hier auf Erden Gelegenheit hat, erst sein Denken mit seinem Willen zusammenzuschalten, in Verbindung zu bringen. Darauf beruht der ganze menschliche Charakter, insofern er aus dem Inneren hervorgeht, daß die richtige Harmonie hervorgerufen wird durch menschliche Tätigkeit zwischen Denken und Wille.»[60]

Wir stehen so vor der Tatsache, daß die rhythmische Organisation des Menschen sich nicht einfach naturgemäß entwickelt, sondern daß der Mensch eine weisheitsvolle Erziehung hinzufügen muß, damit dieser Heiler im Menschen sich in harmonischer Art ausbilden kann. Wir werden dem Menschen die Grundlage für eine kräftigere Gesundheit, die Grundlage für ein Lebens- und Seelengleichgewicht mitgeben, wenn wir neben anderem solche oben geschilderten Übungen mit ihm machen.

Es ist entscheidend für das ganze spätere Leben, wie der mit der rhythmischen Organisation zusammenhängende Ätherleib vom siebten bis zum vierzehnten Jahr gebildet wurde. Welche Störungen und Schädigungen muß diese Organisation dauernd über sich ergehen lassen: die Anspannung der Atmung bei jedem Übergang über verkehrsreiche Straßen, die großen und kleinen Schocks bei plötzlichen Tempoänderungen, das stundenlange Sitzen in Fahrzeugen mit Geschwindigkeiten, die dem menschlichen Organismus nicht angemessen sind, das Arbeiten an und mit Maschinen jeglicher Art. Diesen Beispielen ließen sich noch unzählbare andere hinzufügen. Die mitgebrachte Veranlagung zur Gesundheit kann diesen Anforderungen gegenüber nicht ausreichen, und die gesundenden und heilenden Kräfte werden, nicht nur in der Kindheit, sondern das ganze weitere Leben hindurch eine Hilfe brauchen. Es wird einmal eine Zeit kommen, wo man erkennen wird, daß es eine der wichtigsten hygienischen Maßnahmen ist, daß Menschen, die ihre Berufstätigkeit innerhalb der heutigen Technik ausüben, auch innerhalb dieser Berufstätigkeit regelmäßig die Möglichkeit zur Ausübung einer künstlerischen und hygienischen Eurythmie brauchen, und wo man diese Erkenntnis in die Lebenspraxis überführen wird.

Man wird auch einmal einsehen, daß es für die Bildung einer kommenden Generation, insofern dabei die Vererbungskräfte in Betracht kommen, wichtig ist, auch auf die ätherischen Kräfte hinzuschauen. Erziehung und Hygiene werden die kosmischen Kräfte mitberücksichtigen, um bei den späteren Müttern eine gesunde ätherische Organisation zu bilden und zu erhalten, die mindestens ebenso wichtig ist wie eine durch Sport erworbene robuste und oft auch dadurch verhärtete physische Organisation.

Wir haben von den Wirkungen des Rhythmus gesprochen, die sich ergeben, wenn wir ihn in eurythmischer Art betätigen. Man kann einwenden, daß man ja auch innerhalb jeder anderen Bewegungskunst den Rhythmus üben kann, im Tanz, in der Gymnastik. Darum soll mit einigen Worten noch hingewiesen werden auf die Unterschiede zwischen diesen Betätigungen. Wir bewegen uns mit unseren Gliedern, das heißt mit Muskeln und Knochen. Der Knochenmensch entsteht durch eine Verhärtung, die bis zur mineralischen Kristallisation führt; der Muskelmensch ist weich, und in ihm überwiegt die ätherische Organisation über die physische. Der Knochenmensch ist ganz eingeschaltet in die Dynamik eines irdisch-physischen Kräftespiels im dreidimensionalen Raum. Dieses zu beherrschen ist wichtig für das feste Drinnenstehen im irdischen Leben. Ab dem zwölften Lebensjahr, wenn der heranwachsende junge Mensch so weit ist, daß er sein Knochensystem ergreift, wenn er gleichzeitig auch in die Lage kommt, mit seinem Verstand die Gesetze der Technik zu begreifen, tut man ihm etwas Gutes, wenn man ihn in schöner, edler Art gymnastische Übungen treiben läßt. Man muß sich nur klar sein, innerhalb welchen Bereiches man sich dabei befindet.

Über den Tanz und seine Abgrenzung gegenüber der Eurythmie hat sich Rudolf Steiner immer wieder in den Einleitungen zur Eurythmie ausgesprochen.[61] Er sagt da z.B.: «In der Tanzkunst hat man überschäumende Gebärden, in denen sich die Seele verliert. (…) Eurythmie will weder andeutende (Pantomime) noch überschäumende Gebärde sein, sondern sie strebt nach ausdrucksvollen

Gebärden.» In der Eurythmie lebt der Mensch ganz in den plastisch-musikalischen Kräften seines ätherischen Leibes, und der Bewegungsmensch kann sich ganz hineinschmiegen in diesen ätherischen Leib mit seinen aufbauenden Kräften. Benützen wir die Muskeln aber so, daß sie hineingezogen werden in die Mechanik des Knochensystems, wie im Sport, in der Gymnastik, in der Technik, so leben wir im Abbau. Dabei kann der Muskel physisch erstarken, aber er wird ätherisch verhärten und verkümmern. Üben wir Eurythmie, so betätigen wir die Muskeln im Sinne des ganzen ätherischen Menschen, und die Aufbaukräfte können sich voll entfalten, so wie sich sonst nur die Muskeln des rhythmischen Systems betätigen.

Die Eurythmie kann in die Gefahr kommen, aus ihrem eigenen Wesen herauszufallen und hineinzugleiten in das Tänzerisch-Emotionelle oder in das Unbeseelt-Gymnastische. Sie wird es nicht, wenn der Übende sich immer wieder erinnert an die Reinheit der kosmischen Kräfte, die in ihm zur Wirksamkeit kommen sollen.

Suchst du das Höchste, das Größte? Die Pflanze kann es dich
lehren.
Was sie willenlos ist, sei du es wollend. Das ist's!   *(Schiller)*

So wie die Pflanze mit ihrem ganzen Wesen sich öffnet und hingibt den Sonnenkräften aus Weltenweiten, so wird der Eurythmisierende sich bemühen, seine Seele zu erfüllen mit den läuternden, lebenspendenden Kräften einer Geistes-Sonne.

Wesensbilder

Wir wollen nun dazu übergehen, einzelne konkrete Wesensbilder von seelenpflegebedürftigen Kindern zu zeichnen mit ihren dazugehörigen heileurythmischen Übungen. Zuvor muß aber auf zwei Dinge hingewiesen werden.

Erstens: Die Bilder werden so gezeichnet, daß aus ihnen die heileurythmischen Übungen verständlich werden. Diese sind aber nur die eine Hälfte der therapeutischen Maßnahmen. Die andere Hälfte sind die Medikamente. Diese ergeben sich, wenn in derselben Art, in der hier versucht wird, die Wortkräfte in Beziehung zum menschlichen Organismus zu bringen, die in Natur, in Pflanze und Mineral, auch im Tier wirkenden Kräfte in Beziehung gebracht werden zum Menschen. Dies wird an Beispielen in einem späteren Artikel behandelt. Dann müssen noch hinzukommen die heilpädagogischen Maßnahmen, wie sie im Vorangegangenen geschildert wurden. Aus Erziehung und Unterricht, Medikament und Heileurythmie ergibt sich erst die volle Therapie.

Zweitens: Wenn wir das Bild eines seelenpflegebedürftigen Kindes darstellen, können wir ja nur die unvollkommen gebildete physisch-ätherische Organisation schildern und die Art, wie die Seele sich müht, sich durch dieses Instrument zu äußern. Diese Äußerung kann notwendig nur unvollkommen, unverständlich, ja verzerrt, absonderlich sein, manchmal auch liebenswürdig, dann aber wieder abstoßend. Jeder Erzieher weiß, wie sehr er seine eigene Seele schulen muß, um nicht einfach den von selbst auftretenden Sympathien oder Antipathien zu folgen. Er wird dies am besten dadurch tun, daß er sich immer wieder darauf besinnt, daß hinter den eigenartigen leiblich-seelischen Offenbarungen jedes Kindes eine Menschenseele und ein Menschengeist sich verbergen, die unsichtbar sind und in einer Sphäre jenseits von Krankheit verbleiben, die aber durch Erdenerfahrungen lernen und wachsen wollen.

Die mitleidvolle, verstehenwollende Liebe, die helfenwollende Güte des Erziehers können sich mit diesem wahren Wesen der kindlichen Individualität verbinden. Was sich da zart abspielt von Mensch zu Mensch, liegt in einem Bereich, den wir nicht in Worte fassen wollen und können, ohne den aber all unsere Worte nur «ein tönend Erz oder eine klingende Schelle» wären.

Wer sich müht, mit dieser Seelenhaltung die heilpädagogische Arbeit zu tun, der wird um so mehr dankbar sein, wenn er sich auch die Weisheit erarbeiten darf, die zum Verständnis der Phänomene führt; wir dürfen nicht vergessen, daß Liebe der Weisheit Schwester ist. Aus dieser Gesinnung heraus dürfen wir es auch wagen, über das oft seltsame irdische Erscheinungsbild einer Menschenseele zu sprechen, wobei wir den ewigen Wesenskern unangetastet lassen.

1. Bild

Wir haben vor uns einen Knaben von acht Jahren; er hat die Größe eines fünfjährigen Kindes und sieht aus wie ein 35jähriger Mann en miniature. Er hat einen schön geformten Kopf, einen Stiernacken und ein Doppelkinn und ist außerordentlich dick. Die Hände sind sehr zart, schmal, feingegliedert und weich. Die Muskulatur ist schlaff. Er hat keinen starken Bewegungsdrang und kann lange Zeit scheinbar stumpf dasitzen oder stehen. Dabei verraten aber die Äuglein ein starkes inneres Leben; sie sind dunkel, tiefliegend, aus ihnen schillert etwas wie verschlagene List, vermengt mit einer dumpfen Angst. Es ist nicht schwer, mit ihm in Kontakt zu kommen. Ein paar freundliche Worte genügen, und er kommt einem mit ganzer Seele entgegen. Aber da zeigen sich die Hindernisse. Er freut sich herzlich, kann aber keine Worte herausbringen, da er stark stottert und überhaupt undeutlich spricht. Das *R* kann er gar nicht sagen, die Lippenlaute besonders, aber auch die anderen Konsonanten machen ihm Schwierigkeiten. Darum fängt er an, mit den Händen zu zappeln und auf der Stelle zu hüpfen; bei der Schwere seines Leibes kommt er dabei nicht vom Boden weg. Wehe aber, wenn ihm plötzlich etwas nicht paßt. Es kann die geringste Kleinigkeit sein, die ihn überrascht. Er glaubt z.B., daß er zu wenig auf dem Teller hat, da er sehr gerne und gierig ißt und große Quantitäten liebt. Dann ändert sich die Situation unerwartet. Die zarten Finger fahren blitzschnell in die Haare der Erzieherin, wo sie sich fast unlösbar festkrallen. Er wirft sich mit der ganzen Schwere und Gewalt seines Gewichtes auf die Erde und brüllt mit tiefer Stimme wie ein Stier; sein Gesicht wird zuerst rot, dann blaurot. Es dauert lange, bis wieder Beruhigung eintritt. Sonst hat er ein liebenswürdiges Wesen; er liebt Konversation über Ereignisse, Dinge und Menschen und nimmt sie mit Interesse, mit Humor, mit Mitleid entgegen.

Er geht gerne in die Schule; er will lernen und schaut dankbar zu der Autorität des Lehrers auf. Wenn er geht, hat er einen großen, männlich weit ausschreitenden Schritt. Er will arbeiten wie ein Mann, eine kleine Kinderschubkarre lehnt er mit Protest ab; er ergreift statt dessen die große schwere Karre und würde mit übergroßer Anstrengung so lange schieben, bis er nicht mehr kann.

Was liegt vor, und was können wir tun? Wir haben eine physische Organisation vor uns, die ganz ihren eigenen Kräften, der Schwere und Stofflichkeit folgt. Demgegenüber ist der ätherische Leib, in dessen Wesen es liegt, von der Erde weg in die Weltenweiten zu streben, schwach, und er kann die Schwere des physischen Leibes nicht ausgleichen. Dem überwiegenden Stoffwechsel-Organismus steht eine schwache rhythmische und eine schwache Kopforganisation gegenüber. Will die Seele sich äußern, durch Geste oder Wort, so bleibt sie wie gefesselt im Innern der Körperlichkeit. Der Impuls zur Sprache, der stark da ist und als Einatmungsimpuls von unten nach oben drängt, kann von der Hauptesorganisation nicht genügend ergriffen und in die von Wortes-Bildekräften durchgestaltete Ausatmung übergeführt werden. So bleibt dieser Impuls leibgebunden und entlädt sich in freudigem Hüpfen oder zornigen Triebhandlungen.

Wir machen mit dem Kinde etwa folgende einfache Übung: Einen Anapäst mit einer *I*-Geste. Dabei zeigt sich sogleich, wie auch bei allen anderen Vokalen, daß der Junge die Arme nicht strecken und nicht nach oben tragen kann; er hält sie schlaff in der Beugestellung und läßt sie schnell wieder sinken, da er rasch ermüdet. Er hat von der *I*-Kraft sozusagen nur die eine Hälfte, diejenige, die hinunter in die Erdenstofflichkeit führt. Daher auch die großen ausgreifenden Schritte. Es fehlt die beschwingte Lichtseite, und durch diese Übung wird sie hinzugefügt. Im Zusammenhang mit dem Anapäst hilft sie außerdem, den steckengebliebenen Impuls von unten nach oben aufzugreifen und ihn in die Richtung von hinten nach vorne überzuführen, aber so, daß die Bewegung von der Mitte her beschwingt und getragen wird.

Wir lassen ein *R* folgen. Das *R* ist derjenige Laut, der sozusagen den ganzen Sprachprozeß in sich trägt. Es ist eine Bewegung wie bei einem rollenden Rad, von unten nach oben, von oben nach unten kreisend und dabei von hinten nach vorn und von vorn nach hinten führend. Der beseelte Luftorganismus im Innern des Körpers oder in der ausgeatmeten Luft wird rhythmisch bewegt und gestaltet. Nun lassen wir die heileurythmische Vokalübung für *A* und *O* folgen. Während wir bei künstlerischen und auch bei hygienischen Übungen die Laute einander folgen lassen, sie manchmal nur andeuten und sofort zur nächsten Gestaltung übergehen, bleiben wir bei den heileurythmischen Übungen lange bei einem Laut, den wir in besonderer Art mit Armen und Beinen darstellen, indem wir durch Konzentration die Wirkung verstärken und auf den eigenen Organismus zurücklenken.

> *Das A überwindet die Tierheit.*
> *Das O offenbart den Menschen als Seele.*

Die *A*-Übung kann dem Kinde helfen, die aus seiner Stoffwechselorganisation mit elementarer Gewalt heraufschlagenden Kräfte zu besänftigen und menschlich zu durchseelen. Die *O*-Übung hebt die Seele aus ihrer Stoffgebundenheit heraus und führt dem physisch-ätherischen Leib, der in Formlosigkeit zerfließt, von dem oberen Menschen her Gestaltungskräfte zu.

Wir werden noch die ganze Reihe der Vokale folgen lassen, um dadurch auf das Stottern zu wirken, indem wir die Ausatmung in Strömung bringen und die ganze rhythmische Organisation kräftigen und harmonisieren.

2. Bild

Ein fünfjähriges Mädchen wird zu uns gebracht, an der Hand einer Pflegeschwester. Es ist ein schönes Kind mit einem fein gestalteten, aber marmorblassen Gesichtchen. Der Kopf ist groß, die Stirn etwas stark vorgewölbt; das Näschen geht leicht nach oben, der Mund ist herb und fest geschlossen. Die Hände sind schmal und schön geformt, der ganze Körper dünn und schlank.

Wir nehmen das Kind an der Hand und sind erstaunt, welche Gewalt in diesem leichten Körperchen wirkt. Das Mädchen drängt auf den Zehenspitzen gehend vorwärts. Müht man sich, das Tempo zu mäßigen, so hat man das Gefühl, als müßte man einer anstürmenden Wassermasse standhalten und sie zurückdrängen. Läßt man das Kind los, so stürmt es wie gejagt vorwärts, blindlings. Im Zimmer hat es den Trieb nach oben; es klettert auf Bänke, Tische, auf die schmale Kante einer Wandverkleidung, auf das Fensterbrett, oder es wird alles anstellen, um an jede nur erreichbare Glühbirne heranzukommen, sie anzuzünden und herauszuschrauben. Die Augen sind hell, kalt, starr wie in weite Fernen gerichtet.

Das Kind kann nicht spielen im Sinne eines schöpferisch gestaltenden Spieles; wohl aber liebt es Bälle und farbige Kugeln, die es in großen Quantitäten um sich versammelt und deren Besitz es erfreut. Fasziniert ist das Mädchen von Seifenblasen und Luftballons, deren schillerndes Farbenspiel es entzückt verfolgt, stundenlang. Sie kann nicht sprechen und äußert ihre Freude, indem die Händchen harte, zappelnde Bewegungen machen. Man hat den Eindruck, daß sie fast gar nicht atmet. Im Essen ist sie wählerisch und einseitig und ganz definitiv in der Entscheidung, was sie will oder nicht will. Ihre Verdauung ist außerordentlich hart, und auch die Ausscheidung der Niere ist gestaut.

Das Kind erweckt den Eindruck einer Marmorstatue, durch deren Härte die Seele zurückgestoßen wird, so daß die beseelenden Kräfte den Körper wie von außen umschweben bzw. sich wie im Krampf daran festhalten. Er wird dabei, wie bei einem Nachtwandler, bei abgedämpftem Bewußtsein der Schwere enthoben und getrieben. Wir stehen vor der Aufgabe, die Verhärtungen zu erweichen, das Eis zu schmelzen, so daß die Seele allmählich in den Körper einziehen kann.

Wir beginnen damit, das Kind an der Hand führend, ein Lied zu singen und im Rhythmus zu gehen, vorwärts und rückwärts. Wir geben dabei dem Drang nach vorn ein Ventil, wobei wir aber durch den Rhythmus schon mäßigend wirken. Durch die Umkehr nach hinten senkt sich der Fuß von der Spitze auf die Hacken, und das Ich kann sich gegenüber dem vorwärtsdrängenden Astralleib etwas mehr behaupten. Bald zeigt sich, daß das Kind Melodien rasch auffaßt und mit festgeschlossenem Mund in summendem Ton nachsingen kann. Melodien zeigen an, daß die Kräfte des Kopfes in einer gewissen Beziehung gut gebildet sind und daß die Hoffnung erlaubt ist, daß auch die Sprache sich entwickeln kann, wenn es gelingt, die Atmung zu befreien. Wir schließen eine Übung an, durch die wir der zappelnd-hastigen Kürze, in der das Kind wie gefangen ist, eine weitgehende Länge angliedern, aber so, daß diese durch Taktieren von oben nach unten getragen wird. Dadurch regen wir das Strömen vom Kopfe nach der Ausatmung zu an. Wir wählen dabei z.B. das Gedichtchen:

> Vöglein vom Zweig
> gaukelt hernieder,
> lustig sogleich
> schwingt es sich wieder ...   *(Hebbel)*

Wir gehen zu einer lautlichen Übung über: *L* mit anschließendem *A*. Das *L* ist ein Laut, den wir studieren können, wo immer im Wasserelement sich das gestaltende Leben offenbart: da, wo das Wasser in der Pflanze strömt, von unten nach oben, entgegen allen Gesetzen der Schwere, wo die Wurzel eintaucht in die harte Materie der Erde, wo Blatt um Blatt, Blüte um Blüte sich weitet, entfaltet und gestaltet. So üben wir mit dem Wellenlaut L eine «die Materie überwindende, formende Kraft». Diese lange Zeit und regelmäßig fortgesetzte Übung wirkt so, daß durch die Belebung des ganzen Wassermenschen die vertrocknete Verdauung erweicht, die Nierenstauung gelöst wird und daß die Einatmung einen Impuls bekommt. Wir fügen das A hinzu, die erstarrte Seele gleichsam aufmunternd, sich aus der Spannung zu lösen, zu öffnen und einzutauchen in die so vorbereiteten Organe, die die Seele nun nicht mehr zurückstoßen. Ein feines Spiel von Einatmung und Ausatmung in harmonischem Wechsel üben wir im *I* und *A*.

Als letztes erwähnen wir noch das *E*.

Das E befestigt das Ich im Ätherleib.

Das *E* ist der Laut der kraftvollen Selbstbehauptung. Wo der Astralleib in Krampf, Verhärtung und Abbau sich nicht lösen kann, kommt ihm das Ich zu Hilfe. Die *E*-Übung läßt den Menschen seine Körperlichkeit stark spüren, läßt ihn fühlen, daß er in sich einen Mittelpunkt hat, den es zu ergreifen gilt. Die Kräfte, die ihn, der Schwere enthebend, wegziehen wollen von der Erde, werden durch Kreuzung und Berührung in einem Punkt befestigt; der ganze Mensch wird fest auf die Erde gestellt. Erst wenn dieser Schritt getan ist, kann der Mensch auch sprechen. Er muß ja mit seiner durch-ichten Seele eintauchen in den Ätherleib, so wie die Hand des Künstlers in die Saiten greift, um das Instrument, in diesem Falle den Ätherleib, zum Erklingen zu bringen.

Oft erlebt man wie ein Wunder, das allerdings auch allzurasch wieder entschwindet, daß auch schwergeschädigte Kinder mitten in einer solchen *E*-Übung anfangen zu «plaudern», das heißt Lautzusammenhänge, sogar verlorengegangene Worte zu sprechen, die man sonst nie von ihnen hört. Solche Augenblicke zeigen an, daß man auf rechtem Wege ist.

Auch bei diesem Kinde wurde nach jahrelangem Mühen die Sprache erweckt, was schon die Melodien hoffen ließen. Es konnte, entsprechend seinen gut gebildeten Kopfkräften, jeden Konsonanten gut plastisch formen, hatte aber immer Mühe, Worte und Lautzusammenhänge auf den Wogen eines freien Atemstromes ertönen zu lassen.

Da ist ein zehnjähriges Mädchen, sehr groß für sein Alter und sehr dick. Es hat plumpe, deformierte Füße und geht breitbeinig und schwerfällig. Der Kopf ist breit, hinten abgeflacht. Auch das Gesicht ist breit, aber mit feinen, edlen Zügen. Die Augen blicken fragend und sind der lebendige Spiegel für die wechselnden Seelenstimmungen, die in dieser Kinderseele rasch und unvermittelt aufeinander folgen. Der Mund ist immer ein wenig offen, und die Vorderzähne streben auseinander. Die Hände sind schlank und schön, aber bis zu den Armen hinauf blaurot und kalt; auch die Füße sind kalt und blaurot. Das Mädchen ist äußerlich untätig. Es steht herum und überläßt sich ganz seinen Empfindungen, die es mit wenigen und immer gleichen Worten, aber sehr ausdrucksvoll äußert. Diese Empfindungen steigen aus dem Innern auf: Dann weint sie und beklagt sich, daß sie müde ist oder Hunger hat. Oder sie sind von außen angeregt: Dann lacht und weint sie in schnellem Wechsel, weil ihr dieses oder jenes Kleidungsstück, diese oder jene Farbe bei sich oder andern gefällt oder mißfällt. Menschen gegenüber schwingt sie hin und her zwischen Sympathie und Antipathie in raschestem Wechsel. Die Aufforderung, eine kleine Handreichung zu tun, genügt, ihre Antipathie zu erregen, ein humorvolles heiteres Wort läßt sie sofort umschlagen in handgreiflichste Äußerungen größter Sympathie. Sie hat einen geringen Wortschatz, mit dem sie aber fast ununterbrochen redet, wenn sie nicht weint oder lacht. Sie liebt Musik, besonders Mozart, und sie liebt das Tanzen! Sie ißt gerne und genießt den Geschmack wie ein ganz kleines Kind. Dabei ist sie gar nicht gierig. Sie kann plötzlich vor einem Teller voll Weintrauben auf die Idee kommen, Musik zu machen. Auf die Frage, ob sie jetzt Leier spielen will oder essen, entscheidet sie sich für die Leier, auf die Gefahr hin, daß der Teller nachher abserviert wird. Dann spielt sie bzw. ahmt die Geste des Spielers nach, singt, freut sich königlich über die heitere Stimmung, die sie in der Umgebung auslöst. Sie versteht mit ihrer Seele alle feinsten Nuancen der Gefühle, sowohl im Leben wie in erzählten

Darstellungen. Für jede Anstrengung, zu denken oder denkerisch zu begreifen, ebenso wie für jede Willensanstrengung ist sie wenig zu haben. Heileurythmie mit ihr zu machen war ein schweres, aber lohnendes Stück Arbeit und nur mit viel Humor, Heiterkeit, musikalischer Stimmung und dem steten Bemühen um ihre Sympathie durchzuführen. Dann gelang es, sie im Verlaufe von einer halben Stunde in Schwung zu bringen, und mit Nachhilfe gestaltete sie die gewünschten Laute. Bei der größten Begeisterung kam sie aber zunächst nicht weiter, als allein ein strahlendes *A* zu bilden, was lange Zeit ihr einziger und liebster Laut war, für sie der Inbegriff von «Eurhythmie machen». Bei dem Bemühen, ihr ein *O* nahezubringen, hatte man einer Flut von antipathischen Ergüssen standzuhalten.

Wir wollen versuchen, ihr Wesen zu verstehen. Sie hat einen starken, etwas deformierten, sehr gesunden physischen Leib, der mit seiner Schwere den Ätherleib einengt und überwältigt. Die Seele ist voll und ganz mit Wohlbehagen in diesen Leib eingezogen und untergetaucht und muß nun alles intensiv mitmachen, was aus ihm an Empfindungen aufsteigt. Sie ist ganz *A*, ganz Empfindungsseele. Auch den Schritt zum *E* hat sie kräftig mitgemacht. Aber nun fehlt die Umkehr zum *I*, zum erwärmenden, beschwingten Schreiten, zum aktiven Ergreifen der individuellen Schicksalsaufgabe; es fehlt das Heraufheben der Seele in die freieren Regionen des weisheitsvollen Welterkennens im *O*.

Für die heileurythmische Anwendung des Lautes *I* gab Rudolf Steiner einen besonderen Rat. Diesen Laut sollen die Kinder mit Freude und Begeisterung machen, sonst kann man sogar Schaden anrichten. Bei allen andern Lauten macht es nichts, wenn das Kind sie auf die Autorität des Lehrers hin übt. Nun muß man alles aufwenden, um im Kinde diese Freude zu wecken. In diesem Falle gelang es durch ein Sprüchlein, bei dem auch das vorangehende *S* geübt wurde:

> Sieh, ich bin ein Sause-Wind
> Ein singender, schwingender, klingender
> bin ich!

Bei zarten, in sich verschlossenen Kindern wird man zu anderen Bildern greifen. So war es für ein anderes Kind durch lange Zeit hindurch eine inniggeliebte, von der Lehrerin immer wieder selbst erbetene Übung:

> Ich bin ein Licht vom Himmel,
> Vom Himmel bin ich ein Licht!

nachdem man dem Kinde erzählt hatte, wie es aus dem Himmel ein Licht mitbekommen habe in seinem Herzen (dabei kann man das E andeuten), wie es nun selbst aufrecht stehen und schreiten müsse wie eine Kerze, wie dann dieses Licht vom Herzen aus leuchten und singen könne.

Wer oft in der Lage war, mit Kindern diesen I-Laut zu üben, findet allmählich, welch tiefe, zeitgemäße Weisheit sich hinter dem so schlichten Rat verbirgt, daß das Kind daran Freude haben muß.

Das I offenbart den Menschen als Individualität.

Bevor wir in diesem Falle die *I*- und *O*-Übung machen, lassen wir Konsonanten vorangehen. Wir müssen erst Bewegung, Gestaltung, Auflockerung und Lösung in den harten, deformierten Körper bringen. Wir tun dies mit *L, M* und *S*.

In dem *S* lebt eine feurige, dabei beherrschende und gestaltende Kraft. Wir müssen die Arme und Hände und den ganzen Körper in Bewegung bringen und diese Bewegung vom Bewußtsein her dirigieren. Diese beherrschte Willensbewegung wirkt dann wiederum zurück auf die Kopfeskräfte, das Denken erweckend.

Fügen wir das *I* hinzu, so wird die befeuernde Kraft des *S* durch das *I* aufgefangen und in das rhythmische System heraufgehoben. Der Blutstrom, der vom Herzen zur Peripherie strömt und der bei diesem Kinde nicht genug Wärme bis in die Hände und Füße treibt, wird angeregt. Über das *O* wurde bei Betrachtung des ersten Bildes schon gesprochen. Wir werden, um das Mädchen bei guter Stimmung zu erhalten, immer wieder einen Rhythmus einschalten. Auch dürfen die Füße durch zu langes Stehen nicht ermüden. Das heitere «Auf ihrem Leibrößlein, so weiß wie der Schnee ...» tat immer wieder gute Dienste. Die Freude des Mädchens am Tanz konnte in Freude am eurythmischen Rhythmus umgewandelt werden. Je schöner ein Gedicht ist, um so heilsamer kann es sein; es klingt ja in der Seele, im ganzen Organismus nach. Diese Art des Übens ist gleichzeitig auch ein Weg, um bei einem seelenpflegebedürftigen Kinde in einer ihm möglichen Art den Wortschatz zu bereichern und damit die Vorstellungswelt zu erweitern.

4. Bild

Ein etwa elfjähriger Knabe kommt zu uns. Er ist eine auffällige Erscheinung: klein für sein Alter, von sehr schmächtigem Körperbau, mit einem ganz großen Kopf und großen, aber plastisch gut geformten, abstehenden Ohren. Er ist so blaß und apathisch, daß man annehmen könnte, er sei auf der Reise krank geworden, bis die Mutter versichert, daß er immer so aussieht. Mit gesenktem Kopf, den er etwas schief hält, blickt er aus entzündeten Augen traurig und fragend in die Welt. Er tut selber gar nichts und wartet, was man mit ihm vorhat. Bald lebte er in unserer Umgebung auf, und das hatte wohl einen besonderen Grund. Der Knabe liebt Menschen, die Musik machen, Menschen und Musik. Das ist seine Welt, und darin lebt er. Alles andere interessiert ihn nicht. Ist er z.B. im Garten eine Zeit sich selbst überlassen, so sieht er wohl kaum, was um ihn herum vorgeht. Aber bald kann man aus einem entlegenen Winkel ein Lied ohne Worte mit glockenheller und reiner Stimme hören. Es ist keine leichte Tonfolge, und er kann sie auch erst ganz kurze Zeit vorher und zum ersten Male gehört haben, als sie von unseren Mitarbeitern neu eingeübt wurde. Da steht er, beide Hände, mit den Handflächen nach innen, vor die Augen haltend, schaukelt mit Kopf und Oberkörper in lemniskatischen Bewegungen rhythmisch hin und her und singt. Verlangt oder erwartet man von ihm irgendeine Tätigkeit, so blickt er einen mit tieftrauriger Miene an; hilft das nicht und bleibt man bei seiner Forderung, dann ändert er das Mienenspiel: Ein feines Lächeln geht über sein Gesicht, und er kneift ein Auge zu; ist auch das ohne Erfolg, dann streichelt er mit einer unnachahmlichen Geste mit seinen weichen, beseelten Händen dem Erzieher zärtlich über Haare und Wange. Dabei sagt er kein Wort, aber Geste und Mienenspiel sind mehr als Worte: Was willst du mich mit solchen Dingen plagen; das ist doch gar nicht wichtig! Er kann nur ein paar Worte sprechen: Papa, Auto. Später lernte er noch viele Worte hinzu, begnügte sich aber lange damit, jeweils die erste oder letzte Silbe auszusprechen, z.B. Lo! Die Umgebung weiß ja, was er meint. Und mit diesem einen halben Wort kann er die köstlichste Unterhaltung führen, wenn man Zeit genug hat, darauf einzugehen. Lo ist ein Erzieher, den er sehr liebt, wie alle Menschen, die freundlich zu ihm sind. Er sagt in fragendem Ton:

«Lo?» – «Er ist nicht da, er ist verreist!» – «Lo!», ein Klageton in Mollstimmung. Wieder: «Lo?» – «Ja, er kommt bald wieder!» – «Lo, Lo!» Diesmal in jubelndem Dur!

Er kann nicht genug bekommen, diese Unterhaltung fortzusetzen, und wird immer neue musikalische Nuancen finden, um sein Seelenverständnis auszudrücken. Er kann auch längere, sogar schwere Worte aussprechen, diese sind: Chorsingen, dirigieren und Eurythmie. Mit dem letzteren meint er allerdings nicht die Eurythmie, die er selber zu tun hat, sondern die wöchentliche Aufführung. Dabei ist auch nicht ersichtlich, wieviel oder wie wenig er dabei durch das Auge aufnimmt. Aber es wird dabei Musik gemacht, und es sind viele Menschen da. Er geht nicht gerne, besonders nicht bergab oder bergauf. Die erste Zeit machte er vor jeder Treppe halt, setzte dabei einen Fuß am Treppenabsatz in die freie Luft und schwebte wie über einem Abgrund. Er wagte es nicht, den Schritt in die Tiefe zu machen. Hatte er Angst oder mimte er die Angst? Ereignissen der Außenwelt gegenüber kannte er keine Angst. Wurde er einmal Zeuge eines dramatischen Auftrittes, wo es sogar recht ernst zuging, so schaute er sich das an und lächelte, gelassen und überlegen, als wäre so etwas für ihn entweder längst Überwundenes oder eine neue Lebenserfahrung, deren Tragweite er noch gar nicht ahnte. Bei den Weihnachtsspielen war der Teufel, der anderen

Kindern, auch wenn er seine Bosheit noch so zurückhaltend spielte, doch etwas wie Scheu, Zurückhaltung oder Ablehnung einflößte, für ihn eine komische Figur oder ein guter alter Bekannter.

Wir haben ein großes Kind vor uns, das die himmlische, vorgeburtliche Welt nicht eigentlich verlassen hat. Sein Kopf ist groß wie beim Embryo, die Glieder und der übrige Körper sind im Verhältnis dazu unentwickelt. Die Hände werden gerne wie schwebend nach oben gehalten. Man hat den Eindruck, daß noch der ganze Körper wie in einem inneren Auftrieb lebt. Die Seele wendet sich ganz nach innen, die Umkehr von innen nach außen ist nicht vollzogen. Kommt ein Bewegungsimpuls, von unten nach oben, so geht er nicht in die Glieder, um sie vorwärtszubewegen, er wird auch nicht als Ausatmung in die Sprache übergeführt. Er drängt nach oben in den Kopf und wird dort Bewegung und Klang. Die Ruhekräfte und die plastischen Kräfte des Kopfes sind schwach, daher das zentrifugale, formlose Wachstum. Die Stoffwechsel-Gliedmaßen-Kräfte sind ebenfalls schwach und werden von den schwachen plastischen Kräften des Hauptes nicht zur Gestaltung angeregt.

Wir wollen mit diesem Kinde, um die Plastik anzuregen, heileurythmisch *konsonantieren*. Wir beginnen mit dem, was der Junge liebt. Wir singen ein Lied, und dabei kommt er sogar, getragen durch Klang und Rhythmus, an der Hand geführt, mit den Beinen ganz schön in Bewegung. Nach einiger Zeit gehen wir vom gesungenen Wort zum gesprochenen Wort über, wobei wir die weckenden Konsonanten besonders betonen. Der Junge ist einen Augenblick verblüfft, dann fängt er an, Klänge zu singen; der Erzieher spricht etwas lauter, deutlicher konsonantierend, er singt auch lauter, und so steigert sich das allmählich zu einem sprachlich-musikalischen Duett, bei dem der Junge durch seine Lautstärke siegt.

Allmählich läßt er sich dann die Konsonanten gefallen. Aber er bringt es dabei kaum zu einer eigenen Gestaltung.

Man könnte bei einem solchen Kinde die Frage aufwerfen: Wozu all die heilpädagogischen und heileurythmischen Bemühungen, wenn, wenigstens von außen betrachtet, am Ende doch nicht viel geändert wird? Bei andern Kindern ist doch zu hoffen, daß sie, wenn auch in kleinerem Umfang, nützliche Tätigkeiten tun; oder aber sie zwingen einen zu heilpädagogischen Maßnahmen, weil sonst das Leben für sie und mit ihnen unerträglich wird oder weil sie sonst sich und die Umgebung zerstören.

Hier ist beides nicht der Fall. Der Junge würde, wenn wir weiter keine Anstrengung machten, ein stilles, unbeachtetes Pflanzendasein führen; seine Seele würde allerdings verkümmern. So lebt er ein Erdenleben, unschuldig glücklich wie im Paradies, wobei sein Paradies das Reich der Musik ist. Er überstrahlt mit seiner milden, humorvollen Güte die Umwelt, tut und kennt nichts Böses, nicht innen und nicht außen. Solch ein Kind stellt uns vor Daseinsrätsel besonderer Art. Welchen Sinn hat solch ein Erdenleben? Welchen Sinn hat es, durch heileurythmische Maßnahmen immer weiter an einem Instrument zu bilden, das in diesem Leben doch nicht benützt wird? Auf solche Fragen wollen wir später eingehen.

5. Bild

Das Mädchen, zu dem wir nun übergehen wollen, bietet ein polares Bild zu dem vorangegangenen. Wir wollen sie schildern, wie sie sich im Alter von zehn Jahren zeigt. Sie ist klein für ihr Alter und von einer außerordentlich geschäftigen Beweglichkeit. Das Köpfchen ist auffallend klein, mit gering ausgebildetem Hinterhaupt. Die Arme, Hände und Finger sind übermäßig lang und knochig, ebenso die Füße. Sie hat kurzsichtige, aber sehr interessiert blickende Äuglein, ihr Mund ist sehr groß, ungestaltet, immer etwas offen; die Zähne sind groß und auseinanderliegend. Sie hält sich aufrecht und läuft mit raschen, geschäftigen Schritten wie jemand, der gerade etwas sehr Eiliges vorhat. Als sie etwa vier bis fünf Jahre alt war, hatte sie eine eindrucksvolle Geste. Sie konnte schon gut gehen und laufen, aber wenn sie es eilig hatte, so lief sie auf allen vieren, aber nicht auf den Knien, wie Kinder das sonst tun, sondern mit gestreckten Beinen und auf den

Händen, wobei der hintere Teil des Körpers höher war als der vordere. In dieser Stellung konnte sie in erstaunlichem Tempo einen langen Korridor entlanglaufen; so ging sie auch am liebsten die Treppe hinauf. Sie lernte lange nicht sprechen, war aber geschickt in allen Tätigkeiten, die sie aber doch nicht ausübte, da sie viel zu sprunghaft war. Ehe sie anfing, etwas zu tun, war sie schon wieder beim nächsten. Eine eurythmische Bewegung konnte sie rasch nachmachen, ebenso folgte sie leicht einem Rhythmus. Nach einem Jahr des Übens fing sie an, einfache, sehr oft wiederholte Melodien zu summen. Aber sie sprach nicht; statt dessen war sie in der Lage, sich durch lebhafte, ausdrucksvolle Gesten zu verständigen. Anstatt z.B. zu sagen: «Wenn es morgen schneit, wollen wir Schlitten fahren», deutete sie zum Fenster, ahmte mit beweglichsten Fingern und Händen den Fall der Schneeflocken nach, dann das Festhalten am Schlitten und das Fahren. Das alles war eindeutig verständlich und ging blitzschnell; es hätte auch bei gutem Sprachvermögen viel länger gedauert, um den Satz auszusprechen. Erst mit neun Jahren fing sie an, Laute und Worte zu sprechen, wobei ihr einzelne Konsonanten Mühe machten. Aber bald lernte sie auch, kleine Sätze sinngemäß zu formen.

Warum hat sie so spät und ungenügend sprechen gelernt? Was liegt hier überhaupt vor? – Die kosmischen Kräfte, die das Haupt groß machen und eine besonnene Ruhe über die ganze Organisation ausstrahlen und sich als Bildekräfte in die Sprache ergießen, sind bei ihr zu schwach. Sie hat sich zu schnell und intensiv aus den vorgeburtlichen, kosmischen Kräften gelöst. Die irdischen Kräfte haben mit ihrer Schwere vorwiegend die Gliedmaßen ausgebildet und zu stark verknöchert. So fällt das Mädchen auch in der ersten Zeit beim Laufen gerne hinein in die Haltung, in der auch das Tier läuft. Während bei dem vorangehenden Knaben die Seele im Haupte zurückgehalten wird und nur Sinn hat für das, was noch den Nachklang des Himmlischen in sich trägt, ist die Seele dieses Kindes zu tief und gleichsam über das Ziel schießend in die Erdenkräfte hineingestürzt, in ein geschäftiges irdisches Tun, das aber durch das besonnene Denken nicht zurückgehalten und geordnet wird. Sie lebt zu stark in den Kräften nach vorn und nach unten.

Wir müssen versuchen, sie wieder anzuschließen an die kosmischen Kräfte, die von oben und hinten hereinstrahlen.

Wir beginnen in der heileurythmischen Übstunde zunächst mit einem *Rhythmus.* Wir lassen einen *Anapäst* in einer *Lemniskate* gehen; da entsprechen die zwei vorangehenden Kürzen zunächst dem Temperament des Mädchens. Durch die Form und die betonte nachfolgende Länge kann man aber schon etwas Ruhe in das zappelnde Vorwärts bringen. Ein beruhigender Rhythmus, etwa ein Adonis –∪∪–∪, den wir vor- und rückwärts schreiten, wird diese Wirkung noch verstärken. Wir lassen die Übung *A*-Verehrung folgen. Im Laute *A* leben wir in der Seelenhaltung des Staunens. Wir schließen dem *A* eine angedeutete, aber kräftige *H*-Geste an. Was tun wir damit? Im Vokale leben wir im Fühlen, der Konsonant fügt ein Wollen hinzu. In dem *H* haben wir einen Laut, der zu den Feuerlauten gehört; er berührt kaum die physische Organisation und bringt ein starkes Sich-lösen-Wollen aus allem irdisch Geformten und Gefesselten, ein Sich-hineinschwingen-Wollen in geistige Regionen von Licht und Wärme zum Ausdruck. Dadurch, daß er aber in Verbindung bleibt mit dem *A,* wird diese feurige, auflösende Willenskraft gebändigt und besänftigt, das Staunen wird gesteigert zur Verehrung.

So bereiten wir das Kind vor, daß es der Stimmung der Verehrung zugänglich gemacht wird. In diesem Lebensalter ist ja die Seele noch ganz abhängig von dem, was ihr aus dem Instrument der Leiblichkeit entgegenkommt; und eine Organisation, die so stark den unruhigen, auf das Irdische hingerichteten, abbauenden Kräften des astralischen Leibes ausgesetzt ist, ist zunächst keine günstige Grundlage für die Seelenhaltung der Verehrung. Durch die heileurythmische Übung *A*-Verehrung wird die Organisation umgestimmt, der ätherische Leib wird befreit und strömend gemacht wie bei einer Pflanze, und dann kann auch die Seele sich öffnen und weiten. Was so durch Heileurythmie vorbereitet ist, kann Vorbild sein und seine Fortsetzung finden in allem weiteren heilpädagogischen Tun. Das Hinschauen und Hinlauschen auf wahrhaft künstlerisches und religiöses Geschehen in staunender Verehrung wird dem Kinde bildend und heilsam sein.

Wir fügen noch den Laut *M* hinzu. Er wird auch bei dem vorangehenden Falle innerhalb der gesamten Konsonanten eine wesentliche Rolle spielen. Der Laut *M* findet sich charakteristisch in den Worten *Mensch, Mitte* und in der Silbe *mit: mit*leben, *mit*leiden, *mit*gehen. Wir bilden sprachlich ein *M*, indem die Oberlippe die Unterlippe berührt, ein Oberes greift formend und abschließend über ein Unteres. Oft finden wir bei seelenpflegebedürftigen Kindern, daß sie den Mund offenhalten, weil eben der obere und der untere Mensch sich nicht richtig zusammenfügen. Das *M* ist ein Erdenlaut. In der eurythmischen Geste des *M* haben wir eine Bewegung, die ruhig und mutig, aber milde und maßvoll sich hineinbegibt in die Welt, dabei sich tastend an das anschmiegt und sich damit verbindet, was ihr draußen entgegenkommt. Es ist eine strömende Bewegung, aber so, daß dieses strömende Leben sich am Ende immer in eine feste, begrenzte Form hineinbegibt. Sie kann von hinten nach vorn, von vorn nach hinten geführt werden, dann drückt sie aus, wie der Mensch der Mitte sich verbindet mit der Welt; sie kann von unten nach oben strömen, aber nicht emotionell stoßend, sondern zart und gelassen wie eine wachsende Pflanze; sie kann von oben nach unten gehen und Himmelskräfte heruntertragen, die sich hineinopfern in die Begrenzung der menschlichen irdischen Form. Im M entsteht ein Gleichgewicht, indem die in die Weiten des Grenzenlosen führenden ätherischen Kräfte sich in Einklang bringen mit den begrenzenden, aber verhärtenden Kräften des physischen Leibes. In diesen so vorbereiteten Organismus kann sich die Seele hineinfügen. Worte wie:

Gib Mut mir und Milde,
Um allmählich zu mehren
Das menschliche Maß!

können dem Kinde dabei die richtige Empfindung für den *M*-Laut vermitteln.

6. Bild

Ein Junge von elf Jahren, dunkelhaarig, lang aufgeschossen, sehr hager und mager. Wir finden ihn im Kreise anderer Kinder, wo lebhaftes Treiben herrscht. Dort sitzt er, geduckt, in sich gekauert, die Schultern und Arme eng an die Brust gepreßt, die zarten, überschlanken Finger geschlossen, als ob er da etwas festhalten müßte. Schaut man nach, so verbirgt er auch wirklich irgendeinen kleinen Gegenstand, ein winziges Auto, ein kleines hölzernes Tierlein, das seine liebsten Spielzeuge sind. Der Kopf ist groß und schön geformt, ebenso das Gesicht. Aber der Ausdruck ist unglücklich, mißmutig, finster, griesgrämig. Der Junge meldet sich nicht wie alle anderen Kinder durch einen Ruf oder eine Handbewegung. Kennt man ihn aber länger, so weiß man, wie sehr er wartet und dürstet nach einem warmen Blick, einem aufmunternden Gruß, einem heiteren Scherzwort. Dann überstrahlt langsam ein Lächeln seine Züge, die dadurch verschönt werden wie von einer Sonne, die durch düstere Wolken bricht. Geht er, oder soll er gehen, so tut er dies mit hochgezogenen Schultern, eingezogener Brust, gekrümmtem Rücken und schlaff herabhängenden Armen. Er bleibt immer wieder stehen, wie ein Mensch, der tieftraurig ist und so müde, daß ihm auch jede kleinste Bewegung unendliche Mühe macht. Er kann sprechen, sogar recht gut, und zwar die ihm früher fremde deutsche Sprache, die er bei uns rasch verstehen lernte, und seine Muttersprache. Aber es gibt Tage, ja Wochen und Monate, wo er kein Wort sagt. Dann, hervorgerufen durch einen äußeren freudigen Anlaß, einen Aufenthalt im Gebirge, Ferien zu Hause, fängt er an zu sprechen und zu erzählen. Dann zeigt sich, daß er den Gedankengängen folgen kann, daß er jede Wendung versteht, jede Stimmung seelisch miterlebt. Ist er allein, z.B. rekonvaleszent nach einer Krankheit, so beschäftigt er sich, indem er «zeichnet». Er hält in zusammengekrümmter Hand einen Stift, und es entsteht eine Unzahl von Kreisen, die manchmal zu Autos oder Eisenbahnen sich formen. Er hat seine kleinen Spielzeuge bei sich, mit denen er sich unterhält und Geschichten mit ihnen aufführt. Soll er gehen oder etwas tun, was

ihm nicht behagt oder auch aus einem andern Grunde, der nur
denen ersichtlich ist, die immer in seiner Umgebung sind, dann
kann er seinen Unmut äußern. Er schreit mit nach innen gepreßter
Stimme und stampft strampelnd den Boden. Es ist der Ausdruck
für ihn: «Nein, ich will nicht.» Die ganze Haltung dieses Knaben ist
ein dauerndes «Nein, ich will nicht»; lernt man ihn aber tiefer kennen, so weiß man: es ist der schmerzlich gequälte Ausdruck für ein
«Ich kann nicht wollen!» Seine Leibesorganisation ist so gebildet,
daß sie wohl ein Werkzeug für Denken und Fühlen, nicht aber für
den Willen sein kann. So ist die Seele wie in einem Kerker; durch
die Augen und das Antlitz blickt sie bittend um Verständnis und
Befreiung. Die menschliche Seele lebt in den Kräften von Sympathie und Antipathie. Rudolf Steiner weist nun darauf hin,[62] wie
diese Kräfte von Sympathie und Antipathie nicht nur als Seelenkräfte, sondern auch leibgestaltend wirken. In dem sphärischen
Haupt, in dessen Innern das Gehirn abgeschlossen ruht, haben wir
ein Ergebnis der sich abschließenden, verknöchernden Kräfte der
Antipathie, in den von weichen Muskeln umgebenen Gliedmaßen
mit ihrer radialen, sich der Welt öffnenden Bildung eine Offenbarung für die sich tätig mit der Welt verbindenden Kräfte der
Sympathie. Dazwischen, im mittleren Menschen, wo der Brustkorb
ein Ergebnis ist der beiden Kräfte, halb sphärisch, halb radial, webt
das Fühlen im Pendelschlag von Sympathie und Antipathie.

So erscheint uns dieser Knabe mit seiner Seele hineingebaut in
eine Organisation, in der die Antipathiekräfte innerhalb der Leibes-
grundlage vorherrschen. Darum kann er so gut denken und sich
erinnern. Es war immer schwer herauszufinden, was in seiner Seele
vorgeht. Aber einmal, er war schon über vierzehn Jahre alt, als er
wieder eine Epoche hatte, in der er sich äußerte, da erzählte er
seiner Mutter frühe Kindheitserinnerungen. Da offenbarte sich,
daß er sich an kleinste Details von Ereignissen erinnerte, die er z.B.
in seinem dritten Lebensjahr erlebt hatte. Vorwiegend waren es für
ihn schmerzvolle, angstbetonte Erinnerungen: Die Untersuchung
bei einem Arzt, eine Spritze, die er bei einer Krankheit bekommen
hatte, und ähnliches. An eine vor einem Jahr gehörte, reich aus-

geschmückte Erzählung erinnert er sich heute noch und wohl immer weiter bis in das kleinste Detail. Der Knabe kann nicht vergessen, denn vergessen können wir nur, weil die Leibesorganisation des Stoffwechsels so gebaut ist, daß sie mit Sympathie die Erinnerungen in ihre Tiefen aufnimmt und sie dort verbirgt, so lange, bis der Wille des Menschen sie wieder heraufholen will. Hier wurde die Erinnerung quälend in das Bewußtsein geworfen und erfüllt dasselbe zu stark.

Wir sehen den Weg zur Therapie gewiesen: Wir müssen den Stoffwechsel-Gliedmaßen-Organismus, vor allen Dingen die belebenden Kräfte der Muskelorganisation, stärken, um den Sympathiekräften die Möglichkeit zur Betätigung zu geben. Wir haben mit diesem Kinde durch lange Zeiten hindurch die Konsonanten L, M geübt, um den ganzen Organismus geschmeidiger zu machen. Wir schlossen daran den Laut R, den wir mit seiner, die Sprache impulsierenden und befreienden Wirkung schon geschildert haben.

Der Laut E sollte helfen, seine nach innen gehenden, negativen, aus den Kräften der Antipathie kommenden Abwehrkräfte überzuleiten in ein positives In-der-Welt-sich-Behaupten und Zur-Wehr-Setzen. Gleichzeitig ist es ein Laut, der organisch bei zur Dünnheit neigenden Kindern den Aufbau anregt. Durch solche Übungen war ein Anfang gemacht. Der Knabe kam gerne, auch wenn er aus eigener Aktivität zunächst wenig tat und viel Hilfe und Ansporn brauchte. Aber er fühlte wohl die Befreiung durch diese Übungen, und man hatte selber oft das Gefühl, als wäre es gelungen, wenigstens einen Teil der Last, die wie ein Alp auf seiner Atmung lag, wegzunehmen.

Es soll noch auf eine Form hingewiesen werden, die hier und in ähnlichen Fällen sehr hilfreich sein kann: die Lemniskate, das heißt die Form der 8. Diese Form blickt einmal nach innen wie der Kopf, einmal nach außen wie der Gliedmaßenmensch und schwingt von innen nach außen, ein Abbild der menschlichen Mitte mit ihrem nie ermüdenden Rhythmus. Bei diesem Knaben war sie der rettende Ausweg aus dem Verzaubert-Sein in den geschlossenen Kreis. Es war beglückend, wenn man den Knaben diese Form laufen lassen konnte, oder auch, wenn man ihn dazu bringen konnte, sie an Stelle seiner Kreise zu zeichnen. Dann konnte er in einer immer größer werdenden lemniskatischen Form sich dem befreienden Schwung einer sich rhythmisch wiederholenden Umkehr von innen nach außen hingeben.

Bei Kindern, die einen starken, wenn auch steckenbleibenden oder überschießenden Bewegungsimpuls haben, ist es nicht so schwer, diesen durch Eurythmie in die richtigen Bahnen zu lenken. Hier war es unendlich mühsam, z.B. den Laut *R* machen zu lassen, da ja von innen her kein Bewegungsimpuls entgegenkam. Die Dynamik im Laute *R* brachte den Gedanken auf, in diesem Falle ein rhythmisches Spiel mit Ball und Reifen anzuschließen.[63] Der äußere Gegenstand hilft hier mit, die nach innen gefesselte Aufmerksamkeit nach außen zu richten. Dem Werfen muß ein Impuls von innen nach außen vorangehen, der Blick muß gerichtet werden auf ein Ziel draußen, radial, die Hand muß sich lösen und öffnen. Es liegt etwas von der Geste des Schenkens, von der Dynamik der Sprache in diesem Werfen. Die Verbindung mit dem Rhythmus hilft mit, daß keine Ermüdung, sondern im Gegenteil Belebung und Erfrischung eintritt.

7. Bild

Es folgen zwei Bilder, die eine große Polarität darstellen und an denen die verschiedenartige Wirkung von Konsonanten und Vokalen anschaulich werden kann. Wir betrachten zuerst einen fünfjährigen Jungen.[64] Seine Gestalt ist plump, der Oberkörper tonnenförmig, der Leib aufgebläht. Zwischen breiten Schultern sitzt auf ganz kurzem Hals ein Kopf mit breitem, flachem Gesicht und stark abgeplattetem Hinterhaupt. Das Auffälligste in diesem Gesicht sind die Augen. Sie sind von einer intensiven Bläue, aber sie blicken düster, unkindlich; in ihnen funkelt und glitzert und glimmt es unaufhörlich. Der Junge hat kurze Beinchen mit kleinen Füßen. Füße wie Hände sind quallenhaft weich, babyhaft geformt mit ganz unentwickelten Nägeln wie bei einem Frühgeborenen. Der Junge kann manchmal dumpf brütend irgendwo sitzen; öfter aber wird er von einem Bewegungstrieb ergriffen. Er trippelt auf den Zehen, aber schwerfällig, mit vornübergebeugtem, lastendem Oberkörper; er geht unsicher, stolpert und fällt auch öfters hin. Dann sagt er vorwurfsvoll zu dem begleitenden Erzieher: Du hast nicht aufgepaßt! Er hat spät sprechen gelernt, hatte aber schon von klein an einen sehr ausgeprägten Lieblingslaut, das *R*. Mit fünf Jahren spricht er mit brummender, unkindlicher Stimme, wobei er alle Konsonanten sehr deutlich und präzise formt und betont, in erster Linie das R. In seinen seelischen Äußerungen ist ein seltsamer Wechsel zwischen dumpfer Teilnahmslosigkeit und lebhaftestem Interesse. Seinem Alter entsprechend müßte er die Tätigkeiten der Umwelt auf sich wirken lassen und sie nachahmend mitmachen. Das tut er nicht, auch hat er keine Neigung zu schöpferischem Spiel. So läßt er alles, was im Kindergarten geübt wird, dumpf an sich vorübergehen oder stört, indem er seinem *R*-Impuls folgt: Er lehnt sich mit der Last seines Oberkörpers auf einen Stuhl und schiebt diesen in immer rascherem Tempo, sein rollendes *R* sprechend, durch das Zimmer.

Aber es gibt andere Dinge, bei denen er mit plötzlich erwachendem Interesse ganz dabei ist. Eines Abends, als er schon im Bett war, brach ein starkes Gewitter los mit Sturm und Regen. Er hatte dazu noch eine Magen- und Verdauungsstörung, was öfter vorkam, und war eben damit fertig. Ein anderes Kind hätte sich wohl erschöpft hingelegt; er aber saß, als man wieder ins Zimmer trat, mit funkelnden Augen aufrecht im Bett, gestikulierte mit den Händen und sagte mit seiner tiefen Stimme voller Begeisterung: «Oh, da drrraußen sind Bllitzze und der Donnerrrr, der rrrollt und der Sturm und der Regen machen sso pllatschsch, pllatschsch …» Ein andermal fand man ihn im Hofe, wo gerade Bauarbeiten vorgenommen wurden. Da stand er, wie brütend vor einem tiefen Schacht. Auf die Frage, was er da tue, sagte er: «Da ist ein tiefes Loch, und da drrunten ist Wassserr und das macht immer so gllluckck, gllluckck!» Ein guter Schauspieler könnte das Wesen der Elemente nicht lebensvoller und drastischer durch die Sprache zum Ausdruck bringen, wie dieser Junge es tat durch die Art, wie er betonte und formte.

In den Konsonanten leben wir die Außenwelt mit. Dieses Kind hatte in seinem Wesen und in seiner leiblichen Konstitution zu viel Konsonantisches. Dadurch entsteht eine Organisation, die zu weich ist, in krankhafter Weise ausfließt, zu wenig Kristallisationskräfte hat und keine organische Grundlage abgibt für eine gesunde Egoität, um sich der Umwelt gegenüber zu behaupten. Wir müssen mit einem solchen Kinde vokalisieren, denn «durch das vokalisierende Eurhythmisieren können wir den Menschen organisch zu sich selbst bringen».[65] Unter den Vokalen, die nach Rudolf Steiners Rat mit diesem Kinde dann geübt wurden, *E, Ö* und *U,* wollen wir das *U* herausgreifen. In dem *U* wirkt in ganz besonderer Art die Aufrichtekraft.

Das U offenbart den Menschen als Mensch.

Wir haben in dem *U* eine Bewegung, durch die wir Arme und Beine straff zusammenziehen in der Seelenhaltung von Furcht und Zurückhaltung, wobei die Leiblichkeit stark gespürt wird. Auf der anderen Seite heben wir die Arme durch inneres Feuer beschwingt nach oben: Die Seele hält sich zwar fest am Leibe, aber sie ruft und sucht nach Höherem.

Ein Abbild dieser Kräfte finden wir im menschlichen Knochensystem, das ja der Träger der aufrechten menschlichen Gestalt ist, besonders in den Röhrenknochen der Arme und Beine und dem Fußgewölbe. Die Kristallisationskräfte bilden vor allem das Knochensystem. Es ist sehr eindrucksvoll, das menschliche Knochensystem mit dem tierischen zu vergleichen. Dieses ist schwer, plump, dicht. Demgegenüber finden wir im menschlichen Knochensystem sowohl äußerlich wie in der inneren Struktur eine wunderbare Architektur. Es ist, als ob durch das Eingreifen der *U*-Kräfte die Kristallisation von einer Kraft durchzogen würde, wodurch alle überschüssige Materie zersplittert wird und die feinziselierte, aber tragfähige Struktur des menschlichen Knochens entsteht.

Es war ergreifend, mit diesem Jungen die *U*-Übung zu machen. Hatte man das ihn quälende rollende *R* etwas beruhigt, so konnte man beginnen. Auch bei bestem Willen war es für ihn unendlich schwer. Die kurzen, schlaffen Arme konnten sich kaum zu einer *U*-Bewegung zusammenschließen, da der zwischen den Schultern steckende Kopf im Wege war; und nur mit großer Mühe lernte er allmählich die Füße zwischen Ballen und Ferse elastisch zu heben und zu senken. Aber gerade dieser Anblick mit der rührend bittenden Geste seiner Arme zeigte, was dem Kinde fehlte. Es war unsere Aufgabe, ihm dabei zu helfen, daß der Mensch in ihm erstarkte.

8. Bild

Ein Knabe von zwölf Jahren steht vor uns.[66] Er ist schmal und schlank gebaut. Seine Hände sind groß, ungeformt, ungeschickt und hängen schwer herunter. Kopf und Stirn sind schmal, der Hinterkopf groß vorgewölbt. Dunkle Augen blicken uns groß und schwermütig an, aber mit unendlicher Wärme. Der Mund ist geöffnet, die Oberlippe weit nach oben gezogen. Die Zähne sind vorstehend. Er bewegt sich langsam wie einer, der viel Zeit hat, der weiß, wohin er will, aber mit großer innerer und äußerer Ruhe. Eile kennt er nicht, es mag kommen, was will. Will man ihn dazu ermuntern, so hat er dafür höchstens einen Scherz, ein freundlich überlegenes Lächeln und ändert sein Tempo nicht um eine Spur. Er breitet über seine Umgebung die Atmosphäre von unendlicher Ruhe, von warmer, verstehender Güte, die sonst nur von ganz alten, reifen Menschen ausstrahlt. Er liebt es, mit Menschen zusammen zu sein, er interessiert sich für Menschen, für ihre Sorgen und Freuden. Bemerkt er, und er bemerkt es immer und sofort, daß es einem Menschen körperlich nicht gut geht oder daß er traurig ist, so erkundigt er sich teilnehmend und gibt ihm einen von Herzen kommenden guten Rat. Er vergißt keinen Menschen, mit dem er einmal in

Berührung kam. Im dichtesten Gedränge einer Stadt oder einer Versammlung erkennt er ihn wieder, geht auf ihn zu und begrüßt ihn wie einen alten Freund. Es kann eine Verkäuferin aus einem Warenhaus sein, die ihn einmal bedient hat. Es ist nicht immer bequem, mit ihm zu leben. Diese Urweltsruhe kann einen modernen Menschen zur Verzweiflung bringen. Man muß ja auch manchmal etwas tun, z.B. morgens aufstehen. Das waren die schwersten Augenblicke des Tages. Es hing von der Geduld, dem Humor, dem nie ermüdenden Enthusiasmus des Erziehers ab, ob es eine Stunde oder länger dauerte, bis er angezogen war. Da saß er mit unendlich trauriger Miene auf seinem Bettrand und rührte sich nicht, fand auch noch keine Scherzworte, sondern aus dem geöffneten Mund kamen häßliche Worte, denen er selber traurig nachschaute, wie Wesen, die gar nicht zu ihm gehörten. War es dann allmählich soweit, daß er sich in Bewegung setzte, dann hörte das auf, und dann kamen wieder seine guten Worte zum Vorschein. Es gab noch etwas, wodurch er auch in Bewegung kam. Das war einmal die Vorstellung, daß er ein Tier, meistens ein Löwe, sei. Dann wurde er lebendig, brüllte wie ein Löwe und lief auf allen vieren. Oder aber er liebte es, einen kleinen Leiterwagen hinter sich herzuziehen. Dann mußte er ja selber gehen, damit die Räder in Bewegung kamen.

Passierte ihm ein Ungemach, so konnte er nicht böse werden. Mit dem Verstand begriff er es nicht, und in seinem Gemüt war nur die Frage, was der andere dabei erlebte.

In dem Hause, in dem er mit andern Kindern zusammen war, wohnte auch noch ein alter Herr, der durch die Kinder oft sehr in seinem stillen Arbeiten gestört wurde. Eines Tages traf er den Knaben an der Türe und überschüttete ihn mit recht unfreundlichen Worten. Der Knabe verstand nichts, schaute ihn einen Augenblick teilnahmsvoll an, drehte sich um und lief ungewöhnlich rasch die Treppe hinauf; nach sehr kurzer Zeit kam er wieder mit einem Blumenstrauß und überreichte ihn dem alten Herrn. Er hatte von dem ganzen Vorgang nur so viel begriffen, daß diesem Mann offenbar etwas fehlte.

Ein anderes Mal sollte er ins Dorf zum Haarschneiden gehen. Es war in der Mittagszeit und sommerlich heiß. Der Haarschneider hatte um diese Zeit keine Kunden erwartet und begann langsam und etwas verdrießlich seine Arbeit, bis der Knabe, der ihn lange ruhig beobachtet hatte, fragte: «Sag einmal, Herr S., bist du immer so phlegmatisch?» Der Mann wurde zornig, und der Knabe und sein Erzieher mußten wieder abziehen. Unterwegs zum nächsten Geschäft wurde ihm eingeschärft, sich nun aber gut zu benehmen. Dazu war er auch ganz bereit. Als er wieder auf dem Stuhl saß und der andere Haarschneider beginnen wollte, sagte er: «Sag einmal, Herr L., bist du sehr traurig, daß wir vorhin beim Herrn S. herausgeflogen sind?» Es war ihm durch nichts begreiflich zu machen, daß ein Mensch nicht in jeder Situation den andern Menschen sagen solle, was er denkt. Wir haben es auch nicht mehr versucht, ihm diese Tugend abzugewöhnen.

Dieser Knabe war ganz Seele. Aber die Seele hatte sich zu verbinden mit einem Körper, in dem die Kristallisationskräfte, das heißt die Vokale, zu stark waren, wobei unter diesen vokalischen Bildekräften das *U* im Vordergrund stand. So wurde die ganze Organisation verhärtet und verknöchert, und die von Wärme und Geistinnigkeit durchkraftete Seele prallte wie an einer Felsennatur ab und hatte es schwer unterzutauchen. Konnte sie untertauchen, so war der Junge ganz Mensch; umschwebte sie aber, wie nach dem Aufwachen, noch locker den Körper, so war sie wie erfüllt von tierischen Wesenheiten, was sich dann in häßlichen Worten (er sprach von Kröten) oder seinem Tierspiel äußerte. Er lebte mit seiner Seele an der äußersten Peripherie des Körpers, in den Sinnen und in der Umgebung. Im Vordergrund stand dabei der Ich-Sinn und die Erinnerungsfähigkeit an jedes Menschen-Ich, das er einmal in seine Seele aufgenommen hatte.

Dagegen waren die geschmeidig, beweglich und die Gliedmaßen tätig machenden Konsonantenkräfte zu schwach. Der Junge lebte mit seiner Seele, aber nicht mit seinem Tun die Umwelt mit. Einmal wollte ihn der Erzieher für die Arbeit begeistern. Sie beobachteten lange miteinander die Arbeiten auf dem Bauplatz. Der Knabe war interessiert und hingegeben. Nach einiger Zeit, nachdem der Erzieher begeistert geschildert hatte, wie diese Menschen, die der Knabe schon in sein Herz geschlossen hatte, alle arbeiten und daß sie nun das gleiche tun wollten, da antwortete er mit seiner langsamen, bedächtigen Sprache gelassen: «Ich will lieber zugucken, wie andere arbeiten.» Und dabei blieb es. Aber er wußte die Namen der Arbeiter, bemerkte, ob einer Sorgen hatte oder fröhlich war, erkundigte sich nach Frau und Kindern.

Mit diesem Knaben hatte man nun zu konsonantieren, das *R, L, M* und *N*. (Auch diese Angaben stammten noch von Rudolf Steiner.) Durch das *R* wurde der Bewegungsimpuls des rollenden Rades innerhalb der eigenen Organisation betätigt. Durch das *L* wurden die Verhärtungen erweicht, durch das *M* fügte sich das Oben und Unten ineinander, und die Seele konnte sich hineinschmiegen in die flüssig und beweglich gemachten Glieder. Durch das *N* schuf sich die Seele, die ganz in die Umgebung ausgegossen war, einen Abstand, kam zu sich und hob das Erlebte in das intellektuelle Begreifen.

Man braucht nicht zu erwähnen, daß es viel bedurfte, bis der Junge diese doch recht aktiven Bewegungen mitmachte. Dabei kann für den Erzieher ein Gedanke eine große Hilfe bedeuten. Jeder Mensch ist das Abbild kosmischer Urbilder. Indem hier eine kosmische Bildekraft, die Saturnkraft des *U*, einseitig überwiegt, offenbart sie sich in einer Reinheit und Deutlichkeit wie nie bei sogenannten normalen Menschen. Ein Tor öffnet sich im Anschauen eines solchen Kindes für die geistige Welt mit ihren Urkräften. Durch die Heileurythmie dürfen wir andere, mangelnde kosmische Bildekräfte hinzufügen. Ist es auch nur ein Tropfen aus dem Meer, so darf sich der Erzieher doch voll Dankbarkeit und Ehrfurcht mit seinem Tun darinnenfühlen in einem Werdeprozeß, der Erde und Himmel miteinander verbindet.

Es soll nun ein Krankheitsbild geschildert werden, das in der heutigen Zeit durch die immer größere Häufigkeit seines Auftretens schon allgemein bekannt ist: das Bild des Kindes mit Down-Syndrom. Während sich bei der größten Anzahl der Kinder, die später zu seelenpflegebedürftigen Kindern werden, die Krankheit erst im Laufe der kindlichen Entwicklung offenbart, ist bei den Kindern mit Down-Syndrom die Diagnose im Moment der Geburt klar und eindeutig. Sie zeigen schon in ihrer physischen Gestalt ausgeprägte Züge. Innerhalb dieses Krankheitsbildes gibt es natürlich Variationen von schwersten bis zu den leichtesten Fällen, bei denen dann manche Züge fehlen oder nur angedeutet sind. Es sollen hier die charakteristischen Merkmale geschildert werden, die mehr oder weniger deutlich bei allen vorhanden sind. Diese Kinder sind in der Regel kleiner als ihrem Lebensalter entspricht. Die Bildung des Kopfes ist klein mit abgeflachtem Hinterhaupt. Die Augen sind schräg gestellt, oft schielend, die Bindehaut und die Augenlider oft chronisch entzündet. Der Mund ist offen, und die zu große, ungeformte Zunge hängt häufig nach außen. Die Zähne sind klein, spitz, chaotisch gelagert. Die Ohren sind klein und zeigen eine unausgebildete Plastik; oft sind sie nach oben wie abgeschnitten oder umgekrempelt. Die Muskulatur des ganzen Körpers ist schlaff, Hände und Füße sind weich und patschig. Die Fingerchen sind gespreizt, und der kleine Finger ist charakteristisch nach innen gebogen. Sie haben eine schwache Herz-Lungen-Konstitution; oft zeigen sich angeborene Bildungsfehler im Herzen und in den Gefäßen; sie neigen zu entzündlichen Krankheiten der Lungen, denen sie auch in der ersten Lebenszeit oft zum Opfer fallen. Als kleine Kinder sind sie in der Nahrungsaufnahme träge und passiv, was sich später umwandeln kann in eine große Gier und das Bedürfnis nach großen Quantitäten. Sie wechseln zwischen Durchfällen und Verstopfung. Sie lernen spät und mühsam gehen; oft ist der Oberkörper übermäßig aufrecht, und die Beine werden schlenkernd nachgezogen; oder aber sie gehen gebückt, mit schwerfällig ausholenden Schritten. Immer sind sie rasch müde und lassen sich gerne fallen und ziehen sich in die bekannte «Buddha-Stellung» mit untergeschlagenen Beinen zurück. So sitzen sie dann, den Kopf schiefhaltend und die Zunge heraushängend, wie dumpf brütend.

In dieser so unglücklich und unvollkommen gebildeten Leiblichkeit leben nun Menschenseelen, die, wo immer sie auftreten, in der Familie, im Kindergarten, in Heimen, sich die Liebe und Sympathie der Umgebung erwerben. Sie sind empfänglich für Sympathie und strahlen diese Sympathie zurück. Sie sind ganz Seele und offenbaren diese Seele aller körperlichen Ungeschicktheit und Ungeformtheit zum Trotz in einer eindrucksvollen und ansprechenden Art. Haben sie einmal gelernt, ihre Glieder zu bewegen, so tun sie dies durch ausdrucksvolle Gestik und Mimik. Was sie in der Umgebung sehen oder jemals gesehen haben, ahmen sie nach und fügen dazu noch eine starke persönliche Note, indem sie übertreiben, ins Erhabene und Würdevolle oder Komische hinein abwandeln. Trotz der Ungeformtheit der physischen Gestalt und diesen seelischen Abwandlungen sind aber die Wiedergaben so getreu, daß der Betroffene sich darin sofort wie in einem Spiegel wiedererkennt. Was bei andern Kindern ernsthaft nachahmendes Spiel ist, wird bei ihnen Schauspiel. Ehe sie sprechen können, aber auch im weiteren Verlauf, lieben sie es, die dem Sprechen zugrundeliegende Geste, die Dynamik von innen nach außen, das Werfen zu üben. Da ist nichts vor ihnen sicher: Kissen, Decken, Blumenvasen, ja Schemel und Stühle werden unter Umständen mit großem Schwung zum Fenster hinausbefördert. Sie können spät und schlecht sprechen, oft stottern sie, die Konsonanten werden undeutlich geformt, so daß ihre Sprache schwer verständlich ist. Und doch sind sie begeisterte Redner. Keiner kann so gut bei einem Schauspiel den Herold spielen, der als erster auftritt und verkündigt, was nun kommt. Geste und Pathos sind so überzeugend, daß man kaum bemerkt, daß man weder Worte noch Sinn verstanden hat. Sie lieben die Musik. Zwar können sie in der Regel Melodien nicht wiedergeben, sondern bleiben auf einem Ton, auch die Worte sind undeutlich und ungestaltet; aber Rhythmus und Betonung sind so ausdrucksvoll, daß man das Lied, das sie singen, unschwer erkennen kann.

Neben dieser liebenswürdigen Bereitschaft, auf die Umgebung einzugehen, haben sie aber auch noch andere Züge, die das erzieherische Leben mit ihnen nicht immer leicht machen. Sie können plötzlich wiederspenstig, bockig, ja sogar wild und aggressiv werden. Kennt man viele solcher Kinder, so findet man die Ursache für diese zunächst überraschenden, unverständlichen Äußerungen. Sie haben eine stark ausgeprägte Erinnerungskraft, und alles, was sie lernen und sich aneignen, geht über das Gedächtnis; dem gegenüber ist das intellektuelle Verständnis sehr gering. Kommt etwas an sie heran, was sie nicht verstehen, was man ihnen auch durch Worte nicht begreiflich machen kann, was aber neu ist und ihren bisherigen lieb gewordenen und festgefahrenen Gewohnheiten widerspricht, so reagieren sie mit dieser Abwehr, die sich bis zu panischer Angst steigern kann; lenksame Kinder, z.B. ältere Knaben, können dann brüllen und toben wie ein wildgewordener Stier. Neben der liebenswürdigen Heiterkeit lebt etwas wie eine dumpfe Trauer, eine latente Angst auf dem Untergrund ihrer Seelen.

Bei diesen Kindern handelt es sich um eine von Geburt an unvollständig ausgebildete, deformierte physische Leiblichkeit. Die plastischen Kräfte des Nerven-Sinnes-Systems sind ungenügend, das rhythmische System ist schwach und unvollständig gebildet, der Stoffwechsel und die Gliedmaßen sind schlaff. Das Geistig-Seelische greift in diese Leiblichkeit stark ein, unterliegt aber dann in seiner Offenbarung den aus der Leiblichkeit aufsteigenden deformierenden Kräften; das Ich wird heruntergerissen und durch den astralischen Leib stark beeinflußt, was sich eben besonders in Mimik und Gestik äußert.

Es gilt nun, durch Heileurythmie zunächst so zu wirken, daß die Schwäche und Deformation aller drei Systeme gebessert wird. Darum ist es bei diesen Kindern von ganz besonderer Wichtigkeit, daß die Heileurythmie möglichst früh begonnen und geübt wird. Denn im ersten Jahrsiebent wirken alle Eindrücke und Tätigkeiten so, daß sie bis in die Plastik des physischen Leibes hineingehen.

Wir werden mit einem solchen Kinde Konsonanten üben, um die physischen Deformationen auszugleichen. Dann werden wir Vokale anschließen, um einerseits das schwache rhythmische System zu kräftigen und andererseits der zu weichen, ausfließenden Leiblichkeit strukturierende Kristallisationskräfte einzuverweben.

Hier wird eine wichtigste Übung das *U* sein, *das den Menschen als Menschen offenbart* und das hilft, das Müdewerden beim Stehen zu überwinden; ebenso wird das *M,* das die physische Menschengestalt aus den Kräften des Ätherisch-Flüssigen gestaltet, bedeutsam sein. Lautzusammenhänge wie *LA, LO* oder *SI, RU* werden je nach Alter und besonderer Konstitution in Frage kommen, ebenso musikalisch-sprachliche Rhythmen, wie wir sie oben schilderten.

Es ist eine bekannte Erscheinung, daß bei den Menschen mit Down-Syndrom nach dem vierzehnten Jahr die Gestalt besonders schwer und plump wird und die Deformationen stärker hervortreten, auch wenn sie im Kindesalter, trotz der Deformierung, noch eine gewisse Lieblichkeit zeigte. Das ist auch durch Eurythmie, was das alltägliche Leben anbelangt, nur zum Teil, aber nicht vollständig aufzuhalten. Eindrucksvoll und ergreifend kann es jedoch sein, wenn man solch einen älteren, etwa 28jährigen jungen Mann mit Down-Syndrom Eurythmie machen sieht. Er hat ab dem dritten Jahr selbst Heileurythmie geübt und durfte all diese Jahre hindurch künstlerisch eurythmische Darbietungen anschauen.

Nach einer solchen Darbietung kann man sehen, wie er allein in einem Saal, wo er sich unbeobachtet glaubt, eurythmisiert. Man ist erstaunt, welche Gestaltungskraft, Schönheit und Würde, Größe und Grazie in den ausdrucksvollen Bewegungen lebt und wie die Schwere und Deformation des Körpers dabei fast vollständig verschwindet. Die Bewegungen der Eurythmie kommen ja aus dem Geiste, dem der Mensch mit seinem höheren Wesen angehört; darum sind sie objektiv und menschlich wahr. Sie werden auch von den Kindern mit Down-Syndrom gerne und erstaunlich rein nachgeahmt und kaum in die, anderen Gesten gegenüber geübte, subjektive Verzerrung heruntergeholt. Die ganze eurythmisch bewegte Gestalt eines solchen Menschen mit Down-Syndrom wird dann zum Ausdruck wahren Menschentums. Was in der fertig geformten physischen Leiblichkeit nur wenig, aber nicht ganz ausgebessert werden kann, lebt in der Bewegung als Keim für spätere Zukunft.

Wo wir es zu tun haben mit dem Mysterium der menschlichen Gestalt, müssen wir unseren Blick auf große zeitliche Zusammenhänge lenken. «Gott eurythmisiert, und indem er eurythmisiert, entsteht als Ergebnis des Eurythmisierens die Menschengestalt», führt Rudolf Steiner aus.[67] An der Bildung dieser Menschengestalt war aber auch schon in fernen Vergangenheiten der Mensch mitbeteiligt. Rudolf Steiner schildert das in seinen Vorträgen über *Ägyptische Mythen und Mysterien*. Es war in der atlantischen Zeit, wo die Gestalt des Menschen noch im Werden war, wo der physische Leib noch weich und bildsam, aber in seiner Form noch nach dem Tierischen hin geartet war. Da wird die Mitwirkung beim allmählichen Werden der menschlichen Gestalt von seiten der vorgerücktesten Menschen unter Führung der Eingeweihten folgendermaßen geschildert:

«Und was tat der atlantische Eingeweihte? Eben dieses Urbild, dieses menschliche Urbild, das sich aus dem Ursamen heraus erhebt, das stellte er vor die Seele seiner Schüler. So mußte der Schüler meditieren über dieses Urbild. Die Menschengestalt als Gedankenform stellte der Eingeweihte der Atlantis vor den sehenden Blick des Schülers hin, mit all den Impulsen und Empfindungen, die darin waren. Und ob nun der Schüler den Löwentypus oder einen anderen besaß, er mußte sich das Gedankenbild vorhalten, was der Mensch werden sollte in der nachatlantischen Zeit. Dieses Gedankenbild bekam er immer als Ideal. Er mußte diesen Gedanken wollen: Mein physischer Leib soll werden wie dieses Bild. Und durch die Kräfte dieses Bildes, das der Schüler lernen mußte, wurde so auf den Körper gewirkt, daß er sich dann von den anderen Menschen unterschied. Durch die Kräfte dieses Bildes wurden bestimmte Teile umgebildet, und allmählich wurden die vorgerücktesten Schüler immer ähnlicher den heutigen Menschen.

Da blicken wir auf merkwürdige Geheimnisse zurück, da blicken wir in die Mysterien der atlantischen Zeit. Und auch ein anderes wird uns auffallen. Wie auch die Menschen gestaltet waren, eins schwebte vor ihrer Seele als Bild, das als Geistbild schon vorhanden war, als die Sonne mit der Erde noch vereint war. Und dieses Bild trat immer mehr heraus als der Sinn der Erde, als das, was der Erde geistig zugrunde liegt. Und dieses Bild erschien ihnen nicht in der oder jener Gestalt, als das Bild der oder jener Rasse, es erschien ihnen als das allgemeine Ideal der Menschheit.»[68]

So entstand diejenige Menschengestalt, in der die Menschenseelen innerhalb der kulturtragenden Völker der nachatlantischen Zeit ihre Menschheitsaufgabe zu erfüllen hatten. Wir leben in der fünften nachatlantischen Periode, innerhalb derer der Mensch die individuelle Freiheit zu erwerben hat. Das ist verbunden mit einer zeitweiligen Loslösung von den göttlichen Mächten, aus deren Schoß er einst geschaffen wurde, und verlangt ein freies Sich-wieder-Verbinden mit den göttlichen Schöpferkräften.

In einem Vortrag für Ärzte sagt Rudolf Steiner das Folgende: «Sie rufen ja im konsonantischen Eurhythmisieren eben die wirksamen, die objektiv wirksamen Imaginationen hervor, die Deformierung ausgleichen. In der Zukunft (...) werden die Menschen überhaupt in der mannigfaltigsten Weise zu Deformierungen neigen, weil sie nicht mehr mit den unwillkürlich wirksamen Kräften die normalisierende Gestalt werden bilden können. Der Mensch wird frei; er wird sogar frei werden nach und nach in bezug auf die Bildung seiner eigenen Gestalt, aber er muß dann mit der Freiheit etwas anfangen können. Er muß also übergehen zu dem Erzeugen von Imaginationen, die dem Deformieren immer entgegenwirken.»[69] Finden wir darin vielleicht eine Antwort auf das so rätselhafte Geschehen, daß Menschenseelen sich heute in Leibern inkarnieren müssen, deren Gestalt dem menschlichen Urbild entfällt? Sollten diese Kinder mit Down-Syndrom und manche anderen Kinder ernste, mahnende Boten sein, um die Menschheit aufmerksam zu machen, ihr Schicksal, bis in die Formung ihrer Gestalt hinein, durch spirituelle Anstrengung in die Hand zu nehmen?

Als letztes wollen wir das Bild eines Kindes betrachten, das uns das Verständnis für hundert andere seiner Schicksalsgefährten eröffnen kann. Auch was uns hier entgegentritt, ist ein Krankheitsprozeß, der uns in den letzten Jahren und Jahrzehnten in immer größerer Zahl in leichteren und schwereren Graden begegnet. Wir haben vor uns einen vierjährigen Knaben. Er ist das erste Kind von gesunden Eltern. Er hat noch eine jüngere, gesunde Schwester. Beide Eltern haben in den Jahren vor seiner Geburt infolge der Kriegsereignisse schwere physische und seelische Leiden durchgemacht. Das Kind wurde scheinbar gesund geboren, lernte gehen und sprechen; um das zweite Jahr herum trat eine fieberhafte Erkrankung auf, und langsam trat eine Rückentwicklung ein, indem er immer weniger Worte und zuletzt gar nicht mehr sprach. Nun zeigt er das folgende Bild: Er ist außerordentlich unruhig; im Freien rennt er blindlings geradezu, reißt blitzschnell Gräser und Blätter ab, greift nach Erde und steckt alles in den Mund. Im Zimmer dreht er sich im Kreis, hüpft ununterbrochen mit beiden Beinen auf der Stelle, wobei er oft in eine hockende Haltung sich zusammenkauert; die Hände sind ebenfalls in ständiger Unruhe, indem sie stereotype kreisende Bewegungen ausführen, die Haare zu Löckchen drehen, mit Speichel auf dem Handrücken malen. Jedes Fädchen auf dem Fußboden wird aufgelesen, andere Fädchen werden aus Kleidern und Bettüchern geholt, in Spiralen gedreht, in den Mund gesteckt, damit die Zunge diese Bewegungen weiter fortsetzen kann. Das Kind ahmt nicht nach, kann sich selbst nicht anziehen, nicht den Löffel zum Mund führen, muß in allen Dingen gepflegt und geführt werden.

Der ganze Körper ist schön und harmonisch gestaltet, der Kopf breit, hinten etwas flach. Das Gesicht ist schön geformt und zeigt den verträumten, fernen Ausdruck eines ganz kleinen Kindes. Findet man den Zugang zu seiner Seele, so kann ein liebliches Lächeln sein Antlitz überstrahlen, oder er kann so herzerquickend lachen, wie nur ein Kind lachen kann. Aber auch andere Szenen können sich abspielen. Wir wollen mit dem Kinde Heileurythmie machen und haben uns lange vorher bemüht, seine Zutraulichkeit und Sympathie zu erwerben. So folgt es unseren Bemühungen, seine Arme und Hände, seine Füße in eurythmischer Art bewegend zu führen, zunächst wie traumverloren. Es tut dies auch wieder am nächsten Tage. Dann aber überfällt den Jungen etwas: Ist es ein körperlicher oder ein seelischer Schmerz, ist es ein plötzliches Erwachen? Wir wissen es nicht. Er reißt sich los, legt sich auf die Erde oder auf ein Ruhebett, sein Gesicht ist flammend rot, und er fängt an, bitterlich zu weinen, zu schluchzen, wie nur ein Mensch weinen kann, der in seiner Seele ein tiefes Leid trägt, das plötzlich an die Oberfläche und ins Bewußtsein heraufschlägt und für das es weder Worte noch einen Ausweg gibt. Der Versuch zu trösten verschlimmert nur; dann beißt er sich verzweifelt in die Hände oder schlägt den Kopf an die Wand. Dem Erzieher bleibt nichts anderes zu tun übrig, als mit tiefem Mitleid die Erschütterung dieser Menschenseele mitzumachen, die liebende Nähe einer anderen Menschenseele spüren zu lassen, abzuwarten, bis der Sturm sich beruhigt hat, und den weiteren Verlauf höheren Mächten anheimzustellen. Wieder vergeht eine Nacht, und am anderen Morgen beginnt die Arbeit von neuem: strahlende Sonne nach einem Gewitter! Das Kind lächelt, lacht, freut sich auf die Übungen, kann plötzlich Bewegungen machen, vor denen es sich bisher scheu zurückzog: Es streckt die Arme, macht feste, ausgreifende Schritte, stampft sogar, ohne daß es ihm Schmerz macht, erträgt, daß man es seine Arme und Hände in einem festen *E* spüren läßt, und dann entringt sich zum ersten Male eines der verlorengegangenen Wörtchen: Da! In dem Klang dieses kleinen Wörtchens liegt ein Zauber und eine Innigkeit, und das Kind selber folgt und lauscht dem Klang dieses Wörtchens wie einem großen Wunder.

Dieses Kind hat die Aufrichtekraft betätigt, sogar begonnen zu sprechen, dann aber fällt alles wieder zurück, und es ist wieder auf der Stufe eines ganz kleinen Kindes. Das ganz kleine Kind zeigt ein naturhaftes Willensleben, das sich in chaotischen Bewegungen äußert, ein naturhaftes Gefühlsleben, das noch ganz den inneren Funktionen zugewandt ist. Dann müssen von oben her die denkenden Hauptes-kräfte ordnend Gefühl und Wille durchdringen und das naturhafte Fühlen und Wollen umwandeln in ein der Erde zugewandtes menschliches Fühlen und sinnvoll gerichtetes Wollen. Dieser Prozeß hat bei unserem Kinde begonnen, wurde aber nicht durchgeführt. Die Kräfte von oben versagen und werden durch die Kräfte von unten verschüttet und überwältigt. Wollen wir ihm z.B. durch Heileurythmie helfen, so müssen wir alle Übungen so einrichten, daß wir den oberen Kräften zu Hilfe kommen. Wir werden durch das *A* die Seele zum Staunen bringen und die Arme weiten und strecken und mit dieser Übung die animalischen Kräfte menschlich durchdringen. Wir werden durch das *E* das Ich befestigen und durch das daran anschließende *I* wieder die Streckekraft stärken und mit ihr die Kraft von innen nach außen. Durch *Rhythmen* mit den Beinen werden wir ihm Mut und Freude erwecken, sich in die Erdenkräfte hineinzu-stellen; wir werden durch die bewußt geübten und betonten Längen dem drängenden Vorwärts ein beruhigendes Rückwärts hinzufügen; wir werden durch sanftes Taktieren mit den Armen und Händen das Strömen der Haupteskräfte von oben nach unten unterstützen und so die Einatmung in die Ausatmung überführen. Das gleiche werden wir tun mit dem Laut *M*. Wir werden durch das rhythmische *R* den Sprachimpuls nach außen tragen und durch ein *U* diesen Impuls mit der beruhigenden Herrschaft des Ich verbinden.

Wir werden, rein äußerlich betrachtet, mit diesen Übungen nur langsame Fortschritte erreichen. Aber eine immer größere Ruhe und Lenkbarkeit wird sich bei dem Kinde zeigen. Die Ausbrüche von Schmerz und Verzweiflung werden milder und seltener; sein menschliches Wesen wird näherkommen.

Diese Krankheit ist bekannt unter dem Namen *Encephalitis,* wenn sich herausstellt, daß in frühester Kindheit sich im Gehirn entzündliche Prozesse abspielten, oder *Encephalopathie,* wenn keine Entzündungen nachweisbar sind und doch das Gehirn seine Funktion nicht voll ausüben kann. Wieder stehen wir vor einem Rätsel, das uns vor tiefere Fragen stellt als manche andere Krankheiten. Kinder können auch sonst erkranken. Auch eine Kinderlähmung greift tief in das Schicksal ein. Aber die von ihr betroffenen Menschen behalten ein Bewußtsein, mit dem sie dann später aus eigenen Kräften ihr Leben weiter in die Hand nehmen können. Hier tritt ein Kind ins Leben mit einer schönen, scheinbar gesunden Leibesgestaltung. Und plötzlich oder aber schleichend, langsam tritt eine Veränderung ein, und allmählich müssen die Eltern die bittere Wahrheit annehmen, daß dieses Kind sein ganzes Leben lang betreut und behütet werden muß, daß es im Sinne des irdischen Daseins kein voller Mensch werden kann.

Die Frage «Wie kommt es?» wird um so brennender, als die Zahl dieser Kinder im Wachsen ist. Heißt es, daß die Kopforganisation der heutigen Kinder schwächer oder subtiler und empfindlicher geworden ist, daß sie durch oftmals gar nicht so schwere fieberhafte Erkrankungen so tiefgehend geschädigt werden kann? Heißt es, daß schon eine unvollständig gebildete Hauptesorganisation mitgebracht wird? Es mag auch sein, daß durch die heutigen fieber- und entzündungsbekämpfenden Mittel Kinder am Leben bleiben, die früher der Krankheit zum Opfer gefallen sind. Die Tatsache bleibt in allen Fällen bestehen, daß in der heutigen Zeit eine große und immer größere Anzahl von Menschen in einer Leibeshülle mit geschwächten Kopfeskräften ein Erdenleben zubringen müssen. Was will das Schicksal von diesen so betroffenen Menschenseelen? Welche Aufgabe ist durch sie der Menschheit gestellt?

Vererbung und Milieu

Mit der Frage «Wo haben wir die Ursache dafür zu suchen, daß die Kinder mit einer unvollständig sich entwickelnden Organisation geboren werden?» wollen wir uns nun befassen. Wer als Heiler und Erzieher mit seelenpflegebedürftigen Kindern zu tun hat, wird nicht müde werden, sich diese Frage zu stellen. Denn mit der Antwort, die er tastend, ahnend, Schritt um Schritt findet, wird auch das Verantwortungsgefühl, die liebevolle Begeisterung wachsen, um mit dem Kinde so zu leben und zu arbeiten, daß es sinnvoll und heilsam für die Zukunft wird. Er wird hinblicken auf alles, was mit den Vererbungsverhältnissen zusammenhängt, er wird sich intim für alles interessieren, was in der ersten Kindheit auf Seele und Leibesorganisation des Kindes gewirkt hat, bis sich ihm ein Bild ergibt für die irdischen Schicksalszusammenhänge, in denen das Kind darinnensteht und aus denen es herauswächst. Was sich da ergibt, hängt zusammen mit dem, was man in die Begriffe Vererbung und Milieu fassen kann.

Da ist ein Knabe, der Erstgeborene von jungen Eltern, zu dem sich später noch drei gesunde, sehr begabte Geschwister hinzugesellten. Der Beruf des Vaters brachte es mit sich, daß der Knabe in den ersten Jahren seines Lebens, die auch noch mit dem Beginn der Kriegsereignisse zusammenfielen, große Reisen mitmachen mußte: vom Westen Europas über den Balkan nach dem Orient und Nordafrika. Immer wieder mußte die Wohnung gewechselt werden, immer wieder mußte das Kind neben der sehr liebevollen und verständnisvollen Pflege der Mutter in die Obhut von fremden Pflegerinnen gegeben werden, immer wieder mußte es eintauchen in eine neue, fremde sprachliche Atmosphäre. Sind diese ersten Kindheitserlebnisse etwa die Ursache, daß er später ein körperlich schwaches, schweigsames und verschlossenes Kind wurde? Betrachtet man aber die von frühester Kindheit an gemachten Filme, so zeigt sich deutlich, daß alles, was sich später zum vollen Krankheitsbild entwickelte, in der Anlage vorhanden war: die geringe Lust zu Bewegung schon beim Säugling, später die müde, scheue Zurückhaltung beim Spiel mit andern Kindern. Dieses Kind hätte, um seine Konstitution zu kräftigen und zu wandeln, ein stilles, schützendes Milieu mit einer aufbauenden Heilerziehung gebraucht. Statt dessen wurde es vom Schicksal in Lebensverhältnisse hineingeführt, wo seine zarten Kräfte sich nicht entfalten konnten und sich noch vollends verbrauchten.

Da sind die Eltern eines gesunden, begabten Knaben. Sie wurden aus ihrer Heimat nach Sibirien verbracht, wo sie jahrelang ein schweres Dasein in Hunger, Kälte und Überanstrengung durchmachten. Die Mutter, eine edle, fromme Frau, hatte in all diesen Erlebnissen nur den einen Gedanken, den sie in ihrem Herzen hielt: Nur ein Mensch bleiben! Nach einer wochenlangen Reise, verbunden mit übermenschlicher Ermüdung, wieder in der Heimat angelangt, wo eine liebevolle und geordnete Umgebung sie aufnimmt, wird den schon alten Eltern das zweite Kind geboren. Das Kind wird sein Leben lang ein kranker Mensch bleiben, aber aus seinen Augen strahlt eine so warme, heitere Menschlichkeit, daß es sich überall die Herzen gewinnt.

Da sind junge, gesunde Eltern, die im fernen Osten in einem Internierungslager schwere Entbehrungen durchgemacht haben. Nach der Rückkehr in die Heimat wird das erste Kind, ein Kind mit Down-Syndrom, geboren.

Viele ähnliche Schicksalsbilder ließen sich finden und hinzufügen, wo allerdings die Umwelt mit ihren Katastrophen Anforderungen stellt, die die seelische und physische Tragekraft der Menschen übersteigen und als Ursache daran mitwirken, daß ein krankes Kind geboren wird. Blicken wir aber weiter und tiefer, so kann man sich des Eindruckes nicht erwehren, daß diese großen Katastrophen mit ihren Folgen das eigentliche, umfassende und verborgenliegende Problem doch nur zudecken.

Wie viele andere Kinder wurden in einem harmonischen, behüteten Milieu von gesunden, jungen Eltern erwartet, geboren und betreut und zeigen die gleichen Krankheitsbilder. In einer erstaunlich großen Zahl sind es die erstgeborenen, und sie bleiben die einzigen, weil der Vererbungsgedanke als Zweifel und Alpdruck auf den Eltern lastet; oder es folgen noch eine Anzahl gesunder, besonders gut veranlagter Geschwister. Da ist ein Knabe aus dem Westen. Die Eltern waren beide sehr jung; die Mutter, musikalisch hochbegabt, hatte jedoch zunächst nicht die Möglichkeit, diese Begabung zu entfalten, so daß dieselbe sich nur als starkes, seelisches Innenleben darlebte; der Vater, eine den Erdenpflichten hingegebene, edle Erscheinung, bestrebt, sein Leben in moralischer Art hohen Zielen zu widmen. Das Kind meldet sich im normalen Zeitpunkt zur Geburt, dann zieht es sich wieder zurück und kann erst nach geraumer Zeit durch einen Eingriff geboren werden. War dieser die Ursache für seine spätere sehr schwere Entwicklung? Warum dieses Sich-Zurückziehen? Ist etwa neben der mütterlichen Organisation die Seele des Kindes mitbeteiligt an dem Zeitpunkt der Geburt, an der Art, wie diese Geburt überhaupt verläuft? Zwei spätere Geschwister sind gesund, und der sieben Jahre jüngere Bruder konnte in gesunder, harmonischer Art die schönen Anlagen, die ihm die Eltern übermitteln konnten, vereinigen.

Ein anderes Kind mit Down-Syndrom ist das zweite in der Familie und hat noch zwei jüngere, gesunde Geschwister. Es ist ein gutbürgerliches Milieu mit einer warmen, herzlichen Atmosphäre. Die Mutter war nach der Geburt des ersten Kindes leidend und erschöpft und erholte sich erst wieder ganz nach der Geburt des behinderten Kindes. Vielfach wird ein Kind mit Down-Syndrom geboren, wenn die Kräfte in der mütterlichen Organisation erschöpft sind; sei es, daß die Mutter schon in fortgeschrittenem Alter ist, sei es durch Schädigungen oder Erkrankungen der mütterlichen Organe, sei es durch allgemeine Erschöpfung, die diese Organe in Mitleidenschaft zieht.[70] Warum aber entsteht dann nicht ein Körper, der, obzwar schwach oder krank oder verkümmert, doch den Eltern mehr ähnlich ist? Warum hat ein Kind das Schicksal, innerhalb einer sonst gesunden Familie gerade zu dem Zeitpunkt geboren zu werden, wo die Möglichkeit zu einem Körper mit Down-Syndrom gegeben ist?

Alle diese Erfahrungen zusammengeschaut, ergeben, daß wir neben den Erscheinungen, die im irdischen Bereiche von Vererbung und Milieu liegen, noch etwas Drittes hinzunehmen müssen, eben die Seele, die Individualität des Kindes selber. Der vererbte Leib ist ein Geschenk der Erde, Hülle und Instrument, damit die individuelle Seele ihn ergreife und sich zu eigen mache. Ein vielzitiertes Wort von Goethe lautet:

Vom Vater hab' ich die Statur;
Des Lebens ernstes Führen,
Vom Mütterchen die Frohnatur
Und Lust zum Fabulieren.

Rudolf Steiner fügt hinzu: «Das Genie hat er natürlich von beiden nicht.» Und Goethe selber endet das Gedicht mit der humorvollen Frage:

> Was ist denn an dem ganzen Wicht
> Original zu nennen?

Ein anderer großer Geist, Shakespeare, stellt im *King Lear* eine Frage: Von den drei Töchtern des Königs werden die zwei ältesten als lieblose, hartherzige, egoistische Persönlichkeiten geschildert, die dritte und jüngste als reines, edles Wesen, das fähig ist zu liebevollsten Gefühlen und innigstem Mitleid. Wie ist das möglich? Und er gibt die Antwort:

> Die Sterne, die Sterne bilden unsre Sinnesart,
> Sonst zeugte nicht so ganz verschiedne Kinder
> Ein und dasselbe Paar.

Die Sterne bestimmen, wie eine Seele das vererbte Instrument, sei es ein gutes, gesundes, sei es auch ein mangelhaftes, zu ergreifen, zu durchdringen, ja umzuwandeln vermag. Die Sternenkräfte in der Seele entscheiden, wieweit das Milieu Einfluß auf die Entwicklung der Seele nehmen darf. Wollen wir wirklich verstehen, wo die Ursachen für diese kindlichen Erkrankungen liegen, müssen wir zu den irdischen Schicksalsgegebenheiten die aus dem Außerirdisch-Kosmischen herniedersteigende Seele hinzufügen. Sie erwählt sich selber, im Einklang mit weisen Weltenmächten den vererbten Teil und die irdischen Schicksalszusammenhänge. Die Dreiheit: Individualität, Vererbung und Milieu in ihrem Zusammenwirken wird uns erst den Anblick der vollen Wirklichkeit ergeben.

Die Menschenseele im kosmischen Dasein

Wir wollen nun dazu übergehen, das Leben der Seele im nachtodlichen und vorgeburtlichen Dasein kennenzulernen. Rudolf Steiner
hat aus seiner Geistesschau dieses kosmische Dasein in Büchern
und vielen Vorträgen geschildert. Wer sich die Frage stellt, warum
es auf der Erde mehr und mehr Menschenschicksale gibt wie die der
hier erwähnten seelenpflegebedürftigen Kinder, der findet darin
Antwort, Trost und Richtlinien für sein helfenwollendes Tun.
Wenn Rudolf Steiner über diese Welt spricht, so tauchen in der
Seele lebensvolle Gemälde auf, und durch seine Worte und Gedanken kann man etwas hindurchhören wie Klänge einer Symphonie.
Was aus diesem reichen Quell geschöpft ist, erscheint hier als ungenügende Skizze. Es kann und will nichts anderes sein, als ein Wegweiser, um aufmerksam zu machen, damit bei Rudolf Steiner selbst
gesucht wird, was er aus diesen Reichen zu verkünden hat.[71]

Wenn die Menschenseele durch die Todespforte geht, so überläßt
sie ihren Leib den irdischen Elementen Erde, Wasser, Luft und
Feuer. Dieser irdische Leib entfällt den ätherischen Bildekräften
und verliert damit den Formzusammenhang, der ihn zur menschlichen Gestalt gebildet hat. Seele und Geist weiten sich hinaus in den
Kosmos, nachdem sie noch eine kurze Zeit, drei Tage lang, im
Zusammenhang blieben mit dem sich ebenfalls weitenden und in
den Weltenäther sich auflösenden ätherischen Leib, der die Erinnerungen an das vergangene Erdenleben trägt. Die Seele wird aufgenommen von der Weltenseele im Bereiche der Planetensphären.
Sie ist umflutet von einer farbigen Lichtwelt kosmischer Gedanken
und Bilder. Aus der von Stufe zu Stufe zu durchwandernden Planetenwelt leuchten und tönen Bilder und Klänge, durch welche die
Planeten ihre Kräfte und ihr Wesen offenbaren. Da ist aber noch
etwas anderes innerhalb dieser kosmischen Welt. Es ist die eigene
Wesenheit, auf die die Seele genötigt ist hinzublicken und die sich
nun offenbart, hüllenlos, in ihrem moralischen Werte. Die Seele hat
ja im nachtodlichen Leben keine andere Sehnsucht, als alles, die

Welt und sich selber, im Lichte vollster Klarheit und Wahrheit anzuschauen und zu beurteilen.

Mit staunender Bewunderung erlebt sie bei diesem Hinaufschweben in die Lichteswelten, wie sie getragen und geführt wird von Kräften, die auf Erden, unsichtbar, sehr kraftvoll bildend die Pflanzenwelt umschweben, und wie die hinter den Mineralien und Metallen wirkenden Kräfte hinführen zu bestimmten Planeten. Was in Pflanzen, Blumen, Bäumen, Steinen und Metallen als Bildekraft, was in ihr selbst als lebendiger Gedanke gelebt hat, wandelt sich zum Bilde, zur Imagination. Die Welt der Urbilder beginnt sich zu offenbaren. Tief innerlich verbunden fühlt sich die Seele mit all diesen Wesen und erkennt, daß auch in ihren eigenen Organen, die sie auf Erden nur von außen mit Sinnesaugen betrachten konnte, die gleichen Kräfte und Wesen wirksam sind. Jede Blume, jedes Kräutlein, jeder Stein und jedes Metall wandert hin zu seiner himmlischen Heimat und nimmt die Menschenseele mit. Aufgeteilt und aufgespalten in den Weiten der Sternenwelt müßte sich die Seele fühlen, wenn nicht eine starke innerste Kraft dies Auseinanderstrebende zusammenhalten würde. Wie im Erdenleben das im Leibe lebende Ich es war, das die Seele durchdrang und zusammenhielt, so wird sie nun, aber vom Umkreis her, getragen und zusammengehalten durch die Kraft des «Ich bin», wenn sie sich auf Erden in Liebe verbunden hat mit dem sonnenhaften Erdengeist. Dann beginnt die Leuchtewelt zu klingen und zu tönen, und was auf Erden zusammengeschrumpft und zusammengedrängt war zu einem einzigen Ton, einem Laut, z.B. einem *O*, hier tönt es aus der Planetenwelt und offenbart die ganze Fülle wesenhaften Lebens, von dem wir auf Erden in dem Klange *O* noch einen schwachen Nachklang, ein fast erstorbenes Abbild des lebensvollen Urbildes haben. Die Seele darf erleben, wie tief innerlich zusammengehören:

das *U* mit dem Saturn,
das *O* mit dem Jupiter,
das *E* mit dem Mars,

das *A* mit der Venus,
das *I* mit dem Merkur,

und wie aus der Sonne tönt das alle Laute umfassende, heilige *A U.*
In einer reichen Welt herrlicher Bilder und Klänge lebt die Seele. Kann sie dieselben denn auch schauen, hören und verstehen? Sie fühlt sich innig verwandt mit dieser Welt, aber schmerzlich muß sie erkennen, wie sie sich durch ihr Erdenleben aus dem vollen Darinnenstehen in dieser kosmischen Harmonie, in dieser sonnenhaften Klarheit entfernt und die Himmelsgaben geschwächt und verdorben hat.

Ein starkes, in sich gefestigtes Selbstbewußtsein hat sie nicht genügend durchdrungen mit demütiger Opferkraft, die strahlende Weisheit getrübt durch subjektive Meinung, sie hat mit dem Worte nicht nur reinen Idealen, sondern auch ihrer Eigenpersönlichkeit gedient; ihre Liebe zur Schönheit blieb beim Genuß und wurde nicht Erkenntnisquell; der kraftvolle Persönlichkeitswille hat sich im Eigennutz verhärtet, anstatt zu helfen und zu dienen.

Hat sie auf der Erde ihren liebevollen Willen betätigt, um in jedem Geschöpf die Sprache zu entziffern, die es aus seiner himmlischen Heimat mitbringt, um so mehr wird ihr vertraut und verständlich, was die Sterne sie nun schauen lassen und ihr sagen wollen.

Ist sie aber durch eigene Schwäche oder durch Schicksalsschuld interesselos vorübergegangen an den Wundern der irdischen Welt oder hat sie sich begnügt, sie mit dem Verstand zu registrieren, so bleibt sie blind oder schwachsichtig, taub oder schwerhörig inmitten einer Welt von leuchtenden Weisheitsbildern und tönender Wahrheit. Rudolf Steiner sagt uns darüber: «Was man also erwirbt an Wissen in bezug auf die innere Organisation zwischen dem Tod und einer neuen Geburt, das ist etwas ganz Unermeßliches gegenüber dem bissel von Wissen, das heute die Physiologie oder Histologie von außen her erwerben. Das letztere ist ja nichts. Aber dieses Wissen, was wir da haben, was dann untertaucht in den Körper und daher vergessen wird, weil es untertaucht, das wendet sich nicht durch die Sinne nach der Außenwelt. Dieses Wissen, das ist etwas unermeßlich Großes. Dieses Wissen wird aber beeinträchtigt, wenn wir in einem Erdenleben für unsere Umgebung kein Interesse entwickeln oder an diesem Interesse verhindert worden sind. Denken Sie, irgendein Zivilisationszeitalter sperre die Menschen ein in Räumen, halte sie darinnen vom Morgen bis zum Abend so, daß sie kein Interesse haben können für die Außenwelt. Wie wirkt eine solche Zivilisation? Sie schließt die Erkenntnis des Menschen von der Außenwelt ab. Und wenn ein Mensch mit diesem Abgeschlossensein durch den Tod geht und in die geistige Welt wenig Vorbedingung hineinbringt, um in dieser geistigen Welt, in der alles enthalten ist, den menschlichen Organismus kennenzulernen, aufzunehmen, so kommt ein solcher Mensch, wenn er heruntersteigt auf die Erde, mit einer geringeren Kenntnis herunter als einer, der sich einen freien Blick für seine Umgebung erworben hat.

Das andere Geheimnis ist dieses: Sie gehen durch die Welt. Jetzt glauben Sie, wenn Sie so durch die Welt gehen, zum Beispiel einen Tag, jetzt meinen Sie, das ist etwas Geringes: es ist auch etwas Geringes für das gewöhnliche Bewußtsein, es ist aber nichts Geringes für dasjenige, was im gewöhnlichen Bewußtsein das Unterbewußtsein bildet. Denn wenn Sie nur einen Tag durch die Welt gehen und sie genauer anschauen, so ist das schon die Vorbedingung für die Erkenntnis des Inneren des Menschen. Außenwelt im Erdenleben ist geistige Innenwelt im außerirdischen Leben.»[72]

Das alles erlebt die Seele. Sie schaut, wie sie durch ihre Erdentaten, durch ihr Denken, Fühlen und Wollen neben allem Hohen, Lichtvollen, das dem Kosmos verwandt ist, etwas geschaffen hat, was dem Kosmos fremd ist, was dieser nicht in sich aufnehmen kann. Rudolf Steiner spricht von einer Art astralisch-moralischer Wesenheit, die man im Erdenleben selber ausgebildet hat, eine Art lebendige Photographie des eigenen Wesens. Dieses Wesen muß die Seele zurücklassen in der Mondensphäre. Sie darf sich vorübergehend von ihm trennen, um zu höherem Aufstieg zu gelangen. Aber ein anderes noch zeigt sich und dringt herauf aus dieser Mondenwelt. Rudolf Steiner schildert es als «furchtbare Urbilder für disharmonische, diskrepante Kräfte im Tierreiche». «Da gibt es furchtbare, wüste Kämpfe zwischen den Gruppenseelen des Tierreiches. Durch diesen Einschlag der Mondensphäre in die Planetensphäre wird das, was sonst in innerer Ruhe und würdevoller, majestätischer Art durch die Urbildlichkeit des pflanzlichen und mineralischen Reiches erlebt werden kann, in einer gewissen Weise gestört.»[73] Dann kommt der Augenblick, wo die Mondensphäre und das Bild der eigenen moralischen Bewertung gleichsam in der Tiefe entschwindet und das Menschenwesen mit seinem höheren Teil sich ganz vereinen kann mit der Sonne, wo es den ätherischen Kosmos verläßt und durch das Tor der Sonne in die Regionen jenseits des Raumes eintritt. Der Weltengeist nimmt es auf. Im reinen Geistbereich, hinter den Sternen des Tierkreises, befindet sich nun das Ich als Geist unter Geistern. Hier müssen wir uns das Ich vorstellen, wiederum nicht vom Mittelpunkte, sondern von allen Seiten des Umkreises, aus allen Richtungen der Tierkreisbilder schaffend und wirkend im Vereine mit andern Menschengeistern und allen Wesen der höheren Hierarchien. Ziel dieses gemeinsamen Schaffens ist der Tempel des menschlichen Leibes. Als «Geistkeim» wird er gewoben, unräumlich geistig, von gewaltiger Größe, wie der ganze Kosmos ein lebendiges Bild der menschlichen Gestalt, um später mitzuwirken bei der Bildung des Erdenlebens. Es sind die Konsonanten des Tierkreises, in die noch wie eine Erinnerung hineintönen die Vokale aus den Planetensphären. Hier ist wohl der Ort, von dem Rudolf Steiner sagt: «Gott eurythmisiert, und indem er eurythmisiert, entsteht als Ergebnis des Eurythmisierens die Menschengestalt.» Dort ist auch die Heimat der herrlichen Urbilder der Tiere, die die Alten noch als geflügelte Cherubim geschaut haben. Aus der Harmonie aller tierbildenden Kräfte ergibt sich dann die Menschengestalt.

Nun kommt der Augenblick, wo die Seele, die durch lange Zeiten hindurch in den Lichtesweiten des Kosmos lebte, sich wieder genötigt fühlt, sich der Erde, der Welt der Schwere, zuzuwenden. Ein neuer Wille wird ihr aus hohen Geisteswelten geschenkt und mitgegeben, indem sie sich nun anschickt, ein neues Erdenleben zu beginnen. Sie zieht sich mehr und mehr in sich zusammen und beginnt den Abstieg durch die Planetensphären; anstelle des kosmischen Weltbewußtseins entsteht das Selbstbewußtsein. Was in der Tiefe entschwunden war, die Mondensphäre, taucht wieder auf. Hier wollen wir einen Augenblick verweilen und versuchen nachzuempfinden, was da die Seele erlebt, ehe sie ganz untertaucht in diese Welt.

Sie schaut aufwärts zur Sonne und erblickt mit staunender Dankbarkeit ihr Ich wie eine reine Schale, in die alle Sterne und Himmelskräfte ihre Gaben ergießen. Sie «greift hinein in die Sterne» und fühlt sich «aus dem Weltall erschaffen».

Sie blickt um sich und fühlt sich umwoben und umstrahlt von Lichtesfluten und in dem Mondenlichtesäther wie in einem reinen Spiegel das ganze Weltall noch einmal als Weltgedanken in leuchtenden Lettern. Aus dem Meere dieses gedankentragenden Äthers darf sie einen Tropfen schöpfen, um ihren individuellen Ätherleib daraus zu weben und den Seelengeist zu umkleiden. Aber sie muß erkennen, wie sie diese Äthergestalt nicht in ihrer Reinheit erhalten kann, sie muß ihr einverweben, was sie aus früheren Erdenleben mitbringt. So schaut sie abwärts auf alles Trübe, Unvollkommene, Verzerrte und Unharmonische, das sie in der Mondenregion als ihr moralisch-astralisches Wesen, als ihr «Päckchen» zurückgelassen hat. Und auch die karikaturenhaften Abbilder der tierischen Gruppenseelen tauchen auf, die Menschenseele erschreckend und bedrohend. Rudolf Steiner schildert diese Tatsache mit folgenden Worten: «Während man da im kosmischen Bewußtsein verstehen lernt, wie eigentlich der Tempel der Götter, dieser Geistkeim des physischen Leibes, seine Geheimnisse in sich hat, jene Geheimnisse, die der reinen Welt des außerirdischen und außermondlichen Daseins entsprechen, schaut man hinunter und sieht, was da in der Sphäre der Geistigkeit des Tierreiches vor sich geht. Und man bekommt, indem man hinunterschaut wie von einem sonnenumglänzten Bergesgipfel in eine untere Nebelwolkenmasse, das Erlebnis, das man in den kosmischen Gedanken faßt: Wenn du nicht alle Kraft, mit der du dich jetzt durchdrungen hast, aus dieser göttlich-geistige Welt mitnimmst bei dem Wiederhinunterstieg, so kommst du durch diese Nebelwolkenwelt der tierischen Gruppenseelen nicht ungeschoren hindurch. Da sollst du das Abbild deiner vorigen Erdenleben mit einer moralisch-geistigen Bewertung finden. Das wird in diesem Nebel da unten schwimmen. Du mußt es wieder aufnehmen. Aber da werden alle die wild aufeinanderstürzenden Gruppenseelen der Tiere sein; da wird all das wüste Getriebe sein. Du mußt so starke Kräfte mitnehmen aus deinem Jenseits der Sternensphäre, daß du diese Kräfte der Gruppenseelenhaftigkeit der Tiere so viel als möglich von deinem Schicksal hinwegbringen kannst. Sonst wird sich, so wie an einen Kristall sich Materie anschließt, das an dich anschließen, was diese Gruppenseelen der Tiere nach deinem moralisch-geistigen Wesenskern hin kosmisch ausschwitzen. Und du wirst davon mitnehmen müssen alles, was du dann nicht zurückhalten kannst durch die Kräfte, die du angesammelt hast, und du wirst es als allerlei Triebe und Instinkte für dein nächstes Erdendasein eingliedern müssen.»[74]

Ist die Seele erfüllt mit starker, frommer Hingabe, sagt sie aus der Kraft des «Nicht ich, der Christus in mir» ja zu ihrem Menschenschicksal, an dem sie selber mitgeschaffen hat, so wird sie sich durchströmen mit all den Kräften, die es ihr möglich machen, auch in diese finstere Region voll einzutauchen, im Innersten die Lichtwelt bewahrend. Sie kann aber auch zurückzucken vor dem, was sie da im Bilde erschaut und was später einmal als Schicksal, Krankheit, als aus dem Leibe aufsteigende Dämonie ihrer im Erdenleben wartet. Verstehen wir nun, warum uns aus den Augen eines kranken Kindes oft ein hilfloser Schrecken, eine flehende Angst entgegenblickt? Nun wissen wir erst, was es bedeutet, mit einem solchen Kinde ein heileurythmisches *A, das die Tierheit überwindet,* zu üben, und aus welcher Quelle wir schöpfen müssen, um dieses *A* wirksam zu machen.

Aber nicht nur Hingabe an das Schicksal, Bereitschaft, Last und Krankheit zu tragen, sondern auch der Wille zur Wendung und Wandlung erwächst der herniedersteigenden Seele aus der Kraft des «Ich bin». Sie ist erfüllt von Sehnsucht, das reine Sonnenurbild in dem getrübten Mondenabbild wiederherzustellen, und das bedeutet Heilung. Hohe Sonnenwesen haben dem Menschen einst, als die Erde noch Sonne war, den Ätherleib geschenkt; aus gespiegel-

Sonne-Jch
Sonnen-Seele

Gesundheit

Heilung·Mercur

Monden·Astralleib
Monden·Aetherleib

Krankheit

213

tem Mondenlicht wird bei jedem neuen Erdenleben ein neuer
Ätherleib geschaffen und individuelles Schicksal eingewoben. So
kommt dem Menschenwesen von der Sonne die Gesundheit, vom
Monde die Krankheit, vom Merkur die Heilung. Mit der Merkur-
kraft durchdrungen, kann die Menschenseele den weiteren Abstieg
wagen. Diese Kraft ist es, die später auf Erden ihr Blut und ihre
Säfte strömend durchdringt, ihren Atem stark macht, ihr Schreiten
befeuert und Krankheit und Leibgebundenheit zu wenden vermag,
um aus ihr den Geist zu befreien.

Sie ist es auch, die ihren Gliedern die Möglichkeit gibt, ichhaft
sich zu betätigen durch eine dem Kosmos entstammende Eurythmie. Damit darf sie beginnen mit der Wandlung des Ätherleibes hin
zum Lebensgeist durch die Kraft des lebendigen Wortes, des Wel-
tenheilandes.

Heilende Erziehung

Das Wesensbild eines seelenpflegebedürftigen Kindes wird erst vollständig, wenn wir das im vorigen Abschnitt Angedeutete mitberücksichtigen. Die Menschenseele hat im Zusammenleben mit den
Wesenheiten der geistigen Welt in einem langen Evolutionsprozeß
das neue Erdenleben kosmisch vorbereitet. Aus höherer Weisheit hat
sie die Verhältnisse mitgelenkt und sich in diese hineingesenkt, die
nun als Vererbung, Milieu und Schicksal Leib und Leben des jungen
Menschenkindes mitgestalten. So erklingt in jedem einzelnen Kinde
ein Zusammenklang von Vererbung, Milieu und individueller Seele.
Erst dieser Dreiklang ergibt die ganze Wirklichkeit.

Da müssen wir uns dann nicht lähmen lassen, wenn insbesondere
die Vererbungsverhältnisse stark ausgeprägt sind, wie dies bei manchem entwicklungsgehinderten Kinde der Fall ist. Der Vererbungs-
körper, ob gut oder schlecht, ist nicht etwas Unabänderliches. Auch
ein guter kann verdorben werden. Das schonungslose menschen-

widrige Milieu unserer Tage greift die mitgebrachte Gesundheit an. Wir sehen Kinder, wenn sie diesem zu früh und ohne Schutz ausgeliefert sind, sehr bald physisch und seelisch welken und kränkeln. Aus Antlitz und Gebärde dieser Kinder ruft es nach einer Erziehung und einem Unterricht, die von den kosmischen Gesundheitskräften durchdrungen sind, welche der Menschenseele und des Leibes ureigene Heimat sind. Solch eine Erziehung und solcher Unterricht können vorbeugend kräftigend und stets wieder ausgleichend heilend wirken und so die gesunde Veranlagung vor dem Verderben bewahren. Aber ein schlechter Erbkörper ist auch nicht etwas Unabänderliches. Er kann verbessert werden. Ein Vergleich kann uns darüber aufklären. Eine Menschenseele verhält sich zu ihrer Leiblichkeit wie der Musiker zu seinem Instrument. Er selbst ist es, der sich durch dieses ausspricht. Indem er seine ganze Seele in das Spiel legt, wird das Instrument lebendig. Ein vielleicht zuerst eher minderwertiges kann dadurch immer besser werden. Immer wahrer kann sich schließlich die Künstlerseele durch es aussprechen. Ein Unkünstler dagegen verdirbt das beste Instrument. Wenn schon im scheinbar toten Holz die Töne solche Verwandlung hervorrufen können, um wieviel mehr müssen die *lebendigen Töne* der Eurythmie im *lebendigen Körper* des Kindes Umwandlungen hervorrufen!

Und das tun sie. – Da wird dann oft nach dem Erfolg gefragt. Aber die Antwort, die erwartet wird, ist zu dürftig gegenüber dem wahren Wesen heilpädagogischen Bemühens. Darum scheut sich der verantwortliche Heilerzieher, mit einem glatten *Ja* zu antworten, selbst da, wo dieses voll zu verantworten ist. Der Begriff wandelt sich, sobald man mit dem Kinde wahrhaft heilpädagogisch arbeitet. *Man begibt sich auf einen Weg:* den Weg der Heilung, das heißt den Weg zur Menschwerdung. Auf diesem Wege, wird er nur wacker beschritten, ergeben sich schon eine ganze Summe von Teilerfolgen. Beginnt man mit der Heileurythmie, so zeigt sich zumeist recht bald, selbst wenn man das ganze vielleicht ungünstige Milieu nicht beeinflussen kann, viel mehr aber natürlich, wenn man daran ändern kann, eine wohltätige Wirkung auf das Schlafesleben. Seelenpflegebedürftige Kinder schlafen oft schlecht, sei es, daß sie sich aus der Bindung in die Leiblichkeit nicht lösen können, also das Einschlafen mühsam ist, sei es, daß sie den Tiefschlaf nicht erreichen können und so der wirklichen Erquickung durch den Schlaf entbehren, sei es, daß sie am Morgen nicht wieder ins Wachsein zurückfinden können. Da wirkt die Heileurythmie unmittelbar helfend. Das ist für jegliche weitere therapeutische Bemühung eine Grundlage. So wie der Schlaf tiefer und erquickender wird, wird auch das Wachsein heller. – Ein weiterer Teilerfolg ist oft im Gesamtverhalten des Kindes zu bemerken. Unruhige Kinder zumal werden ruhiger, lenkbarer. Ein wesentlicher «Nebenerfolg» ist oft, daß die Kinder geschickter werden. In der Geschicklichkeit der Hände und Finger sowie des gesamten Menschen spiegelt sich ja ab, wie gut seine Seele in den Leib eingeschaltet ist und mit ihm als Werkzeug umgehen kann. So ist nicht zu verwundern, daß viele seelenpflegebedürftige Kinder sehr ungeschickt sind. Hierin tritt oft recht bald eine auffallende Besserung ein. – Ein weiteres Symptom für die umwandelnde Kraft der Heileurythmie ist die Belebung des Interesses des Kindes für alles, was um es herum lebt und geschieht. Ganz allgemein wird das Kind umgestimmt und fähig gemacht, alle anderen, die medikamentösen, erzieherischen, künstlerischen und schulischen Maßnahmen aufzunehmen. So ist die Heileurythmie ein Wegbereiter dafür, daß diese überhaupt erst angreifen und sich auswirken können.

Heilen heißt: dem Ich Bahn machen. Da darf nie vergessen werden, daß das Ich geistiger Wesensart ist, nicht natürlicher. Der Mensch ist nicht Mensch, wenn er sich damit begnügt, «aus seiner Natur» heraus zu leben. Er unterscheidet sich darin vom Tier. Lebt dieses «aus seiner Natur» heraus, so tut es dies im Einklang mit seinem Wesen und der umgebenden Natur. Lebt der Mensch «aus seiner Natur», so tut er dies im Widerspruch zu seiner Wesenheit, denn in der Menschennatur leben neben den göttlichen Kräften auch seine eigenen, ihn krankmachenden, ihn der göttlichen Welt entfremdenden Kräfte, die ihm durch das Schicksal (Karma) einverwoben sind. Von Natur ist ein jeder Mensch «krank». Die wirkliche menschliche Umgebung ist gar nicht die Natur allein. So wie das

Sonnenlicht uns umschwebt und umströmt, so sind wir als Erden-menschheit eingebettet in eine Atmosphäre von Moralität. Aus ihr empfangen die Erden-Iche ihre moralischen Ideale. Das aber kann sich nur vollziehen, wenn ein Mittler da ist. Das Element der Wär-me ist nötig, damit diese Ideale Einlaß finden in die Seelen und im Leibe zu moralischen Taten werden können. Daß heilende Kräfte dem Menschen zuströmen und sein Ich in die Lage bringen, daß es die moralisch-geistigen Kraftströme dieser den Menschen umflu-tenden moralischen Welt aufnehmen und in die Leiblichkeit, diese umschmelzend, hineinstrahlen lassen kann, ist nur möglich, wenn alles in das Medium der Wärme getaucht ist.

Man sollte einmal genau hinschauen und sich fragen, ob nicht ein tiefer und sich immer mehr offenbarender Zusammenhang besteht zwischen der heute so allgemein betriebenen Abhärtung, die mit dem Element der Kälte arbeitet, und der geringen Fähigkeit, sich für moralische Ideale zu begeistern und sie im Leben durchzutra-gen. Eine Organisation, die hart und kalt geworden ist, kann kein brauchbares Instrument mehr abgeben für Taten, die nur im Ele-ment der Wärme sich entfalten können. Wollen wir eine Genera-tion zu Moralität erziehen, so wird es nötig sein, daß wir sie vorher nicht dem Element der Wärme entfremden. Ein Kind braucht, um zu seiner vollmenschlichen Entfaltung zu kommen, Wärme: *physi-sche Wärme, seelische Wärme, geistige Wärme.* Mitleid müssen wir fühlen mit den Wesenheiten der Kinder, die in ihren zarten Beinen, mit denen sie später einmal ihr Erdenleben erschreiten sollen, aus-gesetzt werden der Kälte. Mitleid müssen wir fühlen mit den menschlichen Wesenheiten, die anstatt im freien Schreiten, Hüp-fen, Springen über Erde, Felsen und Wiesengrund eingespannt wer-den in die Maschinerie eines Dreirades oder Trottinettes. Es sei hier auf die lebensvollen Darstellungen von Norbert Glas in seinem Buch über die frühe Kindheit hingewiesen.[75] Mitleid sollen wir fühlen mit den Wesenheiten der Kinder, die, anstatt sich begrüßt zu fühlen durch die warme, beseelte Muttersprache in Wort und Ge-sang, von den seelenlosen, starren Klängen eines Radios überschüt-tet werden. Dieses Mitleid muß in den jungen Erziehern, in den

Müttern und Eltern den Mut erwecken, in jedem einzelnen Falle der sich entfalten wollenden Menschenseele Helfer zu sein, auch wenn eine Weltmacht der Kälte und des Unverstandes sich dagegenstemmen will. Wenn der Erzieher von der Einsicht durchdrungen ist, daß alle heilende Erziehung in Wärme getaucht sein muß, in physische, seelische und geistige Wärme, kann er zuversichtlich voranschreiten. Er hat dann den rechten Kompaß. Das Wort Goethes kann ihm das Herz erfüllen:

> Das Allerstarrste freudig aufzuschmelzen,
> Muß Liebesfeuer allgewaltig glühen!

Ein Wort sei zugefügt für die Eltern und Angehörigen eines entwicklungsgehemmten Kindes. Wenn es diesen auch oft nicht gegeben ist, selbst dem Kinde helfen zu können, sondern sie dies dem Heilerzieher vertrauensvoll überlassen müssen, so sind sie doch dazu berufen, in ihrem Herzen die Lebensfrage, die ihr Kind darstellt, mitzulösen. Dazu muß man diese im rechten Lichte sehen lernen.

Qualvoll fühlt sich der Blick eingeengt, wenn man in Vererbung und Milieu die erbarmungslos unabänderlichen Ursachen für die kindliche Abnormität sieht. Die Geisteswissenschaft lehrt, umfassendere Schicksalszusammenhänge ins Auge zu fassen, wie dies zu schildern versucht worden ist. Die harte Kette von Ursache und Wirkung schmilzt. Die Lähmung der Seele weicht. Man steht ja selbst in diesen umfassenden Schicksalszusammenhängen drinnen und kann an seinem Teile ändernd, wandelnd mitwirken.

Da ist die bange, demütigende Frage: Wer hat die Schuld? Auch diese wandelt sich. Versäumnisse, die der Mensch in einem Leben auf sich lädt und die zur Schuld geworden sind, werden in der weisheitsvollen Atmosphäre der geistigen Welt, in welche die Seele nach dem Tode eintaucht, zu Einsichten und wandeln sich in die Bereitwilligkeit, den ausgleichenden Mangel auf sich zu nehmen. Damit erlischt die Schuld in dem trivialen Sinne. Der Blick öffnet sich aber auf eine noch viel weitere Perspektive. Es handelt sich oft gar nicht um solch eigene frühere «Schuld»; Verschulden anderer, ja Menschheitsschuld muß ausgeglichen werden. Freiwilliger Entschluß, solches auf sich zu nehmen, mag dem zugrunde liegen, was das Kind nun mit Mühe, Anstrengung und auch Leid zu durchleben hat. Opfergesinnung mag gewaltet haben, solches an anderer Statt auf sich zu nehmen. Krankheiten werden nur heilbar, wenn sie durchlitten werden und wenn das Leid in Weisheit verwandelt wird. Solche Lernenden einer Heilerweisheit haben wir wohl auch unter den leidenden Kindern. Welch große Aufgabe, deren liebende Mutter zu sein, die an diesem Mühen helfend teilnimmt! Der gebannte, bedrückte Blick in die Vergangenheit verwandelt sich und wendet sich zuversichtlich einer um so freieren Zukunft zu, die man herbeiführen hilft.

So auch kann die Resignation weichen, die etwa die Eltern eines einzigen Kindes ergriffen haben mag, die in ihm den Strom ihrer *Generationen* versiegen sehen, wenn sie darauf schauen, wie in dem abnormen Dasein dieser Inkarnation für das Kind eine Neubelebung für die folgenden sich vollzieht. So geht wohl der *Generationsstrom* zur Neige, aber der *Inkarnationsstrom* beginnt neu zu strömen. Resignation wandelt sich in Zuversicht, Leid in Hoffnungsfreude. Dem Kinde ist es zu verdanken, wenn die Herzen der Angehörigen für eine Menschheitsaufgabe geöffnet werden und an ihr mitzuwirken beginnen. Für diese selbst kann das Leben dadurch einen ganz neuen Sinn bekommen.

Welches auch immer die konkreten Aufgaben sind, die die verschiedenen seelenpflegebedürftigen Kinder uns zu lösen aufgeben, wir werden am besten damit vorankommen, wenn wir die umfassendere Wirklichkeit anschauen, wenn wir uns die Größe der Aufgabe vor Augen stellen: *Ein Kind ist herniedergestiegen aus kosmischen Welten, aus himmlischer Weite und Fülle, um in Raum und Zeit seine Erdenlaufbahn zu vollbringen. Es braucht unsere Hilfe.*

Dabei können uns Worte begleiten, die, wie Rudolf Steiner mitteilt, aus den Mysterien von Ephesus herüberklingen. Mit ihnen wurde für den Schüler dieser Mysterien das Wesen und Werden der feineren Kräftenatur des Menschen, der ätherischen Wesenheit, beschrieben, mit der der Mensch beim Herabstieg in die irdische Verkörperung vor seiner Geburt umkleidet wird. Aus diesem Bereiche stammt seine Gesundheit. Eine heilende Erziehung muß sich bemühen, aus dem gleichen Bereich zu schöpfen – insbesondere für die Heileurythmie –, wenn sie das seelenpflegebedürftige Kind in seiner Gesundung fördern soll. Von Rudolf Steiner neu geformt lauten diese Worte:[76]

> Weltentsprossenes Wesen, du in Lichtgestalt,
> Von der Sonne erkraftet in der Mondgewalt,
>
> Dich beschenket des Mars erschaffendes Klingen
> Und Merkurs gliedbewegende Schwingen,
>
> Dich erleuchtet Jupiters erstrahlende Weisheit
> Und der Venus liebetragende Schönheit –
>
> Daß Saturns weltenalte Geist-Innigkeit
> Dich dem Raumessein und Zeitenwerden weihe!

Dr. med. Walter Holtzapfel

Krankheit und Heilmittel als Erzieher des Kindes

Zu der heilenden Erziehung, von der in diesem Sammelband die Rede ist, tritt die ärztliche Behandlung des Kindes hinzu. Beide Arten der Heilung schließen sich gegenseitig nicht aus, sie stehen auch nicht beziehungslos nebeneinander, sondern sie gehen wechselseitig ineinander über, denn sie sind tief innerlich verwandt. «Der pädagogische Künstler muß auf geistige Art durchaus arbeiten mit den Kräften, die, ins Physische verdichtet oder ins Ätherische verdichtet, Heilungsvorgänge sind. (…) Medizin ist die Metamorphosierung der geistigen Behandlung des Menschen hinunter ins Stoffliche»,[77] sagte Rudolf Steiner und gab damit eine Richtung an, die pädagogische und medizinische Vorgänge miteinander verbindet. Je nach der Lage des Falles wird man die feinere pädagogische oder die tiefergreifende medizinische Maßnahme oder beide zugleich wählen. Wie die heilende Erziehung in das medizinische Gebiet hineinreicht, so wirkt die medizinische Behandlung ihrerseits wieder zurück ins Pädagogische, denn jede wahre Heilung ist – in Verbindung mit gröberen oder feineren Veränderungen im leiblichen Gefüge – stets mit einem Bewußtseinswandel verbunden. Die bewußtseinswandelnde, seelenbefreiende Wirkung der Heilung gibt dann dem weiteren pädagogischen Wirken eine neue Grundlage. In der Pädagogik wirkt der Mensch – der Erzieher – als Arznei, in *Krankheit* und *Heilung* greift eine Weltenpädagogik ein.

Schon in dem durch ärztliche Behandlung unbeeinflußten Krankheitsgeschehen und besonders in der Genesung können wir einen Bewußtseinswandel beobachten. Er liegt alledem zugrunde, was heute an Berechtigtem (z.B. von psychosomatischer Seite) über den Sinn der Krankheit gesagt wird. Von einem «Sinn» der Krankheit kann gesprochen werden, wenn man innerhalb der Menschennatur die geistige Wesenheit anerkennt und zu verfolgen sucht, wie sich diese im Krankheitsgeschehen zu einer neuen Entwicklungsstufe durchringt. Als Naturprozeß ist Krankheit nicht begreiflich. «Der gesunde menschliche Organismus scheint als ein Stück der Natur begreiflich zu sein; der kranke nicht. Er muß daher aus sich selbst begreiflich sein durch etwas, das er nicht von der Natur hat. (...) In der Geist- und Seelenfähigkeit hat man also die Ursachen des Krankseins zu suchen.»[78]

Mütter und feiner beobachtende Erzieher stehen oft mit Staunen vor der großen Verwandlung, die ihr Kind nach einer Krankheit durchgemacht hat. Bei einer Kinderkrankheit, einem Scharlach etwa, wird das besonders deutlich. Müller-Eckhard (*Psyche*, Februar 1953) berichtet von einem sechsjährigen Mädchen, das beharrlich mit einem unsichtbaren Spielgefährten, einem Zwerg, spielt. Die entsetzten Eltern, die sich ein anderes Bewußtsein als das ihrer nüchternen Erwachsenenwirklichkeit nicht vorstellen können, versuchen vergeblich, dem Kinde den Zwerg auszureden. Strafmaßnahmen bleiben wirkungslos, ebenso der angeordnete Besuch eines Kindergartens; das Kind bleibt bei seinem Zwerg, den es als Wirklichkeit erlebt. Da bekommt das Kind einen schweren Scharlach. Am siebten Krankheitstag, mit beginnender Schuppung, verläßt das Kind sein Bett und sucht nach dem Zwerg: der Zwerg ist fort! – Was keine pädagogische Maßnahme erreicht hatte, das war der Weltenpädagogik der Scharlacherkrankung vorbehalten geblieben. Der Wandel von einem realen Märchenbewußtsein zu einem diesem kindlichen Lebensalter entsprechenden Bewußtsein hatte sich vollzogen. Nicht immer ist der Bewußtseinswandel so auffallend, doch für eine feinere Beobachtung stets vorhanden.

Die Aufgabe der Heilung wird es sein, die hier angedeutete Mission der Krankheit gleichsinnig zu begleiten, zu fördern und zu sichern, nicht aber sie abrupt abzuschneiden oder unmöglich zu machen. Zu einer solchen Bemerkung fühlt man sich veranlaßt angesichts der seit einigen Jahrzehnten immer mehr aufkommenden Behandlung mit chemo-therapeutischen, antibiotischen und ähnlichen Mitteln. Damit soll keine einseitige Stellung bezogen werden, doch muß man sich darüber klar sein, daß es sich bei Anwendung solcher Mittel nicht um eine eigentliche Heilung, sondern um ein Verhindern der Krankheit handelt.

Ein Gegenbeispiel zu dem eben geschilderten Scharlach-Fall lieferte mir ein neunjähriges Mädchen, das wegen einer schweren Herzmuskelerkrankung in Behandlung kam. Vorher war es wegen Scharlach zur Isolierung in ein Krankenhaus eingewiesen worden. Die Scharlachsymptome, insbesondere Fieber und Ausschlag, verschwanden dort unter antibiotischer Behandlung rasch. Als das Kind aber nach den obligatorischen sechs Wochen entlassen werden sollte, da erkrankte es erneut an Scharlach. Wieder antibiotische Behandlung, mit dem gleichen Erfolg. Aber noch ein drittes Mal kam der Versuch zu einem Scharlach zustande, diesmal allerdings nur noch in Form einer Halsentzündung. Inzwischen hatte sich jedoch die erwähnte Herzerkrankung entwickelt.

Aus der durch Rudolf Steiner erweiterten Heilkunst wissen wir, daß in den Kinderkrankheiten, und am intensivsten im Scharlach, das «Ich» des Kindes, seine geistige Individualität, eine dramatische Anstrengung unternimmt, um die aus dem elterlichen Vererbungsstrom übernommene Leiblichkeit zu einer seinem individuellen Wesen gemäßen umzuformen. Diese Umformung, die im geistig-seelischen Bereich den Bewußtseinswandel ermöglicht, zeigt sich auch in feineren körperlichen Veränderungen, z.B. im Blute. Die Veränderung des Blutes bewirkt, daß ein Kind, das einen Scharlach regulär durchgemacht hat, gegen diesen immun wird; d.h. es bekommt keine zweite Scharlacherkrankung, denn die durch den Scharlach angestrebte Verwandlung hat sich ja bereits vollzogen. – In unserem Falle blieb die Verwandlung aus, weil der Krankheitsprozeß abgestoppt wurde. Als nach mehrfachen Versuchen der Scharlach sich nicht durchsetzen konnte, machte die Krankheit eine unheilvolle Metamorphose durch: Anstatt sich in Ausschlag und Schuppung nach außen ausleben zu können, schlug sie auf das Zentrum zurück und führte zur Herzerkrankung.

Den Zusammenhang von Krankheit und Heilung können wir

uns in einem Bilde vergegenwärtigen. Stellen wir uns einen Wanderer vor, der, um ein ersehntes Ziel zu erreichen, ein gefährliches Gebiet, eine Wüste etwa, durchqueren müßte. Das Krankheitsgeschehen entspräche der Wüstenwanderung, das ersehnte Ziel der Verwandlung durch die Krankheit. Die Pseudo-Heilung würde darin bestehen, daß wir den Wanderer an seiner Reise verhindern, etwa dadurch, daß wir ihn gefangensetzen etc. Dann wäre er zwar vor den Gefahren der Reise bewahrt, würde aber auch sein Ziel nicht erreichen. Er wird unter allen Umständen auszubrechen versuchen, um doch noch, wenn auch unter erschwerten Umständen, an sein Ziel zu gelangen. – Wenn wir aber den Wanderer mit allem für die gefahrvolle Reise Erforderlichen ausrüsten und ihm erfahrene Reisebegleiter mitgeben, so wäre dies ein der wahren Heilung vergleichbares Verhalten.

Dieses Bild von den Reisebegleitern kann uns dem Verständnis des Heilmittels im Kindesalter näherbringen. Es gibt zwei solche der kindlichen Entwicklung; sie offenbaren sich in dem gesetzmäßig wechselnden Kupfer- und Eisengehalt des kindlichen Blutes. Wenn wir die Rolle von *Kupfer* und *Eisen* im Werdegang des Kindes verfolgen, so lauschen wir der Natur selber einen Heilungsprozeß ab.

Bevor wir uns aber der Aufgabe dieser beiden Metalle im kindlichen Organismus zuwenden, wollen wir versuchen, uns aus ihrem Auftreten in der Kulturentwicklung der Menschheit etwas über ihre innere Natur sagen zu lassen. – Niemals hätte die heutige Zivilisation mit ihrer Technik entstehen können, wenn sie sich nicht des Eisens bedient hätte. Mit Hilfe der daraus verfertigten Werkzeuge und Maschinen hat sich der Mensch selbstbewußt der Natur gegenübergestellt und zu ihrem Herrn gemacht. Das Eisen war es, das dem modernen, auf irdische Ziele gerichteten Bewußtsein ermöglichte, sich nach außen in den Werken der Technik zu offenbaren.

Die Zeiten, für die das Kupfer ähnlich repräsentativ war wie für die unsrige das Eisen, liegen weit zurück in der Vergangenheit. So folgten z.B. im alten Ägypten zwischen 4000 und 2000 v.Chr. verschiedene Kupfer- und Bronzezeiten aufeinander, in denen alles wichtige Gebrauchsgerät aus Kupfer bzw. aus Bronze (Bronze ist eine Legierung von Kupfer mit Zinn) hergestellt wurde. Das Bewußtsein solcher Völker früherer Zeiten müssen wir uns in ganz anderer Weise «naturverbunden» oder besser «weltverbunden» denken als das heutige. Der Mensch erlebte sich getragen von seiner irdisch-kosmischen Weltenumgebung und in ihr geborgen. Auch von anderen Kulturkreisen wissen wir, daß jeweils eine Kupferzeit (und damit ist jetzt hier auch die Bronzezeit gemeint) der Eisenzeit vorangegangen ist. Bei der Schilderung der nordischen Bronzezeit erwähnt F. A. van Scheltema deren «ausgesprochen weibliche Signatur».[79] Diese Beziehung des Kupfers zum Weiblich-Mütterlichen, die hier aus der Vorzeit aufklingt, wird uns auch in unseren weiteren Betrachtungen begegnen.

Wie im Laufe der Kulturentwicklung der Menschheit verschiedene Bewußtseinsstufen mit der technischen Verwendung des Kupfers oder des Eisens im äußeren Leben verknüpft sind, so deutet ihr Auftreten im Blute auf eine entsprechende Beziehung zu der Entwicklung des einzelmenschlichen Bewußtseins im Werdegang des Kindes. Davon soll im folgenden die Rede sein.

Am Anfang der kindlichen Entwicklung ist der Kupfereinfluß überwiegend. Da ist das Kind geborgen im Schoße tragender, nährender Umweltkräfte, die sich uns äußerlich sichtbar in der Mutter repräsentieren. Erst allmählich erwacht es daraus Schritt für Schritt zur Selbständigkeit seines Eigenwesens. Wir werden sehen, wie im gleichen Maße der Einfluß des Eisens zunimmt. Zunächst ist das Kind wie umfangen von einem mütterlichen Kupfermantel, denn nirgends sonst im gesunden menschlichen Lebensablauf findet sich ein so hoher Blutkupfergehalt wie bei der werdenden Mutter. Demgegenüber sinkt der Eisengehalt des mütterlichen Blutes: Die Mutter zieht sich mit ihrem Eigenwesen zurück, um dem kindlichen Wesen Raum zu schaffen.

Wenden wir uns nun dem Neugeborenen zu, so sehen wir, wie wenige Tage nach der Geburt der Eisenspiegel auch im kindlichen Blute auf sehr niedrige Werte geht, während gleichzeitig der Kupferspiegel hohe Werte erreicht. Der sogenannte Serumkupferspiegel liegt in den ersten Lebensjahren weit über dem sogenannten Serumeisenspiegel. In dieser physiologischen Tatsache spricht sich die innere Situation des jungen Kindes aus. Wohl hat es sich durch die Geburt leiblich von der Mutter getrennt und damit einen ersten Schritt zur Selbständigkeit hin vollzogen. Aber dennoch kann von wirklicher Selbständigkeit noch gar nicht die Rede sein. Mit tausend Fäden hängt das Neugeborene an seiner Umgebung, von der es völlig abhängig ist. Diese Umgebung des Kindes wird ja zunächst noch weiterhin fast ausschließlich von seiner Mutter dargestellt. Wir wissen heute durch genaue Untersuchungen, wie gefährlich sich eine Trennung von Mutter und Kind – z.B. durch Klinikaufenthalt – namentlich in den ersten Lebensmonaten für Gesundheit, ja Lebensfähigkeit des Kindes auswirkt. Die Mutterliebe ist für das Gedeihen des Kindes viel wesentlicher als streng hygienische Verhältnisse. Sie ist der wichtigste «Wirkstoff» in der Entwicklung des kleinen Kindes. Sie wirkt in allem, was in liebend-pflegender Beschäftigung, was in seelischer Zuwendung von der Mutter dem Kinde zustrahlt. Aber nicht nur seelisch wirkt die Mutterliebe, sondern auch stofflich-leiblich fließt sie dem Kinde als Muttermilch zu. Da ist es denn kein Zufall, daß die Muttermilch einen hohen Kupfergehalt aufweist, doppelt so hoch wie der der Kuhmilch, in den ersten beiden Lebensmonaten sogar dreimal so hoch. Noch kupferhaltiger ist das Kolostrum, die erste Muttermilch.

Vom zweiten, dritten Lebensjahr ab – also zu dem Zeitpunkt, an dem das Kind zum ersten Male das Wort «ich» gebraucht – beginnt sein Blutkupferspiegel abzusinken, während der Eisenspiegel in ständigem Steigen ist. Die zur Selbständigkeit führenden Eisenkräfte, so könnte man sagen, durchbrechen die bergende Kupferhülle. Entsprechend löst sich auch seelisch das Kind aus den umhüllenden Kräften der Umgebung und erwacht immer mehr zu einem selbständigen Persönlichkeitsbewußtsein. Einen entscheidenden Fortschritt macht dieses Erwachen zur Persönlichkeit an der Wende des neunten, zehnten Lebensjahres. Das spiegelt sich auch im Lehrplan der Waldorfschulen: Während für das dritte Schuljahr eine Hausbauepoche angesetzt ist, in der das Kind die umhüllenden Formen des Hauses schon leise von außen zu betrachten beginnt, wird ihm im vierten Schuljahr die «Eisenstimmung» der germanischen Mythologie mit dem hammerschwingenden Thor nahegebracht.

Mit der Pubertät stellen sich die endgültigen Verhältnisse ein. Die Erdenreife, das irdische Persönlichkeitsbewußtsein, ist erreicht. Eisen- und Kupferspiegel im menschlichen Blute bleiben nun – abgesehen von Krankheitsfällen – im wesentlichen konstant. Dabei steht der Kupfergehalt des Blutes weit unter seinem Eisengehalt, bleibt aber bei der Frau höher als beim Mann. Zeitlebens behält ja die Frau einen größeren Rest der kosmisch-umhüllenden Kräfte, während beim Mann das irdisch-aktive Eigenstreben überwiegt.

Wir haben gesehen, wie als Begleiter des erwachenden kindlichen Eigenwesens der Eisenprozeß in ständigem Zunehmen begriffen ist. Wir sprachen davon, daß wir hier der Natur einen Heilungsprozeß ablauschen könnten. In welcher Beziehung der Blut-Eisengehalt des Kindes einen natürlichen Heilfaktor darstellt, wird sich dann deutlich zeigen, wenn der natürliche Heilungsvorgang nicht mehr ausreicht und die durch ihn sonst ausgeglichenen Krankheitsvorgänge nun sichtbar werden. Es handelt sich dabei um alle jene Symptome, die mit einem gewissen Recht als «Schulkrankheiten» zusammengefaßt werden: der Schulkopfschmerz, auch das morgendliche Erbrechen vor der Schule, Leibschmerzen, Übelkeit, ohnmachtsähnliche Anwandlungen, Schwindel, Mattigkeit, Blässe, Herzklopfen, Atemstörungen etc. Hier ist das Ich des Kindes nicht imstande, die ihm aus seiner heranreifenden größeren Selbständigkeit in der Auseinandersetzung mit der Umwelt erwachsenden Aufgaben vollkräftig zu bewältigen, sei es, daß eine primäre Schwäche vorliegt, sei es, daß die Umwelt (Schule, Straße, Zivilisationseinflüsse etc.) übermächtig und überwältigend auftritt. Seelisch lebt sich dieser Zustand als Mutlosigkeit, Zaghaftigkeit, ja als Angst dar. Es wird aber hier der pädagogische Einfluß, als ermutigender Zuspruch etwa, nicht ausreichen, sondern wir müssen den der Natur abgelauschten Heilungsprozeß aufgreifen und verstärken, indem wir potenzierte Eisengaben in jeweils dem einzelnen Symptom entsprechend modifizierter Form zuführen. Da kann man als Arzt sehr schöne Erfolge erleben. Die unterstützende pädagogische Maßnahme wird in diesem Falle eine mehr negative sein, nämlich die stofflichen Anforderungen des Unterrichts herabzusetzen, namentlich die Schularbeiten zu begrenzen bzw. wegzulassen.

Wirkt das Eisen dann als Heilmittel, wenn der das Kind zur Selbständigkeit führende Impuls zu schwach eingreift, so hat das Kupfer dort seine Aufgabe, wo die tragenden Kindheitskräfte zu früh nachlassen. Wir sahen, wie diese Kräfte zunächst noch substantiell als Kupfergehalt im Blute der erwartenden Mutter und dann in der Muttermilch von außen auf das Kind einwirken. Später wird dieser Kupferprozeß rein seelisch wirksam in der mütterlichen Liebe, in deren Geborgenheit das Kind heranwächst; im kindlichen Organismus selbst ist er aber stofflich nachweisbar und zeigt sich im hohen Blut-Kupfergehalt. – Die schützenden Kräfte der Umgebung, die ja dann späterhin nicht mehr allein von der Mutter ausgehen, faßt man heute unter dem Begriff der «Nestwärme» zusammen. Pestalozzi sprach von der «Wohnstubenkraft» bzw. von der «Schulstubenkraft». Immer ist ein herausgesonderter Bezirk gemeint, dessen seelische Wärme dem Kinde nicht nur seelisch, sondern bis in das organische Gedeihen hinein nötig ist. Die heutige Zeit ist solchem kindlichem Lebensbedürfnis vielfach feindlich. Nicht nur fehlt häufig der Vater oder ist durch den Beruf der Familie entfremdet, sondern Not oder Neigung veranlassen auch viele Mütter, einen Beruf auszuüben, der ihre mütterliche Aufgabe beeinträchtigt. Oder aber die äußeren und inneren Lebensbedingungen der Familie sind so, daß hegende und pflegende Impulse sich kaum entfalten können. Mehr oder weniger deutlich bilden sich dann seelische und leibliche Mangelerscheinungen bei den Kindern heraus. Dann wachsen graublasse Kinder heran, mager, von schlaffer Haltung. Sie werden apathisch und antriebslos, das Gefühlsleben ist wie erstorben, häufig haben sie das Spielen verlernt oder gar nicht erst begonnen. Bekommt man es als Pädagoge oder Heilpädagoge mit solchen Kindern zu tun, so wird man zunächst das eigentlich Kindliche in ihnen wecken müssen, sie zum Spielen anleiten und im wärmenden, lösenden künstlerischen Tun an ihr Gefühlsleben appellieren. Die entsprechende ärztliche Maßnahme besteht in der Kupfertherapie. – Häufig zeigen diese Kinder eine eigentümliche Einschlafstörung, das nächtliche Kopfwackeln. Auch hier ist das Kupfer wirksam.

Andere Krankheiten des Kindesalters, bei denen der günstige Einfluß einer seelisch-tragenden Umgebung bekannt ist, wie der Keuchhusten und der Veitstanz, sprechen ebenfalls auf Kupferbehandlung an.

Hatten wir die Polarität von Eisen und Kupfer in ihrem zeitlichen Auftreten betrachtet – das Kupfer am Anfang, das Eisen am Ende der Kindheit stehend –, so führt uns die noch weiter gespannte Polarität von *Blei* und *Silber* auf den Gegensatz von Abbau und Aufbau, von Nervensystem und Stoffwechsel. Rudolf Steiner hat den Lehrern über die Wirksamkeit von Blei und Silber grundlegende Angaben gemacht, und Eugen Kolisko hat diese wiederholt in unvergleichlicher plastischer Weise ausgeführt und dargestellt.[80] Wenn man die Behandlung mit diesen beiden Metallen verstehen will, kann man nicht von ihrem physiologischen Verhalten ausgehen. Da muß man sich einen Blick dafür aneignen, ob man es mit einem großköpfigen oder mit einem kleinköpfigen Kind zu tun hat. Nicht allein das Resultat der Schädelumfangsmessung ist für diese Beurteilung maßgebend, sondern vor allem auch das seelische Wesen des Kindes. Wenn die Eltern ein Kind bringen mit der Angabe, daß es nicht rechnen könne, aber recht lebendige Aufsätze schreibe, so werden wir gleich vermuten, es mit einem Vertreter des großköpfigen Typs zu tun zu haben. Diese Vermutung wird sich verstärken, wenn wir vom Lehrer hören, daß das Kind im Unterricht verträumt sei, daß ihm analysierendes, intellektuelles Denken schwerfalle, während es zu phantasievollen, bildhaften Vorstellungen neige. – Da ist z.B. so ein großköpfiger Junge, zwölfjährig, dunkelblond, rotbackig, mit sanften, braunen Augen und weichen Körperkonturen. Seine Beteiligung am Unterricht ist schwach. Zu Hause aber, im elterlichen Garten, wird er trotz seines phlegmatischen Temperaments lebendig. Er liebt die Blumen, er sät und pikiert. Da ist er mit seinem ganzen Gemüt dabei. Einmal überraschte er durch folgenden Ausspruch: «Am liebsten wäre ich ein Kaktus, das ist die langlebigste Pflanze, und das Leben ist doch so schön.» Man sieht, wie er mit gemüthaften, phantasievollen Vorstellungen seine Tätigkeit durchdringt.

Bei solchen Kindern überwiegen die Aufbauvorgänge des Stoffwechsels über die Abbautendenzen des Sinnes-Nerven-Systems. Ihnen kann man helfen, wenn man durch Bleibehandlung einen aufweckenden Todesprozeß in die wuchernden Lebensvorgänge trägt. Unterstützt wird diese Maßnahme, wenn man den Kindern die Speisen stärker salzt und sie morgens nach dem Aufwachen durch eine kühle Abwaschung des Kopfes ernüchtert. Im Unterricht tut man das Entsprechende, indem man durch Gedächtnisbildung das intellektuelle Vermögen anregt.

Der Bleiprozeß wirkt in allen Absterbevorgängen, die die Grundlage des Bewußtseins bilden. Nur ein Teil der auf dem Wege des Absterbens entstehenden Substanzen darf – vor allem in Form des Nervensystems, das ja ein fast lebloses Gewebe darstellt – innerhalb der Körpergrenzen bleiben. Von den übrigen Abbausubstanzen trennt sich der Organismus, indem er sie als Ausscheidung (Harn, Kot, Schweiß etc.) abstößt. Manche Kinder vollziehen diese Trennung seelisch nicht vollständig und fühlen sich zu allerlei übelriechenden Substanzen hingezogen. In extremen Fällen kommt es dabei zum Kotessen (Koprophagie). Auch die Neigung zu körperlichen oder seelischen Unreinlichkeiten gehört in diesen Zusammenhang. Allen diesen Abnormitäten liegt ein gestörter Bleiprozeß zugrunde, und sie werden mit Blei behandelt.

Häufiger als mit den großköpfigen haben wir es heutzutage mit den kleinköpfigen Kindern zu tun, denn dieser Typ wird durch die Zeitverhältnisse gefördert. Das sind die «nervösen», zappeligen Kinder, die intellektuell überwach sind, aber ihre Vorstellungen nicht mit Gemüt und Willen durchdringen. Zu Hause beschäftigen sie sich gern mit allerlei technischen Basteleien, mit mechanischen Baukästen usw. An künstlerischen Möglichkeiten mangelt es ihnen fast gänzlich.

Hier überwiegt der Einfluß des Nervensystems, das vom Stoffwechsel aus nicht genügend durchblutet wird. Rudolf Steiner gab den Rat, solchen Kindern zwei- bis dreimal wöchentlich abends einen warmen Bauchumschlag zu machen und dafür zu sorgen, daß ihnen häufig Zucker, besonders in Form von Obst, in der Nahrung zugeführt wird. Schließlich kann man die Aufbauvorgänge des Stoffwechsels direkt anregen, indem man mit Silber behandelt. Ein phantasievoller Unterricht stellt das pädagogische Gegenstück zu diesen medizinischen Maßnahmen dar.

Wie aus dem Bereich der Metalle, so könnten aus allen den Menschen umgebenden Naturreichen heilende Substanzen genannt werden. In den einseitig gerichteten Kräftetendenzen von Mineral, Pflanze und Tier liegen Beziehungen zur allseitig entwickelten Menschennatur verborgen, die sich dann offenbaren, wenn in der Krankheit die menschliche Wesenheit selber in irgendeiner Weise aus ihrer Ausgewogenheit herausfällt und eine einseitige Richtung einschlägt. Allerdings sind die unzähligen Beziehungen zwischen den einzelnen Mineralien, Pflanzen, tierischen Organprozessen und den verschiedenen menschlichen Krankheitsformen viel mannigfaltiger, als aus so einer allgemein gehaltenen Formulierung hervorgeht. Es kann sich hier immer nur darum handeln, durch einzelne Beispiele solche Beziehungen zu verdeutlichen.

Wenn Rudolf Steiner im *Heilpädagogischen Kurs* etwa den *Schwefel* – um noch ein Mineral als Beispiel heranzuziehen – als ein Heilmittel für bestimmte Formen der kindlichen Epilepsie bezeichnete, so können wir uns fragen, ob aus der dort gegebenen Charakterisierung dieser Krankheit auch ein Verständnis für die Heilwirkung des Schwefels erwachsen kann, der weder in der homöopathischen noch in der allopathischen Schule als Mittel für Epilepsie gebräuchlich ist. Rudolf Steiner geht aus von der Schilderung des Schlafzustandes, bei dem die geistig-seelische Wesenheit des Menschen sich von ihrer leiblich-organischen Hülle trennt. Wenn der Mensch erwacht, kommt es nun im gesunden Zustand nicht nur zu einer Vereinigung der im Schlafe getrennten menschlichen Zweiheit, sondern darüber hinaus schaltet sich die geistig-seelische Wesenheit des Menschen – die körperliche Hülle gleichsam von innen nach außen durchdringend und durchstoßend – direkt in die physikalischen und ätherischen Gesetzmäßigkeiten der irdischen Umwelt ein. Dadurch erst wird der

Mensch zu einem wach in der Welt stehenden Wesen. Es ist gewiß eine schwierige Vorstellung, den geistigen Teil des Menschen direkt in physikalische Gesetzmäßigkeiten eingeschaltet zu denken; doch können wir ein Bild für diesen Vorgang finden, wenn wir uns das Geschehen im menschlichen Auge vergegenwärtigen. Da haben wir ein Organ vor uns, von dem wir einerseits wissen, daß es beim Durchgang und der Brechung des einfallenden Lichtes weitgehend physikalischen Gesetzmäßigkeiten der Außenwelt unterliegt; andererseits wird es uns immer wieder zum Erlebnis, wie uns im Blick des menschlichen Auges die Individualität, das innere geistige Wesen des Menschen, unverhüllt entgegentritt. Der mehr oder weniger strahlende oder verschleierte Blick offenbart, bis zu welchem Grade sich die Individualität frei oder gehemmt zu äußern vermag.

Beim Epileptiker kommt der Vorgang des Aufwachens nicht zu Ende. Ein Teil seiner körperlich-organischen Hülle – häufig ein bestimmtes Organ, z.B. Lunge oder Leber – stellt sich der geistig-seelischen Wesenheit hemmend in den Weg, so daß sie sich in diesem Teil des Organismus staut und nicht vollgültig den Anschluß an die Außenwelt findet. Der Kranke kann nicht ganz wach werden. So erklärt es sich, daß der epileptische Anfall häufig im Moment des Aufwachens erfolgt. Auch ist es bezeichnend, daß die Epilepsie für kurze oder längere Zeit in Form eines sogenannten Dämmerzustandes verlaufen kann, wie der Epileptiker überhaupt in seiner Wesensäußerung leicht etwas Dämmriges hat.

Wenn sich unter den Epileptikern dysplastische Körperbautypen finden, eine plumpe Konfiguration der Hände beschrieben wird, sogenannte körperliche Degenerationsmerkmale und ungünstige Vererbungsverhältnisse häufig sind, während andererseits der typische epileptische Charakter als verlangsamt, schwerfällig, umständlich und stumpf erscheint, so weisen solche Befunde auf die Hemmung der geistig-seelischen Wesenheit des Kranken durch ihre körperliche Hülle hin. In der leicht einsetzenden seelischen Isolierung und sozialen Vereinsamung des Epileptikers spiegelt sich seine erschwerte Beziehung zur Außenwelt.

Oft sagt uns schon der Gesichtsausdruck mit seiner schlaffen, zähflüssigen Mimik und dem verschleierten Blick, wie schwer es der Kranke hat, sein wahres Wesen zur äußeren Offenbarung zu bringen.

Selbstverständlich gibt es auch geniale Epileptiker, deren Leistungen noch ganz anders zu werten sind angesichts der ihrem menschlichen Wesen entgegenstehenden Hemmungen.

Sieht man in der Stauung der geistig-seelischen Menschenwesenheit im Organismus das eigentliche Krankheitsgeschehen bei der Epilepsie, dann wird man im epileptischen Anfall eher eine Art krampfhaften Selbstheilungsversuches erblicken. Neuere Stoffwechseluntersuchungen liefern eine Stütze für diese Auffassung. Sie haben gezeigt, wie gewisse Stoffwechselprodukte sich vor dem Anfall im Blut stauen, während im Anfall diese Stauung sich zurückbildet. «Es scheint also, als wäre der Anfall, der als wichtigstes Krankheitszeichen imponiert, imstande, eine krankhafte Stoffwechselentwicklung zu beenden.»[81] Manchmal ist den Patienten schon tagelang vorher anzumerken, daß ein Anfall kommen wird. Die Kinder sind unlustig, mißmutig, gereizt und in der Schule nicht zu brauchen. Der Anfall erfolgt dann meist mit solcher Plötzlichkeit, daß das Kind wie vom Blitz gefällt niederstürzt. – Wenn die Schwüle der Atmosphäre sich im befreienden Gewitter entlädt oder ein Vulkan in gewaltigem Ausbruch sich Luft macht, so zeigt sich im Naturgeschehen eine entsprechende Dramatik.

Von einem Heilmittel der Epilepsie werden wir nach dem bisher Gesagten erwarten, daß es dem geistig-seelischen Teil des Menschen erleichtern wird, seine Leiblichkeit zu durchdringen und sie in der Richtung von innen nach außen gleichsam zu durchstoßen. Und damit ist der Schlüssel zum Verständnis der Schwefelwirkung gegeben. Schwefel findet sich in jeder Zelle des menschlichen Organismus, er strebt aber besonders in die nach der Peripherie gelegenen Gewebe, in die Haut, die Haare, die Nägel. Der im Körper vorhandene Schwefel wird durch die Haut hindurch ständig in geringer Menge nach außen abgeschieden, und diese Ausscheidung verstärkt sich bedeutend, wenn ihr durch arzneiliche Schwefelgabe ein Anstoß gegeben wird.[82]

Mit dieser von innen nach außen strebenden Tendenz bahnt der

Schwefel der geistig-seelischen Menschenwesenheit gewissermaßen den Weg innerhalb des organischen Geschehens und befreit sie von den ihr entgegenstehenden Hemmungen; er öffnet dem in sich verfangenen Wesen des Epileptikers wieder das Tor nach außen. So kann man mit entsprechend dosiertem Schwefel eine Epilepsiebehandlung einleiten, während eine spezielle Therapie je nach dem im einzelnen Fall als hemmend erkannten Organ sich anschließen wird. – Rudolf Steiners Ratschlag, epileptische Kinder so warm anzuziehen, daß sie ständig leicht schwitzen, läßt sich aus den gleichen Gesichtspunkten verstehen wie die Schwefeltherapie, denn die zentrifugale Tendenz der Schweißbildung ist ja augenscheinlich.

Betrachtet man die Rolle des Schwefels in bestimmten Naturprozessen, so ergibt sich auch auf diesem Wege ein Bild seiner von innen nach außen strebenden Tendenz. Der Besuch einer sogenannten Solfatara, wie sie sich z.B. bei Neapel findet, kann zu einem persönlichen Erlebnis der Schwefelnatur werden. Da dringen aus dem vegetationslosen, heißen, unter dem Tritte hohlklingenden Boden überall durch Ritzen und Löcher mit Schwefel gesättigte Wasserdämpfe hervor, die die Luft mit schwefligem Geruch erfüllen. Man hat den Eindruck, von den unterirdischen Schwefelkräften nur durch eine dünne Haut getrennt zu sein, die außerdem durch die Dämpfe ständig durchbrochen wird. Wird nicht die unter dem Boden schlummernde zentrifugale Kraft plötzlich gewaltig hervorbrechen und weithin alles zerstören? Diese Frage erhebt sich bei dem Besucher, wenn er sieht, wie jederzeit ein kleines, über dem Boden angezündetes Feuer die Schwefeldämpfe des ganzen Umkreises in verstärktem Maße herauflockt. – Kriecht man am Rande der Solfatara in eine der mit heißen Schwefeldämpfen erfüllten Höhlen hinein, so erlebt man, wie die Schwefelwirkung unmittelbar in die schweißtreibende Wirkung übergeht.

Auch für die Epilepsie ließe sich zeigen, wie das, was hier über die medizinische Behandlung angedeutet wurde, in pädagogischen bzw. heilpädagogischen Maßnahmen seine Entsprechung findet. Rudolf Steiner hat bestimmte körperliche Übungen angegeben, die dem epileptischen Kinde den realen Zugang zu den in der Schwere, dem

Wasser, der Luft und der Wärme wirksamen physikalischen Kräften der Außenwelt eröffnen können. Die Beobachtung muß ergeben, in welches dieser Elemente das Kind sich nicht richtig eingliedern kann. Schwindel und Gleichgewichtsstörungen deuten z.B. auf eine gestörte Beziehung zur Schwerkraft, Übelkeit und Abstumpfung des Geschmackssinns auf eine gestörte Beziehung zum Wasserelement hin. Ähnliches ließe sich für die Beziehung zur Luft und zur Wärme zeigen. – Bei Kindern, die ein kurzes Vorgefühl des herannahenden Anfalls haben, läßt sich manchmal auch aus der Art der Aura (so heißt dieses Vorgefühl) auf das Element schließen, dem das Kind sich nicht einfügen kann. Dabei erlebt der Kranke in einem Falle etwas wie einen heranwehenden Luftzug, in anderen Fällen spürt er jedesmal vorher ein über den Körper laufendes Hitze- oder Kältegefühl, oder er hört das Rauschen von Wasser. Die Beobachtungen über den Zusammenhang der Krankheit mit einem der vier Elemente geben zugleich Hinweise auf das speziell zu behandelnde Organ. Es wurde schon erwähnt, daß Übelkeitsempfindungen auftreten, wenn das Kind es schwer hat, die im wäßrigen Element sich abspielenden Vorgänge zu erfassen. Die Übelkeit sagt uns aber auch, daß auf die Lebertätigkeit geachtet werden muß. Ist das Verhältnis zur Wärme gestört, so werden wir an das Herz denken. Solche Organbeziehungen sollen hier nur angedeutet werden; sie näher zu begründen würde den Rahmen dieser Abhandlung überschreiten.

Wie ärztliches und pädagogisches Tun sich als wesensverwandt hinüber- und herüberverwandeln, wie sie zwei Seiten derselben Sache darstellen, das sollte an verschiedenen Beispielen gezeigt werden. Weiterhin sollte darauf aufmerksam gemacht werden, daß in der Physiologie des Kindes und auch im Krankheitsprozeß selbst schon verborgene Heilungstendenzen veranlagt sind. Das natürliche Geschehen kann diese aber nur bis zu einem gewissen Punkte bringen. Wenn die Therapie solche Heilungstendenzen aufgreift und zu Ende führt, dann erweist sie sich als eine «Manifestation geheimer Naturgesetze» und damit als wahre Heilkunst. Nur als solche aber vermag sie einem so großartigen Real-Kunstwerk, wie es das sich entwickelnde Kind darstellt, gerecht zu werden.

Franz Löffler

Bildschaffende Seelenkräfte als Mittel der Seelenpflege bei verwahrlosten Kindern und Jugendlichen

Entfesselung der Triebgewalten durch die Einflüsse der Großstadt. Kritik, Übertreibungssucht, vorlautes Wesen. Beispiel eines Kindes, das seine Unvoreingenommenheit eingebüßt hat. Die kindliche Schaukraft: bildschaffende Seelenkräfte. Beispiel eines durch Schock verstörten und verwilderten Kindes. Bewußtsein und Abbau der Lebensprozesse. Der menschliche Ätherleib. Mythos, Märchen und Legenden. Neues Bildverständnis durch die Imagination der Geisteswissenschaft. Das Seelenerhebende der Feierlichkeiten. Beispiel eines nervös-unruhigen, unkonzentrierten Kindes. Pflege der Phantasie. Beispiel eines Kindes mit Wandertrieb. Bilderleben, Gedankenleben, Imaginationen. Beispiel einer extremen Verwahrlosung. Pubertät und Idealisierungstrieb. Beispiel heilender Wirkung des Künstlerischen auf einen in sich verkrampften Sonderling. Die Metapher. Die Geisteswissenschaft erfaßt den vollen Menschen und sein Schicksal.

Die vom Motorenlärm dröhnenden Großstadtstraßen haben heute für Kinder ihre besonderen Verlockungen und Verführungen. Die Straße ist einer der wichtigsten Erziehungsfaktoren. Die Menschen, die über- und nebeneinander wohnen, kennen sich kaum, aber die Straßenkinder kennen sich alle. Eine gemüthafte Begegnung der Nachbarn, ein persönliches Gespräch ist eine Seltenheit; die Kinder hingegen sind befreundet, verfeindet und stehen immer in konkreter Berührung, bilden Haufen und Horden, es wird geliehen, getauscht, gehandelt, gespielt und gerauft. Der Einfluß, sowohl der gute wie der schlechte, ist groß.

Das Tempo des Verkehrs zwingt zur Eile. Der Gruß unter den

Erwachsenen ist nur flüchtig, der Umgang kurz, der Umgangston knapp. Die Kinder begegnen sich jedoch um so intensiver. Die Straße erzieht sie zur Gewandtheit, zu raschem Erfassen der Situation und zu anhaltender Sinneswachheit. Man muß blitzartig zahllose Möglichkeiten in Rechnung stellen und die praktischste wählen. Diese verfrühte Überwachheit der Sinne ist Kindesschicksal in der Großstadt. Herzlichkeit, Gemütlichkeit, Besinnlichkeit hat hier nur wenig Platz. Eine völlige Entidealisierung der menschlichen Beziehungen vollzieht sich.

Der Einbruch der Technik in alle Lebensbezirke hat eine neue Gesinnung zur Geltung gebracht: Nur das Irdisch-Zweckmäßige ist schön, nur das Nützliche gut. So wird alles hinabgestoßen in die Entwürdigung der Zweckwahrheiten, Zweckkunst, Zweckmoral. Das alles lebt auf der Straße. Welches Kind könnte die tausend Sensationen, die täglich an die Sinne anbranden, seelisch beantworten? Der Erwachsene mit seinem vollentwickelten Bewußtsein kann sich noch alles vom Leibe halten und nur das wahrnehmen, was er wahrnehmen will. Das Kind kann das noch nicht, es ist dieser Flut hilflos preisgegeben und kann sie seelisch nicht verarbeiten. Diese von der Seele nicht beantworteten Erlebnisse setzen sich bis in die Lebensprozesse hinein fest und lähmen die kindliche Seelenregsamkeit.

Die Phantasie hält sich schadlos an den skrupellosen Sensationsdarstellungen des Kinos und der Schundliteratur. Dieser Einfluß ist bei weitem größer als der der Eltern und der Schule.

Der kleine, harte Intellekt mit dem kalten Blick kann sich dann über nichts mehr wundern. Das um seine Kindlichkeit betrogene Kind irrt von Konflikt zu Konflikt. Sein Weltbild ist bereits durchlöchert von Egoismen. Nur die wohlbehüteten und derbgesunden Naturen kommen ohne nennenswerten Schaden davon.

Mit diesen seelischen Schädigungen sind aber auch körperliche Symptome verbunden: Bettnässen, Gefäßspannungen, Schweißausbruch, stockender Atem, jagender Puls, Stauungen aller Art, Müdigkeit, Schlafstörungen und vor allem konstitutionelle Entwicklungsrückstände. Das alles wirkt als ein Fremdsein im Lebensgrundgefühl. Solche um ihre Kindlichkeit betrogenen Kinder haben ihre natürliche Fröhlichkeit eingebüßt. Ihr Frohsinn ist «gemacht» verkrampft. Ihr Menschen- und Weltvertrauen ist dahin. Sie schwatzen und schreien zwanghaft, und aus ihrem korrumpierten Gefühl dröhnt in unsere Ohren die große soziale Lüge des Materialismus: das größtmögliche Glück der höchstmöglichen Zahl von Menschen!

Peter ist 14 Jahre alt und besucht die siebte Klasse der Heimsonderschule. Er stammt aus einer kinderreichen Familie einer Provinzstadt und wurde als Kleinkind von einem Berliner Ehepaar adoptiert. Er hatte sich schnell in der Großstadt akklimatisiert, fühlte sich wohl bei den Pflegeeltern, hing mit ganzem Herzen an der stets zur Schau gestellten Männlichkeit des Pflegevaters, der wiederum mit übertriebener Zärtlichkeit an dem Knaben hing. Peter erlebte den ersten großen Schock, als die Pflegeeltern sich scheiden ließen. Das Jugendamt brachte den Knaben in einem Kinderheim unter. Der Vater, der sich wiederverheiratete, entführte jedoch den Knaben aus dem Heim und vagabundierte eineinhalb Jahre lang mit der neuen Frau und mit Peter durch halb Europa. Eine Schule wurde während dieser Zeit nicht besucht. Als die Familie wieder zurückkehrte, nahm das Jugendamt den Jungen den Eltern weg und ordnete erneut Heimunterbringung an. Peter hing noch immer am Pflegevater, obwohl er dessen Haltlosigkeiten bereits ahnte.

Er ist im Grunde ein gutmütiger, pfiffiger, sehr anstelliger und weltgewandter Junge, hat aber seine kindliche Unvoreingenommenheit längst eingebüßt. Er ist überklug in praktischen Dingen und bleibt daher stets in den Fallschlingen der Flachheiten hängen. Das Leben hat ihm schon einige Lektionen über die Dämonien des Großstadttreibens erteilt. Das hat ihn abgebrüht, er wurde gleichgültig, und nichts kann ihn in Erstaunen versetzen. Dagegen besitzt er eine fast schöpferische Keckheit, gepaart mit einer eigenartigen Rührseligkeit, die sich vor allem in sentimentaler Tierliebe äußert. Über seinem Bett hing ein Spruch:

> «Seit ich die Menschen kenne,
> liebe ich die Tiere.»

Sein nüchterner Verstand scheidet bereits «messerscharf». Nachdem der Vater sich nun zum zweiten Male scheiden ließ, glaubt Peter an nichts mehr. Schon Cagliostro schrieb über die Berliner: «Kein Mensch glaubt einem was.» Und weil das tatsächlich so ist, werden auch schlichte und kontrollierbare Tatsachen immer etwas zu stark aufgetragen.

Dieses Schnoddrige, Vorlaute des Großstädters ist auf seine geringe Hörtiefe zurückzuführen. Wirtschaft, Technik, Sport, Radio haben die Sinne abgestumpft, sie haben alles überlärmt. Eine Selbstbesinnung ist erschwert, und da pfahlt man sich lieblos in die Seele des Mitmenschen hinein. Kinder sind für dieses kalte Verstandestreiben besonders anfällig. Sie müssen jeden Augenblick urteilen. Das aber erzeugt eine verheerende Kritiksucht, die die Seele entgöttert. So werden die menschlichen Grundgefühle, die Antriebe der Seelenerhebung, schon frühzeitig korrumpiert.

Und doch wollen diese Kinder ihre bildschaffende Phantasie betätigen. Das Bildschaffen dieser von der Kritiksucht angefressenen Seelen führt aber nicht zur Verschmelzung der Welt und der Überwelt wie in der Poesie, sondern es bildet sich eine Art Afterpoesie, die im Großstadt-Jargon ihren Ausdruck findet. Statt Schmetterlinge schwirren dann Fledermäuse durch den Seelenraum. Auch hierbei wird eine Besonderheit zur Metapher. Der Inhaber eines Feinkostladens, Knorke, wird zum Begriff des Guten. Alles Vorzügliche heißt nun «Knorke». Gibt es etwas Unpoetischeres? Oder: «Dir fehlt die Hutkrempe!» das heißt, du hast wohl einen «Dachschaden»? Es lebt in diesem Jargon eine bodenlose Menschenverachtung. Der vom Gemüt losgelöste Intellekt versprüht dauernd ein Feuerwerk der Übertreibungen, der geistreichen Witzeleien, der amüsanten Paradoxien.

Peter kann zwar nicht klettern, aber er macht seine Witze über andere Kinder, die zügig die Kletterstange hinaufgehen: «Halt! Nicht höher! Dort ist die Stange zu Ende!»

Zwei Jahre Heimerziehung und sonderschulische Betreuung in der Heimschule waren notwendig, bis Peters Seelenleben wieder geordnet wurde. Menschen- und Weltvertrauen wurden geweckt und die Seele geöffnet für religiöse Gefühle, die diesem mißtrauischen und ungläubigen Knaben wieder Seelenschwingen verliehen. Durch die musische Erziehung erwachte wieder der kindliche Adel des Bildsinns im Fichteschen Sinne: Dieses Hinbilden zur übersinnlichen Weltordnung ist für diese gottverlassenen Kinder einschneidendstes Erlebnis.

Es gibt aber noch tieferliegende Schäden, wobei die Phantasie völlig verstummt und die kindliche Seele ganz hineingebannt wird in die Welt der Sinneswahrnehmungen. Alles Geistige wird dann ausgeschieden aus der Wirklichkeit, und die Seele verarmt völlig, sie vereinsamt und versinkt in die Leiblichkeit, ohne sich in den elementaren seelischen Akten von der «nackten Wirklichkeit» lösen zu können.

In der Sinneswahrnehmung des Kindes lebt noch – oft nur als Gefühl, als Ahnung – das seinsschöpferisch Wirkende, das Unsichtbare, das die Seele ergreift und mit seinem Glanz das ästhetische Gefühl weckt. Jakob Böhme genügte ein Lichtstrahl an einem zinnernen Gefäß zum Aufleuchten des Geistigen im Bewußtsein. Die Sinnesdinge sind von einem geheimnisvollen Hauch umschwebt, der als mehr oder weniger dämmernde Ahnung aus der Sinneswahrnehmung in das Gefühl eintritt wie ein noch keimhaftes «Wissen», das schon längst im Herzen schlummerte. Dieses keimende und knospende «Wissen» des Herzens hält in der Wahrnehmung mit dem Übersinnlichen der Dingwelt raunende Zwiesprache. Erwachsene Menschen haben dieses inspirierende Element in der Wahrnehmung meist eingebüßt. Kinder aber sehen und hören noch ganz anders. In der Stimme der geliebten Eltern, der verehrten Lehrer hören sie noch die geheimsten Herzensregungen, in Farbe, Form, Klang, Geschmack verspüren sie noch die wesenschaffende Kraft, das «Herz» der Dinge, das sich immer zum Bild oder Klangbild formen möchte. Das Wort wird wie eine Pflanze, die sich aus kleinstem Samen zu einem Baumriesen erhebt, hat Wachstum, wird weit, tief, klar, erhellt sich von innen. Die Worte und die menschliche Stimme bekommen einen seelischen Glanz, der sie belangvoller, beziehungsreicher und wichtiger in Erscheinung treten läßt. Diese Worte verhallen nicht, sie umschweben die Seele, haben Flügel und begleiten unseren Lebensweg. Es sind Schicksalsworte, Meilensteine, voll Inständigkeit und Wahrheit. Dann überfällt uns jählings eine Einsicht, als ob eine Rosenknospe über Nacht aufgeblüht wäre: Auch das Wissen keimt, sproßt, blüht und trägt schließlich Früchte. Hier wird Erziehung zur Kunst. Diese Keime leben in der Seele mehr als Ahnungen und in einer mehr jenseitigen Wirklichkeit, und alles Sichtbare und Hörbare spiegelt nur Bilder einer größeren Wirklichkeit, die als ungeheures Geheimnis uns umschwebt, wenn nur die Empfänglichkeit geweckt ist. Die Dinge bekommen symbolhafte Bedeutung, in der sich der Geist, wenn auch auf Umwegen, bekundet: der Schmetterling, der Vogelruf, die Blume, sie meinen immer uns! Doch das wogt und webt schleierzart in der Sinneswahrnehmung dahin, und die Grenze zwischen Sinneswelt und übersinnlicher Welt ist nur hauchdünn. Daher sehen und hören die Kinder mehr als die Erwachsenen. Sowohl Kinder wie auch solche Völker, die intellektuell noch wenig entwickelt sind, haben ein größeres Blickfeld, sie sehen anders. Ihre Schaukraft ist noch ungemein lebendig, und sie vermischen diese Organlebendigkeit mit den geschauten Objekten. Dieses kindliche Schauen gibt dem Schein noch Seinscharakter.

Die Verstandesentwicklung reduziert diese Schaukraft und verhüllt dadurch den Goldgrund unserer Kindheit, zu dem wir, in der Erinnerung, immer wieder zurückkehren. Die Welt wird ärmer, enger, dürftiger durch diesen Verlust. Der Mensch wird einsam und im extremen Fall ein Sonderling. Darüber beklagt sich Hölderlin mit bewegten Worten:

«Ach wäre ich nie auf eure Schulen gegangen! Die Wissenschaft, der ich in den Schacht hinunter folgte, von der ich, jugendlich töricht, die Bestätigung meiner reinen Freude erwartete, die hat mir alles verdorben.

Ich bin bei euch so recht vernünftig geworden … bin ausgeworfen aus dem Garten der Natur, wo ich wuchs und blühte, und vertrocknete an der Mittagssonne.»

Es geht hier nicht darum, diesen Verlust zu beklagen, sondern um die Feststellung: In der kindlichen Sinneswahrnehmung klingt noch Übersinnliches mit. Auf diese Weise wird eine andersgeartete Wirklichkeit erlebt, in der die wesenschaffende Gestaltungskraft bildschaffend tätig ist. Diese bildschaffende Seelenkraft allein bewirkt «Bildung». Dieser Begriff kann doch nur vom Bild abgeleitet werden. Dieses Bildschaffen der Seele schützt sie vor der verwirrenden Fülle der unbewußten Willensantriebe, die aus dem Stoffwechsel steigen, und ist gleichzeitig die Geburtsstätte des Sinngebenden der Sinneswahrnehmungen. Das kindliche Gefühl, die Grundgefühle der Seele, wie Andacht, Verwunderung, Ehrfurcht, Dankbarkeit, Liebe sind Schauplatz dieses Geschehens. Bei Gefühlsarmut oder Gefühlsüberschwang wird das Bildschaffen gelähmt oder krankhaft gesteigert.

«Das Richtige ist nicht sechs Pfennige wert,
wenn es weiter nichts zu bringen hat.»   *(Goethe)*

Ein weiteres Beispiel: *Pauls* Wahrnehmungen, Vorstellungen, Erinnerungen haben tatsächlich außer der nackten Wirklichkeit «nichts zu bringen». Alles haftet am Erscheinungsbild, und von den darin wirkenden Wesen klingt auch keine Spur in seiner Seele nach. Die Seele dieses Kindes ist bereits mit zwölf Jahren völlig in der Sinneswelt gebannt. Nur mit Mühe und nur mit Erziehungshilfe vermag sich Paul zeitweise aus dieser Verzauberung zu lösen.

Er ist von gedrungener, klotziger Konstitution, stoffwechsel-betont, und seine seelischen Interessen zielen stets auf die Befriedigung seiner kräftigen Verdauung. Paul ist unehelich geboren. Die Mutter kam bei einem Luftangriff ums Leben. Der Vater hat den Knaben später adoptiert. Viele kriegsbedingte Schocks haben das Leben dieses Kindes, das nie eine heimatliche oder familiäre Geborgenheit kennengelernt hatte, geprägt. Instinktlos, triebenthemmt ist er seinen Begierden haltlos ausgeliefert. Er ist ein Raufbold; von blinder Wut gepackt, schlägt er besinnungslos auf seine Kameraden ein, wenn es um sein leibliches Wohl geht. Er kann seitenlange Briefe schreiben, wobei es sich nur um das Essen handelt. Sogar die kräftige rote Farbe auf Bildern will er «fressen». Während der Schulpausen rast er wie ein wildgewordener Stier auf dem Schulhof. Dabei hat er eine gewisse primitive Ehrlichkeit, beschönigt seine Fehlhandlungen nicht, wohl nur, weil seine Kombinationsgabe für das Lügen nicht ausreicht. Aus den Dunkelheiten seines Stoffwechsels steigen die Bedrängnisse und Hemmungslosigkeiten, die ihn fortwährend in Konflikte mit seiner Umwelt verstricken. Vom Bewußtsein her können Kinder die verwilderten Triebe noch nicht zügeln. Diese Zügelung könnten nur die Bilder der moralischen Phantasie, die aus den Grundgefühlen steigen, bewirken. Aber gerade für Bilder ist Paul geradezu seelenblind. Mangels Einfühlung verkennt er stets die Lebenssituationen und verkrampft sich im Dauerkonflikt. Im ersten Jahr der Heimbehandlung erschöpfte er sich im Kampf mit den unverstandenen Alltagssituationen. Nur wenn man besonders auf ihn einging, war es möglich, gewisse elementare Gefühle, wie z.B. das Schuldgefühl, in seiner Seele zu wecken.

Paul war völlig amusisch. Seine distanzlosen Plattheiten erdrückten die Regsamkeit edlerer Gefühle. Beim Singen brummte er lediglich im Quartabstand. Nach einem Jahr hingegen rutschte er in die richtige Tonart hinein. Das war ein gewisser Wendepunkt in seiner Entwicklung. Nach zwei Jahren sang er mit heller Knabenstimme, wenn auch noch nicht sehr ausdrucksvoll. Ähnlich war es mit dem Flötenspielen. Erst wollten seine Finger nicht parieren, was ihn maßlos ärgerte. Er bekam sie allmählich in seine Gewalt und spielte nach zwei Jahren Mühens schon ganz gut in der Gruppe der Flötenspieler, ohne sich zu ärgern oder zu stören. Wenn er seinen Kameraden Obst weggenommen und es aufgegessen hatte, mußte er darauf zur Strafe ein Lied oder eine kleine Melodie für Flöte komponieren oder ein Bild malen. Da kamen erst lauter Plattheiten heraus, aber allmählich brachte er mit großem Eifer ganz gute Leistungen hervor. Dieser «Strafvollzug» hatte für alle Kinder etwas Versöhnendes.

Sein *Bildsinn* entwickelte sich ebenfalls nur sehr langsam. Er konnte sich nur mit Mühe von der Wahrnehmung distanzieren. Seine Empfindungen waren zu schwach; und er mußte stets vom Bewußtsein her kompensieren, was ihm an Mitgift seitens der

Empfindungsfähigkeit fehlte. Auf diese Weise war sein Bewußtsein stets überfordert, was sich einerseits in Unkonzentriertheit äußerte und andererseits in einer Erschöpfung, die das Produzieren von Vorstellungen, die sich nicht auf Sinnliches bezogen, erschwerte. Etwas vorzustellen, was sich nicht auf die Sinneswelt bezog, war ihm eine Seelenqual. Einen metaphorischen Sinn zu erfassen war schon gar nicht möglich. Bezeichnete z.B. jemand eine Kastanie mit stachliger Schale als «Igel», so war Paul fassungslos: Er hatte längst den Schlüssel seiner Seele, die Fähigkeit der Verbildlichung, verloren. Dieser Verlust bewirkte viele Konflikte und Taktlosigkeiten in seinem Alltag. Das Sinngebende, Sinndeutende, der *Logos,* konnte sich nicht verbinden mit den Wahrnehmungsinhalten, und sein Leben vom Aufwachen bis zum Einschlafen war eine ununterbrochene Kette von Mißverständnissen. Wenn im Unterricht, auch im Religionsunterricht, eine Geschichte erzählt wurde, die sich an die freischaffende Phantasie wandte, fing er an zu gähnen und sagte hemmungslos: «So ein langweiliger Quatsch!» Jeder Weg zum Übersinnlichen war ihm versperrt.

Wie alles Bildhafte waren ihm auch alle Vorstellungen, die sich auf Nichtsinnliches bezogen, fremd: Das sind aber alle religiösen Vorstellungen. Über die menschlichen Grundgefühle weckt die Religion bildhafte Vorstellungen, die die Seele fromm machen, sie verleihen ihr Schwungkraft, die bis über den Tod hinaus schwingt. Dafür war Paul hartnäckig blind. Dies war mit ein Grund für jene erschütternde Seelendramatik seines Alltags, die schließlich doch noch die verschlossenen Türen zur Bilderwelt aufbrach. So wurde er langsam empfänglicher für edlere Gefühle. Da machte sich eine anfängliche Besonnenheit bemerkbar. Er reagierte nicht mehr so blindlings auf seine Umwelt. Zeitweise gewann er Gefallen an der Höflichkeit. Die gemeinsamen Feste und Feiern konnten ein ehrliches Staunen auslösen, da lauschte er gebannt auf die seelenerhebenden Erzählungen. Nicht, daß er sich schon sehr begeistert hätte an ihnen, aber er ließ sie als «möglich» gelten. Sein Blickfeld wurde über den Bann der Sinne hinausgeweitet, die Natur wurde mit tieferer Seelenregsamkeit erlebt. In den Erzählungen der freischaffenden Phantasie vermag er schon die in die Gestalten hineingewobenen Motive wahrzunehmen. Die Phantasie beginnt ihre Flügel zu entfalten, sie steht aber immer noch in einem argen Kampf mit der platten Sinnlichkeit.

Paul ist ein charakteristisches Produkt der Zivilisation. Er repräsentiert eine gewisse Endphase an der äußersten Grenze der Variationsbreite der Normalität. Er ist nicht etwa schon ein «Sonderling», der infolge seiner individuellen Anlagen einen Sondermaßstab beansprucht. Er ist auch nicht beschränkt in seiner sinnesbezogenen Begriffskapazität, und er ist sogar ein mittelmäßiger Schüler. Er ist aber abgeschnitten von allen idealen Werten des Lebens, was ihn blind macht für die Motive seines Handelns.

Diese idealen Werte hat der Materialismus aus unserem Leben weggeräumt. Er duldete keine «romantischen Spekulationen», hinter den Dingen sollte nichts mehr gesucht und ersehnt werden, nichts sollte gewähnt werden hinter der Schwelle der Sinneswahrnehmung. Nur eindeutig kontrollierbare Tatbestände, die mit Maß, Zahl und Gewicht erfaßt sind, wurden zur Grundlage der Erkenntnis, und da gilt tatsächlich nur noch das Allernächste. Der Gefühlsbezug wurde der Objektivität geopfert, und damit verstummten jene seelischen Funktionen, die der Erkenntnis Richtung und sittliche Bedeutung gaben. Allmählich verkannte man auch sein eigenes Verhältnis zu den Dingen. Der Mensch und seine Wirklichkeit wurden reduziert, und eine schreckliche Öde breitete sich aus auf allen Lebensgebieten. Wir sehen nur noch Bruchstücke der Wirklichkeit. Gerade die Menschen, die am meisten «Zeitgenossen» sind, starren mit eingeengtem Blickfeld nur noch auf den materiellen Anteil der Wirklichkeit, ähnlich wie Paul. Die imaginativen und inspirativen Anteile der Wirklichkeit verkümmern, und es verkümmert die Phantasie, die uns diese Anteile vermittelt. Dann erkalten die Gefühle, die Bildschöpfung erlahmt, und aus den Tiefen des Stoffwechsels steigt ungehindert Zuchtlosigkeit, Brutalität, zerstörendes Seelengezücht und die seelenpressende Angst. Alles Unerkannte, aus dem Erkenntnisprozeß Verdrängte tritt uns als Angst entgegen, die unsere ganze Zivilisation beherrscht. Die Frage der Erkenntnisgrenze ist keine spekulative Angelegenheit mehr, sondern brutalste Realität. Die Geisteswissenschaft Rudolf Steiners ist die von den Nöten der Zeit geforderte Erkenntniserweiterung, die den imaginativen, intuitiven und inspirativen Anteil der Wirklichkeit, erkenntnis-methodisch gesichert, aufs neue erschließt und damit den Bann der Sinnlichkeit löst.

Uns geht es um die Hauptleidtragenden, um die von der Angst geprägten kindlichen Seelen. Wir stehen schaudernd vor dem ungeheuren Komplex des Menschfremden, das sich als nervöse Unruhe, zersplitternde Hast, als dämonische Triebe, brutale Egoismen, anwidernde Unredlichkeit manifestiert und das aus dem Eruptionsherd als Angstprodukt hervorgeschleudert wird, ohne danach zu sehen, wohin es fällt. Auch der Haß wird aus dieser Angst geboren, auch jener, der sich bis in die sozialtheoretischen Ideologien hinein erstreckt, wo er von einer klassenlosen Gesellschaft träumt, in der ein irdisch-materielles Paradies dereinst verwirklicht sein werde. Dieser Haß bezieht seine unbegrenzte dialektische Argumentationsweise aus der Enge der Erkenntnisgrenzen. Diese vom Haß geleitete Willensentfesselung wird dann angefeuert vom «Bataillonsmut der Masse» (Fontane), der epidemisch wirkt.

Das Ausmaß der Tragödie unserer Jugend ist noch kaum zu übersehen. Die Saat des Materialismus ist aufgegangen. Die alten Bindungen sind in Auflösung begriffen. Aus der Formlosigkeit, Ziellosigkeit, Haltlosigkeit brechen Entartungen hervor. Der Sinnesbann hat auch den geistigen Zustand der Eltern und Erzieher weitgehend bestimmt; sie sind nicht mehr in der Lage, die Fehlentwicklungen der Kinder zu verhindern. Seitens der Fürsorge ist ein großer Idealismus am Werk und eine echte persönliche Einsatzbereitschaft.

Die heutige Sozialpädagogik sieht klar die Symptome, sie kommt aber nicht auf gegen sie, weil ihr ein umfassendes Welt- und Menschenbild fehlt, das nicht nur das Leibliche und allenfalls noch das Seelische begreift, sondern auch die bleibende geistige Individualität. Dazu aber ist eine Geisteswissenschaft notwendig.

Menschenkundliche Beobachtungen der Geisteswissenschaft ergeben, daß unser Bewußtsein sich auf Kosten der biologischen Existenz entwickelt. Die Vorstellungen, Begriffe, überhaupt das Denken, wirken auf die vitalen Kräfte abbauend. Zwischen den vitalen Funktionen und dem Bewußtsein besteht ein fortwährendes Wechselverhältnis. Während der Kindheit sprießen und sprossen die Ernährungs- und Wachstumskräfte, aber das Bewußtsein ist nur wenig entfaltet. Im Alter besteht ein hochentwickeltes Bewußtsein bei erschöpfter Vitalität. Alles aber, was in den Bereich der unbewußten Lebensprozesse gerät, wird hineingerissen in einen Belebungsvorgang. Da werden Wahrnehmungen zu Halluzinationen, Vorstellungen werden verstiegen und wahnhaft, Gefühle, Willensimpulse werden maßlos. Zwischen beiden Polen jedoch wirkt das wunderbare Spiel der Verbildlichungen.

Die Wahrnehmung z.B. ist nur ein augenscheinliches Aufleuchten der Sinnesbilder im Bewußtsein, wobei das aufgebrachte Interesse die Dauer bestimmt. Das Wahrnehmungsbild wird dann von den vitalen Kräften wieder ausgelöscht. Würde sich eine Wahrnehmung oder eine Vorstellung auf die Dauer im Bewußtsein festsetzen, was bekanntlich in krankhaften Zuständen vorkommt, so müßte der Mensch darin aufgehen, und er wäre nicht mehr er selbst, sondern das wahrgenommene oder vorgestellte Ding. Der Wahrnehmungsinhalt wie auch die Vorstellungen dürfen keinen Seinscharakter annehmen, weil die Seele daran zerbersten müßte. Im Bilde distanziert er sich. Innere und äußere Dinge werden lediglich gespiegelt. Das Spiegelbild läßt uns frei.

Erinnert die Seele, so holt sie die entsprechenden «Zeichen» aus dem latenten Schlummer des vitalen Unterbewußten, indem sie die Bilder aufs neue erweckt. Hier ist ein Maler am Werk, der das Bild in einem schöpferischen Akt neu entstehen läßt. Dieses Erinnern ist der Ausfluß einer intensiven Ich-Tätigkeit. Das ist eines der größten Wunder der menschlichen Seele. Die schöpferische Kapazität des individuellen Ich ist entscheidend für den Wert der Bilder. Von Goethe wissen wir, daß ihm bereits der Duft einer Rose genügte, um die Rose sinnlich wahrzunehmen.

Für die Psychologie wäre es von entscheidender Bedeutung, dieses Bildschöpferische in der Seele richtig zu werten, denn erst dann könnte sie die Anteile des Seins und des Bildseins am Zustandekommen des Seelenlebens wirklichkeitsgemäß deuten. Das Leben im Bildsein, also im Schein, ist das Urphänomen der menschlichen Seele. *Die Substanz der Seele ist das Bild.* Die Bildordnungen zeigen uns, daß im Seelischen eine völlig andersgeartete Seinsordnung waltet und daß der Schein nicht einfach Lüge ist, wie die intellektuellen Bilderstürmer es wähnen. Nach ihren Anschauungen wären alle Geschöpfe der Phantasie, alles Bildhafte unwirklich und daher nutzlos. Bei diesem Aufräumen mit dem «Bildunwesen» wurde der größte Schaden in der Erziehung angerichtet.

Der grenzenlose Bildhunger der Kinder kann mit den heutigen Bildungsmitteln nicht befriedigt werden, und die bildschöpferische Tätigkeit der Seele verkümmert. Das hat unermeßliche Folgen.

Es genügt nicht, wenn heute von Einsichtigen eindringlich eine *«musische Erziehung»* zur Kompensierung des Intellekts gefordert wird. Die Schule möchte das intellektuelle Pensum reduzieren und den künstlerischen Fächern größeres Gewicht verleihen. Ohne geisteswissenschaftliche Bildkunde ist keine Einsicht in den Bildungswert der bildschaffenden Seelenkräfte, in die Bildsubstanz der menschliehen Seele zu gewinnen.

Je weniger aber unsere Erziehung in der Lage ist, die bildschaffenden Bedürfnisse der Kinder zu befriedigen, um so mehr wird die kindliche Seele von der Angst gezeichnet. Das Mittel gegen die Angst ist das Bild, nicht das willkürlich gehandhabte, sondern das entwicklungskundlich wahre Bild.

Das Produzieren der Seelenbilder steht in einem Strömen darinnen. Die Geisteswissenschaft kennt diesen strömenden Zeitorganismus und nennt ihn Ätherleib. Er wirkt als dynamisches Kraftfeld in den Organprozessen, im Säftestrom, in der Lymphe, im Chylus, in den rhythmisehen Wellen des Blutes. Nicht nur die lebensgesetzlichen Triebe und Antriebe stehen in diesen Strömen, sondern der ganze Seeleninhalt «schwimmt» darin, auch die Bildsubstanz. Ohne unser Zutun strömen unsere Vorstellungen, Gedanken von selbst dahin. Darin ist auch die kindliche Schwatzhaftigkeit begründet. Nur das Ich vermag dieses Strömen zu steuern. Die alten Kinderreime –

ein köstlichster Schatz von Bildungsmitteln – enthalten auch solche Reime, die in humorvoller Art die Fähigkeit der Bildsteuerung fördern. In diesem Strömen kommt es darauf an, den Strom anzuhalten oder ihn auch rückwärts zu lenken, vor allem zu rhythmisieren.

> Es war einmal 'ne Maus in unserm Kornehaus.
> Sie nahm das Korn gefangen in unserm Kornehaus.
> Die Maus, das Korn, ist alles verlorn in unserm Kornehaus.
> Da kam die Katz gegangen in unserm Kornehaus.
> Sie nahm die Maus gefangen in unserm Kornehaus.
> Die Katz die Maus, die Maus das Korn, ist alles verlorn in
> unserm Kornehaus.
> Da kam die Ratz gegangen usw.
> Die Ratz die Katz, die Katz die Maus, die Maus das Korn,
> ist alles verlorn in unserm Kornehaus.

Nun kommen der Hund, der Wolf, der Fuchs, der Bär, der Knecht, die Magd und schließlich der Herr, und zum Schluß wird mit Wonne die Umkehrung gesprochen:

> Der Herr die Magd, die Magd den Knecht,
> der Knecht den Bär, der Bär den Fuchs,
> der Fuchs den Wolf, der Wolf den Hund,
> der Hund die Ratz, die Ratz die Katz, die Katz die Maus,
> die Maus das Korn, ist alles verlorn in unserm Kornehaus.

Die bei Kindern häufig vorkommenden Wort- und Satzverdrehungen beruhen auf diesem Bedürfnis des Rückwärtsströmens. Zäsuren einfügen in dieses Strömen ist eine wichtige Bildungsaufgabe und auch ein Vorbeugungsmittel gegen das Schwatzen. Da die Bildung in diesen Dingen völlig versagt, helfen die Kinder sich instinktiv, wobei dann Entartungen nicht ausbleiben können. Ohne rechte Handhabung dieses Strömens ist der seelische Distanzierungsprozeß auf dem Felde der Wahrnehmung und auf dem der Erinnerung recht erschwert, und das Kind wird dann meist «getrieben».

Ein neunjähriger Knabe mit Symptomen kindlicher Hysterie

wurde stets von diesem Strom getrieben, was sein ganzes Lebensgefühl «verrückte». Nicht er lief auf der Straße, sondern die Häuser
und die Zäune liefen. Auf der Wanderung wanderte nicht er, sondern
die Berge. Die Welt strömte an ihm vorbei. Sobald aber Zäsuren tief
genug in seinen strömenden Zeitorganismus gesetzt waren, war auch
diese Verrückung weitgehend behoben. Das Strömen anhalten
lernen – manche Scherzlieder und Kinderreime kennen das. Da muß
bei vielen Wiederholungen schließlich ein bestimmtes Wort verschwiegen werden, wie in dem Liede:

> Nun fahr'n wir über'n See, über'n See,
> Nun fahr'n wir über'n –.
> Nun fahr'n wir über'n See, über'n See,
> Nun fahr'n wir über'n *See!*
> Mit einer hölzern Wurzel,
> Wurzel, Wurzel, Wurzel,
> Mit einer hölzern Wurzel
> Kein Ruder war nicht –.
> Mit einer ... (wiederholen) ...
> Kein Ruder war nicht *dran!*

An bestimmten Stellen muß ein Wort verschwiegen werden. Die
Kinder, vom Strom getragen, fallen immer wieder drauf rein. Das
ist lustig und schärft die Aufmerksamkeit.

Solch eine Anhalte-Methode, vielfältig – selbst beim Schuhput-
zen – geübt, ermöglicht es, das organische Strömen allmählich zu
lenken und das Getriebenwerden zu unterbinden.

In unserer Zeit der großen Geistesverdunkelung und der schick-
salhaften Vergeßlichkeit ist der Sinn für alte Gebräuche, Sitten und
Weistümer geschwunden. Mythische Vorstellungen werden nicht
mehr verstanden, sie schwinden aus dem allgemeinen Bewußtsein
und werden als wunderliche Zeichensprache, die wir nicht mehr
entziffern können, in die Kinderstube verdrängt. Die *Märchen* sind
letzte Auskristallisationen einer mythischen Erlebnisart, eine letzte
Kunde von der geistigen Welt. Auch sind die Überlieferungen
schon getrübt, von kleinmenschlichen Interessen durchzogen, und

wir haben oft Mühe, den echten Geistkern des Mythos aus dem wuchernden Geranke herauszufinden. Die Maßstäbe der Mysterien, die dem Märchen den Rang eines Mythos verliehen, schrumpften oft in die subjektive Willkür hinein, verdämmerten in Phantasterei und Unverständnis. Der deutsche Idealismus und die Romantik brachten noch echte mythische Schöpfungen hervor. Schiller hatte noch einen sicheren Griff für diese geahnten Mysterieninhalte: «Gebt mir Märchen und Rittergeschichten, da liegt der Stoff zu allem Schönen und Großen.»

Aber wer kennt heute noch die zwielichtigen Sinnbilder, deren Bedeutungsfülle uns oft so kraus vorkommt, weil unser Bewußtsein kaum noch etwas anfangen kann mit ihnen? Wer kennt noch das geheimnisvolle Raunen dieser verschlüsselten Symbole? Wer vermag noch aus den luftigen Gebilden des Metaphorischen, in denen sich die Phantasie scheinbar überschlägt, das urtümliche Völkerwissen zu fassen und zu deuten? Der Verstand vermag das nicht. Er kann Gedanken, aber keine Bilder deuten. Führende Pädagogen (Montessori) lehnen diese Märchenwelt als schädlich ab, denn sie bringe das Kind in Konflikt mit dem, was das 20. Jahrhundert für Wirklichkeit hält. Der russische Bolschewismus hingegen bringt herrliche Märchenbücher mit schönen Illustrationen in Millionenauflage heraus. Er scheint diese mythischen Überlieferungen nicht lassen zu können, obwohl sie im Widerspruch stehen mit seinen Doktrinen.

Andererseits wird diese Mythenwelt ins «kollektive Unbewußte» hinabgedrückt, wo man sich ihres symbolischen Bildelementes bemächtigt, ohne diese Tiefen erkenntniskritisch erfaßt zu haben. Das kann nur eine Geisteswissenschaft, die eine imaginative Erkenntnisart entwickelt hat. Die Anthroposophie vermag in den Märchenimaginationen, die seit altersher fortwirkenden Offenbarungen, das «Alphabet des Weltgeistes» (Goethe), erkenntnismäßig, urkundlich zu erfassen. Sie kennt die Bildordnungen der imaginativen Welt aus eigenem Schauen. So vermag sie mit imaginativer Erkenntnis die Bilder des Mythos in ihrem Wahrheitsgehalt genauso exakt zu erkennen, wie man in der Mathematik Lehrsätze begreift. Dabei zerstört sie nicht den Zauber und den schimmernden Glanz, der diesen Mythen anhaftet.

Wir horchen auf, wenn wir gewisse Formeln hören, aus denen uns ein Geheimnis anhaucht:

> «Was macht mein Kind, was macht mein Reh?
> Nun komm ich noch einmal und dann nimmermehr.»

Solche Formeln lassen die sinnende Seele nicht mehr los. Und in jedem Märchen kommen solche Formeln vor. Man muß schon weit zurückgehen in der Geschichte des menschlichen Bewußtseins, eben in «Zeiten, wo das Wünschen noch geholfen hat» (Grimm), in die Zeit uralt-heiliger Magie, um ein Gefühl dafür zu bekommen, daß man hier anders hinzuhören hat als im gewöhnlichen Leben. Als Kinder hörten wir das sofort und empfanden die Schwelle und ihren Hüter, ohne uns den Kopf darüber zerbrechen zu müssen. Da klang das alles noch heimatlich. Man schaute das Bild und «wußte». Das Schauen war noch Verständnis. Bildwirklichkeit war Seelenwirklichkeit.

Bachofen deutet den Mythos als eine Auslegung von urtümlichen Bildern. Dieses Urtümliche ist aber wesenhafte «lebende Gestalt», die dann stufenweise hinabsinkt in das gewöhnliche Bewußtsein. Jeder Mythos versprühte in Symbole, und jedes Sinnbild war ein Keim zu einem Mythos. Diese Urbilderwelt erschließt in uns einen bestimmten Seelenraum, in den sie die imaginative Welt hineinzaubert. Diese imaginative Welt ist durch und durch eine moralische, und alle moralischen Eigenschaften haben ihre festen Symbole. Da «bedeutet» der Fisch die Unschuld, den Zustand vor dem Sündenfall. Der Goldfisch aber versinnbildlicht die wieder geläuterte reine Seele. So haben die Symbole die Entwicklungsstufen der Moralität festgehalten. Auf mancher Stufe wird lediglich der Keimzustand einer moralischen Eigenschaft festgehalten, andere Stufen zeigen die vollen und aufgeblühten Zustände und wieder andere die Früchte. Die Märchenbilder sind immer sehr exakt. An einer bestimmten Stelle steht der Fisch, und an einer anderen bestimmten Stelle steht die Kröte. Das Seelendrama, das im Märchen dargestellt wird, spielt sich in festen Symbolbezirken ab, und diese Bezirke verweisen uns schon auf die zu bewältigenden moralischen Ziele, die erstrebt werden durch das Drama. Es sind echte Dramen der Inkarnation mit Furcht vor dem Herabsteigen der Seele aus der geistigen Welt in die Fremde des Erdenlebens und Mitleid mit dem ins Sinnendasein stürzenden Geistwesen. Die Phantasie rafft diese Bilder, reiht sie in eine Folge, die geeignet ist, die individuell geartete Seele mit ihrem individuellen Schicksalsstand hineinzubilden in einen Lebenslauf. Die Phantasie der Dichter vermochte daher die Wirklichkeit auf lange Sicht noch immer besser zu deuten als die der Denker, seit deren Denken nicht mehr beflügelt ist von der alten Weisheit oder vom seelenerhebenden Glauben.

In dem Maße, wie die Sonne des Mythos verdämmerte, ging der Mond der bildlosen Begriffe auf. Der Intellekt hat die Bilder leergesogen. So entstand ein begriffliches Denken, das alles Bildhafte ächtete. Dieses begriffliche Denken ist aber kein Privileg des Abendlandes. Das alte Indien hatte z.B. ein unendlich feineres Denken, in dem noch der ganze Schatz der Urweisheit mitklang. Mit diesem Denken könnte sich bestenfalls noch das glaubensgetragene Denken der Scholastik, wenigstens in seinen Gipfelleistungen, messen. Demgegenüber ist unser heutiges Denken, das ganz an der Sinneswahrnehmung orientiert ist, unbeholfen und grob. Mit diesem profanen Denken kann man die Bilderwelt der Mythen nur zerstören. Dies ist vielleicht der entscheidende Grund, daß wir allmählich den Kontakt mit Asien verloren haben. Die immer schicksalhafter werdende Ost-West-Spannung entstand, als der Bildsinn in Europa erlosch. Aber dahin ging ja die ganze Entwicklung. Dieser Prozeß begann schon bei Moses: «Du sollst dir kein Götterbild verfertigen, noch irgendein Abbild von irgend etwas, das droben in den Himmeln oder unten auf der Erde oder im Wasser unter der Erde lebt.» Das erdgebundene Bewußtsein wurde gegenüber der Bilderwelt sehr wirksam dichtgemacht. Das hatte unabsehbare Folgen. Die ungepflegte Bilderwelt verwilderte immer mehr, büßte immer mehr ihren geistigen Wirklichkeitscharakter ein. Aber durch diese Einbuße entstand eine andere Wirklichkeit: die Geburt der

Persönlichkeit, die sich allmählich nur noch auf das bildlose Denken stützte. Der Gott, dem man in alten Zeiten im Bilde begegnete, mußte Erdenmensch werden, damit man ihm begegnen konnte. Die Sinneswirklichkeit wurde die Stätte der Gottbegegnung, und diese Begegnung konnte nur noch eine persönliche sein. Nun wollte der Ich-Mensch seinen persönlichen Gott haben. Zug um Zug vollzog sich die Rückbildung des Mythos in harte Erdenbegriffe. Der glitzernde Bilderstrom uralter Astralmythen versickerte in gnostischen Rinnsalen und verdarb schließlich in der Inzucht der verfallenden Mystik.

Goethe wußte um die belebende Geistnähe und um die Verjüngungsquelle der vorintellektuellen Bilderwelt. Er suchte bewußt bis in die vorpatriarchalischen Zeitentiefen, die bis Ur zurückreichen, das lebendige Bild und seine «lebendige Gestalt». Er mühte sich um den Sufismus, den esoterischen Islam. Er ging den Bildspuren nach und fand schließlich im Rosenkreuzertum letzte Zeichen der imaginativen Welt. Daher konnte er sein Märchen dichten, das tiefste Menschheitsgeheimnisse offenbart. Von der Theologie wendete er sich ab. Die Gotteskunde hatte keine Bildkunde mehr. Die Bilder waren zu Namen geworden und die Theologie zur Kunst der Namensauslegung.

Im Bereich des innerseelischen Bildes walten die Gesetze des «Lebens», im Gegensatz zu den Bildern, die durch Sinneswahrnehmung gewonnen werden und die in der Vorstellung stehenbleiben, bis sie vergessen sind. Aber das innerseelische Bild, bei dessen Zustandekommen die vitale Organisation aktiv beteiligt ist, ist Ausdruck einer Urbilderwelt, die nur mit imaginativen Kategorien gedeutet werden kann. Diese Bilderwelt ist von einer solchen Seinssättigung, daß die gewöhnlichen Vorstellungen, die ja auch ihr eigenes stromendes Leben haben, nur als blasse Schatten bewertet werden können. In der vitalen Sphäre dieser innerseelischen Bilder walten die geheimnisvollen Gesetze der Metamorphose, der Proteus. Manche Märchen schildern diese Welt der Gestaltung und Umgestaltung oft drastisch. Wenn z.B. ein Tier ein anderes verfolgt, kann die aufregende Jagd zu erstaunlichen Verwandlungen führen, und eine atemberaubende Dynamik führt uns in Ursprungszustände der Schöpfung. Nacheinander verwandelt sich ein Mensch durch eine Reihe von Tieren, immer seine Lebensinteressen wahrend, mal als Hund, mal als Pferd, dann als Falke und als Fisch, und dann wieder als Habicht, bis er schließlich zum Ringlein wird, das in viele Perlen zerfällt. Durch die Turbulenz der Verwandlungen wird jedoch immer ein klares Ziel verfolgt, die Verwandlungen haben Sinn und Zweck. Alles strotzt vor Vitalität.

Die Analytiker verlegten den Sinn des Bildes in die eingebildete Erfüllung unbewältigter Triebe und Wünsche. Später drehte man diesen Gedanken um. Danach soll das Bild einen Teil des Triebes abspalten, in sich saugen, wodurch das Bild vom Trieb verdeckt wird, um auf diese Weise eine Distanzierung von der Triebwirklichkeit zu bewirken. Diese vitalisierten Bilder bleiben letztlich unverstanden und ihre therapeutische Handhabung spekulativ kompliziert.

Plato weist darauf hin, daß diese virtuellen Urbilder nur durch eine Art Wachtraum wahrnehmbar seien, das heißt, der Umgang mit ihnen setzt einen *geänderten Bewußtseinszustand* voraus. Diese Voraussetzung ist auch für eine neue Bildkunde von allergrößter Bedeutung. Erst dieser Bewußtseinswandel kann einen neuen Kunst- und Lebensstil hervorbringen. Die imaginative Erkenntnisart ist eine Zeitforderung von entscheidender kultureller Bedeutung. Ohne diese Bewußtseinswende ohnegleichen kann man über die «lebenden Gestalten» der innerseelischen Bilder nur mehr oder weniger geistreich spekulieren.

Rudolf Steiner zeigt in der Geschichte des menschlichen Bewußtseins die entscheidenden Wandlungen auf und zeigt auch den Erkenntnisweg zu jener Bewußtseinssteigerung, die die Lebensumstände unserer Zeit heute fordern. Er hat die virtuelle Bilderwelt nicht mittels Wachtraum, sondern meditativ neu erschlossen, um an Stelle der verdämmerten Urweisheit und Uroffenbarung eine moderne Geistesforschung anzubahnen.

Die Schlange, die einst die Frucht vom Baum der Erkenntnis brach und den Verführten verhieß, «eritis sicut Deus», hat jene

Weltwirklichkeit, in die sie den Menschen hineinlockte, die Sinneswelt, allmählich in Erfahrungsweisheit umgewandelt.

Dann war es «an der Zeit», und die Schlange opferte sich. Durch dieses Opfer wurde eine Brücke zur Bilderwelt der Imaginationen geschaffen. Der Frevel der Schlange wurde zum Anstoß für eine tragische, aber letztlich doch grandiose Entwicklung, die den Menschen nun auf eine neue Stufe hebt: Er greift jetzt nach dem Baum des Lebens und dringt erkennend ein in die Welt der «lebenden Gestalten». Das ist das größte Wagnis, dem die Götter selbst Bewunderung zollen. Das Essen vom Baum der Erkenntnis bewirkte den Sturz des Bildes in den bildlosen Begriff, doch der Griff nach dem Baum des Lebens beginnt allmählich den toten Begriff wieder mit imaginativem Leben zu füllen. Die imaginative Erkenntnisart der Anthroposophie ist die Auferstehung der Erkenntnis aus dem Grabe der abstrakten Begriffe. Dieser Bewußtseinswandel vollzieht sich in unserer Zeit. An der Wende dieser Zeit begründete Rudolf Steiner den erkenntniskritischen Zugang zur lebendigen Bilderwelt der Imaginationen, die in älteren Zeiten nur im Wachtraum erlebt werden konnten und die in den überlieferten Mythen eine letzte Kunde von der geistigen Welt ins dunkle Zeitalter, in dem das Schauen erloschen war, tradierten.

Im Lichte der imaginativen Erkenntnis des neuen Schauens können die alten Weistümer wieder geistgerecht verstanden werden.[83] Auch in der neuen Deutungsmöglichkeit sind die Märchen großartige Seelenbiographien, und die seelischen Bildwahrheiten werden aufs neue bestätigt. Die ganze Welt uralter Symbole wird wieder lebendig. Die ganze Tierwelt wird zu einem Kompendium individualisierter moralischer Eigenschaften, die gesellschaftliche Hierarchie, vom König bis zum armen Waldarbeiter, wird Ausdruck von bestimmten Seelenkräften. Die natürlichen und seelischen Entwicklungszustände des Menschen werden im Mythos zu Bildzeichen des Ursprungs der Weltenmoralität. Weiß man nichts von der imaginativen Bildkunde, so bleibt man blind für diese mythischen Offenbarungen, und dann muß man sie auch konsequent ablehnen, denn dann sind sie lediglich «turbulente und phantastische Geschichten», die «reformbedürftig» sind. Dann versucht man die Märchen zu «humanisieren», die bösen Charaktere auszumerzen, und alles soll nur noch brav und sittsam zugehen. Solche «entspannten» Märchen werden dann kindfremd und uninteressant. Wenn man aber beobachtet, mit welcher inneren Konzentration und welchem seelischen Heißhunger die Kinder die echten Märchen aufnehmen, wie ihre Aufmerksamkeit dabei völlig gefesselt ist von der Dramatik, wie das Herz höher schlägt, wenn es heißt «nun komm ich noch einmal und dann nimmermehr», dann hat man den Eindruck, daß die kindliche Seele wie auf einem schmalen Steg über einem Abgrund balanciert. Da steht alles auf des Messers Schneide. Wird sich alles noch zum Guten wenden? Da steht die Seele in der «Krise». In diesem Zustand entfalten die Bilder ihre höchste Wirksamkeit, sie greifen ein in tiefste Schächte der Seele und vollziehen das Werk der Bildung. Hier wird Bild zu Bildung, zur sittlichen Bildung. Die Leitbilder zügeln den chaotischen Willen. «Entschärfte» Märchen oder Märchenersatz haben dieses sittliche Bildungsvermögen nicht.

Die täglichen «Erbauungsstunden», die Rudolf Steiner für seelenpflegebedürftige Kinder anregte, sind ein zentrales Anliegen der Erziehung und der Heilerziehung. Sie bewirken eine wundersame Energisierung der Seelenkräfte und im Laufe eines Jahres seelenwandelnde Wirkungen; da erkraften die Vorstellungsbilder, der Wille wird energischer, beherrschter, es bahnt sich eine größere Bildungswilligkeit an, und die Seele öffnet sich für das Wunderbare der religiösen Inhalte, wenn nun auch noch der *Legendenschatz* als bildende Macht hinzugenommen wird. Da tritt das Ungewöhnliche in einer Persönlichkeit auf. In unserer heutigen Zivilisation wird das Kind vom Gewöhnlichen erdrückt, es sehnt sich aber nach dem Ungewöhnlichen, nach dem Wunderbaren.

Die Heiligengeschichten rühren mit ihren edlen Seelenmotiven an dieses Wunderbare. Das Kind lebt ja stets in der Erwartung des Ungewöhnlichen. Seine Angst vor dem noch Unverstandenen des Gewöhnlichen und seine Hilfsbedürftigkeit im Erdendasein zieht es hin zum Helfer in der Not. Auch die Heiligenlegende verkündet den höheren Menschen, und das Kind fühlt mit Sicherheit, was da erzählt wird, ist wahr oder könnte jeden Augenblick wahr werden, denn es glaubt. Jahrtausendelang hat sich das «unwissende Volk» an diesem Glauben getröstet und innerlich aufgerichtet in der Not. So etwas wird heute verlacht und als «blinder Zug der Masse zum Übernatürlichen» gedeutet. Es war aber die verbreitetste Seelennahrung des Volkes. Da rätselte der Mensch an den Geheimnissen des höheren Menschen, und dieses Rätseln allein schon war ein wirksamer Schutz gegen das Dämonische, das den Menschen stets trennen will von seinem übersinnlichen Ursprung. Die von den Heiligen ausgehenden Wirkungen auf ganze Völker bestanden in der Entfaltung von Heilkräften, die sie aus der übersinnlichen Welt in die sinnliche hereintrugen. Hier war noch, von historischen Persönlichkeiten getragen, eine konkrete Verbindung mit der geistigen Welt.

Auch sind die Motive der Legenden denen der Märchen verwandt. «Christophorus» ist sowohl Märchen wie auch Legende. Immer geht es um die Heilbringung. Das ist das Erbauliche, das im Kindesalter über das träumende Sinnen in das noch nicht vollentwickelte Bewußtsein hineindämmert, wo es Schicksalsvertrauen weckt. Nun fühlt das Kind, daß es nicht wehrlos preisgegeben ist den unbekannten Mächten des Lebens, solange es geborgen ist vom Heiligen, der Macht hat von der geistigen Welt. Aus dieser Geistgeborgenheit entsteht dann Selbst- und Weltvertrauen. Auch im Märchen springt das Schicksal immer helfend ein, wenn es sonst keinen Ausweg mehr gibt. In der Legende ist der Heilige der bewährte Schicksalshelfer. Am Anfang war der Heros der Helfer, dann der Königssohn, schließlich der Heilige und heute vielleicht der Heilerzieher, wenn er das «Alphabet des Weltgeistes» sprechen gelernt hat, wenn er Einblick hat in die Welt der webenden Bilder und in ihre Ordnungen. Dann erkennt er auch den Sturz der Bilder in die Gleichnisse, in die Allegorien und schließlich in die abstrakten Glaubenssätze. Aber selbst in dieser Endphase vermag er noch das Außerordentliche, Ungewöhnliche zu erkennen.

So etwas vermag der heutige Verstand nicht mehr zu hören. Schon die Märchen und noch mehr die Legenden müssen immerzu versichern, daß die Geschichten sich tatsächlich zugetragen haben.

Das russische Märchen bekräftigt die Tatsächlichkeit mit der Formel: Ich selbst war dabei, trank Met und Wein ... Gregor von Nyssa wagt nicht mehr, alles zu sagen, um nicht «ungläubigen Ohren, welche die Wahrheit für Lüge halten, Ärgernis zu geben». Wie soll denn auch der Verstand glauben, daß die heilige Kunigunde ihren Handschuh an einem Sonnenstrahl aufhing? Aber für ein Kind, das noch einen Sinn hat für das Imaginative, ist so etwas durchaus glaubhaft, denn es nimmt das Bild nicht gegenständlich, sondern symbolisch. Sonnenstrahl und Hand sind ihm Realsymbole, und daß sie sich in einem Geschehen finden, löst eine tiefe Befriedigung aus. Noch im alten Ägypten wurden die Sonnenstrahlen als Hände dargestellt, als schaffende Wesen.

Märchen, Sagen, Legenden, Fabeln sind nicht nur Mittel zur Auflockerung der verstockten kindlichen Seelen. Auch die enthemmten Kinder mit ihrem Seelenchaos finden ordnende Seelennahrung in diesen Bildgeschehnissen. Diese Bilderwelt steht in moralischen Ordnungen von seelenrichtender Konsequenz. Wohl kann das Böse stören, kann zu Katastrophen treiben, es bleibt schließlich doch nur jene Kraft, die das Böse will und das Gute schafft. Das Gute «an sich» bliebe ohne den Kampf mit dem Bösen kraftlos. In diesem Ringen mit dem Bösen geht es oft um Haaresbreite am Abgrund vorbei, und das Ich muß ganz und gar dabei sein und selber die Entscheidung treffen. Da greift es nach der Hand des Heros, des Königssohnes, des Heiligen.

Für bestimmte Kinder hat Rudolf Steiner den Heilpädagogen empfohlen, Erzählungen zu erfinden, die auf gewisse seelische Schwächen zielen, aber das Kind soll nicht empfinden, daß es selbst gemeint ist. Solche Erzählungen müssen schon objektiven Charakter haben. Da wurde einem Kinde mit frühkindlicher Verwahrlosung, das seinen Stoffwechsel noch nicht beherrschte und aus Unaufmerksamkeit auch tagsüber einnäßte, täglich Geschichten erzählt, die auf die Aufmerksamkeit hinzielten. In großer Variationsbreite wurden Tierfabeln erzählt, in denen die Tiere durch Unaufmerksamkeit beinahe zu Fall oder noch gerade knapp am Abgrund vorbeikamen. Oder sie hatten in ihrer Unbekümmertheit und Lässigkeit ihre Vorteile nicht wahrgenommen, bis der Wolf zupackte, und gerade in diesem Augenblick rutschte er aus und fiel in eine tiefe Schlucht. Da ging es immer dramatisch zu, oft begann das Kind zu schwitzen und sein Atem war angespannt, bis das Tier mit knapper Not davongekommen war; da hörte man einen erlösenden Seufzer des Knaben. So wird nicht moralisiert, sondern die moralische Dramatik der Bilderwelt zur objektiven Wirksamkeit gebracht, Moral begründet.

Wenn der Erzieher heimisch wird in der andersgearteten Wirklichkeit der Bildordnungen, bekommt er eine Gewißheit, daß in diesem Seelengebiet der Gestaltung, Verwandlung, Umgestaltung nicht Willkür, sondern Gesetzmäßigkeiten herrschen, die in ihrem Bereich genauso exakt sind wie die Naturgesetze in der Naturordnung. Dann kann er auch neue Märchen erfinden, wissend, daß diese keine phantastischen Lügen sind, sondern leuchtende Bedeutungen im Alphabet des Weltgeistes haben.

Echte mythisch-religiöse Bilder erfüllen die kindliche Seele mit Vorstellungsinhalten, die sich auf das Übersinnliche beziehen. Solche Vorstellungen machen die Seele fromm und selbstlos. Dann kann Andacht in die Seele strömen und die Liebe zum Geiste aufrufen, «il primo amore» (Dante). Erst in diesem Seelenzustand verstummen das Vorlaute, die Vorurteile, die vielen Meinungen, die nörgelnde Kritiksucht. Da öffnet sich die Seele zur Größe der Selbstlosigkeit, und in den aufsteigenden Empfindungen bekundet sich die Berührung mit höheren Mächten.

> Das Verstummen, das Erstaunen
> bildet sich als Liebe fort.   *(Faust)*

In diesem Vorgang liegt ein Bildungsgesetz. In der inneren Sammlung, in der das «Andere» liebevoll aufgenommen und die Seele zur Wohnstatt höherer Mächte gebildet wird, wirkt heilige Feierlichkeit, wonach sich jedes Kind sehnt. Feste und Feiern gehören zu den gesundenden Lebensbedingungen der seelischen Entwicklung im Kindesalter. Man kann daher nicht genug Pflege der Feierlichkeit in das Leben des Kindes hineinbringen. Damit werden die seelenerhebenden Gefühle entwickelt und gepflegt.

Die Gefühlspflege allein reicht aber nicht aus. Gefühle befriedigen auch die kindliche Seele nicht ganz, und es bleibt immer ein nicht bewältigter Rest zurück. Erst wenn adäquate Vorstellungen hinzukommen, Vorstellungen, die sich auf Nichtsinnliches beziehen, kann der ganze Umfang des Erlebens bewältigt werden. Gefühle sind immer auf dem Wege zu Vorstellungen. Münden sie ein in diese, so erfüllen sie die Seele mit tiefer Befriedigung, denn sie geben dem sinnenden kindlichen Gemüte konkrete Inhalte.

Hans war ein nervös-unruhiger Knabe von zehn Jahren, stets in Bewegung, stets getrieben und in rastloser Tätigkeit. Er ging an die Schränke seiner Kameraden, holte sich, was ihm paßte, den Rest fegte er mit einer Handbewegung ins Zimmer. In der Schule saß er dösend, mit dem Oberkörper schaukelnd, und störte seine Nachbarn. Er mußte abseits gesetzt werden. Er litt an schwerer Konzentrationsstörung, blieb nur augenblicksweise bei der Sache. Er konnte zwar flüssig lesen, wußte aber nachher nie, was er gelesen hatte, und wenn ein schwer lesbarer Text kam, ersetzte er ihn mit einem leicht lesbaren und fälschte immerzu den Sinn der Lektüre. Seine Schrift war fast unleserlich, aber er war immer als erster «fertig», wenn auch die Sätze nur halb fertig waren. Ebenso schnell rechnete er, aber alle Aufgaben waren stets falsch. Wenn er eine Geschichte wiedererzählen sollte, so bestand das aus Halbheiten, phantastischen Ergänzungen, und es blieb nur eine schwache Spur übrig von der Sache. In der Freizeit raste er sinn- und zwecklos herum, ohne ein bestimmtes Ziel zu haben. Eine überquellende, völlig chaotische Sanguinik hatte ihn überwältigt. Der Grund dieses chaotischen Getriebenwerdens war eine frühkindliche Verwahrlosung. Alles, was das Kleinkind sich an Ordnungsgerüst nachahmend erüben muß, fehlte ihm, und so verwahrlosten die an sich guten Anlagen und fielen dem Zerstörungstrieb anheim, und seine Phantasie verwilderte. Er konnte lügen wie gedruckt, ohne die Miene zu verziehen. Wenn er bei der Wiedergabe eines Vorstellungsinhalts den Faden verlor, log er die Sache schöpferisch zu Ende. In den mythologischen Erzählungen brachte er alle Gestalten durcheinander, weil er sich mit nichts verbunden hatte. Er blieb immer nur an der Oberfläche.

Empfänglich aber war er für alles *Feierliche* und Seelenerhebende. Wenn solche Erlebnisse in Aussicht standen, konnte er emsig helfen bei den Vorbereitungen, so z.B., wenn Lampions gebastelt wurden für das Martinsfest. Dann war sein Lampion immer der schönste. Er hörte auch anders hin auf die Martinslegende, die er als ersten Seeleninhalt in die Tiefe seiner Seele aufgenommen hatte. Auch kam diese Legende seinen guten Anlagen entgegen. Für den heiligen Nikolaus konnte er schöne Bilder malen. Ganz ergriffen stand er vor diesem himmlischen Seelenrichter, und mit echter kindlicher Gläubigkeit nahm er die Bewertung seiner Taten hin. Auch ließ er sich nicht irremachen, wenn jemand ihm sagte, daß das nur Theater sei. An der sittlichen Größe des Heiligen erlebte er die Wahrheit. Solche feierlichen Erlebnisse erweckten in seiner Seele die ordnende moralische Phantasie. Allmählich gewann er Richtepunkte im Jahreslauf. Im zweiten Jahr des Heimaufenthaltes waren die chaotischen Seelenkräfte bereits viel geordneter, seine Aufmerksamkeit gesammelter, und er konnte schon bei der Sache bleiben. Sein Geburtstag fiel in die Weihnachtsferien. Da blieb er im Heim. Dieser ewige Störenfried und Hans Dampf in allen Gassen wurde seelisch geordnet durch die moralischen Impulse der Heiligenlegenden und durch sakrale Feierlichkeiten. Seine Sanguinik wurde in soziale Bahnen gelenkt. Nun konnte seine Seele sich in alles einfühlen, er wurde erstaunlich anpassungsfähig. Bei Erzählungen konnte er der letzte oströmische Kaiser sein, der an der Spitze seines Heeres gefallen war. Da standen ihm die Tränen in den Augen. Aber er konnte auch der Fettklumpe einer Puppe sein, aus der sich der Schmetterling entfaltet. Unter Zurückstellung seines eigenen Ich vermochte er in die geheimsten Seelenstimmungen hineinzukriechen und in echter Weise mitzufühlen. Kranken Kameraden rückte er das Kissen zurecht und machte es ihnen bequem. Auf der Wanderung, als ein Kamerad wegen der zu engen Schuhe sich die Füße wund lief, zog Hans seine eigenen Schuhe aus, gab sie dem Freund, und er lief barfuß. Alles rührte ihn tief, Johann von Nepomuk, Baldurs Tod,

Rüdiger, Dietrich von Bern und vor allem Parzifal. Eine echte kindliche Frömmigkeit erfüllte ihn, und die martinische Brüderlichkeit wurde sein tiefster Wesenszug.

Nun lebte er intensiv in seiner Umwelt. Wenn Handwerker im Heim arbeiteten, stand er stets dabei, beobachtete den Arbeitsgang, und noch bevor der Handwerker um eine Handreichung bat, reichte Hans schon das Werkzeug oder Material. Er las die Wünsche an den Blicken ab. Jetzt suchte er immer, wie anderen Menschen eine Gefälligkeit zu erweisen ist. Eine soziale Genialität erwachte. Als Kaufmann oder Krankenpfleger könnte er segensvoll wirken.

Die Schule kämpft einen verzweifelten Kampf gegen Oberflächlichkeit in den Leistungen, gegen Nachlässigkeit, Zuchtlosigkeit, gegen Unkonzentriertheit schlimmer Art. Sie vermag nicht mehr das Kind für die Umwelt aufzuschließen. Sie kann es nicht mehr recht in seine Umwelt hineinformen, weil diese es sofort zerreißt. Auch kann diese Umwelt nicht mehr abgestimmt werden auf die Bedürfnisse des Kindes. Sie müßte sich denn derart selber reduzieren, daß sie gleich aus dem tragischen Geschichtsverlauf ausschiede. Der Schule fehlt die Bildkultur.

Seit Aristoteles meint man, daß die schaffende *Phantasie* lediglich äußere Dinge nachbilden könne. Spätere Ansichten meinten, die Phantasie springe nur willkürlich mit den Tatsachen um, lasse manches weg, füge etliches hinzu und verfälsche auf diese Weise die Wirklichkeit. Das tut auch tatsächlich die ungepflegte, verwahrloste Phantasie. Die gebildete, «exakte Phantasie» (Goethe) hingegen schafft aus einer völlig andersgearteten Bildordnung und arbeitet, wie es die Lebensprozesse tun, mit denen sie, wie die Geisteswissenschaft weiß, innigst verwandt ist. Sie lebt im Reiche der Metamorphosen, und daher haben ihre Gestalten jene schier grenzenlose Wandlungsbereitschaft, die unser gewöhnliches Bewußtsein so beunruhigt.

Goethe sieht in der Phantasie neben Sinnlichkeit, Verstand, Vernunft die Hauptkraft der menschlichen Seele, die berufen ist, die drei anderen Kräfte zu beflügeln. Rudolf Steiner weist immer wieder darauf hin, wie Goethe aus einer gezügelten exakten Phantasie für das moderne naturwissenschaftliche Denken ganz entscheidende spirituelle Begriffe gewann.[84] Der Künstler Goethe vermochte die abstrakten Begriffe hineinzuschmelzen in die künstlerische Anschauung, die allein in die Tiefen der Naturgeheimnisse einzudringen vermag. Das von der Phantasie beflügelte Denken dringt tiefer in die Wirklichkeit.

Die Inhalte unseres wachen Bewußtseins werden an der Sinneswelt gewonnen. Die Phantasieinhalte dagegen stammen aus den Schlafestiefen. Das aber sind zwei Ordnungen, die, wenn sie vermischt werden, ohne daß die Grenzen ihrer Gültigkeitsbereiche respektiert werden, zur Phantasterei führen.

Helmut hatte einen runden und bummeligen Gang. Seine Bewegungen schlotterten, als hätte er weiche Knochen. Die Schritte waren lang, die Arme baumelten weit ausschwingend, und der Körper schaukelte leicht. In diesem bummelnden Gang lag eine generelle Bejahung des Lebens. Ein leichter Wandertrieb trieb ihn auf die Straßen, wobei er Raum und Zeit vergaß. Man merkte ihm an, daß er getrieben wurde. Dieses Herumtreiben war ihm Passion. Er war ein passionierter Genießer der Welt und scherte sich nicht um Lebensordnungen und Gewohnheiten. Er war stets unsauber und Bettnässer. Er hielt seine Sachen nicht zusammen, und um ihn herum entstand immer Unordnung. Aber er verstand es meisterlich, seine Bindungslosigkeit als Privileg in das Gemeinschaftsleben der Kameraden einzubauen, und erreichte es, daß diese einen anderen Maßstab an sein Verhalten legten. Eine echte Liebenswürdigkeit und Freundlichkeit beseitigte alle Einwände und ebnete ihm den Weg zu den Privilegien.

Er war anfällig gegen Verwurmung und Allergene. Er wehrte sich nicht gegen diese Eindringlinge, mit denen er in friedvoller Symbiose lebte. Seinem Heuschnupfen ließ er freien Lauf, und die Nesselsucht etablierte sich häuslich auf seinen Händen. So war er noch ganz vermischt mit der Außenwelt, von der er sich noch nicht emanzipiert hatte. Die Mythenwelt lebte noch intensiv in seiner

Seele, aber unkonturiert, verwaschen, so daß er immer alles verwechselte. *Die ungeordnete Bilderwelt wurde zur Phantasterei.*

Er stellte keine großen Ansprüche ans Leben und genoß bescheiden auch die kleinsten Dinge. Nur mußte er viel sehen, verband sich aber nur selten mit dem Gesehenen intensiver. Seine Weltberührungen und Menschenbegegnungen waren oberflächlich. Er hatte keine Freunde, stand sich aber mit allen gut. In der Schule zeigte er eine verblüffende Begriffskapazität. Das Wissen flog ihm mühelos zu, aber sein Bewußtsein war nur für Augenblicke Herberge für diese Zugvögel der Vorstellungen. Wenn er sie nicht mehr brauchte, ließ er sie fahren. Die Wahrnehmungen strömten durch sein Bewußtsein wie Wasser durchs Sieb. Er genoß nur dieses Strömen. Wenn er sang, so tönte es panhaft fern. Seine reichen Begabungen blieben ungepflegt. Nur auf Eurythmie war er gut eingegangen, und die Heileurythmie versuchte, seine verschwimmenden Seelenkräfte in seine Leiblichkeit hineinzustraffen. Als Erzieher wünschte man ihm eine seelische Erschütterung.

An einem Totensonntag wurden die Verwandlungen von Raupe, Puppe, Schmetterling eurythmisch dargestellt. Helmut schaute gebannt zu und fragte nachher überhaupt zum ersten Male nach etwas, was ihn interessierte. Er suchte Engerlinge im Komposthaufen, packte sie mit Erde in ein Gefäß, und eines Tages waren die Maikäfer da. Diesen Vorgang beobachtete er mit wahrer Aufmerksamkeit. Dann sammelte er bunte, fette Raupen, beobachtete ihre Verpuppung und erlebte mit angehaltenem Atem das Wunder, wie aus der Puppe ein Schmetterling hervorkroch, der sich lange die Flügel mit Luft «aufpumpte». Von Monat zu Monat fortschreitend erwachte er aus seinem Träumedämmern an der Gegenstandswelt. Sein Bummeln wurde eine Entdeckungsfahrt. Er beobachtete die Würmer unter den Steinen am Wegrand, die Weinbergschnecken am Bachufer und an den Baumstämmen, das Nest der Ringelnatter mit dem Krönlein mit ihren Jungen. Lange hockte er vor dem Flugloch der Hornissen, beobachtete die Fütterung der jungen Käuzchen in der Burg, und regungslos schaute er der Eule zu, wie sie in der Abenddämmerung erwachte und auf Mäusejagd ging. Im Winter verfolgte er die Spuren eines Marders im Schnee. Helmut wurde ein kleiner Naturforscher.

Er erwachte aus der verdämmernden Welt des Mythos, emanzipierte sich von dem Verwobensein in seine Umwelt, sein Blick wurde klar und sicher. Jetzt erst schlug die Wurmkur an, und die Nesselsucht verebbte.

Die gepflegte Phantasie bleibt in ihrem Gültigkeitsbereich und vermittelt uns bildhaft die Erlebnisse, die jenseits der Schwelle des Bewußtseins im Unbewußten sich ereignet haben. Sie ist die halbbewußte «Denkart» des Unbewußten, in der sich der Logos in Bildern ausspricht. Diese Bildvorstellungen sind älter als das wache Bewußtsein. Rudolf Steiner schreibt hierüber: «Das Bildvorstellen hatte wohl eine uralte Blüte, ähnlich wie das Gedankenerleben in Griechenland.»[85] Das Denken erwacht aus den mythischen Bildvorstellungen, und Rudolf Steiner sagt weiter, daß die Mystiker (Plotin) empfunden hätten, daß auch der Gedanke sich wiederum in ein anderes verwandeln müsse, ähnlich wie die Bildvorstellungen sich in Gedankenvorstellungen metamorphosiert hätten.

Auf diese Verwandlung der Gedanken in vollbewußte imaginative Bilder, die mit einer methodisch gesicherten Erkenntnisschulung zu erreichen sind (*Wie erlangt man Erkenntnisse der höheren Welten?*), weist Rudolf Steiner als auf eine Erkenntniserweiterung hin, die von schicksalhafter Bedeutung ist. «Die Anthroposophie strebt nach dem Geistesleben in Ideen. Sie findet hinter der Denkkraft, die sich zu den Ideen erhebt, eine geistige Bildekraft, welche den Ideen innewohnt, wie das Leben dem Organismus. Hinter dem Denken liegt in der menschlichen Seele die Imagination. Wer Wirklichkeit nur erleben kann in Anlehnung an die Sinneswelt, der muß diese Imagination nur als eine andere Form der Phantasie ansehen. (...)

Aber man kann bei der Phantasie so wenig stehenbleiben wie bei der Idee. Denn in der Phantasie ist ein Rest schöpferischer Kraft wirksam, die im Menschenwesen gestaltend wirkt. Es muß mit der Seele auch hinter die Phantasie gedrungen werden.

Das geschieht in der imaginativen Erkenntnis. Diese setzt die

Phantasietätigkeit nicht etwa bloß fort; sie bleibt zunächst in ihr stehen, empfindet deutlich, warum sie sich dem Sinnesdasein gegenüber nur zur Unwirklichkeit bekennen kann, kehrt aber nun auf dem Wege um und gelangt rückwärtsschreitend zum Ursprung der Phantasie und des Denkens. Sie rückt dadurch in die geistige Wirklichkeit ein, die sich ihr im Weiterdringen durch Inspiration und Intuition (geistige Wahrnehmung) offenbart. Sie steht in dieser geistigen Wirklichkeit, wie die sinnliche Wahrnehmung in der physischen Wirklichkeit steht.»[86]

Dieses Imaginative ist ein eigentliches Wunder der menschlichen Seele. Die menschliche Seele ist voller Bildkeime. Die Bildsubstanz der Seele bringt jeden Augenblick Bild um Bild hervor, verwandelt die mythischen Traumbilder in Gedankenbilder und steigert diese zur vollsten Erhellung in der Imagination, als ob man im Wachen noch einmal erwachte.

Diese sich auf verschiedenen Stufen vollziehende malende Tätigkeit der Seele ist unerschöpflich. Sie zu pflegen, an Ordnung zu binden, ist wichtigstes Anliegen der Erziehung. In allen, selbst in den gewöhnlichsten Schöpfungen der Seele lebt dieses unentwegte Bildschaffen. Alle unsere Vorstellungen, Erinnerungen sind nichts als Bilder, die sich aus der ursprünglichen Traumbildekraft erheben. Dieses Bildschöpferische umgreift sowohl unser Denken wie auch das Wollen, es produziert sowohl Vergangenes wie Zukünftiges. Das menschliche Ich ordnet und richtet diese Bildschöpfungen. Ist das Ich nicht voll dabei, wie im Traum, so werden die Bilder und Bildfolgen turbulent, chaotisch, weil ihnen die ordnende Logoskraft fehlt. Dann können die Traumbilder derart in abseitige Verstiegenheiten entarten, daß man sich ihrer schämt.

Lore war sechzehn Jahre alt. Ihr Vater war gefallen. Die Mutter starb kurz darauf an Tuberkulose. Lore wuchs bei der sehr alten und kränklichen Großmutter auf, schwänzte dauernd die Schule, strolchte auf den Straßen der Großstadt. Schwere seelische Enthemmungserscheinungen waren mit der Vorpubertät eingetreten. Das

Mädchen kam wegen Vagabundage in Fürsorgeerziehung in einer geschlossenen städtischen Anstalt. Dort hetzte sie die anderen Mädchen gegen die Anstaltsleitung und gegen die Erzieher auf. Sie schlugen das Mobiliar in Stücke und verdroschen die Erzieher. Es war eine leibhaftige «Revolte».

Einige Tage nach diesem Vorfall wurde Lore von zwei handfesten Transporteuren in unser Haus gebracht. Lore war körperlich außergewöhnlich kräftig entwickelt. Ihre Gesichtszüge waren gemein und brutal, ihre Redensarten waren von solcher Niedertracht, daß einem die Schamröte ins Gesicht schlug. Wie ein gehetztes Wild lauerte sie noch monatelang auf «Auseinandersetzungen» mit den Erziehern. Ein Jahr lang machte sie bei jeder Gelegenheit Krach, womöglich in der Öffentlichkeit, auf dem Wochenmarkt, auf Bahnhöfen, an Straßenbahn-Haltestellen. Sie spekulierte auf Mitleid der Passanten und wollte die Erzieher in fatale Situationen bringen. Einmal, bei einem Ausflug nach Dresden, unmittelbar nach der Besichtigung der Sixtina, geriet sie ganz außer Rand und Band. Ergriffen und andachtsvoll hatten die 35 Jugendlichen, Jungen und Mädchen, über eine Stunde lang vor diesem Urbild der menschlichen Seele verweilt. Auch Lore war von diesem Anblick nicht unberührt geblieben. In dem Augenblick, als wir die Galerie verlassen hatten, war der Teufel los. Lore wurde wegen nichtiger Anlässe wild gegen ihre Kameradinnen, schlug ihnen ins Gesicht, schnaubte wie ein Tier, bis sich Passanten einmischten.

Gewiß, es wäre einfacher gewesen, sie als gemeingefährlich einzusperren und auf diese Weise unschädlich zu machen. Das Einfache ist aber nicht immer das Realistische. War denn diese «Öffentlichkeit» unschuldig am Zustand dieses Menschen? Hinter allen groben Enthemmungserscheinungen, das fühlten die Erzieher, war ein guter Kern. Es kam nur darauf an, Vertrauen herzustellen. Nach Monaten, die erfüllt waren von dramatischen Begebnissen, stellte sich dieses Vertrauen langsam ein. Lore wurde ruhiger, meisterte ihre Empfindungen allmählich, reagierte nicht mehr so häufig mit Kurzschlußhandlungen. Auch wenn sie noch öfters aufbrauste, so war doch alles gedämpfter, milder und schnell vorübergehend. Ihre Erregungszustände lernte sie durch Arbeit zu bewältigen. Sie betätigte sich im Haushalt beim Reinemachen, beim Kochen und Nähen. So verdiente sie sich das Geld für einen neuen Kleiderstoff. Sie nähte das Kleid selbst. Dabei stellte sich heraus, daß sie große Geschicklichkeit für Nadelarbeiten besaß. Es erwachten auch geschmackliche Bedürfnisse und damit die ästhetischen Empfindungen. Jetzt fing sie an, leidenschaftlich zu malen, farbig zu gestalten. Was aber malte sie? Märchenstimmungen, Märchengestalten, die christlichen Inhalte der Jahresfeste und sonstige entschieden religiöse Motive – als ob sie alles in der Kindheit Versäumte nachholen wollte.

In der täglichen «Erbauungsstunde» lauschte sie über die Bilder der Märchen, Sagen, Legenden hinein in eine unsinnliche Welt. Die Vorstellungen, die diese übersinnlichen Bilder beschrieben, weiteten ihre Seele und hoben ihre Gefühle in eine Andachtsstimmung. In solchen Augenblicken wich der brutale Zug aus ihrem Antlitz, das von einer stillen Besinnlichkeit verschönt wurde.

Erst jetzt entwickelte sie im Fortbildungsunterricht Lerneifer und holte in kurzer Zeit alles Versäumte nach. Ihr Verhältnis zu ihrer Umwelt wurde immer mehr von der Vorstellungswelt bestimmt, wobei ihre schönen Herzensregungen erst recht zur Geltung kamen. Sie schloß mit einigen Kameradinnen innige Freundschaften. Immer häufiger hörte man ihre schöne Singstimme im Haus.

Dann hatte sich aber etwas ereignet, was für ihr weiteres Leben von entscheidender Bedeutung war. Beim Baden in einem Fluß war ihre liebste Freundin beinahe ertrunken. Ein zufällig vorübergehender Arbeiter sprang ins Wasser und rettete die Ertrinkende. Die Wiederbelebungsversuche waren erfolgreich. Als der Retter beim Abschied eine größere Geldbelohnung ablehnte, da er ja nur seine menschliche Pflicht getan habe, brach Lore in ein herzzerreißendes Weinen aus. Sie lief hinter dem Arbeiter her und bedankte sich mit dem ganzen Überschwang ihrer inneren Erschütterung. Diese reine Tat der Menschlichkeit rührte den Grund ihrer Seele auf. Tagelang pflegte sie die Freundin, erzählte ihr Märchen, sang – im Hochsommer – lauter Weihnachtslieder, als ob die Sixtina dabeigewesen wäre.

Nach eineinhalb Jahren verließ Lore das Heim. Sie war ein hübsches Mädchen geworden und fand bald einen Mann. Mit diesem hat sie unsäglich schweres Leid erlebt, und nach einem Jahr, als das Kind geboren war, ließ sie sich scheiden. Bald darauf heiratete sie einen Werkmeister. Diese Ehe war sehr glücklich. Lore wurde eine tüchtige Hausfrau. Ihre Tochter sollte nicht so werden, wie sie gewesen war. Sie blieb mit ihren einstigen Erziehern in Verbindung und holte sich Rat für die rechte Erziehung ihres Kindes. Es war ergreifend zu sehen, wie Lore alles Große, Edle, Schöne in die Seele ihres Kindes pflanzen wollte. In diesem Kinde wollte sie alles verwirklichen, was ihr selbst in der Kindheit versagt war. Der ganze Hochsinn ihres Lebensstrebens fand Ausdruck im Namen, den sie dem Kinde gegeben hat. Es war ein ungewöhnlicher Name, der höchsten Geistesadel ausdrückt.

«In der kindlichen Periode schreitet die Seele auf der Regenbogenbrücke der Phantasie trockenen Fußes über Lachen und Moore der unteren Erde hinweg.» (Jean Paul, *Titan*.) Das kühne Hin- und Herpendeln zwischen zwei Welten, das sich in jeder Vorstellung, Erinnerung vollzieht, verbürgt allein schon, daß die Seele die beiden Welten, die geistige und die irdische, miteinander verschmilzt und daß sie aktiv, gestaltend, in beide Welten schöpferisch eingreift.

Das kleine Kind kann diese beiden Welten noch gar nicht auseinanderhalten. Eine Einbildung ist ihm noch gleichwertig mit einem äußeren Ereignis. Es behauptet fest und bestimmt, daß vor der Kirche ein Löwe hocke und das Maul aufreiße. Es beschreibt ihn in allen Details. In Wirklichkeit war's der Löwe auf dem Schild eines Gasthauses. Hier ist Bild und Wirklichkeit, Schein und Sein noch nicht getrennt. Ein Bild, eine Vorstellung ist genauso real wie eine Sache.

Kaspar Hauser, der mit sechzehn Jahren erst begann, irdische Lebenserfahrungen zu machen, wußte Lebendiges und Totes nicht zu unterscheiden. Geträumtes hielt er für Wirklichkeit, entsetzte sich vor dem Kruzifix, hatte Angst vor dem schwarzen Pferd auf einem Wirtshausschild, als sei es lebendig. Aber er geriet in helles Entzükken, als er zum erstenmal den gestirnten Himmel sah. Er konnte die beiden Wirklichkeitsordnungen noch nicht auseinanderhalten, sondern vermischte sie, was man ihm als Unaufrichtigkeit auslegte.

Diese Einheit der Wirklichkeit zerbricht immer mehr, je mehr abstrakte Vorstellungen das Kind aufnehmen muß. Die Schule zerstört diesen Goldgrund der kindlichen Wirklichkeit, bis schließlich mit der Pubertät die nackte Zweckwelt sich dominierend immer mehr zur Geltung bringt. Da löst sich die Phantasie aus ihrem Ordnungsgefüge, wuchert wild daraufos, sehnt sich nach der unwiederbringlich verlorenen Kindheit, nach dem Geistgrund der Welt, die nun zur «anderen Seite» geworden ist. Der jetzt einsetzende Idealisierungstrieb, diese aktiv tätige Seelenkraft, «zieht» nach dieser «anderen Seite» und bringt einen Zug ins Seelenleben der Jugend, der nun zur erkennenden Wiedervereinigung mit der geistigen Welt drängt. Dies ist eine gnadenvolle Hilfe für den jungen Menschen, der nun mit der beginnenden Berufsausbildung immer mehr aus dem Bewußtsein sein Leben gestalten muß. Die Phantasie bedient sich dieses Idealisierungstriebes. Ihre Bildschöpfungen verlagert sie allmählich aus dem träumenden Gefühl in das sich erhellende Bewußtsein, das die aufbrechenden neuen Willensqualitäten der Pubertät mit auffängt und denen der Idealisierungstrieb moralische Ziele setzt. Die neuen Liebeskräfte werden mit dem Guten, Erhabenen, Schönen verbunden. Die Verbindung mit der Ideenwelt erhält die Jugend jung und beweglich.

Auch das Phantasieelement wird von den neuen Willensqualitäten der Pubertät neu beschwingt. Es ist aber nicht mehr die naive Phantasie des Kleinkindes und des Schulkindes, für die die untergehende Sonne ein brodelnder Kochtopf ist, die einfach daraufos verbildlicht, sondern sie schwelgt nun im Produzieren der Ideale, sie umwirbt die verlorenen Geistinhalte von außen. Auch sie fälscht häufig noch einfache Tatbestände, vermischt ihre Produktivität mit dem Erlebnis, und nur eine künstlerische Bildung kann da Ordnung schaffen. Deshalb ist die künstlerische Betätigung auch ein Kernstück der Berufsbildung.

Die musische Erziehung bekommt in dieser Entwicklungsphase eine noch höhere Bedeutung. Das geistige Ich-Gefühl und das an-

271

hebende Ich-Bewußtsein sind darauf aus, die Welt und den Menschen selbst zu ergründen. Es entsteht ein unstillbarer Hunger nach Welt und Mensch. Alles Künstlerische ist dann eine Lebenshilfe, den verlorenen Goldgrund neu zu schaffen.

Rudi war ein großer, kräftiger, muskelstarker und gut ernährter Jugendlicher mit starrem, verkrampftem Gesichtsausdruck. Gang und Gebärde waren linkisch. Die Starrheit der unteren Gesichtshälfte fiel auf. Die Augen lagen tief und hatten einen stechenden Blick. Der Brustkorb war breit und gewölbt. Rudi markierte gerne den Athleten. Die Herzaktion war gepreßt, die Finger ungeschickt, der Gang hart und steif. Man sah an seinen Bewegungen, daß er dauernd mit inneren Problemen beschäftigt war, wobei ihm der Gefühlsbezug zur äußeren Situation völlig abging. Er stolperte beim Gehen, eckte an, verlor Gegenstände, die er in der Hand getragen hatte. Das Schälen eines hartgekochten Eies bereitete ihm größte Schwierigkeiten. Jeden Morgen stieg er verärgert in den Strumpf. Bis in den Vormittag war er übellaunig, gereizt und nörgelte an allem mit überkritischer Spitzfindigkeit. Mit sichtlichem Behagen genoß er sein Gekränktsein darüber, daß seine Umwelt ihn einfach nicht verstehen wollte und daß man ihn nicht genügend schätzte. Er rechnete sich täglich seine sozialen Verdienste vor, vergrößerte diese und schmeichelte sich, der einzige «Gerechte» unter seinen Kameraden zu sein. Auf diese Weise geriet er immerfort in ungewöhnliche Verstrickungen und Konflikte. Um ihn wucherten stets die Mißverständnisse. Mit verbissener Verbohrtheit haderte er mit sich und mit den Kameraden.

Rudi war bei seiner Geburt zwei Wochen übertragen und blau geboren, die Nabelschnur war dreimal um den Hals gewickelt. Im ersten Lebensjahr bestanden erhebliche Ernährungsschwierigkeiten bei exudativer Diathese und häufige Erkältungskrankheiten. Mit sieben Jahren war er «gesund», nur etwas nervös und zapplig. Er hatte immer schlecht geschlafen. In der Schule lernte er leidlich, blieb nie sitzen, fand aber weder zu seinen Mitschülern noch zu seinen Lehrern den geringsten Kontakt. Auf der Oberstufe setzten dann erhebliche Schwierigkeiten ein. Er war intellektuell überfordert, und seine Gefühle gingen eigene Wege. Er bildete sich ein, ein großer Politiker oder Geiger zu sein, dem Tausende zujubeln. Die Gefühle wurden labil und hineingerissen in die Wachstumsvorgänge des Organismus. Da vollzog sich der Einbruch der Vorstellungen und Gefühle in die organische Struktur, wo alle Maßstäbe für die Wirklichkeit verlorengingen. Diese Einbildungen blieben für sein Seelenleben bestimmend. Da war nach innen alles lebendig, beschwingt, von euphorischer Leichtigkeit. Die Gefühlsübertragung nach außen hingegen wurde fast völlig unterbrochen, und sein ganzes Wesen machte den Eindruck einer hartnäckigen Verstocktheit, die sich bis in quälendes Stottern äußerte. Nach außen verkrampft, nach innen verstiegen, das war das eindrucksvolle Bild. So stand er unter dem Zwang der äußeren Notwendigkeiten, aber auch unter dem Zwang innerer menschenfremder Mächte, und er kam aus dem Zustand des Getriebenseins nicht mehr heraus. Er hatte die Seelenführung längst verloren.

Er kam als einziges Kind aus bürgerlichen Verhältnissen. Der Vater verflatterte in seinem Beruf und führte ein unordentliches Leben. Das gab Auseinandersetzungen mit der Mutter, die sich immer mehr in eine schwüle Innerlichkeit steigerte und dem Sohn mit religiöser Inbrunst klarzumachen versuchte, daß er nicht dem Vater ähnlich werden möge. Rudi haßte nun den Vater und bemitleidete die Mutter.

Im Heim zeigte er infolge seiner inneren Beschwingtheit unmittelbare Neigung zu allem Künstlerischen, das sinnvoll in seinen Tageslauf eingeordnet wurde. Am Vormittag wurde er in der Gärtnerei beschäftigt, nachmittags nahm er am Fortbildungsunterricht, Malen, Modellieren, Schnitzen und Geigenunterricht teil. Abends bat er oft um ein Gespräch mit dem Arzt oder seinem Erzieher. Er setzte dann heraus, was ihm aus seiner autistischen Haltung gerade einfiel. Sein Urteilsvermögen war völlig unentwickelt, und daher wollte er auch immer vom Erzieher festgesetzte Ordnungen und Verhaltensregeln haben, die ihn des eigenen Urteils enthoben hätten. Diese Gespräche führten allmählich zu eigener Urteilsbildung.

Mit den objektiven Erziehungsmitteln des Unterrichts, der Arbeit, der künstlerischen Betätigungen wirkten wir auf Bildung von starken, auf die Sinneswelt bezogenen Gefühlen. Dann fing Rudi an, sich den Pflanzen der Gewächshäuser zuzuwenden, die er vorher kaum wahrgenommen hatte. Die wuchernde Wunschwelt trat allmählich zurück, und das Interesse für die Sinneswelt erwachte. Er zeichnete Pflanzen, Menschen. Da Nietzsche sein Lieblingsdichter und -philosoph war und er noch immer gerne in dessen Verstiegenheiten lebte, regten wir ihn an, einen Zarathustra-Zyklus zu zeichnen. Er tat das mit Hingabe und entwickelte dabei eine schöne kompositorische Begabung. Dabei kam er geradezu in einen Eifer hinein. Er entdeckte das «Bild», das sich selbst tragende, formgeschlossene, dynamisch beseelte Bild und seine Schöpfungsgesetze. Erst verbissen, dann selbstvergessen gestaltete er über das Schwarz-Weiß hinaus leuchtende farbige Bilder von dramatischer Wucht. Jetzt konnte er entzückt sein von einer blühenden Wiese, von blühenden Heckenrosen. Vom ästhetischen Gefühl her begann er die Landschaft, überhaupt die Natur wahrzunehmen, die er früher gar nicht bemerkt hatte. In den Geigenstunden war er aufmerksam und übte fleißig mit seiner üblichen Verbissenheit. Allmählich kam Ausdruck in sein Spiel, und seine Innenwelt wurde geordneter. Gestaltungskräfte der Persönlichkeit erwachten. In der Gemeinschaft seiner Kameraden, in der er über ein halbes Jahr lang eine komische Figur gewesen war, bekam er Bedeutung. Jetzt fing er an, mit sich selber zu experimentieren, und bekam endlich den Mut, eigene Lebenserfahrung zu machen, wozu er als einziges Kind in der Familie nie gekommen war. Jetzt drängte es ihn, sich als Mensch zu bewähren. Er las viele gute Biographien. Mereschkowskis *Lionardo da Vinci* hatte ihn tief beeindruckt, aber er war noch immer ein Sonderling. Zog er in ein anderes Zimmer um, so gruppierte er alle Möbel anders. Saß er am gedeckten Tisch, veränderte er sofort die Lage des Geschirrs und Bestecks, bis «seine» Ordnung hergestellt war.

Im zweiten Lehrjahr in der Gärtnerei fügte er sich schon gut in die Arbeitsordnung. Er fand auch guten Kontakt zu seinen Arbeitskameraden. Jetzt wagte er, bei Geburtstagsfeiern und anderen Anlässen die Initiative zu übernehmen, und zeigte dabei ein unbefangenes, heiteres, mitunter sogar mutwillig-lautes Wesen, wie es ihm kaum zuzutrauen gewesen wäre. Bei festlichen Veranstaltungen riß er die Führung an sich und wurde von seinen Kameraden willig anerkannt. Er war nun flink und geschickt geworden.

Zweimal hatte er sich ernstlich verliebt, und als seine Zuneigungen nicht entsprechend erwidert wurden, schlug er sich tapfer durchs Gestrüpp seiner enttäuschten Gefühle. Nun bekam er einen tiefen Respekt vor der Innenwelt anderer Menschen. Jetzt half ihm die Musik sowohl bei der Werbung wie auch bei der Enttäuschung. Nachdem er zum zweitenmal gescheitert war mit seiner Liebesmüh, reifte in ihm der Entschluß, Landschaftsgärtner zu werden. Diesen Entschluß hat er nach seiner Gehilfenprüfung mit gewohnter Verbissenheit ausgeführt.

Sein ganzes Seelenwesen war gelöster, freier, der Zwiespalt von Krampf und Verstiegenheit war harmonisiert. Ausgeglichen ging er auf die landwirtschaftliche Hochschule. Neben einem gediegenen beruflichen Können war er ausgestattet mit einer überraschenden bildschöpferischen Fähigkeit und mit einem musikalischen Können.

Der Intellektualismus der Hochschule setzte ihm schwer zu. Er fing wieder an zu stottern. Als Gegengewicht arbeitete er – wieder verbissen – Goethes *Naturwissenschaftliche Schriften*. Grundehrlich hatte er sich die Goetheschen Begriffe wie Polarität, Steigerung, Metamorphose errungen. Nun ging ihm eine neue Welt auf, die Welt des Lebendigen, des Organischen. Mit diesen lebendigen Begriffen kompensierte er den trockenen Intellekt der Hochschule. Goethe vermittelte ihm den unmittelbaren Zugang zu den «Geheimnissen». Sein Idealisierungstrieb erreichte nun erkennend den Geistgrund der Welt.

Nach bestandenem Staatsexamen stotterte er wieder stark, erholte sich aber rasch an künstlerischen Entwürfen für Landschaftsgestaltungen. Er wurde Assistent bei seinem Professor, der ihn wegen seiner künstlerischen Einfälle schätzte. Er beteiligte sich an künstlerischen Wettbewerben. Da geschah es einmal, daß er einen ersten und sein Lehrer nur den zweiten Preis bekam. Jetzt erst war Rudi «geheilt»! Ein «Sonderling» gewinnt den Anschluß ans Leben erst, wenn er besondere und originelle Leistungen vollbringt. In der Heilerziehung ist mit Kunstgriffen nichts auszurichten, auch nichts mit noch so psychologischen «Aussprachen». Diese Seelenpflege ist ein mühsamer seelischer Umwandlungsprozeß, der tief eingreift in die leibliche, seelische und geistige Konstitution. Das kann vorwiegend nur mit objektiven Erziehungsmitteln erreicht werden.

Rudis Entwürfe hatten eine fast sakrale Größe und eine dynamische Formgeschlossenheit. Von Goethe lernte er, «dem Inhalt die angenehmste Form zu geben». Er entwarf Kultstätten für die Gefallenen und meinte, daß dazu auch eine neue sakrale Musik gehöre. Solche Musik probierte er zu schaffen, und aus diesem musikalischen Tasten gewann er die große Form, in die er eine Landschaft einschloß. Solche Gedenkstätten sollten durch die Raumform sich von der Zweckwelt distanzieren und eine Seelenerhebung ermöglichen. So verbrachte er ein von Schöpferglück erfülltes Jahr voll origineller Leistungen.

Dann wurde er zum Militär eingezogen. Bevor er an die Front geschickt wurde, bekam er Heimaturlaub zu seinen Eltern. Unterwegs im Zuge las er stundenlang Goethe. Da hatte ihn eine junge Dame angesprochen, die ihn um seine Feldadresse bat. Sie kamen in ein intensives Gespräch über Goethe. Plötzlich – so schrieb er später von der Petersburger Front – ging ihm eine tiefe Ahnung auf: Dieses Mädchen kennst du, obwohl du es vorher noch nie gesehen hast! Er schrieb ihr aus dem Felde, und sie vereinbarten ihre Verlobung beim nächsten Urlaub. Wir haben diese rege Korrespondenz gelesen. Zwei edle Seelen fanden sich auf seltener geistiger Höhe. Rudi kam aber nicht mehr auf Urlaub. Er ist durch Herzschuß gefallen.

Der Künstler geht von der Sinnesanschauung aus, wandelt diese aber in ein Ideales um und stellt mit sinnlichen Mitteln Geistiges dar und läßt Geistiges in sinnlicher Verhülltheit aufleuchten. Getragen ist dieses Künstlerische vom aufkeimenden Ich, in dem sich beide Welten kreuzen und das die zerbrochene Wirklichkeit wieder zur Einheit verschmilzt. Die Verbildlichungstätigkeit bekommt nun einen individuellen Auftrieb. Bleibt dieser Auftrieb aus – und er muß ausbleiben, wenn im Kindesalter die Grundgefühle nicht «gebildet» worden sind –, so sucht der junge Mensch verlegene, oft abseitige Mittel, um von sich selbst, vom Nächsten, von der Welt Kunde zu erhalten. Sein Erkenntnisblick ist noch immer durchzogen von der Bildnatur der Seele. «Alle Kunst hat etwas in sich, was geeignet ist, zu tieferer, konkreter Menschenerkenntnis zu kommen. Wer sich wirklich vertieft in die künstlerischen Formen, die z.B. die Malerei, die Plastik schaffen, oder in das Wesen der inneren Bewegungen, die durch Musik und Dichtungen pulsieren, wer Kunst wirklich innerlich erlebt (…), der durchdringt sich mit etwas, was ihn befähigt, den Menschen nach einer gewissen Richtung, nach der Richtung der menschlichen Bildnatur, aufzufassen. (…) Das geistige Urbild des Menschen müssen wir lernen durchschauen durch seine Bildnatur. (…) Denn man wird den Menschen nur dann seinem Ich nach kennenlernen, wenn man eine solche Auffassung von seiner Bildnatur hat.»[87]

Der Idealisierungstrieb drängt nach dem Schönen. Durch das Schöne tritt etwas Unsichtbares in die Sichtbarkeit. Doch welche Mannigfaltigkeit der Möglichkeiten gibt es hierbei! «Schönheit» gibt es ja erst, seit das menschliche Ich das mythische Träumedämmern hinter sich ließ und zu sich selbst erwachte. Diesen Seelenumschwung vollzieht auch der zu sich selbst erwachende Jugendliche, daher dürstet er nach dem Schönen. Jedes Lebensalter erlebt das Schöne mit anderen Nuancen. Als junger Mensch erlebt man das Schöne anders als im Alter. Das sich entwickelnde Bewußtsein bestimmt unser ästhetisches Verhältnis zur Welt in zunehmender Stärke, bis im Alter das Schöne zum Symbol des Guten und Wahren wird. Ergreifend schildert Plato (im *Theaitetos*), wie die Seele ihre Fittiche verlor, nachdem sie aus der Präexistenz ins Erdenleben sich einkörperte, und wie sie im Anblick des Irdisch-Schönen erinnert wird an das Urschöne der geistigen Heimat und wie sie Flügel haben möchte, um sich mit dem Urschönen wieder zu vereinigen. Weder die Phantasie noch die Begeisterung reichen dazu ganz aus, und so bleibt der Blick der Seele nach oben geheftet; in ihm brennt die Sehnsucht nach Wiedervereinigung lebenslang. Und das ist Eros.

Goethe hebt diesen platonischen Dualismus auf, er sieht in allem Schönen der Erscheinungswelt das Urphänomen des Schönen. Das Urschöne ist in allen Phänomenen des Schönen immanent enthalten, und alles Gegenständliche wird durch dieses Schöne ins Bild gehoben, das heißt, im Sinnlichen tritt das Übersinnliche in Erscheinung, in der Wahrnehmung die Idee. Das Besondere wird von der Erhabenheit durchzogen und dadurch wieder in die Ganzheit verschmolzen und aus dem Bann der Vereinzelung erlöst. Durch die Kunst wird die Welt dem menschlichen Ich angeglichen, und der Mensch wird zu einem Schöpfungszentrum. *Die Phantasie, diese in der Seele zurückgehaltene Weltschöpfungskraft,* baut mit den Mitteln des Schönen Brücken zwischen Subjekt und Objekt, zwischen Himmel und Erde, und beide werden vermenschlicht.

Im Zeitalter der naturwissenschaftlichen Empirie wird man dieser Goetheschen Empirie, in der der Mensch mittelpunkthaft Schöpfer ist, skeptisch gegenüberstehen. Denn man neigt dazu, in der Bilderwelt lediglich eine fingierte Wirklichkeit ohne Wahrheitswert zu sehen. Demnach wären Bilder lediglich Erdichtungen, Fiktionen, also Lügen und keine Wirklichkeit. Solche Einwände wären nur dann berechtigt, wenn man die Sinneswirklichkeit und die Bildwirklichkeit gleichsetzte. Dann gäbe es tatsächlich für die Bildwirklichkeit keinen zureichenden Wahrheitsgrund. Gerade an dieser Frage ist Nietzsche zerbrochen. Klages hingegen entdeckte, je weiter wir in der Geschichte zurückgehen, daß das Denken sich zunehmend auflöst in einem mythischen Bilderbewußtsein, wo das Schauen «bis zur Fassungslosigkeit uns befremdendes Wirklichkeitsbewußtsein ist, demgegenüber der gewöhnliche Wachzustand eher unserem Träumen zu vergleichen ist». Er sank zurück in alte, von der Entwicklung längst überholte Bewußtseinszustände, die im Kindesalter wohl ihre Berechtigung haben, und eröffnete seinen Kampf gegen den «Geist». Er vermochte nicht, wie Rudolf Steiner, durch Steigerung des Denkens unter Aufrechterhaltung der vollen Selbstbesinnung einzudringen in die Welt der Imaginationen.

Der unverbildete Mensch hält jederzeit die beiden Wirklichkeitsordnungen auseinander, selbst dann, wenn er sie unentwegt vermischt, wie es in allem *Metaphorischen* geschieht. Wenn z.B. Homer im Zusammenhang mit Sisyphos sagt: «Wiederum wälzte zu Tal sich der tückische Steinblock», so weiß jedermann, daß ein Steinblock nicht «tückisch» sein kann, denn wir fühlen sofort, was die Metapher gleichnishaft zum Ausdruck bringt, nämlich das in den Schicksalstiefen sich selbst erlebende Ich, wobei die logische Ordnung ihr Bildgesetz an einen Gegenstand abtritt. In jenen vor-logischen Zeiten war das Metaphorische sicherlich noch verbunden mit Gesang, Mimik, Tanz, was ihm eine unerhörte Eindringlichkeit des Gemütsausdrucks verlieh. Erhöht wurde dieser Ausdruck durch Reim- und Strophenform und durch immer wiederkehrende Formeln der Liedweise.

Immer werden Geheimnisse des Herzens oder das «Herz der Dinge» enträtselt durch Bilder, die im Zeitstrom der Rhythmen «schwimmen». Die Metapher, diese köstliche «kleine Mythe» (Jean Paul), scheidet nicht scharf Bild und Ding, sondern sie setzt sie unbekümmert gleich, obwohl der Logos sofort begreift, daß sie verschiedenen Ursprungs sind. Perikles sprach am Grabe gefallener Jünglinge von einem Jahr, «dem der Frühling genommen» sei. Shakespeare bezeichnete den Schlaf als das «Bad der sauren Lebensmüh». Immer wird ein geistiger, moralischer Sinn mit etwas Sinnfälligem bezeichnet und umgekehrt. Die Bilder müssen in den beiden Ordnungen zurechtgerückt werden vom *Logos*. Wer den übertragenen Sinn nicht versteht, ist einfältig, wie Paul, oder ein durchtriebener Eulenspiegel, der den Sinn verdreht, wie Peter.

Nimmt man die Wortbilder wörtlich, so ist alles Unsinn. Wir sprechen fortwährend Dinge aus, die, wenn man sie wörtlich nimmt, purer Unsinn sind. Selbst die Naturwissenschaft kommt nicht aus ohne Metaphern. Sie spricht vom Stammbaum, Stoff, Kraftfeld, Anziehung. Überall, wo das Wort gebraucht wird, erblüht die Metapher. Sport und Technik strotzen von Metaphern.

Da zieht *der Schlosser mittels eines Franzosen die Mutter fest!* Der schlechte Schüler muß *aufholen, die Hindernisse nehmen.* Auch darf man nie *aufs falsche Pferd setzen,* und man muß heil *durch die Runde kommen.*

Das feudale Mittelalter hinterließ uns eine Menge Metaphern, die heute noch unausrottbar im Sprachgebrauch festsitzen. Noch immer werfen wir dem Gegner den *Fehdehandschuh* zu, auch *entrollen* wir noch irgendein *Banner, geraten in Harnisch, kämpfen mit offenem Visier* und *heben den Feind aus dem Sattel.* Auch heute noch *ziehen wir vom Leder, legen für den Freund eine Lanze ein, der Feind aber muß über die Klinge springen.* Wäre der sinngebende Logos nicht mit im Spiel, so würden die Metaphern alles verrücken. Christian Morgenstern stellt in seinen Humoresken, diesen köstlich stilisierten menschlichen Schwächen, die Wirklichkeit bewußt auf den Kopf. Da *wandert ein Stiefel mit seinem Knecht,* Palmström läßt sich eine *Windhose* machen und bekränzt eine *Flinte,* die ein Verzagter *ins Korn geworfen* hat.

Bilder machen das Denken anschaulich und lebendig. Der logische Schluß wird durch ein Beispiel beschleunigt und deutlicher. Alle unsere großen Epen und Sagen wären längst vergessen, wenn sie nur mit bildlosen Gedanken dargestellt worden wären. Jean Paul hat in seiner Ästhetik die Metapher auf ihr eigentliches Fundament, auf das Gefühl, gestellt. Natur und Geist, wie sie von der Metapher verschmolzen werden, sind letztlich vom Ich in der Gefühlssphäre zusammengebracht. Die Quelle aller inneren Bilder ist das Fühlen. Aus der Bildkraft des Herzens strömt die Sehnsucht nach den wesenhaften Imaginationen. Goethes Gedanken und Sprache führen die Bilderwelt zu einer einmaligen menschlichen Höhe. Seine Bilder bleiben gleichmäßig entfernt von den Trugbildern wie auch von der bildsprengenden Bedrängnis der Ekstase. Herder sah den Ursprung der Poesie überhaupt im Bildvermögen: «Von außen strömen Bilder in die Seele: die Empfindung prägt ihr Siegel darauf und sucht sie auszudrücken durch Gebärden, Töne, Zeichen. Das ganze Weltall mit seinen Bewegungen und Formen ist für den anschauenden Menschen eine große Bildertafel, auf der alle Gestalten leben.»

Die Ablehnung des Bildhaften durch den Materialismus und die seither stets bedrückender werdende Armut an Bildhaftem, Schönem und Edlem in unserer Zivilisation ist schon für den Erwachsenen arg, für die Kinder aber wirkt sie sich geradezu katastrophal aus. Das Kind, das aus der Geborgenheit der Bilderwelt verscheucht ist, verfällt viel leichter der seelischen Verwahrlosung, die Triebe schießen wild ins Kraut. Die Seele wird abgeschnürt von ihrem geistigen Genius, der sich in der Universalbegabung bekundet und der in der Kindheit und schon im Embryo als Plastiker, Maler, Musiker intensivst beteiligt ist an der leiblichen, seelischen und geistigen Gestaltung und Umgestaltung des Menschen. Da ist der Mensch selbst leibgewordene Imagination, leibgewordene Poesie. Dieser poetische Grund des Genius ist im Kindesalter bis in die Leibgestaltung hinein wirksam. Spricht ein Mensch über sein Eigentliches, so schildert er es am treffendsten an seiner Kindheit, denn da ist er seinem Genius greifbar nahe, der die Erlebnisse, die Erinnerungen tiefer einprägt als die spätere Ornamentik der Erlebnisse im Schatten der abstrakten Vorstellungen.

Nichts ist kühner und poetisch wahrer, als diesem Genius seiner Kindheit zu begegnen. Aus ihm strömt jene unfaßbare Anmut, die sich im Gehabe des Kindes bis in die Fingerspitzen hinein verästelt. Erlischt diese Anmut, so ist das ein Zeichen, daß der Mensch sich distanziert hat von seinem Genius. Großstadtkinder werden häufig radikal abgeschnitten von dieser geistigen Macht, und damit werden die menschlichen Grundgefühle an der Entfaltung verhindert. Es ist dann ein unerhörtes Ereignis, wenn ein kleiner Spötter mit kaltem, stechendem Blick seine Seele wieder zum Staunen erhebt und wenn die verkümmerten Seelenorgane wieder empfänglich werden für den Bilderstrom, wenn die bildschaffenden Seelenkräfte wieder beginnen, zarte, feine Fäden nach dem Übersinnlichen hin zu spinnen. Das Bild ist Brücke zum Genius. Dann schüttelt ein solches in Verwahrlosung geratenes Kind sein unpersönliches Treibsandschicksal ab, und der Bildungstrieb beginnt sich zu regen, die würgenden Ängste, die sich in Halbheiten, in treibender Unruhe, in nervöser Hast bekunden, machen einem heilenden Bildungseifer

Platz. Dann quillt das Metaphorische – und was ist nicht metaphorisch? – wieder aus dem Seelengrund. Die malende Tätigkeit der Seele ist das wirksamste Gegenmittel gegen die Angst und ihr seelenzersetzendes Gezücht.

Die Verschüttung der höheren seelischen Werte hat heute bereits weite Volksschichten erfaßt. Es handelt sich dabei nicht nur um jene Kinder und Jugendlichen, die, wie noch vor zwanzig bis dreißig Jahren, aus den schlimmsten Verhältnissen des sozialen Elends stammten, wo die Familienverhältnisse zerrüttet waren, wo elendeste Wohnverhältnisse und Arbeitslosigkeit herrschten, wozu sich noch ein abnormer Lusthunger gesellte, sondern es geht bereits heute um alle Volksschichten, denn alle sind von der seelischen Verwahrlosung bedroht. Die größte Not kommt aus der Unfähigkeit, das Vollmenschliche wahrzunehmen und es erzieherisch fruchtbar zu machen.

Die düsteren äußeren Verhältnisse sind heute weitgehend gebessert, und man meint, daß diese anhaltende Verbesserung des Lebensstandards auch eine Normalisierung der seelischen Entwicklung herbeiführen werde, als ob das Kind vorwiegend nur ein Produkt gesellschaftlicher Verhältnisse wäre. Vorher meinte man, es sei vorwiegend ein Produkt der Erbverhältnisse. Erst diejenige Erziehung und Heilerziehung, die aus dem umfassenden Menschenbild der Anthroposophie hervorging, weiß, daß der Mensch vorwiegend sein eigener Schöpfer ist, was bereits von Hegel ausgesprochen wurde: «Der Mensch muß sich selbst zu dem machen, was er sein soll; er muß sich alles erst selbst erwerben. (...) Der Geist ist also sein eigenes Resultat.» Daß der Mensch das werden könne, was in ihm veranlagt ist, darauf muß alle Erziehung gerichtet sein. Was ist aber im Menschen veranlagt? Diese Frage kann nur eine Geisteswissenschaft beantworten, die den Bann der Sinneswelt löst und Einblick hat in jene Bereiche der Wirklichkeit, in denen der Mensch geistig urständet.

Heute wird viel gefragt nach dem Geist, aber die Fragen werden meist nur subjektiv beantwortet. Für die Jugend ist Geist die Verwirklichung der Ideale, für den Armen Hungrige speisen, Frierende wärmen, für den Künstler aus dem Brunnen der Schönheit täglich trinken und ewig durstig bleiben. So hat jeder eine subjektive Antwort. Erst die Geisteswissenschaft kann die Realität des Geistes so sicher erfassen, wie die Naturwissenschaft die Realität der Natur einigermaßen erfaßt. Sie weiß, alles, was wir sind, sind wir auch geistig real, und daher sind wir unvergänglich, auch wenn sich unsere Seinsform ändert. Ihr Menschenbild umfaßt auch den unsichtbaren Menschen, der das Vollmenschliche verbirgt, wodurch auch das persönliche Schicksal umfaßt wird. Sie ist jene entscheidende Wissenschaft vom menschlichen Ich, ohne die man nicht wissen kann, wozu man erziehen soll. Weil man von diesem Ich nur wenig weiß, kann es nicht ordentlich gepflegt werden. Dann erlischt aber das Geistige in unserem Alltag, das Ewige entschwindet aus den Wahrnehmungen und aus dem Denken, und die persönliche Lebensgestaltung wie auch die soziale Struktur brechen zusammen. Die Anthroposophie und die aus ihr hervorgegangene Erziehung und Heilerziehung wissen um die wunderbaren Geheimnisse echter Seelenbildung und können dem Kinde dadurch helfen, sich selber zu verwirklichen, und sie weisen dem Erziehenden den Weg, in sich selber die bildschaffenden Seelenkräfte auf einer höheren Stufe zu erschließen. Diese Kräfte quellen naiv aus der kindlichen Seele, wie in einer Träumedämmerung. Der Erzieher hingegen muß sie von neuem, vollbewußt, in eigener Verantwortung aus seiner Seele entbinden. So stehen Schüler und Erzieher im Werden, in einer stetigen Wandlung, und wo Wandlung ist, ist auch immer Bildung.

Oft gehen die Gedanken zu einer verehrungswürdigen Persönlichkeit, die vor gut 25 Jahren in einem der häßlichsten Bezirke Londons, zwischen rußgeschwärzten Häusern und stinkenden Fabriken, eine Tagesstätte für verwahrloste Kinder und Jugendliche leitete, zur großen Sozialpädagogin Margaret McMillan. Sie war eine wahrhaft königliche Erscheinung von selbstlosem Seelenadel. Ihre Warmherzigkeit, ihr geschärftes soziales Gewissen, ihre pädagogische Souveränität beseelte jenen trostlosen Hinterhof, wo die Kinder in Gruppen spielten, tanzten, sangen, musizierten, bastelten und wo die Jugendlichen Shakespeare spielten. Was war das für eine glückliche Oase der Bildung, eine «Pädagogische Provinz», mitten in der Backsteinwüste, in der sich der Bildungstrieb mächtig regte. Wenn diese Bahnbrecherin der Sozialpädagogik durch die emsig tätigen Gruppen schritt, flogen ihr die Herzen zu. Soviel Menschenvertrauen, mitten in der Häßlichkeit der Zivilisation, konnte erschüttern. Mit einem genialen Tiefblick erschaute sie die tiefste Sehnsucht dieser in der Häßlichkeit der Umwelt erstickenden Kinderseelen, die Sehnsucht nach dem Schönen. Aus ihrer ganzen Persönlichkeit strahlte diese Schönheit, und mit ihrer Herzensgüte durfte sie es wagen, hinabzusteigen in die Finsternisse des sozialen Abgrunds, um den lichthungrigen Kindern Licht zu bringen. Hier war Christophorisches. Beim Abschied von dieser Insel der Herzensbildung fielen tiefbewegende Goethe-Worte:

Denn wer den Schatz, das Schöne, heben will,
bedarf der höchsten Kunst, Magie der Weisen.

Hermann Kirchner

Über dynamisches Zeichnen

Sowohl die Ausübung als auch das Erleben der Kunst setzt eine innere Sammlung, d.h. eine durch innere Aktivität hergestellte Harmonie, voraus. In ihren mannigfaltigen Erscheinungen bieten die Künste dem Erzieher viele Möglichkeiten, im Bereich des heilpädagogischen Wirkens zu helfen. Dieses ständige Bemühen im sich immer wiederholenden Tun weitet den während des künstlerischen Schaffens entstehenden harmonischen Zustand allmählich immer weiter auf das Tagesleben aus. Da bei Ausübung der verschiedenen Künste jeweils andere Sinnesprozesse tätig sind oder beim Betrachten angesprochen werden, hat der Erzieher die Möglichkeit, ihre Anwendung dem entsprechenden Krankheitsbild jeweils anzupassen. In diesen Ausführungen soll auf das dynamische Zeichnen eingegangen werden. Hierbei bleibt sowohl das Gebiet der Farbe als auch die uns umgebende Natur in ihrer künstlerischen Wiedergabe unberücksichtigt. Es handelt sich um die Gestaltung der Linie, wobei diese zum Ausgangspunkt die eigene Bewegung hat und somit zum graphischen Niederschlag der Bewegung wird.

Vielen entwicklungsgehemmten Kindern, denen heilpädagogisch geholfen werden muß, fällt es schwer, sich mit ihrer gesamten Sinnesorganisation aktiv in das Erdenleben einzuschalten. Die Formulierung «Schwachsinn» deutet bereits auf ein Schwach-in-den-Sinnen-Sein, das heißt, daß sie mit ihrer seelisch-geistigen Wesenheit ihren Körper nicht so durchdringen können, daß diese auch durch das Tor der Sinne das richtige Verhältnis zur Umwelt herstellen kann. Lastende Schwere im Körperlichen, Dumpfheit im Bereich der Sinne gegenüber der Außenwelt sind die Folgen dieses Seins. Im fünften Vortrag des *Heilpädagogischen Kurses* gibt Rudolf Steiner an: «Wenn Sie ein schwachsinniges Kind vor sich haben, so haben Sie die Notwendigkeit, sein Stoffwechsel-Gliedmaßen-System überzuführen in die Beweglichkeit. Dadurch wird angeregt sein Geistiges.»[88] Wir müssen uns fragen: Wo spreche ich im Künstlerischen den Bewegungssinn unmittelbar an? Innerhalb der Sinneslehre Rudolf Steiners, die dem Menschen außer den allgemein anerkannten noch einige weitere deutlich zu unterscheidende Sinne nachweist, hat der Bewegungssinn die Aufgabe, alles wahrzunehmen, was Eigenbewegung ist oder sich als fremde Bewegung im Raume zeigt. Dazu gehört das Erleben aller Formen, die ja als zu Ende gekommene Bewegungen sich ständig um uns herum ausbreiten. Während der Sehsinn die Farbe einer Kreisfläche erfaßt, tastet der Bewegungssinn seine Peripherie ab. Ist diese eine exakt geometrische Kreislinie, so haben wir ein harmonisches Erlebnis, das uns unterbewußt an kosmische Gesetzmäßigkeiten heranführt. Ist der Kreis an einer Stelle ungenau, so stellt jeder blitzartig den gleichen Fehler fest. Der Gleichgewichtssinn macht sich objektiv bemerkbar, und das Bestreben, die ungenaue Stelle zu verbessern, deutet darauf hin, daß wir uns im Wohlbefinden unseres Lebensgefühles leicht gestört empfinden. So wirken alle Formen der Umwelt über den Bewegungssinn auf den Gleichgewichtssinn. Wie unser Lebenssinn nun als weiterer reagiert, zeigt uns, inwieweit das Wesen einer Form, sei sie der Natur entnommen oder künstlerischen Ursprungs, in der Harmonie begründet ist.

Für den Pädagogen, der die Welt der Formen dem Kind übenderweise nahebringt, ist es wesentlich, daß er sich der inneren Gesetzlichkeit des Formalen bewußt ist. Sonne und Mond als die mit bloßem Auge flächenhaft wahrnehmbaren kosmischen Erscheinungen treten uns innerhalb unserer Erdenumgebung als vollkommene geometrische Flächen entgegen. Ihr Lichteinfall wirkt an der Schattengrenze abgelesen als absolut geradlinig. Der Kreis und die Gerade sind Formelemente, die uns aus dem Kosmos zukommen. Die Zwangsläufigkeit der Geraden wird abgeschwächt, je mehr sich das Licht der Erde nähert. Jede weitere Dichte führt zu einem weiteren Abweichen von der vorhandenen Richtung und lockert die Zwangsläufigkeiten. Die unbewegte Wasseroberfläche als Teil einer Kugel, die unsere Erde umspannt, zeigt uns das Wirken kosmischer

Formgesetze. Im Geradlinigen der Kristallfläche offenbart sich außerirdische Gestaltungswirksamkeit. Beim Menschen erinnert die Kreisfläche des Auges daran, wie sich dieses einst am vom Kosmos einstrahlenden Licht bildete. Allen kosmisch-geometrischen Formen liegt das zwangsläufig gleichartige Erlebnis zugrunde. Im Bereich der Kunst als Äußerung des rein Menschlichen, soweit sie sich nicht geometrischer Formen bedient, hört diese Zwangsläufigkeit des Erlebens auf, und man tritt in den Bereich der Freiheit.

Der Weg des Künstlers zum Formenschaffen kann seinen Ausgangspunkt bei der Wahrnehmung der Natur haben und bleibt dabei mehr oder weniger nachschöpferisch. Je mehr er die vorhandenen Formen entsprechend seinem Erlebnis in ein Neues umsetzt, um so schöpferischer und somit auch künstlerischer wird sein Werk. Der zeitgenössische Künstler geht schon lange oft den umgekehrten Weg, indem er als Ausgangspunkt seines Handelns die im Innern vorhandene Seelensituation nimmt und nun schöpferisch dafür ein Zeichen sucht. Diese künstlerischen Äußerungen, wenn sie mit einer erhöhten willentlichen Wachheit durchgeführt werden, ermöglichen dann sehr oft Aussagen über die Natur, die nicht mehr der erinnerten sinnlichen Vorstellung entspringen, sondern aus den Tiefen unserer übersinnlichen Wesenheit einst an der Umwelt erlebte Gesten und Gebärden sichtbar machen und somit Wesenhaftes über die dargestellten Dinge schöpferisch offenbaren.

Für den Pädagogen besteht die Frage: Welche Formen wähle ich, und wie bringe ich sie an das Kind heran? Rudolf Steiner gibt den Hinweis, daß das übende Kind im Erlebnis seiner Arm- und Handbewegungen unter Ausschluß der Vorstellungsinhalte der äußeren Natur zu Formen kommt, die Bewegungsgesetze der menschlichen Wesenheit in sich tragen.[89] Ein lineares Zeichnen, das diesen Ausgangspunkt nimmt, bleibt schöpferisch lebendig und findet Formen, die im Menschen begründet liegen, schafft also nicht Formen um der Form willen. Die Linie als Umriß eines gesehenen Äußeren ist unkünstlerisch, unwahr und in der Natur nicht vorhanden. Es handelt sich also um die Linie als graphischen Niederschlag einer Bewegung, die mit dem Stift auf dem Papier auszuführen ist und dabei ihre Spur hinterläßt. Das Kind, das sich in dieser Tätigkeit bemüht, kommt schnell an die Grenze seiner Möglichkeiten. Ständige Wiederholung der in seiner Wesenheit begründeten Formelemente oder, wie besonders beim heilpädagogisch zu betreuenden Kind, chaotisches Setzen organgebundener Bewegungen mahnen den Pädagogen, einen Weg zu suchen, der vom Heraussetzen zum Gestalten führt. Wer durch die Sprache der Eurythmie die Fähigkeit entwickelt hat, Bewegungen zu lesen und zu deuten, dem erzählen auch die Bewegungsformen vieles über das Wesen des Menschen. Dieses Heraussetzen führt zum Sichtbarmachen des krankhaften Zustandes und kann nur der Diagnose dienen. Therapie setzt erst ein, wenn der Übende ständig mit der Bewegung seines Stiftes um etwas ringt, was er zunächst ohne diese Anstrengung nicht kann. In diesem ständigen Ringen gegen das eigene Chaos liegt der therapeutische Wert.

Was sich dabei abspielt, kann besonders bei der Gruppe von Kindern abgelesen werden, die an Überbeweglichkeit leiden und deren täglicher Bewegungsablauf darauf hindeutet, daß ihre Ich-Persönlichkeit nicht die Führung hat. So kommt es ständig zu Bewegungsäußerungen, die weder zum Bereich des Spiels gehören noch sonst zu einem sinnvollen Tun führen können. Bei der Gruppe dieser sogenannten motorischen Kinder finden sich sehr verschiedene Ursachen für ihr Kranksein. Zu denen, die ihre Konstitution in ihrem persönlichen Schicksal begründet haben, kommen alle die zivilisationsgeschädigten Kinder, die in den normalen Schulen als sogenannte Grenzfälle den Unterricht mit ihrer Motorik stören, so daß sie vorübergehend einen Heimaufenthalt benötigen. Während am Anfang unseres Jahrhunderts der Motor noch nicht ins Blickfeld trat, ist in unserer Zeit nur schwer ein Stückchen Erde zu finden, wo er nicht sichtbar oder hörbar wird. Der Takt des Motors, der keinen Rhythmus hat und im Bereich des Menschen Fremdkörper bleibt, ist nicht fernzuhalten vom Kinderwagen. Später folgt der Blick fasziniert seinem Erreger. Diese ständige Gewöhnung an das Sehen und Hören des Motors führt bei den Kleinen dazu, daß sie, Kurven laufend und motorische Geräusche nachahmend, diesen ersetzen, wenn er nicht zu hören ist. Es ist bereits die Sucht nach der Wahrnehmung ständigen Vibrierens da. In diesem Zustand kommen die Kinder in die Schule, und da die innere Ruhe fehlt, sind sie nicht imstande, der menschlichen Stimme des Lehrers zu lauschen. Auch zu Hause wird auf die Eltern nicht gehört. Im oft ungebärdigen Wesen des Kindes kann der Erzieher ablesen, wie seine Bewegungen nicht Ausdruck wahrer Gesten sind und somit noch nicht Äußerungen der Geistwesenheit des Menschen. Der Pädagoge hat nun die Aufgabe, all die Beweglichkeit, die noch nicht menschlich geworden ist, ins Menschliche zu führen. Wenn diese Kinder nun veranlaßt werden, eine Wellenlinie zu zeichnen, so sieht sie etwa so aus: Abb. 1. In den ersten Bogen spiegelt sich noch der Auftrag des Lehrers, und dann geht es mit der eigenen unbeherrscht dahinstürmenden Bewegung vorwärts. In Minuten ist die Seite gefüllt und das Kind hat graphisch auf dem Papier nur wiederholt, was es bereits bewegungsmäßig den ganzen Tag tat. Jetzt wird es darauf ankommen, daß der Lehrer ihm eine Wellenlinie so exakt wie möglich vorzeichnet und dabei, sprechend auf die eigene Handführung hinweisend, vom Bogen nach oben in den Bogen nach unten übergehend usw., aufmerksam macht: Abb. 2. Wenn es gelungen ist, die Aufmerksamkeit auf diesen Schaffensvorgang zu lenken, gelingt es oft schnell, das Kind zum eigenen Bemühen zu bekommen. Jetzt tritt Stille ein. Eine geometrisch exakte Wellenlinie, bestehend aus Halbkreisen, die ineinander übergehen, zu gestalten, ist nur möglich, wenn der Übende bewußt seine Bewegungen überwacht. Eine Seite im Heft zu zeichnen, die anfangs in wenigen Minuten vollgezeichnet wurde, erfordert nun eine halbe Stunde und länger. Während dieses Tuns wird das Ich des Kindes an seinen Bewegungsleib herangeholt und gibt ihm die Führung. Bei häufigem Üben tritt auch sehr bald eine Ausdauer ein.

Hat das Kind einige Fähigkeiten entwickelt, so gibt ihm der Erzieher weitere Formen. Das ungebändigt dahinstürmende Element des Kindes hilft ihm, diese zu finden. Aus dem Streben, dieses Dahinstürmen in Führung zu nehmen, kommt er leicht zu Formen, die nacheinander etwa diesen weiteren Verlauf nehmen: Abb. 2 – 5.

Der Reihenfolge dieser Formen, ausgehend von der Wellenlinie, liegt als Entwicklung ein ähnliches Tun zugrunde, wie es ein Rosselenker gegenüber seinen durchgehenden Pferden hat. Bei allem weiteren Gestalten kommt es auf die ausgeführte Bewegung und deren weitere Führung an.

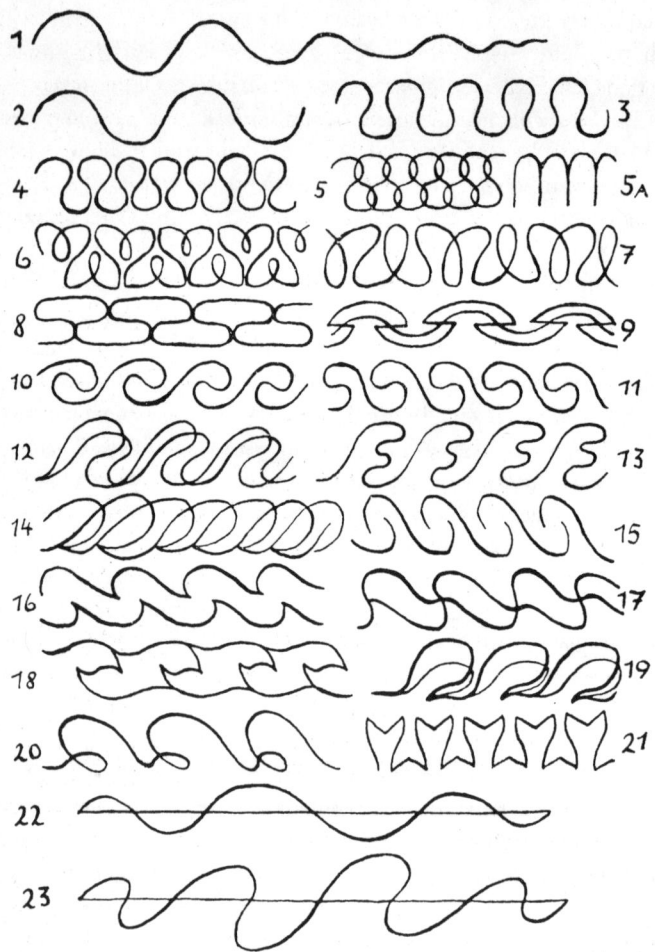

Bevor wir weiterschreiten, möchte ich die entstehende Frage beantworten: «Warum gerade Wellenlinien?» – Die Antwort erwächst einem im Tun mit den Kindern. Der Wellenlinie, die ja eigentlich aneinandergereihte halbierte Lemniskaten darstellt, liegt als Formelement immer abwechselnd das schwellende und das saugende Formprinzip zugrunde. Ein Bogen wölbt sich vom Zeichnenden gesehen nach außen, und einer kommt ihm von außen entgegen (siehe Abb. 52). Am Schnittpunkt der beiden Halbkreise ist die Schwelle, die beim Üben ständig überschritten werden muß. Nun liegen der aus aneinandergefügten Halbkreisen gezeichneten Wellenlinie zwei Gestaltungsprinzipien zugrunde. Wir machen einen Halbkreis und sind in der Tätigkeit rotierenden Armschwingens, die allen Menschen leicht fällt. Die kreisende Bewegung mit dem Stift ist die erste zeichnerische Äußerung des Kleinkindes. Doch nach Ausführung des ersten Halbkreises von links nach rechts wird die kreisbildende Tendenz unterbrochen, und anstelle der rückführenden Bewegung, die zur unteren Kreishälfte nötig wäre, setzt sich nun die lineare Tendenz von links nach rechts strebend teilweise durch und führt zu der zweiten Kreishälfte, die ihren Mittelpunkt nun nicht wie beim ersten Halbkreis im Zeichnenden hat, sondern deren Mittelpunkt außerhalb liegt und somit den Bogen dem Gestalter entgegenstemmt. Viele Kinder, deren Hauptschwierigkeit darin besteht, daß keine Harmonie zwischen dem In-sich-Sein und dem Der-Außenwelt-zugewendet-Sein vorhanden ist, kommen hier schon vor beträchtliche Schwierigkeiten und zeigen uns, wie bestimmte seelisch-geistige Vorbedingungen erforderlich sind, um eine Lemniskate oder Wellenlinie gestalten zu können. Noch bei Vierzehnjährigen ist es passiert, daß der dem Menschen entgegenzubildende Halbkreis in folgender Weise umgangen wurde: Abb. 5A. Jede Eurythmistin kennt die Kinder, die anstelle der Lemniskate zunächst eine Ellipse laufen. Daß andere Kinder die Lemniskate aus zwei aneinandergefügten Kreisen aufbauen oder etwas weiter entwickelte Kinder eine Drei neben eine spiegelbildliche Drei setzen, zeigt uns, wie eine bestimmte Entwicklungsstufe vorhanden sein muß, um bei der Lemniskate oder Wellenlinie die Schwelle von innerer zu äußerer Gestaltungstendenz überschreiten zu können. Dem Schwellencharakter der Wellenlinie können wir überall begegnen. Wenn wir dem Kreisbildenden als einem Gestaltungsimpuls der Wellenlinie das Zusammenziehende und der linearen Führungstendenz von links nach rechts das Ausdehnende zugestehen, so haben wir das Metamorphosengesetz, wie es uns überall in der Natur als Zusammenziehung oder Stauung und Ausdehnung entgegentritt. Eine aus Halbkreisen gebildete Wellenlinie, die nach oben einseitig das Zusammenziehende metamorphosiert, führt zu Kreis und Punkt. Dasselbe nach unten ausgeführt – dabei der Ausdehnung die Gestaltung überlassend – führt zur Geraden, die wiederum der Teil eines unendlichen Kreises ist. Hier bleibt die als Ausgangspunkt genommene Wellenlinie, wenn sie aus geometrisch genauen Halbkreisen gestaltet wurde, als Schwelle zwischen Kreis und Linie, oder wenn man weitergeht, zwischen Punkt und einer unendlichen Geraden, die wieder zum Kreis führt (siehe Abb. 51).

Innerhalb der Menschheitsentwicklung tritt uns erstmalig beim Griechentum – beginnend mit Ornamenten auf Steintafeln der frühkretischen Zeit – das Gestaltungsprinzip der halbierten Lemniskate entgegen. Auf die tiefe Bedeutung der ionischen Säule in bezug auf das Schwellenhafte wies Rudolf Steiner. Im fünften Vortrag des *Heilpädagogischen Kurses* entwickelt Rudolf Steiner ein Bild vom Menschen, in dem seine viergliedrige Wesenheit im Oberen und Unteren, also im Kopf- und im Stoffwechsel-Gliedmaßen-System durch Lemniskaten, die sich in der Brustorganisation schneiden, veranschaulicht wird. Da, wo der obere Kreis, der die Hauptes-Organisation und mit ihr unser waches Tagesbewußtsein darstellt, in den unteren Kreis mündet, der auf die Stoffwechsel-Gliedmaßen-Organisation hinweist, haben wir die Schnittpunkte der Lemniskaten. Wieder treten diese an der Stelle auf, wo zwei verschiedene Bewußtseinsarten aneinanderstoßen. Es begegnen sich das Schlafen und das Wachen. Es ist der Bezirk der rhythmischen Organisation, wo das Träumen beheimatet ist. Wenn wir in unser Antlitz eine Lemniskate denken, in deren Kreisen als Mittelpunkte unsere Augen sind, bekommen wir den Schnittpunkt an die Stelle, wo sich die Sehachsen überschneiden und räumliches Bewußtsein entsteht.

Viele unserer Kinder deuten durch ihre Augenstellungen an, daß hier etwas nicht in Ordnung ist. Auch manchen Erwachsenen gelingt es nicht ständig, die normale Augenstellung aufrechtzuerhalten. Der Mensch hat um sich den Sinnesteppich ausgebreitet und findet damit die Grenze seines Erlebens nach außen. Würde er diesen mit einem erweiterten Bewußtsein durchstoßen, so wäre nicht ein größerer Kreis als erweitertes Erleben die Folge, sondern er träte durch einen Schnittpunkt in einen übersinnlichen Raum und es entstünde die Lemniskate mit dem Schnittpunkt als Schwelle. Rudolf Steiner wies auf die Tatsache, daß der Hellseher an dieser Stelle beim Menschen Lemniskaten als Lichterscheinungen wahrnimmt, die in ihrem dem Kosmos zugewendeten Teil offen sind.[90] In der äußeren Natur begegnet uns in der Welle die halbierte Lemniskate, also an der Oberfläche, wo wieder der Grenzbezirk von zwei Elementen liegt. Die Baukunst ist voller Motive, in denen die verschiedenartige Anwendung der halbierten Lemniskate Zeuge des jeweiligen Bewußtseinszustandes ist.

Bei unseren Übungen lassen wir das Kind diese aus der Wellenlinie abgeleiteten Formen als in einer Bordüre fortlaufend zeichnen. Warum dies? Wer einmal mit Kindern in dieser Art geübt hat, weiß, welch große willentliche Beanspruchung einsetzt, wenn das Kind nicht nur ein kurzes Zeichen setzt, sondern einmal kontinuierlich eine ganze Zeile durchhält. Hier wird eine besondere Kraft aufgerufen und gestärkt, die bei vielen Heimkindern zunächst überhaupt nicht da ist. Auch der Intellekt, der ständig Neues will, wird ausgeschaltet zugunsten einer rhythmischen, im Reiche des Schönen beheimateten Bewegung, die durch ihre Wiederholung stark auf den Willen bildend wirkt. Man überläßt das Kind nun nicht nur seiner Zeichenlust und läßt es frei arbeiten, sondern man gibt ihm bestimmte Übungen, die es möglichst genau nach Anweisung ausführen muß. Dadurch erlebt das Kind im Tun die Urgesetze alles Formalen. Der heute weitverbreiteten Meinung, das Kind sei Künstler und dürfe nicht beeinflußt werden, stellt sich die Tatsache entgegen, daß das Kind seine oft bezaubernden Leistungen ja nur heraussetzt unter der Wirksamkeit von Kräften, die aus dem Vorgeburtlichen kommend ins Kindesleben noch hereinreichen und langsam abklingen. Jeder Kunstpädagoge weiß aus Erfahrung, daß mit dem sich entwickelnden Intellekt diese Fähigkeit restlos verschwindet und das Kind dann mit leeren Händen dasteht. Rudolf Steiner hat die Pädagogen der Waldorfschule darauf hingewiesen, das Formgefühl zu wecken, bevor im Künstlerischen der Nachahmungstrieb erwacht. Schon beim beginnenden Schulunterricht werden die Kinder zum Erlebnis der Krummen, der Geraden, des Winkels, des Bogens usw. geführt, und es entwickelt sich aus dem Bild der Buchstabe. Mit dem achten Lebensjahr beginnt dann stärker das Formenzeichnen, denn wenn mit dem neunten Lebensjahr Vorstellen und Denken, die vorher noch stark eine Einheit waren, sich immer mehr trennen, erwächst aus dieser Tatsache leicht der Drang, die neu erlebte Außenwelt genauer, d.h. naturalistisch darzustellen. Wenn also bis zum zehnten Lebensjahr die reine Form als Sprache in eigener Bedeutung geübt wurde und ebenso die Farbe ihr Wesen im künstlerischen Tun darleben konnte, ohne in den Dienst gegenständlicher Bedeutung gestellt zu werden, ist das Kind gegen den Naturalismus, der ihm vom immer mehr aufkommenden Intellekt aufgedrängt würde, geschützt.

An dieser Stelle ist zu sagen, daß im heilpädagogischen Tun hier Ausnahmen auftreten müssen, die von der einer normalen kindlichen Entwicklung zugrundeliegenden Regel abweichen müssen. Ein Vierzehnjähriger brachte es z.B. nicht fertig, ungegenständliche Formen allereinfachster Art wiederzugeben. Als ihm die Aufgabe gestellt wurde, einfache Gegenstände des täglichen Lebens, mit denen sich Erlebnisse verbanden und die er immer um sich hatte, zu zeichnen, gelang es ihm, diese annähernd wiederzugeben und dabei Formelemente zu verwenden, die nachzubilden ihm vorher nicht möglich war. Die gegenständlichen Bildeindrücke der Umwelt während seines Lebens haben hier etwas vorbereitet, das dieses Können möglich macht. Die reine, nicht an den Gegenstand gebundene Form kann er zunächst nicht wiedergeben. Hier macht sich besonders die Gruppe der «Schwachsinnigen» bemerkbar, jene Kinder, die äußerlich zwar gesunde Augen haben, aber anstelle zu sehen nur «glotzen», also nicht mit genügend Ich-Kraft im Sehprozeß leben.

Ein Vierzehnjähriger dieser Art, der noch keinen Satz bilden konnte und nur einzelne Worte von sich stieß, brachte es nicht fertig, ein Dreieck von einem Viereck zu unterscheiden. Nach dreijährigem Üben, wobei ständig kompliziertere Formen erkannt und dann wiedergegeben werden mußten, gelang es ihm, äußerst schwer überschaubare Formen zu zeichnen. Parallel zu dieser Entwicklung vollzog sich auch seine Entwicklung im Sprachprozeß, indem er ganze Sätze zu bilden lernte, sein Körper entwickelte Geschicklichkeit und sein Denken wachte auf. Nachdem da trotz aller Mühen der Lehrer und Eltern das Kind bis zum vierzehnten Lebensjahr keinen einzigen Buchstaben erlernt hatte, war es in den folgenden Jahren dann doch noch möglich, ihm Lesen und Schreiben in einfacher Form beizubringen.

Immer wieder weist Rudolf Steiner darauf hin, daß man nicht einen besonderen, abgesonderten Schönschreibe-Unterricht zu pflegen habe, sondern daß das Kind lernen müsse, schöne Linien, schöne Bogen und Winkel, überhaupt Kunstformen zu zeichnen; dann hat es auch das Rüstzeug, das zum Schönschreiben erforderlich ist.

Im Tätigsein der Kinder muß der Pädagoge wach mitleben. Im aktivsten Miterfühlen der einzelnen Unfähigkeiten kommt dem Erzieher das Wissen um den jeweilig nächsten Schritt. Das heißt praktisch für den Pädagogen, über die Schulter des Kindes zu schauen und die Bewegung verfolgend innerlich mitzumachen und somit zu erleben, wenn die Linie an einer Stelle ins Stocken kommt und konstitutionell begründet das Können versagt. Zweierlei lernt er dabei. Einmal findet er aus dem sich dabei entwickelnden Bewußtsein für das Kind eine vorbereitende Form und hilft ihm, außerdem aber geht ihm, durch viele Parallelfälle bestätigt, die Erkenntnis auf: «Mit dieser Konstitution kann man also dieses Formprinzip noch nicht!» So erwächst aus der Arbeit am Können und Nicht-Können der Kinder für den Unterrichtenden allmählich ein Wissen um die Gesetzmäßigkeit der Formen in ihrem Verhältnis zum Menschen. Er weiß dann sehr bald, was er an neuer Formgesetzlichkeit dem Kinde zumuten kann, oder ob er das vom Kind bereits Erworbene noch eine Zeitlang variieren läßt.

Die große Unterschiedlichkeit im Willensleben und im Vorstellungsvermögen der verschieden gearteten Kinder führt schnell zu einer gesonderten künstlerischen Führung, so daß der Erzieher langsam vorwärtsschreitend das Kind lehrt, seine Bewegungsimpulse immer sicherer in die Gestaltung zu übernehmen. Sehr viel hilft ihm hier die Freude des Übenden am Tun. Während bei der Gruppe der «Schwachsinnigen» das Hauptaugenmerk des Unterrichtenden darauf gerichtet sein muß, zunächst einmal den Wahrnehmungsprozeß zu aktivieren, wobei er eine Bestätigung in der richtigen Wiedergabe der Formen finden kann, muß er bei anderen Kindern großen Wert auf saubere, genaue Wiedergabe legen. Alle Kinder, die im Inkarnationsprozeß nicht die richtige Konturierung finden, neigen oft zu einem schnellen, ungenauen Zeichnen. Kinder mit übergroßer Beweglichkeit setzen ihre Formen schnell und mit großer Dynamik hin. Man spürt oft, das Ich ist nicht ganz dabei, und es treten die seltsamsten Fertigkeiten zutage, ja es offenbart sich eine gewisse Raffiniertheit. Diese kommt aus den organgebundenen Bewegungen des Astralleibes. Hier hilft kein Ermahnen zu langsamerem Tun. Das Kind braucht Formen, bei deren Gestaltung das angegliederte Ich unbedingt die Führung übernehmen muß. Schon die Herstellung einer Symmetrie ist nur mit erhöhter Wachheit möglich. Auch alle Formen, die rückläufige Bewegung während des Entstehungsprozesses erfordern (Abb. 30), machen wacher und unterliegen nicht so leicht der Routine. Formen, deren Aufbau einen immer komplizierteren Bewegungsablauf erfordern, gliedern das Ich immer stärker ein. Diagonale Symmetrien (Abb. 8 bis 11 usw.), Überschneidungen oder Formanlagen, die keiner geometrischen Ordnung unterliegen und daher schwer zu fixieren sind, erfordern höchste Wachheit im Tun.

Kindern, die ihre Vorstellungen nicht in den Bereich des Verges sens absinken lassen können und daher zum Zwanghaften neigen, fällt es oft sehr schwer, mit runden Formen zu gestalten. Immer wieder entstehen Knicke, an denen man die zu starke Führungstendenz des Kopfes ablesen kann. Es tut gut, ihnen besonders frei schwingende runde Formen (Abb. 13 und 20) zu geben und dabei

darauf zu achten, daß in der Aufgabenstellung durch extrem verschiedene Formgebung das Kind immer wieder stark vor neue
Tatsachen gestellt wird.

Im umgekehrten Falle, wo die Vorstellungen zu sehr aufgesogen
werden, so daß sie verschwinden und das Erinnern aussetzt, wäre
darauf zu achten, eine dem jeweiligen Zustand des Kindes angepaß-

te, aber nicht leicht überschaubare Form an die Tafel zu zeichnen und sehr bewußt vom Kinde anschauen zu lassen. Dann sollte sie ausgelöscht und vom Kind aus der Erinnerung nachgebildet werden.[91]

Nun weist Rudolf Steiner darauf hin, daß alles Zeichnerische zum Schwärmen führt und stark lockert.[92] Er gibt es als Therapie für Kinder an, deren Ich zu stark von der übrigen Organisation aufgesaugt ist und die daher im extremen Fall zum Verbrecherischen neigen. Es kann die Frage entstehen: Wie verhält es sich mit den Kindern, bei denen dies nicht der Fall ist? Jahrelange Beobachtung zeigt, daß wohl beim Kinde eine große innere Lebendigkeit hervorgerufen wird, die Obiges bestätigt. Zugleich bemerkt man, daß dieser Zustand während des Zeichnens von diesen Kindern dadurch gemeistert wird, daß der Natur des Zeichnens das Formale zugrunde liegt und dieses nicht bewältigt werden kann, wenn der Ausübende sich nicht in hohem Maße bemüht, ein harmonisches Verhältnis zwischen seinen Wesensgliedern herzustellen. Diese Kinder lernen im Tun ihren kranken Zustand steigern und meistern. Gerade überbewegliche Kinder zeigen eine atemlose Stille während ihrer Arbeit. Immer wieder äußern sie, daß es ihre liebste Stunde sei, und eine sehr starke Verbundenheit zum Lehrer, der ihnen diese Harmonie vermittelt, ist fast immer die Folge. Damit das Seelenwesen des Kindes den Körper ganz und gar ergreift und durchdringt, so daß der Inkarnationsprozeß gut gelingt, ist, wie die Geisteswissenschaft Rudolf Steiners erkennen läßt, ein inneres Erlebnis der Kontur erforderlich. Ein menschliches Wesen, das mit seinem Seelisch-Geistigen abwechselnd einmal zu weit über sein Körperliches hinaus im Umkreis lebt, ein anderes Mal aber zu weit sich in sein Inneres zurückzieht, braucht vom Erzieher die Hilfe, daß er es an seine richtige Konturierung führt. Immer wieder kann erlebt werden, nachdem der Zustand des «Ich-kann-nicht-ich-mag-nicht» überwunden ist, beim Zeichnen für das Kind die Situation eintritt, daß es sich seelisch-geistig an der richtigen Grenze erlebt. Auch im umgekehrten Falle, wo das Kind nicht die richtige Beziehung zur Umwelt herstellen kann, weil es durch eine innere Stauung seines

Seelenwesens in einem der Leibesorgane daran gehindert wird, hilft solch dynamisches Zeichnen, den gehemmten Inkarnationsprozeß weiterzutreiben.[93] Eine vollendete Zeichnung ist nur möglich, wenn in beiden Fällen während des Tuns die vollständige Inkarnation vom Kind erreicht wird. Wenn nach dem Tun auch zunächst dieser Zustand wieder schwindet, so tritt durch häufiges Hervorrufen dieser Steigerung im Leben der Kinder mit der Zeit doch ein normaleres Darinnenstehen in ihrer Körperlichkeit ein.

Wenn die Kinder eine Reihe Metamorphosen aus der Wellenlinie (Abb. 1-23) entwickelt haben, tut es gut, ihnen ähnliche Formen aus der Geraden zu entwickeln (Abb. 24-34) und später beides zu kombinieren (Abb. 35-44). Wenn wir eine runde Form zeichnen, spüren wir, wie der nicht wache Wille tätig ist. Eine geradlinige Form, die plötzlich abbiegt, dann wieder abbiegt und wieder, erfordert bei jedem Abbiegen unsere vollste Wachheit, wenn das Endergebnis schön sein soll. Manchen Kindern, die stark im Intellekt leben, sind diese jeweilig entstandenen Ecken eine große Stütze für ihre Veranlagung, und es fällt ihnen leicht, darin zu gestalten. Dazwischen liegt der Bereich der Formen, die der Mitte, dem Fühlen, angehören. Vom Haupt herabwirkend haben wir die geradlinigen, aus dem Stoffwechsel heraufwirkend kommen die runden Formen. Gerades und Rundung kombiniert, lebt als Formwesen in der Mitte. Dem Erzieher, dem dieses Wissen durch Tun Erleben geworden ist, eröffnet sich ein großes Gebiet für bewußtes Handeln. Beim Gestalten der Bordüre kommt durch Wiederholung der Formelemente das Rhythmische im Tun zum Ausdruck, und somit wird auch der Teil der kindlichen Wesenheit angesprochen, der in diesem Alter am stärksten ansprechbar ist.

Eine weitere Kunstform, die den Übungen mit der Bordüre folgt, ist die Rosette (Abb. 45-50). Sie wird aus dem Kreis entwickelt, den die Kinder ruhig mit dem Zirkel zeichnen dürfen. Jede weitere Unterteilung sollte zur Schulung des Gleichgewichtssinnes freihändig durchgeführt werden. Wenn sich nun in den durch die Unterteilung entstandenen Feldern das Formmotiv wiederholt, so ist es wichtig, den Kindern nur ein Feld an der Tafel anzuzeichnen

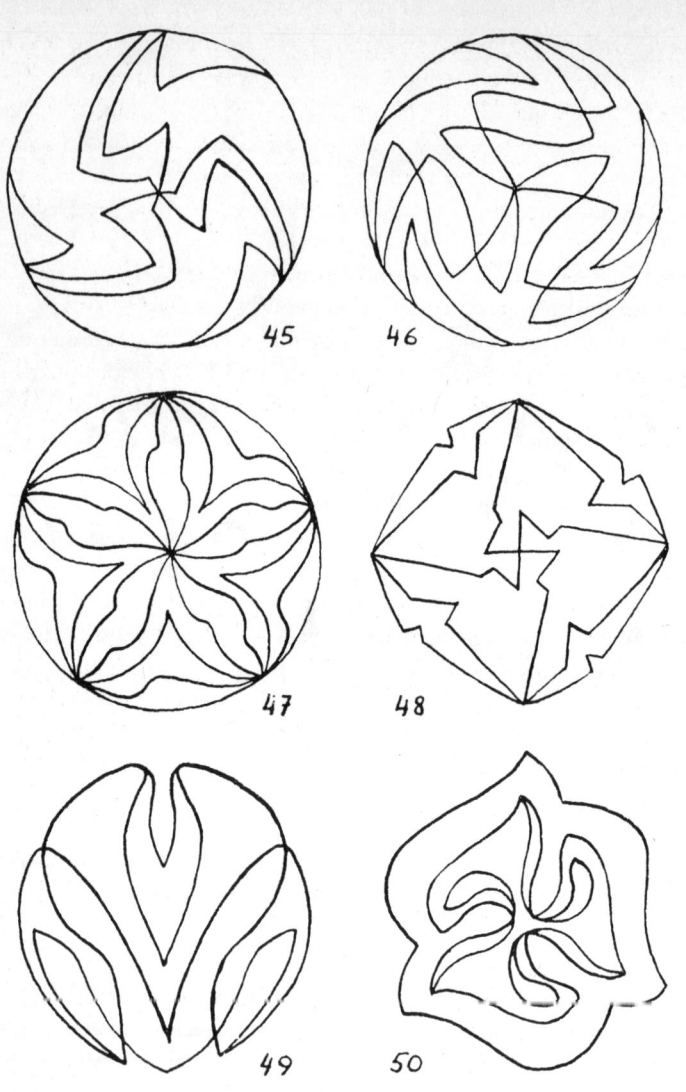

45 46

47 48

49 50

und die anderen Felder in ihren radial herumlaufenden Lagen ohne Drehen des Heftes selbst gestalten zu lassen. Je unsymmetrischer das erste Feld ist, um so schwerer wird die Aufgabe. Eine große Lebendigkeit im Vorstellen wird dabei entwickelt. Langsam kann nun in der Aufgabenstellung eine Steigerung eintreten. Eine zweite und dritte Linie als Bewegung, in jedem Felde sich rhythmisch wiederholend und den bereits vorhandenen Formen angepaßt, erfordert höchste Wachheit im gegenwärtigen Tun. Durch die nun stark vergleichende Tätigkeit – ein Feld soll ja dem anderen entsprechen – wird der Bewegungs- und Gleichgewichtssinn in hohem Maße beansprucht und geschult. Das Kind wird angehalten, einfache Motive, die aus runden Formen bestehen, unter Verwendung der Geraden noch einmal zu zeichnen. Einfache Metamorphosenübungen, wie etwa Abb. 62 und 63, können unter vorbereitender Führung des Lehrers vom Kinde selbst gefunden werden. Wandeln von Formen, die durch Ausdehnung und Zusammenziehung metamorphosiert werden, wäre zu üben.

Ausgehend von rein geometrischen Formen sind in den Abbildungen 52-61 durch Pfeile die Spannungsverhältnisse dargestellt. Unter Spannung ist in diesen Fällen zu verstehen, was wie ein Intervall zwischen Linien, Formen oder Farben wirkt. Der Kreis hat durch seine Radien, die an allen Stellen der Peripherie mit der gleichen Länge auftreffen, ein gleichmäßig verteiltes Spannungsverhältnis. Dasselbe erleben wir beim Bogen als Kreisausschnitt. Tritt eine Veränderung ein, indem an einer Stelle die Radien länger werden, so entsteht das Spannungsverhältnis, wie es bei den Abbildungen 54-57 angedeutet ist: Der Gestaltende muß allmählich lernen, ein Bewußtsein für die unsichtbaren Kraftströme innerhalb der Zeichnung zu entwickeln und diese ordnend zu beherrschen. Dies erfordert höchste Wachheit in jedem Augenblick des Tuns. Das bereits Entstandene muß schnellstens zur Vorstellung erhoben werden, und die Phantasie, von dieser immer wieder aufs neue angeregt, übernimmt weiter die Führung.

Dies alles geschieht nun im Bereich des künstlerisch Schönen und bereitet im Tun die Entwicklung der Sinne vor, die der un-

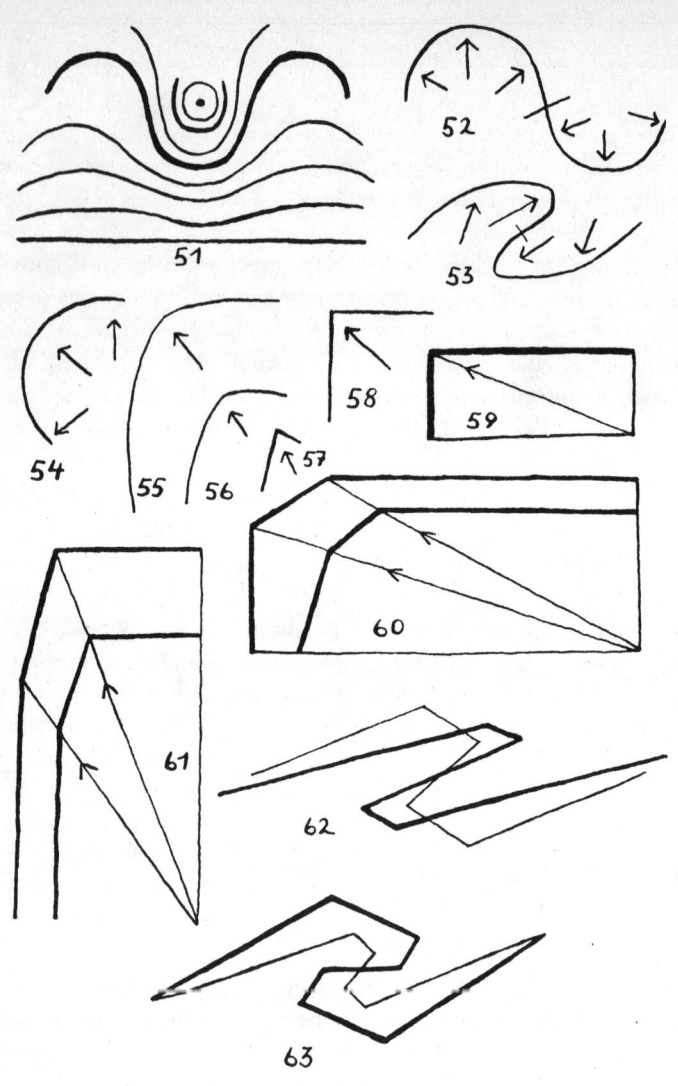

teren Sphäre angehören. Dies sind der Tastsinn, der Lebenssinn, der Bewegungssinn und der Gleichgewichtssinn. Würden diese Sinne nicht in der menschlichen, künstlerischen Sphäre entwikkelt, sondern nur durch die Aggressionen unserer technisch orientierten Zivilisation in Anspruch genommen, so fehlte die Grundlage für die richtige Entwicklung der vier unteren Sinne. Das kleine Kind ist ja noch nicht in der Lage, seinen Wahrnehmungen Vorstellungen entgegenzusetzen, wie dies der Erwachsene kann. Vorstellen und Wahrnehmen sind bis zu einem gewissen Grade noch eine Einheit. Dadurch sind die Erlebnisse an den Eindrükken sehr intensiv und wirken gestaltend bis in die Körperlichkeit hinein. Da unsere heutige technisierte Zivilisation äußerst aggressive Sinneseindrücke vermittelt, die in ihrer Art dem Seelenwesen des Kindes fremd sind, treten auf diesem Wege auch große Schädigungen ein. Der Pädagoge muß den Ausgleich schaffen, indem er versucht, viele Sinneseindrücke an das Kind heranzubringen, die aus der rein menschlichen Sphäre stammen. Die wohlklingende Stimme der Erwachsenen, eine bildhafte Sprache und die Einordnung des Tageslebens in einen Rhythmus, der dem Takt des Motors als Erleben entgegengestellt wird, sind neben allem künstlerischen Tun etwas, was die aus der Technik stammenden Sinneseindrücke übertönen muß. Die vier der unteren Sphäre zugeordneten Sinne erfordern ihre Entwicklung an Sinneseindrücken, die vom Menschen und nicht von der Technik ausgehen, denn sie sind die Grundlage, auf der sich der Sprach-, Denk- und Ich-Sinn zu entwickeln haben. Wir wissen um den Zusammenhang der Bewegung und der Sprache. Ein am Künstlerischen entwickeltes Vorstellungsleben führt zu einem über den Intellekt hinausgehenden Denken. Sinneswahrnehmungen, die vorwiegend an den synthetischen Sinneseindrücken geschult werden wie Film, Radio, Fernsehen geben nicht die Grundlage zur Entwicklung des Ich-Sinns, der der Wahrnehmung des anderen Ich dient und der nur durch Sinneswahrnehmungen am anderen Menschen geschult werden kann.

Hat der Unterrichtende bei einem Kind das Erleben, daß die künstlerischen Form- und Harmoniegesetze durch Üben diesem zum Eigentum geworden sind, so ist zu raten, das Kind frei arbeiten zu lassen. Als Aufgabenstellung wäre zu erwähnen, daß Inhalte der Natur und geometrische Formen in der Gestaltung nicht vorkommen sollen. Nun tritt uns in den meisten Fällen als Ergebnis ein Reichtum entgegen, der bereits Gekonntes aus der kindlichen Sphäre aufzeigt. Die geübten Gesetze sind Eigentum geworden, haben aber eine absolut individuelle Sprache erhalten. Die einzelnen Leistungen unterscheiden sich restlos voneinander, und gerade in der Zeit, während ein Kind, das von klein auf ohne Führung gestaltete, mit leeren Händen dasteht, tritt nun bei diesen Kindern ein großer Reichtum in ihrem Schaffen auf. Sie haben sich nicht verausgabt und die Jahre benutzt, etwas zu lernen. Würde dieses freie Gestalten zu früh einsetzen, so glichen die künstlerischen Erzeugnisse dem Spiel eines Kindes auf der Geige, das vorher weder streichen noch greifen gelernt hat. Krankes und häufige Einseitigkeiten würden in der Gestaltung zum Ausdruck kommen. Die frei geschaffenen Bilder aber zeigen an, daß das Kind bereits die Fähigkeit erworben hat, sich während des Schaffens immer wieder in einen Normalzustand hinaufzuheben. Ein gemeinsames Betrachten der Erzeugnisse am Ende der Stunde glättet die inneren Wogen, die durch die zeichnerische Tätigkeit entstanden.

Bei der Entwicklung der Formen, beginnend mit der Wellenlinie, ist es die Aufgabe des Unterrichtenden, allmählich immer mehr das Gebiet des Geometrischen, das auf das Kind äußerst ordnend gewirkt hat, zu verlassen und dieses in die Welt des lebendig-dynamischen Formenwesens einzuführen. Ein geometrischer Kreis als Sonne in ein Bild van Goghs hineingedacht, zeigt uns sofort diesen als Fremdkörper. Hier trennen sich die Bereiche göttlicher und menschlicher Wirksamkeit. Eine Welt strenger Gesetzlichkeit steht gegenüber dem menschlichen Tun, das in jedem Kunstwerk eigens für dieses bestimmte, in Freiheit gefundene Gesetze in Erscheinung treten läßt. Wenn vorher genügend geübt wurde, so tritt beim selbstschöpferischen Gestalten des Kindes nun ein großer Ernst ein. Immer wieder wird während des Tuns der Schaffensprozeß unterbrochen, das bereits Gestaltete wird in den Vorstellungsbereich erhoben und die davon angeregte Phantasie findet beim weiteren Zeichnen oft höchst individuelle Lösungen. Tiefe Ehrfurcht vor dem Schaffen des Kindes und seinem dabei wirksamen Geistwesen überkommt den Erzieher, der Zeuge dieses Gestaltens sein darf. In dem Beitrag von Franz Löffler wird erzählt, wie ein Kind aus einer Kastanienschale ein Tier machte und beim gemeinsamen Essen vor sich stehen hatte. Ein anderes fragte, warum es dies täte. Auf seine Gegenfrage, was es denn sei, antwortete dieses, eine Kastanienschale. Dieses Erlebnis führt uns an die Begriffe des Vorstellens und der Phantasie. Allzu zeitig wird letztere bei unseren heutigen Kindern teils durch die intellektuelle Umwelt der Erwachsenen, teils durch einen unkünstlerischen Schulunterricht, der sein Ideal schon beim kleinen Kind in der Anhäufung von Vorstellungen und Definitionen sieht, abgedrosselt. Die Kleinen mit angetünchter Erwachsenenweisheit und vergreistem Gesicht sind die stillen Ankläger gegen unsere Zivilisation, die es nicht mehr versteht, dem Kind ein Spielzeug zu bauen, und mit Mechanik und Elektrizität nachahmend das Kind das gleiche tun läßt, was das Tageserleben der Erwachsenen beruflich erfüllt. So teilt sich eine Klasse künstlerisch Schaffender in die mehr phantasiebegabten und die mehr vorstellungsmäßigen Kinder. Es ist vorteilhaft und immer leicht durchführbar, in diesem besonderen Falle nicht die gleichartig orientierten Kinder nebeneinander sitzen zu lassen. Die Phantasiebegabten machen immer wieder die Vorstöße ins unbegrenzte Reich der Formen und überraschen dabei mit ihren Möglichkeiten. Immer wieder findet einer dieser Gruppe völlig neue künstlerische Elemente, die dann, individuell umgeschmolzen, zum Eigentum der ganzen Klasse werden. Ein Nachahmen kommt hierbei gar nicht in Frage, da dies in den meisten Fällen viel zu schwer wäre. Aber der der Form zugrundeliegende Bewegungsimpuls wurde beim Betrachten von den anderen miterlebt und steigt unbewußt aus der Erlebnissphäre beim Gestalten wieder hoch. So hat jede Klasse ihr eigenes Gesicht. Bei den vorstellungsmäßig orientierten Kindern ist es ratsam, zunächst den äußeren Gegenstand in der Zeichnung nicht erscheinen zu lassen. Erst lange Übung gewährleistet, daß das Werk dann nicht in die mehr oder weniger banale unkünstlerische Sphäre abrutscht. Die Phantasiebegabten sollten der Vorstellungssphäre nähergebracht werden. Dies kann durch den Pädagogen geschehen, indem er während des Schaffens das Kind lehrt, die vielen Bildinhalte richtig zu sehen, die aus den frei gefundenen Formen sprechen. Dabei sollte bedacht werden, daß nun nicht naturalistische Elemente sich einschleichen und unkünstlerisch etwas hineintragen, sondern die Sprache der reinen Gebärde und Geste müßte dabei gelehrt werden und den Inhalt des Bildes bestimmen. Hierbei ist es wichtig, daß an Stelle der naturalistischen Vorstellung das Intuitive schöpferisch wirkt. Innerhalb der Waldorfpädagogik wird dieser Wirkensbereich beim Kinde gefördert, indem in den untersten Klassen das Denken über den Willen und das Gefühl angesprochen und entwickelt wird. Das Phantasievoll-Lebendige, das im dynamischen Zeichnen geübt wird, entwickelt Fähigkeiten, die beim Malen, in der Werkstatt und beim Handarbeiten reiche Früchte tragen werden. Da bei diesem Zeichnen vom Stoffwechsel-Gliedmaßen-System ausgegangen wird, die Tätigkeit aber der rhythmische Mensch ausübt, der vom Haupte die ordnenden, formenden Anweisungen erhält, haben wir es mit einer Tätigkeit zu tun, die alle drei Seelenfähigkeiten des Menschen beansprucht und im Tun harmonisiert. Es vollzieht sich der Weg aus dem schöpferischen Chaos über die Mitte des Menschen zum geordneten Schönen. Damit stellt das dynamische Zeichnen neben dem Malen mit reinen Farben, der Schwarz-Weiß-Gestaltung und dem Schnitzen in Holz einen wesentlichen therapeutischen Faktor dar.

Wenn im vorangegangenen Teil übenderweise von Bordüre und Rosette ausgegangen wurde, so soll im folgenden auf die zur Fläche rhythmisierte dynamische Linie hingewiesen werden.

Das Kind, das sein Zeichenblatt (in diesem Falle möglichst groß) mit einem Wachsstift durch eine Senkrechte halbiert, tut dieses mit derselben Kraft, die beim Säugling das Heben des Köpfchens, das erste Sitzen, Aufrichten und Gehen bewerkstelligt. Die einzelnen Etappen seiner Entwicklung sind die sichtbaren Stationen dieses Vollzugs. Dieses Ringen um die Senkrechte weist uns auf oben und unten, rechts und links, vorn und hinten. Als zur Zeit der Renaissance die Gesetzmäßigkeit der Raumestiefe gefunden wurde, hatte die Gesamtmenschheit einen neuen Einschlag in ihre Ich-Entwicklung erfahren. Wenn Rudolf Steiner Übungen in der Spiegelbildlichkeit für die Pädagogik gab, so liegt diesem ein Ansporn für das Tätigsein aus dem Ich zugrunde. Es ist jene Kraft, die uns im Raume umhergehen läßt, ohne dem Gesetz der Schwerkraft zu unterliegen und zu stürzen. Sie ist es auch, die unsere Links- und Rechtsseitigkeit ständig ins Gleichgewicht bringt, die uns körperlich und seelisch-geistig ein aufrechter Mensch sein läßt.

In größeren Zusammenhängen entspricht diese Tätigkeit dem, was unser Ich im Schlafe gegenüber dem Tagesleben oder nach dem Tode gegenüber der Zeit während des Lebens spiegelbildlich durchmacht. Während das logische Vorwärtsdenken im Physischen verläuft, geraten wir, wenn wir etwas spiegelbildlich rückläufig entstehen lassen, in den Bereich des Ätherischen.

Wenn wir die Darstellung der Menschen in ägyptischen und griechischen Kunstwerken betrachten, so können wir erleben, wie die überbetonte Senkrechte gleichsam als Intervall hineingeheimnißt ist. Als solche ist sie in jedem Kunstwerk enthalten. Es ist das waltende Ich des Künstlers, das unbewußt wie beim Schreiten schöpferisch im Raume die Orientierung bestimmt.

In der Praxis hat es sich bei schwererziehbaren Kindern anfangs immer wieder bewährt, die Senkrechte zunächst einmal nachfahren zu lassen. Von hier aus käme man zu Parallelen, in engem Abstand gezogen, wobei eine Rhythmisierung der Fläche eintritt. Die erste Linie setzt ihre Dynamik ins Flächenhafte fort.

Als weiteres Erlebnis wird dem Kind die Horizontale vermittelt. Ein Hinweis mit dem Blick zum Sternenhimmel über uns und dem Horizont um uns herum stellt die beiden Hauptrichtungen in ihre großen Zusammenhänge.

Nach dem Rhythmisieren der Horizontalen kommen wir zu den Strömungen der Diagonalen. Dabei entdecken wir, wie in der Überschneidung ein neues Element entsteht. Der Schnittpunkt kann den Beginn einer neuen Tätigkeit bestimmen. Während wir bei der Geraden unser Bewußtsein auf den kürzesten Weg von Punkt zu Punkt richten, ist beim Bilden der Spirale alle Aufmerk-

samkeit auf den Abstand und die sich entwickelnde Rundung gerichtet. Hierbei übt das Ich die Kontrolle über den Astralleib aus.

Für Kinder, die ihren Stoffwechsel nur sehr langsam ergreifen und wo die Überführung des Stoffwechsel-Gliedmaßen-Systems in die Bewegung zur Therapie gehört, ist diese nicht unterbrochene Bewegung bei der Bildung der Spirale sehr heilsam (Abbildung 73).

Haben wir es mit Kindern zu tun, die überbeweglich sind, so sollte man die rhythmische Unterbrechung einführen Das heißt, man setzt einen Punkt, um diesen bildet man einen Kreis, dann immer weitere in sich geschlossene Kreise (Abbildung 74). Das dabei entstehende Ornament zeigt die Ringe im Wasser, in das ein Stein fiel. Wir werden hierbei auf den Zusammenhang mit dem Ätherischen hingewiesen. Bei Abbildung 73 werden wir an Luftwirbel erinnert, die ja auf das Astrale hinweisen.

In der Spiralbildung, die auswickelt, dann in eine einwickelnde Spirale überführt, vollzieht sich ein Atemprozeß. Zugleich erleben wir Zusammenziehen und Ausdehnen als Grundprinzip der Lebensvorgänge in der Metamorphose.

Weitere Kompositionen mit der Geraden und der Gekrümmten, mit und ohne Überschneidungen, führen in das Reich unbegrenzter Gestaltungsmöglichkeiten (siehe z.B. Abb. 64-72). Wenn die bei den ersten Übungen wichtige Parallelität der Strömungen genügend geübt wurde, sollte man bei weiteren Arbeiten Wert auf den Spannungscharakter der Zwischenräume legen. Spannungen entstehen, wenn Linien durch einen Engpaß schmale Abstände bilden und dann im freien Feld ihre Zwischenräume wieder erweitern können. Die Fläche gerät in ein bewegtes Strömen, ohne daß hierbei einzelne Formen durch eine Linie fixiert werden. Bretter verschiedener Baumarten machen anschaulich, wie aus dem Lebendigen Gewordenes von Jahr zu Jahr entstand. Das Erleben dieser Formen in einem Raum mit Holzwänden führt zu einem erhöhten Lebensgefühl. So können wir beim Üben mit dem Kind die bewegte Linie rhythmisch vielgestaltig in der Fläche wiederholen und diese zum Atmen bringen. Hierbei finden Ätherisches und Astralisches in der Betätigung des Ich ihre Harmonie.

Edmund Pracht

Die Entwicklung des Musikerlebens in der Kindheit

I

Die Umgebung des Kindes. Das Kinderlied. Das neunte Lebensjahr.
Die sieben Intervalle. Quintenstimmung. Terzenstimmung: Dur und Moll.
Septimenstimmung. Quintenlieder

Welche Bedeutung die Musik für das Kind hat und wie es sie erlebt, ist für den Erwachsenen nur schwer zu durchschauen. Beobachtungen, die man an Kindern in den ersten Lebensjahren macht, führen zu der Überzeugung, daß durch die Musik tiefgreifende Wirkungen ausgeübt werden. Im einzelnen Fall jedoch zeigen sich im Verhalten der Kinder so große Unterschiede, daß bloß äußere Beobachtung nicht zu sehr weitgehenden Aufklärungen über das Verhältnis des Kindes zur Musik führen kann. Wir blieben deshalb auf die Feststellung oft schwer vereinbarer Einzeltatsachen und daran sich knüpfender Vermutungen angewiesen, wenn uns nicht die geistige Forschung Rudolf Steiners, die neben die bisher entwickelte, auf Experiment und Schlußfolgerung gegründete Verstandeswissenschaft durch Ausbildung der geistigen Erfahrungsmöglichkeiten des Menschen eine Initiationswissenschaft gestellt hat, unter großen, umfassenden Gesichtspunkten eine weit ausholende Überschau über das Wesen des Menschen und seine Entwicklung gegeben hätte. Sie bietet ein nach Leib, Seele und Geist klar gegliedertes Menschenbild, das bis in letzte Einzelheiten gehende Einsichten in Gesetzmäßigkeiten vermittelt, nach denen das Zusammenwirken der seelisch-geistigen mit der physisch-leiblichen Organisation des Menschen erfolgt, und erlaubt dadurch die konkrete Einzelerscheinung in ihrer Regelmäßigkeit, aber auch in ihren Varianten und

Abweichungen auf dem Hintergrund eines Gesamtbildes zu untersuchen und zu verstehen, das die geistigen und stofflichen Vorgänge in gleichwertiger Weise wissenschaftlich erfaßt.

Bei der uns hier beschäftigenden Frage, wie die Musikalität des Kindes beschaffen ist und wie sie sich entwickelt, stehen wir vor der uns zunächst so rätselhaft anmutenden Tatsache, daß das Kind, wenn es den Laut oder Ton gewahr wird, mit seinem ganzen Organismus auf diese Eindrücke antwortet. Der gesunde erwachsene Mensch tut das ja nicht; nur beim Anhören der Rhythmen einer Marsch- oder Tanzmusik zeigen sich der aufmerksamen Beobachtung Erlebnisse, die in eine ähnliche Richtung weisen.

Das Bild, das der Anblick eines aufhorchenden oder lauschenden Kindes bietet, läßt aber keinen Zweifel darüber, daß der im Gehörorgan aufgefangene Ton in jedem Fall den Organismus durchströmt und auf den Sinnesapparat in gleicher Weise wie auf die Glieder wirkt. Das Wohlbehagen, mit dem das Kind Musikalisches aufnimmt, geht sofort über in das anscheinend mit großer Lust verbundene Regen der Ärmchen und Beinchen. Durch die Sinnesempfindung scheint der ganze kleine Leib ergriffen zu sein, und wie alles, was die Umgebung des Kindes ausmacht, muß auch die Tonwirkung sehr ernst genommen werden, wenn man über dasjenige nachdenkt, was dem Menschen im Entwicklungs- und Wachstumsalter förderlich und was ihm schädlich ist. Denn wir wissen durch die Ergebnisse der geistigen Forschung Rudolf Steiners, deren Beachtung im Interesse eines gesunden Aufwachsens der kommenden Generationen von Jahr zu Jahr dringender wird, daß alles, was sich in der Umgebung des Kindes abspielt und von ihm mit den Sinnen wahrgenommen wird, mitschafft an der Ausbildung seiner physischen Organe und Einfluß hat auf die Form, die diese sich geben können. Von den Nahrungsmitteln und irgendwie physisch gearteten Maßnahmen, z.B. Gymnastik, Baden, Turnen, Spielen in Luft und Sonne, nimmt heute jedermann eine Wirkung dieser Art an. In Wirklichkeit kommt sie allem zu, was um das Kind herum vorhanden ist an Farben und Formen, Klängen und Rhythmen, ja an Gefühlen, Gedanken und Handlungen der Menschen, die zu der Umgebung des Kindes gehören. Es bildet mit den Formen, die die physischen Organe unter diesen Einflüssen erhalten können, die Grundlage, die der betreffende Mensch für Gesundheit und Krankheit im physischen, aber auch im moralischen Sinne durch die Beschaffenheit seiner Organe im Leben haben wird. Seinen Abschluß findet dieser wichtige Lebensabschnitt, in dem der Grund gelegt wird für das Wachstum richtig geformter oder verzerrter Organe, mit dem Zahnwechsel, und was in dieser Zeit veranlaßt oder versäumt worden ist, kann später nicht mehr verändert oder nachgeholt werden.[94]

Erst durch den Einblick in diese Zusammenhänge kann derjenige, dem Kinder zur Erziehung anvertraut sind, die Größe der Verantwortung ermessen, die er trägt für alle Vorgänge in ihrer Umgebung, unter denen heute mehr als noch vor wenigen Jahren die akustischen Vorgänge besondere Wachsamkeit verlangen. Man wird auf der einen Seite das Kind vor Gehöreindrücken verschiedenster Art zu schützen haben und auf der anderen Seite mehr als bisher mit voll bewußtem Erkennen die Aufmerksamkeit auf seine musikalischen Äußerungen und Bedürfnisse lenken müssen.

Von den musikalischen Elementen, Melodie, Harmonie, Rhythmus, haben wir bis in das schulpflichtige Alter hinein nur für Melodie und Rhythmus auf Verständnis zu rechnen. Was dabei an der Musik erlebt wird, haben wir in Verbindung mit den instinktiv erfühlten Erfordernissen der Organbildung zu sehen, denen durch eine edle Qualität des Tones und durch Rhythmen, die mit den menschlichen Bewegungsmöglichkeiten in gesunder Übereinstimmung stehen, am besten Rechnung getragen wird. Der Umstand, daß die musikalische Aktivität sich zuerst in Gliederbewegung äußert und das mehr unbestimmte und ungeordnete Aneinanderreihen von Tönen erst allmählich abgelöst wird durch klareres Treffen der Intervalle und durch Aneignung von außen aufgenommener Melodien, braucht nicht unbedingt darauf hinzuweisen, daß das auf Tonhöhe und Intervallschritten beruhende Melodieerleben an Wichtigkeit hinter dem des Rhythmus zurückstehen muß. Verglichen mit einer so elementaren Äußerung, wie es das Bewegen der Glieder ist, stellt denn doch die Tonbildung ein recht schwer lösbares Problem dar, das erst nach und nach bewältigt wird. Die Empfindlichkeit für die reine Tonwirkung kann dabei längst vorhanden sein, bevor die Fähigkeit zur musikalischen Äußerung durch die Stimme sich zeigt. Zu dieser Überzeugung kommt man, wenn man sieht, wie das kleine Kind oft schon vom zweiten Monat ab musikalischen Eindrücken wie gebannt lauscht oder wenig später forschend sucht, wo Laut und Klänge herkommen. Melodie und Rhythmus gehören in der besonderen Art, die im Folgenden eingehender betrachtet werden soll, zusammen. Man kann sie sowenig oder soviel voneinander trennen, wie man an den Gliedern die Plastik der Form und ihre motorische Funktion voneinander trennen kann. Die wichtige Rolle, die dem Rhythmus während der Entwicklungsjahre zukommt, soll damit in keiner Weise unterschätzt werden. Er ist nicht nur im Kleinen beim Spielen und Singen, sondern auch im Großen, durch die rhythmisch wiederkehrenden Tag- und Jahresgliederungen, der unentbehrliche Helfer jeder Entwicklung. Dennoch ist zu vermeiden, daß unter dem Einfluß theoretisch-analysierender Gedankengänge auseinandergerissen wird, was in der Wirklichkeit ebenso als eines wirkt wie das «Melos» der Glieder und der Vollzug ihrer Bestimmung als Organe der Bewegung.

Mit dieser Auffassung wird der Kindergesang zu einem außerordentlich interessanten, nach vielen, sowohl die Musik wie die menschliche Entwicklung berührenden Seiten hin aufschlußreichen Phänomen. In seinem Mittelpunkt steht die jedem bekannte, sich stereotyp wiederholende Tongebärde, die man geradezu das allem kindlichen Singen zugrundeliegende «Ur-Motiv» nennen könnte. Aus der fallenden kleinen Terz, die schon ganz früh etwa in der Tonhöhe g' – e' oder a' – fis' auftritt, wird die melodische

Formel, die man oft von Kindern singen hört, indem sie sie dann manchmal wiederholen, ohne ein Ende zu finden, immer und immer wieder. Man spricht dann gern vom «Leiern» und rührt mit diesem zunächst trivial anmutenden Vergleich, wie mir scheint, doch an ganz große Zusammenhänge. Hier, in unserem Fall, schreibt man dieser Tonfolge eine einförmig drehende Bewegung zu, die eben in ihrer Einförmigkeit und Unermüdbarkeit ein für sich selbst sprechender Hinweis auf die Tätigkeit der Glieder beim Gehen ist oder auf das rhythmische Bewegen der Arme, wenn das Singen, wie es ja meist der Fall ist, Spiele und Handlungen begleitet, die oft eine Nachahmung der beruflichen Tätigkeit des Erwachsenen sind. Lieder dieser Art erwecken durch ihre «leiernde» Melodik einerseits und durch den einfachen, sich gleichbleibenden Rhythmus andererseits den Eindruck, daß sie sich unter Anpassung an die Tätigkeit der Glieder bilden und daß der Wille, der die Gehbewegung in der Auseinandersetzung mit den Schwerekräften in Fluß hält, einen ihr parallelgehenden Akt mit der Stimme durch den Ton vollzieht. Ist es zu weit gegangen, wenn man den gleichsam «drehenden» Charakter des «Leier-Motivs», dieses Aufgeben und Wiederfinden einer Gleichgewichtslage, verbunden denkt mit dem, was die Gelenke im Gleichgewichthalten für den Organismus beim Gehen tun? Und wenn man die Kraft, die die Gewichtsverlagerung von der rechten auf die linke Seite und umgekehrt in stetem Wechsel ordnet, in dem durch einfachen 2/4- oder 4/4-Takt gegliederten Rhythmus wiedererkennt?

Was am Kinderlied in Erscheinung tritt, ist die Beziehung zwischen dem, was am Ton erlebt wird, und dem, was im Gliedmaßenorganismus die Muskeln und Knochen tun. Es ist sein Thema.

So erklärt sich, daß der Rhythmus auch keine andere Variante aufweist als die Unterteilung eines betonten Taktteiles, wenn der Text es verlangt:

Die   Kin – der   singen im   Holderstrauch

Die hierhin gehörigen Melodiegebilde nehmen durch Anpassung an Texte allerdings die verschiedensten Formen an, lassen sich aber doch auf wenige Hauptgebärden zurückführen, denen allen, mehr oder weniger verdeckt, gemeinsam ist, daß ihnen mit dem eben besprochenen Motiv das Intervall der Quint zugrunde liegt. Es ist dabei, ohne daß die Quint als Intervallsprung viel vorkommen muß, immer leicht zu erkennen, daß die gesungenen Töne auf irgendeine Art Bestandteile der Quinte sind oder zu ihr, wie z.B. die mit Wechselnotencharakter auftretende Sext, engstens gehören. Für das «Urmotiv» gilt das in ausgesprochener Weise.

Steht es am Anfang des Liedes, so haben wir eine Bewegung, die, nachdem kurz die Sext berührt ist, über die nochmals angeschlagene Quint in die kleine Terz abwärts fällt. Der Grundton zur Quint, c, ist dabei völlig unbeachtet:

In einem anderen Fall steigt die Melodie aus der Quinte, wiederum die Sext kurz streifend, und fällt zum Grundton stufenweise abwärts:

Es sind Motive oder Sätzchen, die im Kindergesang immer wieder vorkommen und die für immer wieder andere Texte die Melodie hergeben.

Was wir auf diese Weise vorfinden, ist so weitgehend bedingt durch das einer bestimmten Entwicklungsstufe des Kindes entsprechende Empfindungsvermögen, daß wir es als eine scharf umrissene Sondergruppe allem, was wir sonst Musik nennen, gegenüberstellen müssen. Nur eine am äußeren Notenbild und der äußeren Tongebung haftende Beobachtungsweise kann sich damit begnügen, in ihnen «fröhliche C-, G- oder D-Dur-Melodien» zu sehen. Sobald man über das ABC der Musiktheorie hinaus auf dasjenige blickt, was die Töne an Empfindungsqualitäten aufrufen, erweist sich diese Bestimmung als so unzulänglich, ja zweifelhaft, daß man nicht nur nach neuen, die gewöhnlichen Anschauungen ergänzenden Begriffen sucht, sondern die Anschauungsweise selber durch einen neuen, auf das an den Tönen Fühlbare gerichteten Sinn erweitert sehen möchte. Die Forderung tritt auf, die Aufmerksamkeit, die man gewöhnt ist, auf die Dinge der Sinneswelt und auf die Begriffe zu richten, auch den durch die Töne angesprochenen Empfindungen zuzuwenden und diesen gegenüber so klar und sachlich im Erkennen zu verfahren, wie man es sonst eben nur den der uns umgebenden Welt angehörenden Gegenständen und ihren begrifflichen Bestimmungen gegenüber zu tun gewohnt ist.

Das Kinderlied ist einstimmig und erschöpft sich im melodischen Gehalt der durch die *Quint* gegebenen Tongebärden. Große Kontrastierungen im rhythmischen Verlauf, wie sie als Ausdruck bewegten inneren Lebens in der musikalischen Kunst vorkommen, sind ihm ebenso fremd wie Harmonien mit ihren die Melodie ausdeutenden Akkorden. Der Reichtum und Wechsel rhythmischer, thematischer und harmonischer Gestaltungen, der für den musikalisch empfindenden Menschen den großen ebenso wie den kleinen Tonwerken erst Seele und Leben verleiht, würde das Kinderlied, zu dem die Schul- und Kunstformen in diesem Zusammenhang nicht gerechnet werden sollen, nur seiner überzeugenden Ursprünglichkeit berauben. Das Kinderlied will nichts anderes als gesundem Verlangen nach dem, was dem Kinde für seine Entwicklung frommt, entgegenkommen.[95]

Daß es ungewohnt ist, die Gebiete der Natur und der Kunst in realem Zusammenhang zu sehen, kann nicht hindern, diese Beziehung ins Auge zu fassen, wenn es sachlich geboten erscheint. Goethe, der mit seinem Interesse beiden Gebieten, der Kunst wie der Natur, in gleich hohem Maße zugewandt war, hat den herrlichen Ausspruch getan: «Das Schöne ist eine Manifestation geheimer Naturgesetze, die ohne dieses ewig wären verborgen geblieben.» Damit ist ein Gedanke ausgesprochen, der für die Weiterbildung des menschlichen Wissens nicht weniger als für die des künstlerischen Schaffens von großer Bedeutung sein wird. Er befreit den Menschen von der durch seine Erkenntnisorganisation zunächst gegebenen Nötigung, die

Natur geistentblößt vorzustellen, und leitet ihn an, im Stoffe den Geist schaffend zu denken. An die Stelle eines Begriffes vom Geist, der ihn dem Menschen nur in der abstrakten Form unbestimmter Allgemeingültigkeiten zugänglich macht, lehrt der Goethesche Gedanke, den Geist, der sich im Schaffen des Künstlers durch Gestaltung in Farbe, Form, Ton, Wort und eurythmischer Gebärde offenbart, auch dort zu erkennen, wo die *Natur* in Farben, Formen, Gesten, Tönen ihre Geschöpfe vor seine Sinne stellt. Am Ton ist interessant zu sehen, wie er gleichsam vor unseren Augen die Stufenleiter von der Natur zur Kunst emporsteigt. Bevor er in der musikalischen Kunst Stoff des schaffenden Menschengeistes wird, hat er des Menschen Gesetz, das ihn über die anderen Erdenwesen, die Steine, die Pflanzen, die Tiere, hinaushebt, verwirklicht. Zuerst wirkt er in enger Verbindung mit den plastischen Kräften, die den Organismus formen. Klänge geistdurchdrungener Innerlichkeit, die die Menschenseele «ergreifen», gehören nicht dem Kinderlied. «Bis zum neunten Jahre muß der musikalische Unterricht dem Kinde angepaßt werden», so ungefähr lautet eine pädagogische Anweisung von Rudolf Steiner, «von da ab muß das Kind lernen, sich der Musik anzupassen.» In die künstlerischen Anforderungen der Musik kann das Kind erst vom neunten Jahre ab eingeführt werden. Es ist eine Umwandlung größten Ausmaßes, in die das Kind sich hineinfinden muß, wenn nun mit dem allmählich dafür erwachenden Verständnis sich auch das Bedürfnis einstellt nach Harmonie, nach Vielfalt der melodischen Bewegung, nach Unterscheidung von Dur und Moll sowie nach Bereicherung dessen, was durch Takt und Rhythmus in der Musik erlebt werden kann.

In der Leiblichkeit des Kindes beginnt allmählich, parallel mit dieser Umwandlung, der rhythmische Ausgleich der Atembewegung und der Blutzirkulation, so daß mit etwa zwölf bis vierzehn Jahren das Verhältnis von 1 : 4 ist. Bis in dieses Stadium, in dem der Mensch sich mit einem eigenen rhythmischen Zentrum in die Gesetzmäßigkeiten der Zeit eingliedert, in ähnlichem Sinne, wie er im ersten Lebensabschnitt durch die Aufrichtekraft ein Verhältnis zu den Schwerekräften und damit zum Raum erwarb, setzen sich die alles ins

Plastisch-Architektonische führenden Impulse des ersten Lebensab-
schnittes fort, und erst die großen Veränderungen, die nun kommen,
schließen die Seele allmählich der in der Musik erlebbaren, innerlich-
seelischen Bewegung auf. *Das Kind verläßt das Reich der Quint und
wird die Terz gewahr.* Der Ton beginnt ihm von etwas zu sprechen,
was es vorher noch gar nicht kannte.[96] Solange sein Lied aus dem
Erleben der Quinte sich formte, war sein und der Weltenstimmen
Singen eins. Jetzt beginnt es in der eigenen Seele zu tönen, und die
Unterscheidung von Ich und Welt beginnt die neue Wahrheit zu werden. Das neue Verhältnis, in das die selbständiger werdende Seele des
Kindes jetzt zur Welt tritt, findet in dem Dur-Moll-Prinzip unseres
Tonsystems seinen prägnantesten Ausdruck und spiegelt sich in allen
seinen Abstufungen in den Intervallstufen der Tonleiter wider.

Im folgenden sollen deshalb die sieben Intervallstufen unter den
angegebenen Gesichtspunkten untersucht und dabei auf das Phänomen der Quint und der Terz im Zusammenhang mit der be-
schriebenen Wende im neunten, zehnten Lebensjahr ein Hauptaugenmerk gerichtet werden. Wir nehmen dabei zur Erläuterung
des auf die Tonleiter bezüglichen Gedankenganges eine Zeichnung
zu Hilfe, die die unmittelbare Verständigung anhand eines Instrumentes ersetzen muß und die Orientierung im reinen Tonempfin-
den, die erfahrungsgemäß oft auf Schwierigkeiten stößt, erleichtern
kann.

 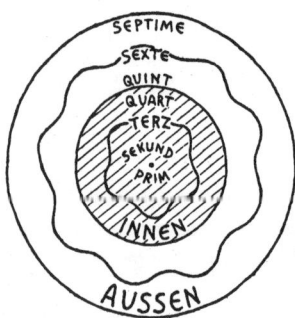

Fig. 1   Fig. 2

Um diese Zeichnung zu entwerfen, vergleichen wir das Grundtonerlebnis mit dem Gefühl, das der einzelne Mensch hat, wenn er sich inmitten der ihn umgebenden Welt als besonderes, von allem anderen Weltinhalt unterschiedenes Selbst erlebt. Der Ich-Mittelpunkt gegenüber dem, was nicht das Ich ist, wird gefühlt. Zur Veranschaulichung dieses Erlebnisses an der Prim schlagen wir um einen beliebigen Punkt als Mittelpunkt einen Kreis. Darauf umgeben wir diesen Mittelpunkt mit einem zweiten, kleineren Kreis und haben so die Unterscheidung einer für das Verständnis der Tonerlebnisse wichtigen «innen und außen» liegenden Tonregion gewonnen (Figur 1), welche im musikalischen Ausdruck die Abstufung widerspiegelt, die im Verhältnis von Ich und Welt einem dem Selbst gegenüber außen liegenden Weltinhalt den im eigenen Inneren gelegenen gegenüberstellt. Sehen wir nun die entstandene Zeichnung im ganzen an, so haben wir durch die Prim im Tonwesen, vergleichbar der Ich-Empfindung innerhalb des Weltganzen, einen Standort fixiert, und alles, was zu diesem in Beziehung tritt, ist durch gesetzmäßig gegliederte Stufung geordnete Tönebewegung. Bewegung vom Mittelpunkt zur Peripherie: Prim-Septime; und die umgekehrte Bewegung von der Peripherie zum Mittelpunkt: Septime-Prim (Figur 2). Bewegung, die man im eigenen Innern sich regend fühlt: Terz; und Bewegung, die außerhalb der Grenzen des eigenen Innern verläuft: Sext, Sept.⁹⁷

Die Quinte eröffnet mehr die «außen» liegende Bewegung, indem sie von der Quart weg in den Sextbereich führt, während in der Sekunde die Bewegung sich überhaupt erst aus der Ruhe der Prim herauslöst, um in der Terz dann ganz im Innern verlaufende Bewegung zu sein.

Die Quart scheidet das Innen vom Außen und hemmt die Bewegung. Das ist wohl sogar die Empfindung, die am eindeutigsten hervortritt, wenn man die Skala langsam durchgeht und an den vierten Ton gelangt, daß die Bewegung aufgehalten wird.

Wenngleich in der künstlerischen Gestaltung jede andere Bewegung auch möglich ist, fühlt man doch bei diesem vierten Ton, daß das Zurückdrängen in die Terz, auf den Grundton zu, bei ihm sehr nahe liegt.

oder

Aber ganz besonders deutlich wird dieser zurückschauende, rückwärtsweisende und damit eine Grenze bildende Charakter der Quart, wenn man die Quint unmittelbar auf sie folgen läßt.

Dann hat die Quarte ihren Gegensatz neben sich. Ihre hemmende Tendenz ist in der Quinte überwunden: «Die Aussicht ist frei!» Der Gegensatz ist so groß, daß man deutlich fühlt: Wenn man bis zur Quarte aufgestiegen ist, bedarf es eines besonderen Willensanstoßes, um die eingeschlagene Richtung beizubehalten. Der Richtungsänderung, die die Quarte herbeiführen will, muß man sich entgegenstemmen, wenn man den Weg über sie hinaus in die Quinte fortzusetzen strebt. Denn die Quart weist nach innen, ermöglicht auch erst das Innen. Mit der Quint wird das Außen erreicht. So nahe es bei der Quart liegt, in die Terz zurückzusinken,

so zwanglos setzt sich andererseits die Bewegung aus der Quinte in das Sextgebiet hinein fort.

Die Terz spricht vom Fühlen, das die Angelegenheiten des eigenen Innern zum Gegenstand hat. In der Quint, der Sext fühlt der Mensch mit den Angelegenheiten der Welt.

Mit der Sonne fühlen können, wenn sie in majestätischem Lauf von Ost nach West ihre Bahn zieht; fühlen können mit den Sternen, die von zahllosen Orten aus mit glitzerndem Licht auf uns herabschauen; fühlen mit ziehenden Wolken, brausenden Winden; oder in alten Zeiten, denen die Welten geistig belebt waren, göttliches Dasein mitleben können, wie heute nur Geschehen des eigenen Schicksals berührt: das ist die Seelenverfassung, aus der sich der Quint-, der Sext-Ausdruck loslöst. Mit seinen eigenen Angelegenheiten aber fühlt man in dem, was vor der Quarte liegt, in der durch die Quart nach außen abgeschirmten Terz, die Freud und Leid ausspricht, so wie sie einen selber angehen. In der Septime erfährt dann die außerhalb des eigenen Selbstes gelegene Bewegung eine Steigerung, die in den Grenzräumen des Umkreises selber verläuft und die nur im Wiederergreifen der Prim als Anfangston einer neuen Bewegungsreihe zur Entspannung kommt oder, wenn wir eine in der Entwicklung des musikalischen Gesamterlebnisses noch schlummernde Zukunftsphase in Betracht ziehen, dadurch ihre Erfüllung findet, daß in einem zukünftigen Oktav-Erlebnis das Selbst seiner selbst auf höherer Stufe bewußt wird. Da aber müßte der Umkreis, in dem sich das All für das Ich heute abschließt, etwas anderes werden; die Sternenwände, die es begrenzen, müßten weichen. «Und wir haben ein ganz neues Element notwendig.»[98]

Der Charakter, den das musikalische Erleben des Kindes vom neunten Lebensjahr ab annimmt, ist nun entscheidend dadurch bedingt, daß sich die Quart als der musikalische Ausdruck der Seelengeste, in der sich Ich und Welt einander gegenüberstellen, in den Skalenzusammenhang eingliedert. Vorher ist sie, in demselben Sinne jedenfalls, nicht vorhanden. Um festzustellen und nachzuprüfen, wie dieser Unterschied an den Tönen erlebt wird, ist es sehr instruktiv, zwei einfache Tonfolgen nebeneinanderzustellen:

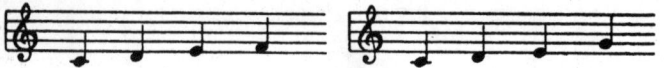

In beiden Motiven sind es die gleichen drei Töne, c, d, e, die einmal verbunden sind mit f, das andere Mal mit g; und alle drei Töne empfindet man anders, je nachdem, ob sie in Verbindung mit f oder mit g auftreten. Die ganze Figur spricht anderes aus, wenn der die Grenze bildende Ton f darin ist, und anderes, wenn er fehlt. Besonders anschaulich wird das, wenn man an dem Skalenbild (Figur 3 und 4)

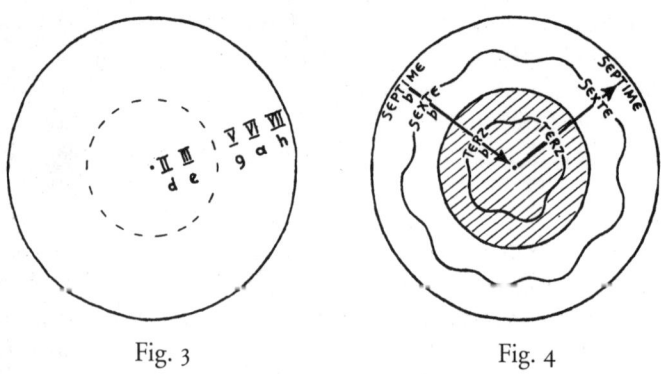

Fig. 3   Fig. 4

den begrenzenden Innenkreis, der dem f entspricht, auslöscht. Man hat dann in den übriggebliebenen Tönen d e g a h – weil nun auch der Grundton c, der erst durch die Quarte f die uns heute geläufige Bedeutung erhält, seinen Sinn als Repräsentant eines dominierenden Mittelpunktes verliert – die ganze Skala. Die so entstandene Tonfolge d e g a h stellt wieder eine in sich geschlossene Skala dar, die behandelt wird wie jede andere, indem man sie nach oben und unten die Oktavräume hindurch fortsetzt:

Durch das Verschwinden des Grundtones wird dabei der Schwerpunkt des Erlebnisses auf einen andern Ton verlegt, zunächst einmal in den Quint-Ton g, der nun der Hauptton, Zentralton, oder wie immer man ihn nennen will, der Tonleiter ist. Jedenfalls ist g – wenn man als potentiellen Grundton c voraussetzt, wie es die hier gegebene Ableitung tut – Quinte, und Lieder, die die eingangs erwähnte Melodieformel

als wesentlichen Bestandteil enthalten, erweisen sich dadurch als zu diesem Skalentypus gehörig. Verwenden wir die Skala d e g a h in reiner Form, so haben wir es mit den Gesetzen der Pentatonik zu tun. An die Stelle einer im Mittelpunkt sich sammelnden «Schwere» tritt die von der Peripherie her haltende «Leichtigkeit». Damit ändert sich alles. Ein Innen, das dem Außen gegenüberstünde, gibt es nicht mehr. Die Töne werden vertauschbar; jeder Ton kann Hauptton sein. Allen fünf Tönen ist gemeinsam, daß sie, qualitativ empfunden, vom Stimmungsgehalt der Quinte getragen werden. Während bei der siebenstufigen Skala infolge der Fixierung des Grundtones, verbunden mit der Abschnürung des ersten Skalenteiles vom zweiten (Tetrachord), jeder Stufe eine besondere Funktion zukommt, haben in der fünfstufigen Skala alle fast die gleiche. Man könnte die siebenstufige Skala vergleichen mit einem vom Mittelpunkt zur Peripherie oder umgekehrt laufenden Strahl. Für die fünfstufige Skala wäre das zutreffende Bild eher eine Form, die Anfang und Ende nicht kennt, wie Kreis oder Kugel. Eine Veränderung irgendeines dieser Töne kommt deshalb auch nicht in Frage. In der Heptatonik treten solche Veränderungen aber durchaus ein. Der Strahl, also die Peripherie und Mittelpunkt verbindende Linie, hat zwei Richtungen, und die vom Mittelpunkt in die Peripherie ziehende Bewegung trifft die einzelnen Punkte der Strecke in anderer Art als die umgekehrt verlaufende Bewegung. Das Vorhandensein zweier entgegengesetzter Bewegungsrichtungen führt die Dualität bzw. Polarität herbei (Figur 4), die sich musikalisch ausdrückt im Verändern der Terz, die aus einem großen Intervall bei der Aufwärtsbewegung zu einem kleinen, d.n. aber von der Peripherie her gesehen großen, in der Abwärtsbewegung wird. Sekundären Anteil an dieser Veränderung nehmen die mit ihrer Bewegung außerhalb des Selbstes verlaufenden Intervalle der Sext und Sept. Löschen wir aber die die Grenze bildende Quarte aus, so verschwindet mit ihr auch die Voraussetzung dafür, daß die Polarität sich geltend machen kann. Wir müssen die Quart einfügen, um ein Innen und Außen zu haben und mit ihm die zweifache Möglichkeit, eine Beziehung herzustellen zwischen diesen Gegensätzen. Das Innen wirkt auf das Außen, ist die eine Möglichkeit; das Außen wirkt auf das Innen, die andere. Ich fühle mich der Welt, die um mich ist, mit meinem Selbst gewachsen, ich fühle mich stärker als sie, ist die eine mögliche Beziehung; ich fühle mich schwächer als die Welt, sie schränkt mich ein, die andere.

Ohne daß das Tonsystem in seiner Skala die Quarte enthält, kann es diese Unterscheidung nicht ausdrücken. Dieses Intervall wächst gleichsam in den Skalenzusammenhang hinein, wenn das Seelenleben zu dem entsprechenden Erlebnis heranreift. Enthält die Skala die Quarte, dann drückt das Tonsystem eine doppelte Nuancierung des Welterlebens aus, indem es seiner Skala die zwei in polarischer Gegensätzlichkeit gebildeten Formen von Dur und Moll gibt. Man schildert einfach, wenn man das Dur- und Mollerlebnis beschreibt, die Seelenbewegungen, in denen sich der Mensch als Persönlichkeit mit dem Leben auseinanderzusetzen hat, und man schildert den Übergang aus Weltgeborgenheit in persönliches Erleben, wenn man das Dur-Moll-System als durch Metamorphose aus der Pentatonik hervorgehend interpretiert. Die «im Innern verlaufende Bewegung» der Terz, die ohne Quart ja nicht vorhanden wäre, bildet, indem sie die Terz zur großen Terz macht, Dur, wenn gefühlt wird: das Selbst dehnt sich über die Welt aus, wirkt auf sie. Sie bildet Moll durch die kleine Terz, wenn das Gefühl nach Ausdruck sucht: Die Welt wirkt auf das Selbst, sie will sich ausdehnen über das Selbst.

Bei solchen Charakterisierungen kommt natürlich nicht in Betracht, was man aus logischen Gründen dafür oder dagegen sagen kann und was bei geschickter Darstellung mehr, bei ungeschickter weniger einleuchtet, sondern dasjenige, was am Phänomen empfunden wird. Bei der Empfindung kann auch nur das Kriterium liegen, ob eine gerade vorliegende Melodie dem Quinten- oder Terzengebiet angehört. Das wird mitunter nicht leicht zu entscheiden sein, da eine Melodie, wie z.B.

durchaus dem Quintentypus angehört, obgleich Grundton und Quart, die erst in der einem späteren Stadium angehörenden Terzenstimmung zu ihrer vollen Empfindungsbedeutung gelangen, schon in ihr enthalten sind. Darauf kommt es eben doch nicht allein an, ob der Halbton in einem Lied vorkommt, sondern wie er vorkommt, und ob die Quint oder die Terz das *bestimmende* Intervall ist. Obgleich man die Pentatonik bei einer theoretischen Darstellung in ihrer reinen Gesetzmäßigkeit entwickeln wird, läßt die konkret-künstlerische Ausgestaltung alle möglichen Formen zu. Denn Übergänge sind immer vorhanden, und das entscheidende Wort kann nie von der Theorie, sondern immer nur vom künstlerischen Fühlen und Schaffen gesprochen werden, das sich allerdings durch das, was man über die entsprechenden Zusammenhänge wissen kann, vorbereitet und erweitert hat. Wer sich von der bloßen

Theorie leiten ließe, würde nicht der Kunst, sondern der Pedanterie eine Gasse schlagen und käme zum Beispiel musikalischen Problemen überhaupt nicht bei. Das ist nur möglich, wenn man aufmerksam wird auf dasjenige, «was empfunden werden kann».[99] Vergleichen wir etwa die schon erwähnte, das Kinderlied so sehr charakterisierende Quint-Sext-Wendung,

deren Herkunft aus der Quintskala wir erkannt haben, mit einem Thema, das in wenig Tönen prägnant wie kein anderes alle Probleme des «Terzen-Zeitalters» anzuschlagen scheint:

Den Widerschein am Äußeren, d.h. am Organismus empfundener Bewegungsimpulse, haben wir im ersten Fall, das Ringen des Menschen um Ausgleich dessen, was er in sich trägt, mit dem, was auf ihn eindringt, im zweiten. Stürmisch weist die Bewegung von außen nach innen = g – es. Oft ist bemerkt worden, daß der Hörer bei diesem Thema des 1. Satzes der Fünften Symphonie von Beethoven im Unklaren bleibt, ob er in Moll- oder Durstimmung versetzt ist. Der äußeren Tongebung nach kann man das sagen. Aber man läßt dann im Hören unbeachtet die Richtung der Bewegung, die von der Peripherie her ins Zentrum einströmt und die folgen läßt auf die im Äußeren verlaufende Quint, dreimal stürmisch angeschlagen, die ganz im Innern empfundene Bewegung der kleinen Terz (lang gehalten). Man ist im Mollbereich. Die Bewegung verläuft von außen nach innen. Große Terz abwärts: g' – es'.

Ich sagte, daß auch der Grundton an Bedeutung verlöre, wenn man aus der siebenstufigen diatonischen Skala die Quart wegnähme. Es ist gar kein Zweifel, daß z.B. das c in

nicht das gleiche ist wie in

Die reine Pentatonik vorausgesetzt, ist das c im zweiten Falle als Quint aufzufassen, und es entstünde, wenn ich Grundton und Quarte in diese Figur

ergänzend einfüge, die diatonische Leiter in F-Dur. Das ist dann aber ein neues Problem. Wie anderswo auch, zeigen sich besonders die Zusammenhänge im Musikalischen so ineinander verflochten, daß bei der Lösung einer Frage gleich wieder mehrere andere, ungelöste sichtbar werden. Was hier zu behandeln wäre, geht über den Rahmen der gestellten Aufgabe hinaus und ist auch zu deren Verständnis nicht nötig. Es hängt mit der in der Musik gegebenen Möglichkeit der Umdeutung bzw. Modulation zusammen.

Man kann die pentatonische Skala als eine Frühform ansehen, die der in der Heptatonik vervollständigten Form vorangeht und eine markante Phase in der Entwicklung des musikalischen Bewußtseins bildet, die sich nicht nur beim Kind findet, sondern auch in der Geschichte der Menschheit. Auch hier gehen dem Geltendmachen der in sich selber ruhenden menschlichen Persönlichkeit lange Zeiten geistiger Weltverbundenheit voraus. Auch hier löst analog dem Herausbilden der Persönlichkeitskultur das Terz-Prinzip die Quint-Stimmung der früheren Kulturen ab. Solange der Mensch als Werkzeug der göttlich-geistigen Welt seine Taten auf der Erde vollzog, gab es weder Dur noch Moll in unserem Sinne. Die Persönlichkeit mußte erst sich so sehr in sich selber ruhen fühlen, wie das im Verlauf der griechisch-römischen Geschichtsepoche anhob, damit die Empfindung individuellen Schicksalserlebens Inhalt, Motiv ihrer musikalischen Gestaltung werden konnte. Im welthistorischen Abstieg der Menschenseele aus kosmischen Weiten sehen wir den Wandel des musikalischen Bewußtseins begründet.

In sehr alten Zeiten, welche die Initiationswissenschaft die atlantischen nennt, findet das Welterleben der Seele durch alles, was in der Stimmung der Septime lautbar wird, ihren adäquaten Ausdruck. Dieser Septimenzeit folgt eine Zeit der «Quintenstimmungen», die die drei ersten und einen Teil der vierten Kulturepoche[100] umfaßt (Rudolf Steiner selbst hat nicht von Pentatonik gesprochen, wo es sich um die Fünfton-Skala d e g a h handelt, sondern immer nur von «Quintenstimmungen», und hat damit die Aufmerksamkeit durch den Hinweis auf das bestimmende Intervall nicht auf das sekundäre Element der skalenmäßigen Darstellung, sondern auf das primäre eines nur seelisch-geistig erfaßbaren Objekterlebnisses gelenkt); dann, in der Neuzeit, aber eben durchaus vorbereitet während der ihr vorangehenden Jahrhunderte, bildet sich das entschiedene Verhältnis zur Terz heraus, deren Stimmungsgehalt nun für die Seele nach ihrer durch die Entwicklung herbeigeführten Bindung an die irdische Leiblichkeit das Prinzip wird, das ihr musikalisches Empfinden bestimmt. In der Septimenzeit war man dem eigenen Leibeshaus entrückt und fühlte nur, in ihrer Geistigkeit, die Welt. Die Zeit der «Quintenstimmungen» verbindet beide Epochen. In ihrem Verlauf verläßt die Seele den alles umfassenden Weltenleib, um sich mehr und mehr im Erdenleib beheimatet zu fühlen. Die Quinte ist die Brücke zwischen Himmel und Erde, und atmend bewahrt die Seele in ihr das Gleichgewicht zwischen Innen und Außen.

Das Verständnis der drei Intervalle, der Septime, der Quint, der Terz, gibt uns einen Schlüssel zum Verständnis der Etappen im Wandel des musikalischen Bewußtseins, und wir gewinnen, indem wir die musikalische Entwicklung der Menschheit zusammen mit einer Geschichte des Seelenlebens der Menschheit überschauen, Gesichtspunkte zur Beurteilung des aus älteren Zeiten überlieferten Liedgutes.

Das volkstümliche Kinderlied wird, wenn man es mit der Kenntnis der von Rudolf Steiner erforschten Entwicklungsgesetze betrachtet, außerordentlich Wertvolles beisteuern können zum Verständnis dessen, wonach die gesunde Natur des Kindes verlangt.

Aber man wird in der Praxis nicht dabei stehenbleiben wollen, dem Kinde nur das von altersher Bekannte beizubringen, sondern es wird neben der Pflege des Überlieferten das Bedürfnis bestehen, das Liedgut weiterzuentwickeln, indem man, durch die erkannten Gesetze einen neuen Ausgangspunkt des Schaffens gewinnend, neue, dem Gegenwartsempfinden entspringende Formungen anstrebt.

Für die Dur-Moll-Tonalität bietet das keine Schwierigkeiten. Daß es bei der Musik für die Kinder, die noch des Quintenelementes bedürfen, anders liegt, haben wir gesehen. Denn da müssen für das, was geschaffen werden soll, die Erlebnisgrundlagen erst erarbeitet werden. Wenn auch mancher der Meinung sein wird, die Empfindungen, auf deren Beschreibung im Vorhergehenden so großer Wert gelegt worden ist, seien dem musikalischen Menschen mehr oder weniger selbstverständlich, so weiß man von ihrer Beziehung zum Werdegang des Menschen und ihrer hygienisch-therapeutischen oder didaktisch-pädagogischen Verwendbarkeit doch erst, seit Rudolf Steiner in den erwähnten Vorträgen vom 7. und 8. März 1923 über die epochalen Umwandlungen des musikalischen Bewußtseins im Lauf der Geschichte und damit übereinstimmend im Werdegang des Kindes Aufschluß gab.

Es sind seitdem von den verschiedensten Seiten Versuche zu neuer Liedgestaltung auf dieser Grundlage unternommen worden. Zu den ersten Schritten auf diesem Gebiete gehören Quintenlieder des Verfassers,[101] der als Mitarbeiter des «Sonnenhofes» in Arlesheim Texte, die im Unterricht gebraucht wurden, vertonte.[102] Bei diesen Versuchen wurde auf drei Arten vorgegangen. Bei der einen Art ist die Quinten-Skala in der reinen Form d e g a h vertreten und eine Gattung des Kinderliedes entwickelt, in dem die gesungene Melodie durch ein charakteristisches, sich unverändert wiederholendes Motiv unterbrochen wird, das auf der Leier gespielt werden kann. Dem Kind soll die Wohltat harmonisierenden Wechsels zuteil werden, wenn auf das Singen das Hinhören folgt und umgekehrt oder wenn, sofern ein Kind nur passiv hörend sich verhalten muß, was gerade in der Heilpädagogik oft vorkommt, wechselweise der Instrumental- und der Gesangston auf es wirkt. Die zweite, dadurch in gewissem Sinn etwas robustere Art läßt die Zwischenspiele weg und singt in rein pentatonischem Ablauf einen Text durch. Auch solche Lieder sind vorhanden, die im Umfang einer Sext das Quintenelement mit leise vorbereitendem Hinweis auf das Grundton- bzw. Quartenerlebnis im Sinne des oben Behandelten zur Geltung bringen.

II

Das Musikinstrument. Musik- und Sprechapparate. Die Leier. Heilpädagogische Gesichtspunkte. Das gesunde Kind. Initiationswissenschaft

Nicht weniger als die Gesetzmäßigkeiten der Tonwelt selber und die Beziehungen, die sie zum Menschen während seiner Entwicklungsjahre haben, ist es das Musikinstrument, das die Aufmerksamkeit des Erziehers fordert. In Übereinstimmung mit den Richtlinien, die für die sachgemäße Berücksichtigung der dem jeweiligen Lebensalter angemessenen Intervallstimmungen maßgebend sind, wurde deshalb vom Verfasser die in diesem Buch mehrfach erwähnte Leier in die heilpädagogische Musikpflege eingeführt.[103] Der Anstoß, anstelle des seiner vielseitigen Verwendbarkeit wegen in den meisten Fällen zur Verfügung stehenden Klaviers die Leier zu verwenden, leitet sich von einer Charakterisierung der Instrumente her, die Rudolf Steiner in den erwähnten Musikvorträgen gab und die, das Klavier betreffend, den Satz enthält: «Der Mensch muß loskommen vom Klaviereindruck, wenn er das eigentliche Musikalische erleben will.»[104]

Eine solche Behauptung, die hier im Zusammenhang mit Einsichten in die geistigen Grundlagen sich ablösender Kulturimpulse getan wird und die in dem, was musikalisch empfindende Menschen oft geäußert haben, ihre Bestätigung findet, muß heutzutage vielerlei Probleme aufwerfen, die natürlich eine andere Form annehmen für denjenigen, der seinen Platz im Musikleben der Gegenwart einnimmt, als für den, dem es um die Erziehung des Kindes, speziell des seelenpflegebedürftigen Kindes, geht. Nur von dem an zweiter Stelle Genannten soll hier gesprochen werden.

Für den Erzieher kommt es darauf an, daß die Dinge, die er im Umgang mit dem Kind anwendet, auf durchgreifendem Menschenverständnis beruhen und ihm Handhaben geben, durch die er dem Kind helfen kann, seine Leiblichkeit schrittweise zum Instrument seines geistig-seelischen Wesens zu machen. In dieser Hinsicht kommt ihm das Wissen unserer Zeit, deren Stärke im Eindringen in die Gesetze des Stoffes und deren technischer Nutzanwendung liegt, wenig entgegen. Nicht nur, daß er in vielen Fällen vergebens damit ringt, die immer mehr überhandnehmenden, allgemein akustisch-schädlichen Einflüsse, angefangen vom Motorenlärm der Straße bis zum gedankenlos in Betrieb gesetzten Radio in den Wohnungen, vom Kinde fernzuhalten, es ist auch fast unmöglich, mit den landläufigen Vorstellungen sich des oft doch sehr bestechenden Eindrucks zu erwehren, den die neuen und «ungeahnten» Möglichkeiten erwecken, und zu einer befriedigenden Anschauung darüber zu kommen, was der das Leben unaufhaltsam durchdringende Mechanismus zu leisten vermag, was nicht. Für die Musikpflege heißt das, entscheiden zu können, ob der Musik- und Sprechapparat, der das, was zu Gehör gebracht werden soll, in aller Perfektion ausführt, mehr am Platze ist als die vielleicht mangelhaften, aber lebendigen Bemühungen der Kinder oder gar des Lehrers, überhaupt des Erziehers selbst. Die Frage, ob im Kinderzimmer einem professionell vorgetragenen Wiegenlied auf der Schallplatte der Vorzug zu geben ist oder dem anspruchslosen Singen der Mutter, die sich, was die Vollkommenheit ihres Vortrags anlangt, nirgends anders hören lassen darf als am Bettchen ihres Kindes, wird das Gefühl, wenn es gefragt wird, wohl meistens ziemlich eindeutig zugunsten der Mutter entscheiden. Aber gegen die Verhältnisse aufzukommen, die sich vielerorts herausgebildet haben, wird ihm nicht immer gelingen. An manchen Stellen dürften in dieser Hinsicht bereits Zustände erreicht sein, von denen derjenige, der nur seinen eigenen, engen Kreis überblickt, nichts ahnt. Denn dem Apparat unterwirft sich alles, und wo in der pädagogischen Linie liegende Maßnahmen Gegenstand irgendwelcher Konferenzen sind, haben die Befürworter des technischen Fortschrittes die größere Aussicht, sich durchzusetzen.

Aus einer der Millionenstädte Europas z.B. folgende Nachricht: «In einer Schulklasse (...) ertönt aus dem Lautsprecher die Stimme Albert Bassermanns. Er spricht den Monolog des Attinghausen: ‹... das Alte stürzt, es ändert sich die Zeit, und neues Leben blüht aus den Ruinen ...› Die Vierzehnjährigen lauschen aufmerksam. Danach muß der lange Ebering vor die Klasse treten und denselben Monolog sprechen. ‹Das klingt wie aus einem Leierkasten›, meint am Schluß vorwurfsvoll der Lehrer und schaltet erneut das Magnetophon ein. Wieder ertönt die machtvolle Stimme Bassermanns. Und Ebering versucht es noch einmal. ‹Jetzt geht es schon besser›.» Der Lehrer hat nur noch vorwurfsvoll (!) zu schalten, wenn er die Leistung des Schülers heben will. Das sind die Vierzehnjährigen; aber den Dreijährigen geht es nicht anders. Vorzuwerfen gibt es auch da etwas, allerdings nicht den Kindern, sondern den Eltern, die genügend rückständig sind, die Märchen, die ihnen selber so gut gefallen haben in ihrer Kindheit, nun auch bei ihren eigenen Kindern für angebracht zu halten. Denn die Kinder, wenn man sie in einem Schallplattengeschäft die Platten selber auswählen läßt, die ihnen gefallen, lassen Rotkäppchen, Aschenputtel (das kommt statistisch noch am besten dabei weg) und Däumling gerne liegen. Zwar sind das noch immer «die Bestseller des Kinderplatten-Repertoires», aber nur wegen der Eltern, die die Kinder nicht mitbringen, wenn sie ihnen eine neue Schallplatte schenken wollen. Wörtlich übersetzt (aus einer anderen Hauptstadt Europas): «Die Hauptsache aus ihrem Diskurs läßt sich in diese wenigen Worte

332

zusammenfassen: ‹Viele Eltern kaufen nicht richtig.› Manchmal kommen sie ohne das Kind in das Plattengeschäft. Sie suchen eine Platte und greifen dann *unbewußt* (hervorgehoben v.V.) zurück auf die Märchen, die in ihrer eigenen Jugend beliebt waren: die Erzählungen aus ‹Mutter die Gans›,[105] die alle in Wirklichkeit auf das jugendliche Gehirn einwirken wie auf uns Ältere ein Hitchcock-Thriller. Denn Eltern, die ihre Kinder im Stich lassen, auffressen oder ihnen Gift geben, sind keine Seltenheit in den Erzählungen über ‹Däumerling›, ‹Aschenputtel› oder ‹Schneewittchen›. Trotzdem sind gerade diese Erzählungen die ‹Bestseller des Kinderplatten-Repertoires›. Wenn das Kind aber selbst die Gelegenheit bekommt, eine Wahl zu treffen, dann kommt oft ganz etwas anderes heraus: die Serie von ‹Pinkerle der Wichtelmann› oder ‹die Abenteuer von Barend Bluff›. (…) Von ‹Barend Bluff› gibt es jetzt eine Langspielplatte. Eine nächste ist in der Produktion. Neben dem hofft man in nicht allzulanger Zeit eine Serie herauszubringen, in der die Kinder Antwort bekommen auf allerlei, das sie beschäftigt. Probleme wie ‹was ist nun eigentlich Elektrizität?› oder ‹was ist ein Atom?› und unzählige andere werden auf eine für sie anziehende Art besprochen werden. (…)

Wenn man eine erfolgreiche Serie zusammenstellen will, wird man sich ganz und gar in die Gedankenwelt des Kindes einleben müssen. Deshalb besuchen wir ab und zu Schulen und Kindergärten und legen die Reaktionen auf unser Programm ‹auf Band› fest, um sie später zu studieren (…).»

In wessen Hände gleitet da das Urteil über? Und ist es mächtiger als gutgemeinte Psychologien, Warnungen und Konferenzbeschlüsse? Der Weg in den Kindergarten und in die Schulstube steht offen. Der Produzent kann ungehindert «die Reaktionen auf Band festlegen, um sie später zu studieren». Deutlich zeichnen sich die Formen ab, die die Erziehung zwangsläufig annehmen muß, wenn nicht durch klare Einsichten in die Beziehungen zwischen Mensch und Umwelt das Leben vor den Einbrüchen der Technik da bewahrt wird, wo sie nicht hingehört. Die allgemeinen Denkgewohnheiten haben sich so sehr vom Siegeszug der Apparate prägen lassen, daß

Einwände über Schädlichkeit, auch wo sie mit guten Gründen gemacht werden können, das Odium des Antiquierten auf sich laden und daß der Unterschied zwischen der Mechanisierung der Arbeit in Büro, Gaststätte, Warenhaus, Industrie und auf der Straße, wo sie die menschliche Tätigkeit weitgehend entlastet und segensreich wirken kann, gegenüber ihrer Durchführung in Schule und Haus mehr und mehr zurücktritt. Er wird in seiner Bedeutung für die Erziehung erst wieder ganz zum Bewußtsein kommen, wenn durch eine an der Initiationswissenschaft orientierte Erziehungskunst die Erkenntnis Platz greift, daß das heranwachsende Kind, besonders im ersten Jahrsiebent, in einer Umgebung, die die menschliche Handlung durch die mechanische ersetzt, alles entbehrt, was es für seine leibliche, seelische und geistige Entwicklung ebenso braucht wie den augenblicklichen Effekt einer Handlung selber. Denn auf anderem Wege werden ausreichende Einsichten in diese schon eingangs erwähnten Gesetzmäßigkeiten nicht zu gewinnen sein.[106] Es ist deshalb sehr kurzsichtig, den Erkenntnisfortschritt, den Rudolf Steiner mit der Initiationswissenschaft gebracht hat, weniger ernst zu nehmen als den technischen Fortschritt, der das Werk der Naturwissenschaften ist. Auch wenn der einzelne der Meinung sein kann, er brauche sich nur seinem gesunden Instinkt zu überlassen, um vom Kinde alles fernzuhalten, was ihm schädlich ist, so darf er sich doch nicht verhehlen, daß er in dem Augenblick zum resignierenden Zuschauer werden muß, in dem die Grenzen seines Einflusses erreicht sind und er den heranwachsenden Menschen dem Leben überlassen muß, in dem den neuen Einschlägen, die aus der Erweiterung der Naturerkenntnisse resultieren, nicht solche die Waage halten, die nur durch erweiterte Menschenerkenntnis möglich sind. Die Kultur ist in einer Sackgasse. Wenn die zu höchster Leistung gesteigerten Fähigkeiten des Menschengeistes heute zu Ergebnissen führen, die bei jedermann den Gedanken an Vernichtungen bisher nicht für möglich gehaltenen Ausmaßes in den Vordergrund rücken und, wo sie «in friedliche Bahnen gelenkt», bei genügend weit fortgeschrittener Durchdringung aller Arbeits- und Lebensgebiete mit ihnen die Chaotisierung des sozialen Prozesses in nicht geringeren

Dimensionen zur Folge haben müssen, dann steht das geistige Streben des Menschen davor, sich ad absurdum zu führen. Wenn das Schaffen des Menschen sich so in sich selber widerspricht, ist es in einer Sackgasse, und es gibt keinen anderen Ausweg aus ihr als konstruktive Ideen, die stark genug sind, die entfesselten Mächte der Zerstörung in einem nach geistigen Gesetzen richtig fundierten sozialen Organismus in Schranken zu halten. Im Gespräch der tonangebenden Kreise fehlen diese Ideen noch.

Die Künste spiegeln das Paradoxe dieses Zustandes unserer Zivilisationsverhältnisse wider. In grellem Kontrast stehen der Hang zu Althergebrachtem, tastend Neues und absurd Abwegiges neben- und gegeneinander und drücken der Kulturphysiognomie den Charakter des widerspruchsvoll Verzerrten und krankhaft Zerfahrenen auf, das zu durchleben und zu bewältigen der Menschheit in dieser Epoche beschieden ist.

Auf musikalischem Gebiet hat sich als Reaktion auf das immer weiter sich steigernde Raffinement in der konzertmäßigen Wiedergabetechnik auf der einen, der Vervollkommnung mechanischer Reproduktionsmittel auf der anderen Seite die Tendenz geltend gemacht, den Gebrauch der Instrumente früherer Zeiten in historisch-getreuer Nachbildung neu zu beleben und durch die stilgerechte Wiedergabe alter Musik der Veräußerlichung des Musikbetriebes unserer Tage ein Gegengewicht zu bieten. Aber es gibt kein Zurück. Sowenig der Einsichtige den Drang verspüren wird, die Technik zu ignorieren, und nur die Sorge hat, daß sie dem Leben dient, statt es zu beherrschen, sowenig kann er vom Kultivieren einer Seelenverfassung und Kulturäußerung aus Zeiten, denen die Technik mit ihren Abgründen noch fremd war, irgendwelche Lösung gegenwärtiger Probleme erwarten.

Als der Verfasser im Jahre 1926 den Anfang damit machen wollte, musikalische Elemente im Sinne obiger Ausführungen zu erproben, und für diesen Zweck seine erste Leier entwarf, dachte er nicht daran, der Gegenwart den Rücken zu kehren, um in der Vergangenheit das Heil zu suchen; vielmehr wollte er, um auch im Instrumentalen das Ursprüngliche der Tonerzeugung zur Geltung zu bringen, das immer gegenwärtige Urbild eines der repräsentativsten Musikinstrumente zu neuem Dasein erwecken. Das ist abseits von allem Historizismus geschehen. Auch Lothar Gärtner, der es sich zur Aufgabe machte, plastische Formkräfte in den Dienst der Weiterentwicklung des neuen Instrumentes zu stellen, hatte keine Veranlassung, sich nach historisch Überliefertem umzusehen, und gab dem noch im Werden befindlichen Instrument, auf der vom Verfasser geschaffenen asymmetrischen Grundform weiterbauend, seine durch und durch modern empfundene Form.[107] So entstand die heute schon durch die Leistungen des von Gärtner gegründeten Ateliers für Leierbau weitverbreitete Leier[108] aus dem Zusammenwirken des hier berichtenden Musikers mit dem Plastiker Lothar Gärtner und begegnete bei den Heilpädagogen, an deren Aufgabenkreis sich die Initiative zu ihrem Bau entzündet hatte, großem Interesse. Sie hat sich in der Folgezeit zu einem wichtigen Hilfsmittel der Heilerziehung entwickelt und ist für viele Heilpädagogen geradezu Bestandteil ihrer «Berufsausrüstung» geworden.[109]

Werner Pache schildert in einem Aufsatz über den Tageslauf,[110] welche Bedeutung für das Kind das konsequente Einhalten rhythmisch sich wiederholender Vorgänge hat, und hebt die Rolle der Musik bei der rhythmisch geordneten Gliederung des Heimlebens hervor. Besonders ist es der gesunde Wechsel des Wach- und Schlafzustandes, dem sich schwer beizukommende Hindernisse entgegenstellen, die, wo andere Mittel versagen, in vielen Fällen durch die Klänge der Leier bewältigt werden. Sie hat «die Zartheit, die auch zum krankesten Kind spricht und es beruhigt. Dann kann die Nacht ihr Werk tun. Und das ist wichtiger als das, was Menschenkräfte am Tage vermocht haben. Höhere Wesen verleihen den flüchtigen Ergebnissen der Tagesarbeit Dauer».

Von einem Kinde, mit dem man in therapeutischer Anwendung Moll-Akkorde als toneurythmische Übung ausführen wollte, das aber für die auf dem Klavier angeschlagenen Töne gar kein Interesse zeigte und erst zugänglich wurde, als man die Leier nahm, berichtet Julia Bort in einem Aufsatz über: «Die Musik in der heilpädagogischen Praxis»: «(...) und das Kind, das fast allen sonstigen Ein-

drücken gegenüber leer und ohne Gefühlsregung blieb, konnte oft
schon beim Anhören von Moll-Akkorden in ein leises, stilles Weinen übergehen. (…) Wie es daran zum Erdendasein erwachte,
zeigte dann auch die folgende Unterrichtsstunde, in der es hand-
werklich arbeitete und mit viel größerer Beteiligung als sonst den
Hammer führte.»[III]

Erfahrungen dieser Art waren es, die dazu geführt haben, daß
man manchem Kinde, das sich dem Flöten- oder Geigenton, auch
dem Klavier gegenüber ablehnend verhält und dann leicht als un-
musikalisch gilt, den Zugang zur Musik durch die Leier zu verschaf-
fen versucht, die auch, wo man es für richtig hält, daß das Kind
selbst ein Instrument spielen lernt, längst nicht die Schwierigkeiten
bietet, derentwegen die Flöte und die Geige bei dem durch physische und seelische Unvollkommenheiten behinderten Kinde in vielen Fällen gar nicht in Betracht kommt. Schon das geringste Vermögen zur Handhabung eines Musikinstrumentes bringt auf der
Leier, wenn sie einmal gestimmt ist, einen befriedigenden Ton hervor, und wen es reizt, wie es bei spielfreudigen Kindern und Anfän-
gern so oft der Fall ist, sich selber Melodien zusammenzusuchen,
der findet in der Leier das entgegenkommendste, ja inspirierendste
Werkzeug. Auch die Schlaginstrumente, voran das Glockenspiel,
aber auch Triangel, Pauke etc., sind leicht zu bedienen und daher in
vielen Fällen am Platze. Nur ist ihr pädagogischer Wert, im Vergleich mit der Leier, deren Spiel die Beherrschung der einzelnen
Glieder bis in die Fingerspitzen hinein anregt und fördert, gering,
wenn das Instrumentenspiel, wie in der Heilpädagogik oft notwendig, neben der Bildung des musikalischen Sinnes die Gliedmaßen-
tätigkeit erziehen und entwickeln soll.

Einen interessanten Aspekt des Leierspieles bringt Karl Bäschlin,
wenn er schreibt: «Dabei handelt es sich meist gar nicht um
bestimmte Melodien, die unsere Kinder nur selten zu spielen vermögen, sondern um das Erlebnis des Tones, wie es auch im obigen
Artikel von Edmund Pracht angedeutet wird. Wenn ich vorspiele,
so erreiche ich bei den Kindern die stärkere Konzentration, wenn
ich nicht Melodien, sondern Töne und Akkorde anschlage.»[112] Es

ist immer ein großes Erlebnis für das Kind, wenn es nicht überhaupt am Musikalischen, am Ton vorbeigeht, was aber doch selten vorkommt, auf dem Eroberungszuge durch die Welt der Dinge an das Musikinstrument zu geraten und ihm selber Töne zu entlocken. Was es da erfährt, wenn es mit der kleinen Hand an die klingende Saite rührt, an das silberne Glöckchen, an Triangel, Pauke, Geige, ist Ahnung einer Welt im Geiste gegründeter Gesetzmäßigkeiten, welche der Ton durch die Ordnung seiner Harmonien, Intervalle, Rhythmen und Skalen in seiner Seele wecken kann. Auf keinem anderen Wege so unmittelbar wie durch die Musik ist es dem Erzieher möglich, der ganz allgemein geltenden Forderung gerecht zu werden, die Umgebung des Kindes im Einklang mit den geistigen Grundlagen der Welt und des Lebens zu formen.

Die Sorge, die dabei das seelenpflegebedürftige Kind dem Erzieher auferlegt, hat der Erzieher des sich gesund entwickelnden Kindes allerdings nicht. Kaum wird es sich bei ihm wie bei jenem als notwendig herausstellen, die Empfänglichkeit für die Musik überhaupt auf besonders behutsame Art zu wecken und die so häufig verschlossenen Türen durch die Leier zu öffnen. Beim gesunden Kinde heißt es für den Erzieher in erster Linie wachsam zu sein, daß das Kind um die wunderbaren Möglichkeiten, die das Spielen eines Musikinstrumentes als eine Form urmenschlichen Tuns dem heranwachsenden Kinde bietet, nicht betrogen wird, und die Leier oder die Kantele, die auf anspruchslosere Art denselben Zweck erfüllt, bereichert das schon vorhandene Instrumentarium um die neue, nur ihr eigene Klangfarbe. Der Erzieher wird dem Kinde eine Wohltat erweisen, wenn er mit ihrer Hilfe in der Wüste seelenlos aufdringlicher Geräusche eine Oase der Stille schafft und, im Bewußtsein, damit Späteres vorzubereiten, dem Erlernen eines der komplizierteren Instrumente, z.B. des Klaviers, das ja auch schon eine sehr intensive Berührung mit dem mechanischen Prinzip herbeiführt, die Pflege des Leierspiels vorangehen läßt. Für ihn selbst, der sich, um dem Werdegang des Kindes zu folgen, Tonregionen im Erlebnisbereich der Intervallstimmungen erschließen muß, wird ebenfalls das Bedürfnis bestehen, in sich die Stille herbeizuführen, auf deren Grund Tongestalten in ihrer Geistigkeit empfunden werden müssen, bevor sie in hörbaren Klängen zu ihrem so schnell vorübergehenden Dasein gelangen. Wenn auch nicht behauptet werden darf, daß sich diese Erlebnisse nur mit Hilfe der Leier erzielen lassen, so ist es doch unbestreitbar, daß dieses Instrument durch seinen besonderen, das innere Lauschen aktivierenden Klang Bemühungen dieser Art außerordentlich entgegenkommt.

Es ist gewiß mehr als ein Zufall, daß sie, wenn nicht in der Musik unserer Tage, so doch bei allen Urbeginnen, die am Ausgangspunkt neuer Kulturen standen, edelster Repräsentant der Musik war und daß die Gestalt des Menschen, sei sie göttlichen oder irdischen Ursprungs gedacht, wenn sie das Urbild des Sängers und Dichters verkörperte, in irgendeiner Form, als Kithara, Kantele, Harfe oder Chrotta, die Leier trug. Sie gehört den Urbeginnen an und kann heute, wenn man sich den Urelementen der Tonkunst zuwendet, gerade weil sie seit langem aus der musikalischen Praxis entschwunden war, dasjenige unter den Musikinstrumenten sein, das es leichtmacht, sich von Gewohntem zu lösen, das erfahrungsgemäß beim Suchen auf neuen Wegen sich immer wieder hervordrängt und als sich unbemerkt einschleichendes Hindernis den neuen Erfahrungen entgegenstellt.

Wir haben uns gewöhnt, in unseren Vorstellungen, unseren Interessen und Arbeiten für zielbewußt geleitete Weiterentwicklungen nur mit dem zu rechnen, was für das eigentliche Wesen des Menschen ein Äußeres ist, und wenn auch nicht jeder, der an der Musik interessiert ist, soweit wird gehen wollen wie die Verfechter elektronischer Musik, die unter grundsätzlichem Verzicht auf den Instrumentalton, den Menschenhände erzeugen, auf der Basis von Ergebnissen der Elektrophysiologie des Gehörorgans die Kunst mit Tongenerator und Bandtechnik glauben weiterentwickeln zu können, so liegt doch, was sie erstreben, in der Konsequenz des Weges, den die Bannerträger unseres kulturellen Lebens eingeschlagen haben und an dessen Endstation das Erziehungsideal auch eher durch ein gut ausgestattetes Kinderplattenrepertoire verkörpert sein wird als durch die aus einem längst veralteten Märchenschatz schöpfende

Mutter, an deren Munde das mit vertrauendem Blick auf sie schauende Kind hängt. Deshalb darf auch eine Denkart, die ihre elektroakustischen Versuche meint, wenn sie Musik sagt, *mehr* darauf rechnen, wenn nicht gleich akzeptiert, so doch verstanden zu werden, als derjenige, der für die Darstellung der aufeinanderfolgenden Epochen der Musikgeschichte die Begriffe einer Terzen-, Quinten- oder Septimenstimmung heranzieht und von einer sich vorbereitenden Weiterbildung der Musik durch die Oktavstimmung spricht. Wir brauchen aber zu dem Blick, der auf die Natur und ihre Gesetze gerichtet ist, Gedanken über den Menschen und die Gesetze seines geistig-seelischen Daseins.

Als Erzieher haben wir die Wahl, ob wir das Kind schutzlos preisgeben wollen den Wirkungen, unter denen es nur verkümmern und verwildern kann, wenn ihm die seinem Lebensalter angemessenen Entwicklungsbedingungen vorenthalten werden, oder ob wir in einer gegenüber früher völlig veränderten Welt durch eine neue, an der modernen Initiationswissenschaft orientierte Pädagogik Lebensbedingungen schaffen wollen, unter denen die Kinder, wie es ihrem Wesen entspricht, aufwachsen und gepflegt werden können.

Zweifellos geht man mit der Zeit, wenn man sich heute aller Möglichkeiten, welche die Mechanisierung bietet, bedient. Aber man darf doch nicht vor der Erkenntnis die Augen verschließen, daß die Begleiterscheinungen eines Fortschrittes, der äußere Möglichkeiten ins Unbegrenzte zu steigern vermag, der Menschheit die Pflicht auferlegen, sich – nicht zuletzt um der heranwachsenden Generationen willen – der Grenze bewußt zu werden, wo das Gute sich ins Gegenteil verkehrt.

So modern es sein mag, das Kind am Plattenspieler auf Geschichten lauschen zu lassen, nicht weniger modern und unvergänglich modern ist es, wenn dem Kinde aus Menschenmund uralte Märchenweisheit über Welt und Menschenleben, nicht zuletzt über Gut und Böse in ihnen, erzählt wird.

Man geht auch mit der Zeit, wenn man angesichts der der Technisierung innewohnenden Zwangsläufigkeit auf Abhilfe sinnt und, Umschau haltend, gewahr wird, daß die neue Zeit zugleich mit der

Technik neue Erkenntnismöglichkeiten und eine neue, auf das Geistige des Menschen und der Welt gerichtete Forschung heraufgebracht hat. Dem Ausbau der Technik keineswegs fremd, nicht einmal abweisend gegenüberstehend, kann sie aber durch ihre Methoden und ihr Wissenschaftsziel dem gerecht werden, was der Mensch um der seelischen und geistigen Werte des Lebens willen wissen und beachten muß.

Eine Wissenschaft, die in ihren Auswirkungen den Menschen aufgeben muß, weil sie in ihren Methoden, ihn zu erkennen, resigniert, bedarf der Neuorientierung durch eine Initiationswissenschaft, die nach der geistigen Seite hin Grenzen zu überschreiten vermag, um so mehr, als sich das Überschreiten festgefügt geglaubter Grenzen nach der physischen Seite hin ihr selbst in der allerjüngsten Zeit von selber aufgedrängt hat. Die Frage nach dem Vorrang des Geistes stellt sich dadurch nur um so entschiedener, und eine an der modernen Initiationswissenschaft orientierte Weltanschauung, aus der Unvoreingenommenheit gegenüber geistiger Erkenntnis und moralische Tragkraft in das allgemeine Bildungsleben übergehen können, wird zu einer nicht ernst genug zu nehmenden Notwendigkeit. Daß diese Initiationswissenschaft im Werke Rudolf Steiners vorliegt, ist ein sprechendes Symptom dafür, daß neben jenen Kräften, die Niedergangskräfte für die Menschheit sein müssen, wenn sie allein wirken, Kräfte der Heilung am Werke sind, die unserer Kultur wieder ihr menschliches Antlitz geben werden, das sie durch die ausschließliche Orientierung des erkenntnissuchenden Menschen an der den äußeren Sinnen gegebenen Welt, in der er sich seinem eigentlichen Wesen nach nicht finden kann, notwendig verlieren mußte.

Weder die Pädagogik noch die Heilpädagogik werden ohne die umfassendsten Einsichten in übersinnliche Welt- und Menschenerkenntnis auf Dauer bestehen können.

Anmerkungen

1 Siehe z.B. Rudolf Steiner, *Gegenwärtiges Geistesleben und Erziehung,* Gesamtausgabe Bibl.-Nr. (= GA) 307, Dornach ⁵1989.

2 Siehe auch in dem folgenden Beitrag von Julia Bort den Abschnitt «Einordnen in die Raumesrichtungen. Gehen, Sprechen, Denken, Heileurythmie» (S. 135 ff.). Eine ausführliche Darstellung der drei fundamentalen Seelenqualitäten des Gehens, Sprechens und Denkens und ihres Ineinanderwirkens gibt Karl König in seiner Darstellung *Die ersten drei Jahre des Kindes,* Stuttgart ¹⁰1997.

3 Wir beziehen uns hier nicht auf eine Phantasterei, sondern auf die sehr sorgfältige und einwandfrei verbürgte Darstellung über Auffindung, Leben und Tod der beiden Wolfskinder von Midnapore in Indien, Amala und Kamala, in dem Buch von Rev. Singh und Prof. Zingg, *Wolf Children and Feral Man*, New York / London 1942. Die tagebuchartigen Aufzeichnungen, denen Fotos beigefügt sind, geben ein deutliches Bild der Entwicklung dieser aus einem Wolfsbau ausgegrabenen und in Pflege genommenen Kinder.

4 Siehe Rudolf Steiner, *Das Verhältnis der Sternenwelt zum Menschen und des Menschen zur Sternenwelt,* GA 219, Dornach ⁶1994, und *Menschenwesen, Menschenschicksal und Welt-Entwickelung,* GA 226, Dornach ⁵1988.

5 Siehe Rudolf Steiner, *Theosophie. Einführung in übersinnliche Welterkenntnis und Menschenbestimmung,* GA 9, Dornach ³¹1987. Für das Verständnis des pathologischen Kindes hat Rudolf Steiner das Entsprechende im *Heilpädagogischen Kurs,* GA 317, Dornach ⁸1995, ausgeführt.

6 Konkretes darüber schildert Rudolf Steiner z.B. in *Wiederverkörperung und Karma,* GA 135, Dornach ⁴1989, und in den Vorträgen «Lebensfragen im Lichte von Reinkarnation und Karma» sowie «Karmische Wirkungen», beide in: *Wege und Ziele des geistigen Menschen,* GA 125, Dornach ²1992, und «Karmische Wirkungen», in: *Die Verbindung zwischen Lebenden und Toten,* GA 168, Dornach ⁴1995.

7 Siehe dazu die Darstellung von Wilhelm Uhlenhoff, *Die Kinder des Heilpädagogischen Kurses. Krankheitsbilder und Lebenswege*, Stuttgart ²1996, S. 188 ff.

8 Leier- und Flötenmusik für solche «Ball- und Reifenspiele» findet sich in Edmund Pracht, *Rhythmen. Musikbeilage zu «Das Seelenpflege-bedürftige Kind»*, Bingenheim, Michaeliheft 1961.

9 Rudolf Steiner, Marie Steiner-von Sivers, *Methodik und Wesen der Sprachgestaltung*, GA 280, Dornach ⁴1983, S. 28.

10 Siehe den zweiten Teil des Beitrags von Edmund Pracht in diesem Buch.

11 Ein schönes Beispiel gegenständlichen Malens gab Rudolf Steiner selbst in einer Malstunde am Sonnenhof, über die Gerda Langen berichtet: «Das Malen als Seelenpflege», in: *Das Goetheanum*, 10.3.1929; siehe dazu auch Eve-Lis Damm, *Malen mit Seelenpflege-bedürftigen Kindern*, Stuttgart 1984, S. 17 ff., und Wilhelm Uhlenhoff, *Die Kinder des Heilpädagogischen Kurses.*, a.a.O. (Anm. 7), S. 40 ff.

12 Siehe z.B. Rudolf Steiner, *Die Erziehung des Kindes vom Gesichtspunkte der Geisteswissenschaft*, Dornach 1992.

13 Es seien nur genannt: Rudolf Steiner, *Die Kunst des Erziehens aus dem Erfassen der Menschenwesenheit*, GA 311, Dornach ⁵1989, und Caroline von Heydebrand, *Vom Lehrplan der Freien Waldorfschule*, Stuttgart ¹⁰1996.

14 Hierzu besonders: Rudolf Steiner, *Esoterische Betrachtungen karmischer Zusammenhänge. Erster Band*, GA 235, Dornach ⁸1994, 4. Vortrag.

15 Rudolf Steiner, *Heilpädagogischer Kurs*, a.a.O. (Anm. 5).

16 Rudolf Steiner, *Menschenerkenntnis und Unterrichtsgestaltung*, GA 302, Dornach ⁵1986, 1. Vortrag.

17 Siehe dazu den Beitrag von Hermann Kirchner in diesem Buch.

18 Siehe z.B. Rudolf Steiner, *Erziehungskunst. Methodisch-Didaktisches*, GA 294, Dornach ⁶1990, sowie Erika Dühnfort / Ernst-Michael Kranich, *Der Anfangsunterricht im Schreiben und Lesen in seiner Bedeutung für das Lernen und die Entwicklung des Kindes*, Stuttgart ⁵1996.

19 Siehe Lorenz Oken, *Abriß der Naturphilosophie*, Göttingen 1805. Dort schreibt er: «Was ist das Tierreich anders als der anatomisierte Mensch, das Makrozoon des Mikrozoon? In jenem liegt offen und in

der schönsten Ordnung auseinander gewickelt, was in diesem zwar nach der selben schönen Ordnung, in kleine Organe sich gesammelt hat.»

20 Rudolf Steiner, *Allgemeine Menschenkunde als Grundlage der Pädagogik*, GA 293, Dornach [9]1992, 7. Vortrag, S. 105.

21 Caroline von Heydebrand, *Vom Lehrplan der Freien Waldorfschule*, a.a.O. (Anm. 13), S. 23 f.

22 Siehe den Beitrag von Walter Holtzapfel in diesem Buch.

23 Siehe den Beitrag von Edmund Pracht in diesem Buch.

24 Caroline von Heydebrand, *Vom Lehrplan der Freien Waldorfschule*, a.a.O. (Anm. 13), S. 29.

25 Siehe den Beitrag von Hermann Kirchner in diesem Buch.

26 Rudolf Steiner, *Heilpädagogischer Kurs*, a.a.O. (Anm. 5), 1. Vortrag.

27 In *Das Seelenpflege-bedürftige Kind*, 1930.

28 Ausführlicher handelt davon der Beitrag von Franz Löffler in diesem Buch.

29 Heinrich Zschokke, *Selbstschau*, 1842.

30 Elisabeth Grunelius, *Erziehung im frühen Kindesalter. Der Waldorf-Kindergarten*, Schaffhausen [7]1994. Dazu außerdem: Helmut von Kügelgen (Hrsg.), *Plan und Praxis des Waldorfkindergartens*, Stuttgart [11]1991, sowie die Buchreihen «Arbeitsmaterial aus den Waldorfkindergärten» und «Werkbücher für Kinder, Eltern und Erzieher», Verlag Freies Geistesleben, Stuttgart.

31 Rudolf Steiner, *Anthroposophische Pädagogik und ihre Voraussetzungen*, GA 309, Dornach [5]1981, 4. Vortrag.

32 Rudolf Steiner, *Allgemeine Menschenkunde als Grundlage der Pädagogik*, a.a.O. (Anm. 20), 4. Vortrag, S. 95 ff.

33 Siehe das schöne Kindergedicht von Martin Tittmann, «Die Himmelsgaben», in: Martin Tittmann, *Der Ritt durch das Jahr. Kindergedichte*, Dornach [3]1995.

34 Näheres über die Leier siehe in dem Beitrag von Edmund Pracht in diesem Buch sowie bei Gerhard Beilharz, Entstehung und Entwicklung der neuen Leier, in: Gerhard Beilharz (Hrsg.), *Erziehen und Heilen durch Musik*, Stuttgart 1989, S. 111 ff.

35 Siehe Rudolf Steiner, *Von Seelenrätseln*, GA 21, Dornach [5]1983, Teil IV, Kap. 6: «Die physischen und geistigen Abhängigkeiten der Menschen-Wesenheit».

36 Rudolf Steiner, *Heilpädagogischer Kurs,* a.a.O. (Anm. 5), 5. Vortrag.

37 Siehe Rudolf Steiner, Die geistigen Hintergründe der menschlichen Geschichte, in: *Das Rätsel des Menschen,* GA 170, Dornach ³1992, S. 57.

38 Dieser Vorgang ist ausführlich beschrieben in Rudolf Steiner, *Das Ich als Bewußtseinserlebnis,* 1. Vortrag.

39 Rudolf Steiner, *Heilpädagogischer Kurs,* a.a.O. (Anm. 5), 5. Vortrag.

40 Rudolf Steiner, Die Welt als Ergebnis von Gleichgewichtswirkungen, in: *Der Zusammenhang des Menschen mit der elementarischen Welt,* GA 158, Dornach ⁴1993.

41 Wir verweisen auf die großartige Darstellung in den Vorträgen Rudolf Steiners, *Gegenwärtiges Geistesleben und Erziehung,* GA 307, a.a.O. (Anm. 1).

42 Siehe Rudolf Steiner, *Menschliche und menschheitliche Entwicklungswahrheiten,* GA 176, Dornach ²1982.

43 Rudolf Steiner, *Inneres Wesen des Menschen und Leben zwischen Tod und neuer Geburt,* GA 153, Dornach ⁶1997, Vortrag vom 8.4.1914: Was hat die Geisteswissenschaft über Leben und Tod und Unsterblichkeit der Menschenseele zu sagen? Eine ähnliche Darstellung ist enthalten in Rudolf Steiner, *Geisteswissenschaft als Lebensgut,* GA 63, Dornach ²1986, Vortrag vom 19.2.1914.

44 Rudolf Steiner, Über den Rhythmus der menschlichen Leiber, in: *Geisteswissenschaftliche Menschenkunde,* GA 107, Dornach ⁵1988.

45 Siehe das schöne Gedicht über die Segnungen des Donnerstages «St. Columba's Day» in A. Carmichael, *Carmina Gadelica, Oliver and Boyd.*

46 Die wertvollsten derartigen Spiele deutscher Sprache sind das «Oberuferer Paradeis-, Christgeburts- und Dreikönigsspiel», welche von Karl Julius Schröer in ihren letzten Spuren in den ehemalig deutschsprachigen Inseln Ungarns aufgefunden wurden und von Rudolf Steiner, der sie durch seinen Lehrer kennenlernte, wieder erneuert worden sind. Siehe Rudolf Steiner, *Weihnachtsspiele aus altem Volkstum,* Dornach 1990.

47 Rudolf Steiner, *Eurythmie als sichtbare Sprache,* GA 279, Dornach ⁵1990, 1. Vortrag, S. 45.

48 Ebd., S. 57.

49 Vgl. das Gedicht von Novalis aus seinen *Geistlichen Liedern*: «Ewig

wird zu süßer Labe / Seines Herzens Flut mir sein, / Die mit sanften
Zwingen / Alles wird erweichen und durchdringen.»

50 J. Lutz, Entwicklungen in der Kinderpsychiatrie, in: *Schweizer.
Medizin. Wochenschrift,* 49/1954.

51 Siehe Anm. 3.

52 Rudolf Steiner, *Eurythmie. Die Offenbarung der sprechenden Seele,*
GA 277, Dornach ²1980, S. 58 und 61.

53 Ebd.

54 Rudolf Steiner, *Die geistige Führung des Menschen und der Menschheit,* GA 15, Dornach ⁹1974, 1. Vortrag, S. 14 ff.

55 Für die eurythmische Gestaltung sei auf die Ausführungen in *Eurythmie als sichtbare Sprache,* a.a.O. (Anm. 47), verwiesen.

56 Siehe Hermann Rein, *Physiologie,* 1938, S. 101: «In der Gesamt-
muskelmasse des Menschen ist mit einer Gesamtkapillaroberfläche
von 6300 qm zu rechnen.»

57 Rudolf Steiner, *Die Methodik des Lehrens und die Lebensbedingungen
des Erziehens,* GA 308, Dornach ⁵1986, 4. Vortrag.

58 Hedwig Diestel, *Die Himmelsharfe. Vokalstimmungen, Konsonanten-
folgen, Metren,* Stuttgart 1954.

59 Solche Kompositionen sind enthalten in Edmund Pracht, *Rhythmen,*
a.a.O. (Anm. 8) und *Einführung in das Leierspiel. Goldene Leier. Heft
4,* Konstanz 1955.

60 Rudolf Steiner, *Gegenwärtiges Geistesleben und Erziehung,* a.a.O.
(Anm. 41), 5. Vortrag, S. 87 f.

61 Rudolf Steiner, *Eurythmie. Die Offenbarung der sprechenden Seele,*
a.a.O. (Anm. 52).

62 Rudolf Steiner, *Allgemeine Menschenkunde als Grundlage der Pädagogik,* a.a.O. (Anm. 20), 2. Vortrag.

63 Siehe Edmund Pracht, *Rhythmen,* a.a.O. (Anm. 8).

64 Siehe dazu auch den Bericht bei Wilhelm Uhlenhoff, *Die Kinder des
Heilpädagogischen Kurses,* a.a.O. (Anm. 7), S. 68 ff.

65 Rudolf Steiner: *Heileurythmie,* GA 315, Dornach ⁴1981, 6. Vortrag.

66 Siehe dazu auch den Bericht bei Wilhelm Uhlenhoff, *Die Kinder des
Heilpädagogischen Kurses,* a.a.O. (Anm. 7), S. 26 ff.

67 Rudolf Steiner, *Eurythmie als sichtbare Sprache,* a.a.O. (Anm. 47),
1. Vortrag, S. 57.

68 Rudolf Steiner, *Ägyptische Mythen und Mysterien,* GA 106, Dornach 1978, 3. Vortrag, S. 48 f.

69 Rudolf Steiner, *Geisteswissenschaftliche Gesichtspunkte zur Therapie,* GA 313, Dornach ⁴1984, Vortrag vom 18.4.1921, S. 161.

70 Zur Problematik des Down-Syndroms siehe Johannes Denger, Down-Syndrom und pränatale Diagnostik, in: Johannes Denger (Hrsg.), *Plädoyer für das Leben. Pränatale Diagnostik als gesellschaftliche Herausforderung,* Stuttgart 1994, S. 27 ff.

71 Von den vielen Darstellungen Rudolf Steiners sei hier nur eine erwähnt: *Menschenwesen, Menschenschicksal und Welt-Entwickelung,* GA 226, Dornach ⁵1988.

72 Rudolf Steiner, *Heilpädagogischer Kurs,* a.a.O. (Anm. 5), 1. Vortrag.

73 Rudolf Steiner, *Die Grundimpulse des weltgeschichtlichen Werdens der Menschheit,* GA 216, Dornach ³1988, 1. Vortrag, S. 16.

74 Ebd., S. 21 f.

75 Norbert Glas, *Frühe Kindheit,* Stuttgart ⁴1985.

76 Rudolf Steiner, *Mysterienstätten des Mittelalters,* GA 233a, Dornach ⁵1991, Vortrag vom 22.4.1924.

77 Rudolf Steiner, *Der Mensch als Zusammenklang des schaffenden, bildenden und gestaltenden Weltenwortes,* GA 230, Dornach ⁵1978, 10. Vortrag, S. 173.

78 Rudolf Steiner und Ita Wegman, *Grundlegendes für eine Erweiterung der Heilkunst nach geisteswissenschaftlichen Erkenntnissen,* GA 27, Dornach ⁵1977, S. 20 und 23.

79 F. A. van Scheltema, *Die Kunst der Vorzeit,* Stuttgart 1950. Er schreibt: «Auch wenn sich ein eigentlich ‹gynaikokratisches› Zeitalter kaum für den alten Norden wird nachweisen lassen, zeigen doch die Gräberfunde der Bronzezeit durch die ungemein reiche Ausstattung der Frau mit Schmuck und sogar Waffen, daß der zentralen Erhöhung der Mutter Erde in Kult und Religion eine besonders angesehene Stellung der Frau im täglichen Leben entsprach.»

80 Eugen Kolisko, in *Natura,* Jahrgang 1, 1926.

81 Siehe Jahn, in *Der Nervenarzt,* 11/1938, S. 500.

82 August Bier, *Homöopathie und harmonische Ordnung,* Berlin 1939.

83 Siehe die umfassende geisteswissenschaftliche Darstellung von Rudolf Steiner, Märchendichtung im Sinne der Geistesforschung, in: *Ergebnisse der Geistesforschung,* GA 62, Dornach ²1988.

84 Siehe Ernst Lehrs, *Mensch und Materie,* Frankfurt/M. [3]1986.

85 Rudolf Steiner, *Die Rätsel der Philosophie,* GA 18, Dornach [9]1985.

86 Rudolf Steiner, *Goethe-Studien,* Kap. «Anthroposophie und Idealismus».

87 Rudolf Steiner, *Geschichtliche Symptomatologie,* GA 185, Dornach [3]1982, Vortrag vom 26.10.1918.

88 Rudolf Steiner, *Heilpädagogischer Kurs,* a.a.O. (Anm. 5), 5. Vortrag.

89 Rudolf Steiner, *Erziehung und Unterricht aus Menschenerkenntnis,* GA 302a, Dornach [4]1993, Vortrag vom 16.10.1923.

90 Rudolf Steiner, *Die Wissenschaft vom Werden des Menschen,* GA 183, Dornach [2]1990.

91 Über diese beiden verschiedenen Abartungen in der Erinnerungsfähigkeit siehe Rudolf Steiner *Heilpädagogischer Kurs,* a.a.O. (Anm. 5), 5. Vortrag.

92 Rudolf Steiner, Medidativ erarbeitete Menschenkunde, in: *Erziehung und Unterricht aus Menschenerkenntnis,* a.a.O. (Anm. 89).

93 Über das epileptoide und das hysterische Element siehe Rudolf Steiner, *Heilpädagogischer Kurs,* a.a.O. (Anm. 5), 3. und 4. Vortrag.

94 Siehe Rudolf Steiner, *Die Erziehung des Kindes vom Gesichtspunkte der Geisteswissenschaft,* a.a.O. (Anm. 12).

95 Julius Knierim, Pentatonisches Musizieren [Elementares Musizieren in 4 Tönen], in: *Das Seelenpflege-bedürftige Kind,* 4. Jhg., Heft 2.

96 Vergleiche in dem Beitrag von Walter Holtzapfel die Beschreibung des Kupfer- und des Eisenprozesses im Blut um das neunte Lebensjahr.

97 Rudolf Steiner, *Anthroposophische Pädagogik und ihre Voraussetzungen,* a.a.O. (Anm. 31), Vortrag vom 15.4.1924.

98 Rudolf Steiner, Das Tonerlebnis im Menschen, in: *Das Wesen des Musikalischen und das Tonerlebnis im Menschen,* GA 283, Dornach [3]1981.

99 Ebd.

100 Siehe dazu Rudolf Steiner, *Die Geheimwissenschaft im Umriß,* GA 13, Dornach [30]1989.

101 Edmund Pracht, *Die Erde hat uns lieb,* Stuttgart 1928; z.T. wieder gedruckt in *Goldene Leier,* Heft 1, Konstanz 1958.

102 Weitere Literatur zur Quintenmusik findet sich in der Edition Bingenheim im Verlag Freies Geistesleben, Stuttgart. Ein Überblick

wird z.B. bei Gerhard Beilharz (Hrsg.), *Erziehen und Heilen durch Musik,* a.a.O. (Anm. 34), S. 327 f. und bei Susanne Heinz, *Einführung in das Leierspiel,* Stuttgart 1995, gegeben.

103 Siehe Edmund Pracht, *Einführung in das Leierspiel. 100 Aufgaben zum Selbstunterricht,* W. Lothar Gärtner, Atelier für Leierbau, Konstanz 1955.

104 Rudolf Steiner, *Das Wesen des Musikalischen und das Tonerlebnis im Menschen,* a.a.O. (Anm. 98), Vortrag vom 8.3.1923, S. 147.

105 Bekannte Sammlung alter Märchen.

106 Siehe Rudolf Steiner, *Die Erziehung des Kindes vom Gesichtspunkte der Geisteswissenschaft,* a.a.O. (Anm. 12).

107 Siehe Lothar Gärtner, Zur Gestaltung der Leier, in: *Natura,* 1/1927, sowie Gerhard Beilharz, Entstehung und Entwicklung der neuen Leier, a.a.O. (Anm. 34).

108 W. Lothar Gärtner, Atelier für Leierbau, Fritz-Arnold-Str. 18, 78467 Konstanz. Weitere Werkstätten für Leierbau sind aufgeführt bei Susanne Heinz, *Einführung in das Leierspiel,* a.a.O. (Anm. 102), S. 71.

109 Siehe Julius Knierim, Erfahrungen mit der Leier, in: *Das Seelenpflege-bedürftige Kind,* Heft 1 und 2, Bingenheim 1958/1959.

110 Werner Pache in *Das Seelenpflege-bedürftige Kind,* Schriftenreihe der *Natura,* Bd. 3, S. 55.

111 Julia Bort, Die Musik in der heilpädagogischen Praxis, in: *Natura,* 2. Jahrgang, Heft 1.

112 Karl Bäschlin, Praktische Erfahrungen mit der Leier, in: *Singt und spielt,* 1944. Erwähnt seien in diesem Zusammenhang die Bestrebungen der heilmusikalischen Schule des schwedischen Arztes Aleks Pontvik (siehe dazu Aleks Pontvik, *Der tönende Mensch. Gesammelte musiktherapeutische Schriften,* Stuttgart ²1996). Eine Äußerung des Verfassers zur heilmusikalischen Psycho-Rhythmie Pontviks findet sich in *Das Seelenpflege-bedürftige Kind,* 3. Jahrgang, Heft 2. – Einen Einblick in die Vielfalt der in der Musiktherapie zur Anwendung kommenden Methoden bietet die Reihe *Praxis der Musiktherapie,* hrsg. von Volker Bolay, Gustav-Fischer-Verlag, Stuttgart, sowie Hans H. Decker-Voigt (Hrsg.), *Handbuch Musiktherapie,* 1983. Siehe auch Susanne Reinhold, *Anthroposophische Musiktherapie. Eine Hinführung,* Bad Liebenzell 1996.

Weiterführende Literatur

1. Menschenkundlich-anthroposophische Grundlagen

Willi Aeppli, *Sinnesorganismus, Sinnesverlust, Sinnespflege. Die Sinneslehre Rudolf Steiners in ihrer Bedeutung für die Erziehung,* Stuttgart 1996.

Karl König, *Die ersten drei Jahre des Kindes,* Stuttgart [10]1997.

– *Der Impuls der Dorfgemeinschaft. Menschenkundliche Grundlagen für das Zusammenleben von Erwachsenen mit und ohne Behinderung,* Stuttgart 1994.

– *Sinnesentwicklung und Leiberfahrung. Heilpädagogische Gesichtspunkte zur Sinneslehre Rudolf Steiners,* Stuttgart [4]1995.

Stefan Leber, *Die Menschenkunde der Waldorfpädagogik. Anthropologische Grundlagen der Erziehung des Kindes und Jugendlichen,* Stuttgart 1994.

Markus Treichler, *Sprechstunde Psychotherapie,* Stuttgart 1993.

Rudolf Treichler, *Die Entwicklung der Seele im Lebenslauf. Stufen, Störungen und Erkrankungen des Seelenlebens,* Stuttgart [5]1995.

2. Zur anthroposophischen Heilpädagogik

Beiträge zur heilpädagogischen Methodik, Stuttgart [2]1981.

Cor de Bode / Hans Bom, *Wer hilft Franz? Beispiel einer Familientherapie in der Heilpädagogik,* Stuttgart 1993.

Camphill. Fünfzig Jahre Leben und Arbeiten mit Seelenpflege-bedürftigen Menschen, hrsg. von Cornelius Pietzner und Joachim Scholz, Stuttgart 1991.

Nils Christie, *Jenseits von Einsamkeit und Entfremdung. Gemeinschaften für außergewöhnliche Menschen,* Stuttgart 1992.

Rüdiger Grimm, *Die therapeutische Gemeinschaft in der Heilpädagogik. Das Zusammenwirken von Eltern und Heilpädagogen,* Stuttgart 1991.

Helmut Klimm, *Heilpädagogik auf anthroposophischer Grundlage,* Dornach 1980.

Karl König, *Heilpädagogische Diagnostik. Teil I und II*, Dornach ³1994.

Bernard Lievegoed, *Heilpädagogische Betrachtungen. Hilfen zur Behandlung von Entwicklungsstörungen*, Stuttgart 1995.

Siegfried Pickert / Thomas Meyer, *Die Anfänge der anthroposophischen Heilpädagogik*, Dornach 1991.

Dieter Schulz, *Frühförderung in der Heilpädagogik. Erfahrungen mit der Betreuung seelenpflegebedürftiger Kinder. Eine Einführung für Eltern*, Stuttgart 1991.

Albrecht Strohschein, Die Entstehung der anthroposophischen Heilpädagogik, in: *Wir erlebten Rudolf Steiner*, Stuttgart ⁷1988.

Helga Totzeck, *Wer ist dieser Mensch? Sozialarbeit mit Schwerstbehinderten*, Stuttgart 1993.

Wilhelm Uhlenhoff, *Die Kinder des Heilpädagogischen Kurses. Krankheitsbilder und Lebenswege*, Stuttgart ²1996.

Kurt Vierl, *Schicksalshilfe durch Heilpädagogik. Rhythmen des Lernens – Behandlung der Willensdefekte – Selbsterziehung in der Heilpädaogogik*, Dornach ²1992.

Christoph Wagner, *Das Werden der Heilpädagogik auf anthroposophischer Grundlage. Zur Geschichte der Bewegung*, Dornach 1994.

3. Zum Verständnis des Kindes mit Behinderung

Johannes Denger (Hrsg.), *Plädoyer für das Leben. Pränatale Diagnostik als gesellschaftliche Herausforderung*, Stuttgart 1994.

Michaela Glöckler, *Begabung und Behinderung. Praktische Hinweise für Erziehung und Selbsterziehung*, Stuttgart 1997.

Alfred Heinrich (Hrsg.), *Wo ist mein Zuhause? Integration von Menschen mit geistiger Behinderung?*, Stuttgart 1997.

Henning Köhler, *«Schwierige» Kinder gibt es nicht. Plädoyer für eine Umwandlung des pädagogischen Denkens*, Stuttgart 1997.

– *Von ängstlichen, traurigen und unruhigen Kindern. Grundlagen einer spirituellen Erziehungspraxis*, Stuttgart ³1995.

Thomas J. Weihs, *Das entwicklungsgestörte Kind. Heilpädagogische Erfahrungen in der therapeutischen Gemeinschaft*, Stuttgart ²1995.

4. Künstlerische Therapien

Gerhard Beilharz (Hrsg.), *Erziehen und Heilen durch Musik,* Stuttgart 1989.

Eve-Lis Damm, *Malen mit Seelenpflege-bedürftigen Kindern,* Stuttgart 1984.

Rüdiger Grimm (Hrsg.), *Heilende Kräfte in der Bewegung. Die Anwendung der Heileurythmie in der Heilpädagogik,* Stuttgart 1997.

Paul von der Heide, *Therapie mit geistig-seelischen Mitteln. Kunsttherapie, Psychotherapie, Psychosomatik,* Dornach 1996.

Susanne Reinhold, *Anthroposophische Musiktherapie. Eine Hinführung,* Bad Liebenzell 1996.

Markus Treichler, *Mensch – Kunst – Therapie. Anthropologische, medizinische und therapeutische Grundlagen der Kunsttherapien,* Stuttgart 1996.

5. Anthroposophische Medizin

Anthroposophische Medizin. Ein Weg zum Patienten, hrsg. von Michaela Glöckler, Jürgen Schürholz und Martin Walker, Stuttgart 1993.

Walter Holtzapfel, *Erweiterung der Heilkunst. Rudolf Steiner und die Medizin,* Dornach [2]1983.

– *Im Kraftfeld der Organe. Leber, Lunge, Niere, Herz,* Dornach 1989.

– *Krankheitsepochen der Kindheit,* Stuttgart [4]1984.

Friedrich Husemann / Otto Wolff, *Das Bild des Menschen als Grundlage der Heilkunst. Entwurf einer geisteswissenschaftlich orientierten Medizin,* 3 Bände, Stuttgart 1991 und 1993.

6. Waldorfpädagogik und Förderpädagogik

Frans Carlgren, *Erziehung zur Freiheit,* Stuttgart [8]1996.

Hans Friedbert Jaenicke, *Kinder mit Entwicklungsstörungen. Möglichkeiten und Grenzen der Integration in der Waldorfschule,* Stuttgart 1996.

Johannes Kiersch, *Die Waldorfpädagogik. Eine Einführung in die Pädagogik Rudolf Steiners,* Stuttgart [8]1997.

Stefan Leber (Hrsg.), *Waldorfschule heute. Einführung in die Lebensformen einer Pädagogik,* Stuttgart [2]1996.

Wolfgang Schad, *Erziehen ist Kunst. Pädagogik aus Anthroposophie,* Stuttgart [3]1994.